GÜTERSLOHER
VERLAGSHAUS

MIX
Papier aus verantwortungsvollen Quellen
Paper from responsible sources
FSC® C105338

Werner Thiede

Der gekreuzigte Sinn

Eine trinitarische Theodizee

Gütersloher Verlagshaus

Bibliografische Information der Deutschen Nationalbibliothek

Die Deutsche Nationalbibliothek verzeichnet diese Publikation in der Deutschen Nationalbibliografie; detaillierte bibliografische Daten sind im Internet über http://dnb.d-nb.de abrufbar.

Unveränderter Nachdruck der 1. Auflage 2007

Umschlaggestaltung: Init GmbH, Bielefeld, unter Verwendung des Bildes »Christus als Schmerzensmann« von Albrecht Dürer, © der Bildvorlage: Artothek
Satz: SatzWeise, Föhren
Druck und Einband: Books on Demand GmbH, Norderstedt
Printed in Germany
ISBN 978-3-579-08012-3

www.gtvh.de

Herrn Professor Dr. Walter Sparn
in Dankbarkeit

Inhalt

Vorwort

Wer die sogenannte Theodizeefrage aufwirft, fragt nie nur mit dem Kopf, sondern immer auch mit dem Herzen. Es ist doch geradezu so: Je mehr Herz ein Mensch hat, desto unausweichlicher dürfte sich ihm die Theodizeefrage stellen – jene Grundfrage nämlich nach dem Verhältnis von Gott als dem Inbegriff der Güte einerseits und der Unvollkommenheit des Weltganzen andererseits. Denn es handelt sich hierbei um eine Unvollkommenheit, die sich unmöglich schönreden lässt angesichts unsagbarer Katastrophen und unterschiedlichster Leiderfahrungen!

Dass es um solches Schönreden nicht gehen kann, sagt schon der Titel dieses Buches: »Der gekreuzigte Sinn« – damit wird Leiden, tiefstes Leiden konfrontiert. Die Frage ist ernster als jede andere. Sich ihr zu stellen, ist allemal eine existentielle Herausforderung. Darum will dieses Buch über den Kopf auch das Herz ansprechen. Es versucht dies auf dem Weg theologischer Argumentation. Diese zielt keineswegs nur auf intellektuelle Befriedigung, auf die Beseitigung kognitiver Dissonanzen, sondern auf Verwandlung des Herzens – sei es des verzweifelten Nicht-Glauben-Könnens, sei es des angefochtenen Glaubens.

Insofern kann es unter Umständen passieren, dass Argumenten nicht mehr gefolgt wird, weil vielleicht nicht bloß der Kopf, sondern weil das Herz sich versagt. Es kann aber auch geschehen, dass ein Verstehen ermöglicht wird, durch das sich das Innere eines Menschen wider Erwarten erhellt bzw. erneuert – im Zeichen der vom Geist Christi überführten Vernunft (2. Kor 10,5). Wer ernsthaft nach der Wahrheit der Botschaft von der Liebe Gottes fragt angesichts all der Dinge, die dieser Liebe Hohn sprechen, muss damit rechnen, dass im Reflexionsprozess der Strahl dieser Liebe ihn trifft, berührt und bewegt. Darum geht es in diesem Buch zuerst und zuletzt.

So will dieses Werk durchaus ein wissenschaftliches sein – und doch zugleich anderes und mehr als das. Wo auf tiefes Verstehen gezielt wird, darf die Verständlichkeit nicht vernachlässigt werden. Das möchte ich übrigens auch all denen gegenüber unterstreichen, die in dieser Frage womöglich allein die Intuition, das religiöse Gefühl sprechen lassen wollen. Ganzheitliches Verstehen darf den Intellekt nicht übergehen. Darum gilt es, das Theodizeeproblem intellektuell bei den Hörnern zu packen.

Dabei handelt es sich hier um kein »Lehrbuch« zur Theodizeefrage, das alle wichtigen Stationen der Thematik in der Dogmengeschichte der Reihe nach abhandelt und wichtige Fachliteratur womöglich einigermaßen erschöpfend berücksichtigt. Wohl aber geht es um stringente Argumentation auf der Höhe der modernen Diskussion mit dem Ziel, diese weiterzuführen. Ich versuche, das so zentrale Thema auf bisher wenig gewohnte Weise zu erschließen. Im Hintergrund steht über ein Vierteljahrhundert theologischer Reflexionsarbeit, die es mir möglich gemacht hat, das Projekt einer möglichst überzeugenden Theodizee nicht nur – weithin gegen den Zeitgeist – zu wagen, sondern im Ansatz als trinitarischen Entwurf durchzuführen. In dessen Zentrum steht das Motiv göttlicher Selbstentäußerung aus dem Geist der Liebe.

Als einmal im Fernsehen ein Beitrag über Hexenverbrennungen im Mittelalter lief, hatte mein damals siebenjähriger Sohn Johannes am Rande mitgehört. Mit Blick auf das Märchen »Hänsel und Gretel« fragte er seine Mutter erstaunt: »Was, es gab vor ein paar Jahrhunderten ganz echte Hexen?« Meine Frau antwortete: »Nein, man meinte nur, es seien ›Hexen‹ gewesen. Es waren aber normale Menschen.« »Und die hat man verbrannt? Der arme liebe Gott! Da hat er die Menschen so schön gemacht, und dann wurden sie verbrannt …«

Das können schon Grundschüler verstehen: Gott hat Grund, an seiner Schöpfung zu leiden. Dass er es bereitwillig tut, dafür steht das christliche Symbol des Kreuzes. Warum er es tut, davon handelt dieses Buch.

Herzlich zu danken habe ich Herrn Dr. Wolfram Mirbach für seine Hilfe beim Korrekturlesen, Herrn Diedrich Steen für die engagierte Betreuung im Lektorat und meiner Familie für alles Mittragen bei diesem Projekt.

Ein besonderer Dank geht an Herrn Professor Dr. Walter Sparn: Er hat meinen Weg zur Habilitation in Erlangen engagiert begleitet und ist vor kurzem 65 Jahre alt geworden. Zumal er selbst vor über einem Vierteljahrhundert ein Theodizee-Buch und seither auch mancherlei Aufsätze und Artikel zum Thema publiziert hat, habe ich allen Anlass, meinem verehrten Lehrer dieses Buch zu widmen.

Regensburg, im Advent 2006 *Werner Thiede*

A. Theodizee-Skepsis

»Gott hat die Welt aus nichts gemacht.«
So steht es im Brevier,
nun kommt mir manchmal der Verdacht,
er macht sich nichts aus ihr …

Heinz Erhardt[1]

I. Ratlos vor dem Theodizeeproblem?

Warum lässt Gott in seiner Schöpfung Leiden zu? Wie kann Gott eine offenkundig unvollkommene Welt voller Schmerz und Ungerechtigkeit überhaupt gewollt haben? Ist nicht die leidvolle Realität als solche Grund genug, den Gedanken an die Existenz eines Schöpfergottes radikal zu bezweifeln? Muss sich eine vernünftig sein wollende Theologie nicht vom Begriff des »allmächtigen« Gottes verabschieden?

Fragen wie diese haben Gewicht. Sie pflegen nicht nur aus dem Kopf, sondern auch aus dem Bauch zu kommen, nämlich von existenzieller Erfahrung gesättigt zu sein. Hier geht es um den Kern der Sache, um das Zentrum des Glaubens, um die Mitte der Theologie. Der Gottesgedanke als solcher steht auf dem Spiel[2].

Seit der Philosoph und Mathematiker Gottfried Wilhelm Leibniz 1697

1. Heinz Erhardt: Nichts, in: Ders.: Das große Heinz-Erhardt-Buch, Hannover 1970[4], 268.
2. Walter Sparn vermerkt: »Die Theodizeefrage, sofern sie inhaltlich als Frage nach Rechtfertigung *Gottes* angesicht des erlittenen Unglücks oder Unrechts verstanden wird, ist nicht allgemeinmenschlich« (»Trug für Gott«? Zur Frage, ob es im Theodizeeproblem um Gott oder um den Menschen geht, in: Luther 77 [2006], 32-51, hier 36). Und zweifellos hat die Theodizeefrage in theistischem und speziell christlichem Kontext und hier wiederum im Zusammenhang mit der abendländischen Philosophie eine besonders ausgeprägte Gestalt gefunden. Sie drängt sich aber doch in der einen oder anderen, vielleicht oft nur latenten Form überall dort auf, wo ein Gottesgedanke überhaupt bewusst oder unbewusst gedacht, ja wo Leid religiös hinterfragt wird (selbst der Buddhismus verdankt seine einschlägige Negativ-Antwort dem Bewusst-

den Begriff der »Theodizee«, der Rechtfertigung Gottes angesichts einer leidvollen Welt geprägt hat, spricht man vom »Theodizeeproblem«: Woher das Übel, wenn Gott ist? Können Gott und Leid auf einen Nenner gebracht werden – und wenn ja, wie?[3] Dem Mediziner Georg Büchner zufolge ist das Theodizeeproblem oder einfacher: die menschliche Erfahrung des Bösen und des Leidens »der Fels des Atheismus«[4]. So ist es in der Tat. Ich denke, während ich dies schreibe, an einen meiner Bekannten, der seit dem plötzlichen Tod seiner Frau verbittert und auf die Frage nach Gott nicht mehr ansprechbar ist. Ich denke an all die fernen Nächsten, die durch Naturkatastrophen nicht nur ihre Heimat und ihre Arbeit, sondern auch zahlreiche Angehörige verloren haben[5]. Fast 1000 Tote hat ein Tsunami im Sommer 2006 in Indonesien gekostet. Zahlenmäßig war das noch fast gar nichts im Vergleich mit den rund 300.000 Todesopfern Ende 2004, die jene über viele südasiatische Strände hereingebrochene Flutwelle gefordert hat, durch die der Begriff »Tsunami« überhaupt erst international geläufig wurde; es war die größte von insgesamt über 700 Naturkatastrophen allein in dem betreffenden Kalenderjahr gewesen[6]. Mehrere tausend Tote haben etwas später die erstaunlich kurz aufeinander folgenden Hurrikans »Katrina«, »Rita« und »Stan« in Süd- und Mittelamerika mit sich gebracht. Über 40.000 Tote waren bald darauf nach einem schweren Erdbeben in Pakistan zu beklagen. Und noch weitaus mehr äußerlich und innerlich Verletzte haben all diese Katastrophen der letzten Jahre hinterlassen. »Gott ist groß«, riefen isla-

sein der Theodizee-Problematik). Insofern kann man ihr »allgemeinmenschliche Züge« kaum gänzlich absprechen.

3. Bereits Epikurs Formulierung des Problems, überliefert von Laktanz (De ira Dei 13,20 f.), hat Geschichte gemacht: »Entweder will Gott die Übel beseitigen und kann es nicht, oder er kann es und will es nicht, oder er kann es nicht und will es nicht, oder er kann es und will es. Wenn er nun will und nicht kann, so ist er schwach, was auf Gott nicht zutrifft. Wenn er kann und nicht will, dann ist er mißgünstig, was ebenfalls Gott fremd ist. Wenn er nicht will und nicht kann, dann ist er sowohl mißgünstig wie auch schwach und dann auch nicht Gott. Wenn er aber will und kann, was allein sich für Gott ziemt, woher kommen dann die Übel und warum nimmt er sie nicht weg?« (zit. nach der lat.-dt. Ausgabe von H. Kraft/A. Wlosok, 1983, 46). Man kann im Blick auf die Korrespondenz der drei Faktoren Allmacht, Güte Gottes und der Existenz von Leid auch vom »Theodizee-Trilemma« sprechen (vgl. Martin Hailer: Glauben und Wissen. Arbeitsbuch Theologie und Philosophie, Göttingen 2006, 95).
4. Georg Büchner: Dantons Tod. Ein Drama (1853), in: G. Büchner: Gesammelte Werke, München o. J., 50.
5. Vgl. z. B. Gerald Deckart u. a.: Katastrophen, die die Welt erschütterten. Dramatische Ereignisse, faszinierende Bilder, packende Berichte, Stuttgart 1981.
6. Dazu D. Neufeld (Hg.): Todesflut im Paradies. Wo war Gott am 26. Dezember 2004? Witten 2005.

mische Gläubige, als in Pakistan ein schwer verletztes Kind nach drei Tagen noch lebend aus den Trümmern geborgen wurde. Aber wie viele mögen laut oder leise gefragt haben: Wo ist Gott gewesen, dass all das überhaupt geschehen konnte[7]?

Zu denken wäre insbesondere auch an die herausragendsten Katastrophen moralischer Art: Mit den beiden Weltkriegen des 20. Jahrhunderts, mit den beiden Atombomben-Abwürfen in Japan und mit den Terroranschlägen des 21. Jahrhunderts[8] werfen sie unüberhörbar die Frage nach Gott auf, der all dies und noch viel mehr an menschlichen Untaten zugelassen haben soll. Ja stellt sich die Gottesfrage angesichts so vieler Übel und Leiden überhaupt noch? Hat sie sich nicht – im Sinne Büchners – gleichsam von selbst erledigt[9]?

1. Leiden – verantwortet vom Gott der Liebe?

Wer jenen Schluss zieht, darf freilich nicht den Umstand verkennen, dass er die Frage insgeheim doch gestellt und eben negativ beantwortet hat. Es muss ja nicht unbedingt die Frage nach dem Gott gewesen sein, den das Christentum verehrt. Obwohl der Gott des christlichen Glaubens zweifellos mehr als jeder andere die Theodizeefrage provoziert! Denn hier wird er ausdrücklich als Gott der Liebe aufgefasst: »Gott ist Liebe«, heißt es sogar wörtlich zweimal nacheinander im 1. Johannesbrief (4,8 und 16). Dies ist im Bereich der Religionen eine ganz ungewöhnliche Bestimmung – möglich geworden erst im Kontext der Botschaft vom Kommen, Sterben und Auferstehen Jesu Christi. Die im christlichen Kulturkreis gängige Rede vom »lieben Gott« ist zwar längst eine abgestumpfte, die an Leuchtkraft verloren hat. Aber selbstverständlich ist sie nach wie vor nicht. Gerade in

7. Lesenswert Heinzpeter Hempelmann: Endzeit in Sicht? Erdbeben – und was die Bibel (nicht) dazu sagt, in: D. Neufeld (Hg.): Todesflut, 213-236.
8. Hierzu mein Aufsatz »Terror & Religion. Anmerkungen zur Islamismus-Debatte«, in: Zeitschrift für Evangelische Ethik 46 (2002), 194-204.
9. Dass die Theodizeefrage als Vernunftfrage moralischer Art sei und insofern sich schwerlich erledigen könne, unterstreicht dagegen Gerd Neuhaus: Frömmigkeit der Theologie. Zur Logik der offenen Theodizeefrage, Freiburg i. Br. 2003, 25. Und Hailer vermerkt grundsätzlich, dass ihre Wurzel religiös sei; ja sie stelle sicher »ein Zentrum religiöser Erfahrung und theologischer Interpretation dar« (Glauben, 93).

ihrem Umfeld gewinnt die Theodizeefrage ein besonderes Recht, ja schneidende Schärfe. Beschreibt doch diesen *lieben* Gott das christliche Credo in Gestalt des Apostolischen Glaubensbekenntnisses als den »allmächtigen Vater«!

Im Alten Testament stellt sich darum das Theodizeeproblem noch nicht so scharf. Dort ist ja Gott noch nicht der liebende Vater der Menschen, den das Christentum verkündet. Vielmehr kann beispielsweise der Prophet Amos fragen: »Ist etwa ein Unglück in der Stadt, das Jahwe nicht tut?« (3,6). In den Klageliedern wird angesichts großen Leides formuliert: »Wer darf denn sagen, dass solches geschieht ohne des Herrn Befehl und dass nicht Böses und Gutes kommt aus dem Munde des Allerhöchsten?« (3,37-38). Allerdings sind das eher vorsichtige Behauptungen – in Fragegestalt! Zugleich kann der fromme Beter formulieren: »Die Erde ist voll der Güte des Herrn« (Psalm 33,5). Gott ist allerdings noch keineswegs grundsätzlich als »Liebe« definiert. Und doch ist das Alte Testament gewissermaßen schon auf dem Weg zum Neuen. Man spürt das etwa, wenn in den eben zitierten Klageliedern von Gott gesagt wird: »Denn nicht von Herzen plagt und betrübt er die Menschen« (3,33).

Jesus sagt in der Bergpredigt relativ ähnlich: Der Vater im Himmel »lässt seine Sonne aufgehen über Böse und Gute und lässt regnen über Gerechte und Ungerechte« (Mt 5,45). Aber Gut und Böse ist hier auf der Seite der Menschen beisammen, nicht auf der Seite Gottes. Demgemäß fragt Jesus kritisch zurück, als ihm in Galiläa nach dem Einsturz eines Turmes mit der Folge etlicher Toter sozusagen die Theodizeefrage gestellt wird: »Meint ihr, dass diese Galiläer mehr gesündigt haben als alle anderen Galiläer, weil sie das erlitten haben?« (Luk 13,2)

Ist Gott womöglich distanziert gegenüber Glück und Unglück? Sollte er selber jenseits von Gut und Böse stehen? Das gerade kann Jesus, der Gottes Liebe wie kein anderer bezeugt hat, nicht gemeint haben. Man denke etwa an seine Aussage, es falle kein Spatz auf die Erde »ohne euren Vater« (Mt 10,29). So heißt es da wörtlich – und nicht etwa: »ohne dass Gott es weiß«, oder gar: »ohne dass Gott es will«, wie manche Übersetzungen ergänzend formulieren zu müssen meinen. Nein, Jesus zufolge ist Gott – und zwar der »Vater«, wirklich der »liebe Gott« – selber dabei, also selber nicht nur kognitiv, sondern auch affektiv, ja seinsmäßig betroffen, wenn auch nur einem seiner kleinsten Geschöpfe ein Leid geschieht. Genau diesen Fall habe ich konkret erlebt: Ich sah an einer Bushaltestelle einen überfahrenen Spatzen auf der Straße liegen; seine zerquetschten Federn wehten im Wind, den die vorbeifahrenden Autos erzeugten. Wie erschrak ich, als ich bemerkte, dass es offenbar nicht nur der Wind war, der seine Flügel bewegte – das arme Tier lebte noch und zuckte hilflos! In diesem Moment kam der Bus angerollt, den ich nehmen wollte, und bereitete diesem Leiden ein Ende. Jenes Wort Jesu ging mir damals durch den Kopf: So konkret das Leiden seiner Kreatur – millionen-, milliardenfach täglich in dieser Welt, ob klein oder groß – und all das nicht »ohne Gott«!

Jesus steht mit seinem Gang an den Kreuzesgalgen ganzheitlich für dieses Mitleiden Gottes. Das Kreuz ist durch ihn zum Symbol des mitleidenden Gottes geworden[10]. Aber wie verhält es sich zur Rede von Gott, dem Allmächtigen, dem Herrscher über die von ihm geschaffene Welt? Der Neutestamentler Günter Klein hat in einem Aufsatz »Über das Weltregiment Gottes« exegetisch aufgezeigt, dass »die Urchristenheit das Weltregiment ihres Gottes« lediglich als partikular und vorläufig erfahrbares, freilich die Zukunft der vollendeten Schöpfung vorwegnehmendes Geschehen verstanden hat[11]. In diesem Sinn hat sie auch die »Herrschaft Christi«, des auferstandenen Gottessohnes als ein »reines Wortgeschehen« inmitten einer gegenüber Gott nach wie vor rebellischen Welt aufgefasst. Die neutestamentliche Sichtweise besagt also: »Weltgeschichte hatte sich immer schon verselbständigt zu terroristischer Übermacht … Nirgendwo wird die … Geschichte transparent für ein herrscherliches Weltwalten Gottes.« Gott greift zwar durchaus »machtvoll in die Geschichte ein, indem er zum Gotteslob gefügte Gemeinde stiftet als den Bereich seines Friedens auf dieser Erde. Außerhalb dieses Machtbereichs … wirkt eine friedlose Menschheit fortwährend an der Katastrophenträchtigkeit der Weltgeschichte.«[12] Kurz: Das von Jesus angesagte »Reich Gottes« ist in universaler Ausdehnung Gegenstand gläubiger Zukunftshoffnung, wie das nicht zuletzt aus der Vaterunser-Bitte »Dein Reich komme« hervorgeht. Gottes Herrschaft über die Schöpfung ist im Neuen Testament keineswegs als gegebenes Faktum vorausgesetzt; er gilt mitnichten einfach als »der Herr der Natur, der Kultur, der Geschichte«[13] –

10. Vgl. z. B. Hailer: Glauben, 109.
11. Vgl. Günther Klein: »Über das Weltregiment Gottes«. Zum exegetischen Anhalt eines dogmatischen Lehrstücks, in: ZThK 90 (1993), 251-283, bes. 260 ff.
12. Klein: Weltregiment, 263, 266 und 271.
13. So aber Welker in: John Polkinghorne/Michael Welker: An den lebendigen Gott glauben. Ein Gespräch, Gütersloh 2005, 49. Für Welker ist Gott als Schöpfer die Macht, die »den lebendigen Zusammenhang allen geschöpflichen Daseins konstituiert, ordnet, regelt und gestaltet« (ebd.). Gottes heiliger Geist ist dementsprechend die »Macht, mit der Gott vom Himmel her auf der Erde die Geschicke lenkt und regiert« und »in der Gottes Güte und Gottes Treue unter uns und in der Schöpfung erkennbar werden« (55; vgl. jedoch 122).

im Gegenteil, an mehreren Stellen wird der Teufel als »Herrscher dieser Welt« bezeichnet (z.B. Joh 12,31; 14,30; 16,11; ferner Eph 2,2; 6,12; 1. Kor 2,6). Gewiss ist Gott »der Herr des Himmels und der Erde« (Apg 17,24), aber »gar heimlich führt er sein' Gewalt«, wie es Martin Luther in dem Lied »Nun freut euch lieben Christen gmein« formuliert hat. Bekanntlich hat Luther dezidiert vom »verborgenen Gott« gesprochen – und ihn in teilweise problematischer Weise neben den in Jesus Christus offenbarten Gott gestellt[14].

Kann und soll denn solche Rede vom »verborgenen Gott« und seinem Wirken im Geheimen kritische Nachfrage ruhigstellen? Die Frage drängt sich doch auf, wie man näherhin den Grund dafür denken soll, dass Gott sich gegenwärtig weithin als ohnmächtig erweist, um erst in der Zukunft der Schöpfungsvollendung seine Allmacht zu zeigen. In der Bibel wird darüber nirgends »spekulativ« oder »dogmatisch« Auskunft erteilt. Wohl gibt es Andeutungen, wohl mancherlei paradox klingenden Auskünfte, aber weder philosophische noch theologische Abhandlungen dazu. Das entspräche auch kaum dem literarischen Genus der Heiligen Schrift[15].

Sollte von daher gleichermaßen in unseren Zeiten das Theodizeeproblem mit frommem oder unfrommem Gestus ins Abseits verwiesen werden? Ist vernünftige Nachfrage schlechthin unratsam, Gott gegenüber unangebracht, unbescheiden? Bleibt uns theologisch bis heute nichts anderes, als mit Hiob[16] am Ende – nach allerlei Klagen und Anklagen gegenüber Gott – demütig zu bekennen: »Ich erkenne, dass du alles vermagst, und nichts, das du dir vorgenommen, ist dir zu schwer … Darum hab ich unweise geredet, was mir zu hoch ist und ich nicht verstehe« (42,2-3)? Nein! Der Philosoph Michael Theunissen erklärt trefflich: »Man macht es sich zu leicht, wenn man diese Frage mit dem Bescheid zurückweist, dass Menschen

14. Vgl. Bernhard Lohse: Luthers Theologie in ihrer historischen Entwicklung und in ihren systematischen Zusammenhang, Göttingen 1995, 232ff.; Thomas Reinhuber: »Deus absconditus«. Luthers Bearbeitung des Theodizeeproblems, in: Luther 77 (2006), 52-69. Inwiefern Verborgenheit und Offenbarwerden Gottes tatsächlich zwei Seiten seiner Wirklichkeit darstellen, wird Kap. XII pneumatologisch zeigen.

15. Insofern ist es verfehlt, wenn Dietz Lange behauptet: »Die Religion des Alten wie des Neuen Testaments setzt an die Stelle einer Antwort auf die Theodizeefrage … die kategorische Verweigerung: das Schweigen Gottes« (Glaubenslehre, Bd. 1, Tübingen 2001, 412).

16. Werner Brändle kann die »Theologie des Hiobbuches« nicht überzeugen (Das Ende der Theodizeefrage?, in: M. Nüchtern [Hg.]: Warum lässt Gott das zu?, Frankfurt a.M. 1995, 64-83, bes. 71). Eher unkritisch zeigt sich dagegen Timm Lohse: Hiob. Die glaubwürdige Geschichte eines aufrechten Menschen, Neukirchen-Vluyn 2005.

nicht befugt seien, sich zu Richtern über einen Gott aufzuwerfen, der *ihr* Richter ist. Denn das Problem bleibt auch dann bestehen, wenn man die Hülle, in die es seine judikatorische Formulierung steckt, von ihm abstreift. Wir müssen es uneingeschränkt ernst nehmen.«[17]

Fromme Bescheidenheit angesichts des Theodizeeproblems bleibt im Grunde im Horizont alttestamentlichen Gottesglaubens stecken[18]. Die Herausforderung, aber auch die Chance auf echte, tiefe Antwort ist neutestamentlich ungleich größer. Gerade im Zusammenhang mit Ausführungen über Jesu Kreuzestod spricht der Apostel Paulus von »Weisheit bei den Vollkommenen« (1. Kor 2,6). Zwar sei die göttliche Weisheit der nichtgläubigen Welt »im Geheimnis verborgen« (2,7); den Gläubigen jedoch habe Gott Offenbarung geschenkt »durch seinen Geist; denn der Geist erforscht alle Dinge, auch die Tiefen der Gottheit« (2,10)[19]. Und ist nicht im Kolosserbrief die Rede vom »Reichtum des vollen Verständnisses, zu erkennen das Geheimnis Gottes« (2,2)? Von daher bekennt Theunissen: »Speziell christliche Theologie scheint mir ein Potenzial zu bergen, das für das Verständnis des Weltzustands abgerufen werden kann und ihn besser verstehen lässt als jede mit ihr konkurrierender Weltanschauung.«[20]

17. Michael Theunissen: Philosophischer Monismus und christliche Theologie, in: Zeitschrift für Theologie und Kirche 102 (2005), 397-408, hier 400.
18. Das gilt auch dann, wenn mit Martin Luther versucht wird, zwischen dem Licht der Natur, der Gnade (bzw. des Glaubens) und der ewigen Herrlichkeit zu unterscheiden, um für unsere christliche Gegenwart nur das erste und zweite zuzulassen und damit »Universalantworterwartungsansprüche aufzugeben«: »Glaube ist kein Bescheidwissen über alle Geheimnisse Gottes« (Jan Bauke: Gottes Gerechtigkeit? Hinweise zur Theodizeeproblematik, in: Zeitschrift für Theologie und Kirche 102 [2005], 333-351, 345 und 347). Über *alle* Geheimnisse Gottes freilich nicht – aber warum nicht doch über zentrale Geheimnisse, die implizit oder explizit Gegenstand seiner Offenbarung in Jesus Christus geworden sind? Glaube und Herrlichkeit rücken nicht ohne Grund schon für Paulus eng zusammen (2. Kor 3,18)!
19. Wie der Heidelberger Neutestamentler Gerd Theißen in einer fulminanten Exegese dieses Briefabschnittes zeigt, führt Paulus in seiner »ekstatischen Offenbarung«, deren Sitz im Leben ein innerer Zirkel der Gemeinde als Ort inspirierter Weisheitsrede gewesen sein dürfte, die Kreuzespredigt von 1. Kor 1 in ganz bestimmter Hinsicht weiter: »In der ›Anfangspredigt‹ wird der Christ vom Symbol des Kreuzes ergriffen. Durch die ›Vollkommenheitslehre‹ aber begreift er erst, was ihn ergreift. Der Unmündige wie der Vollkommene werden von derselben Offenbarung getroffen, aber nur der Vollkommene durchschaut, was sich an ihm und in ihm vollzieht« (Psychologische Aspekte paulinischer Theologie, Göttingen 1983, 349).
20. Theunissen: Monismus, 402; ähnlich Hailer: Glauben, 93f.

2. Die beste aller möglichen Welten?

Christlicher Glaube kommt her von der Erkenntnis: In Jesus Christus hat Gott sein Herz offen gelegt, sich selber in seinem Wesen offenbart. Sein Geist erleuchtet die Herzen der Glaubenden, macht sie seiner Liebe gewiss und zündet bleibende Hoffnung in ihnen an. Wer in diesem Kontext noch sagt, wie Gott und Leid zusammen zu denken seien, entziehe sich aller theologischen Erklärung, der erweist sich gerade nicht als Theologe des Kreuzes. Denn das Kreuz steht keineswegs für ein demütiges Ja zum Nichtwissen in dieser schwerwiegenden Frage, vielmehr im Licht der Auferstehung Jesu dafür, dass nun gewusst und bewusst werden darf: Gott und Leid sind auf einen Nenner zu bringen! Hier ist nicht Schulternzucken, sondern Antwort, nicht Schweigen[21], sondern ansprechendes Wort. Hier herrscht kein Denk- und Frageverbot – im Gegenteil! Hier weht der Geist, der darauf aus ist, alles zu durchdringen, also auch Herz und Verstand. Dass das im Neuen Testament noch nicht in strengen, schulmäßigen Reflexionen geschieht, bedeutet keineswegs deren Verbot. Vielmehr ist solches Reflektieren gerade dort geboten, wo es zu jenem Lebensumfeld gehört, in das die Kunde von Jesus Christus ihrerseits zu gegebener Zeit vordringen möchte. Dieser Prozess hat sich kirchen- und dogmengeschichtlich konkret und unvermeidlich abgespielt, als das Evangelium tiefer in die Welt der griechisch und römisch beherrschten Kultur hineingetragen worden ist. Darum hat sich auch die Gestalt der trinitarischen Gotteslehre, die im Neuen Testament nur angedeutet, aber der Sache nach im Keim voll vorhanden ist, erst ab dem 2. Jahrhundert substanziell entfaltet. Es lag allerdings ebenso am Geist der griechischen Philosophie, dass das christliche Gottesbild hinsichtlich der Theodizeefrage in einer bedenklichen Richtung eingefärbt wurde. Abgekürzt gesagt: Gott wurde statischer, in seiner »Absolutheit« unbeweglicher gedacht, als es die biblischen Schriften durchweg nahe legen. Das metaphysische Axiom der angeblichen »Unveränderlichkeit Gottes«[22] hat insofern

21. Gegen Lange: Glaubenslehre, 412. Ulrich H. J. Körtner unterstreicht trefflich, »daß Gottes Schweigen, dessen Erfahrung überhaupt nicht zu leugnen ist, sein Reden nicht dementieren kann« (Der verborgene Gott. Zur Gotteslehre, Neukirchen-Vluyn 2000, 96).

22. Dazu liegen mittlerweile mehrere eingehende Studien vor, z. B. Heribert Mühlen: Die Veränderlichkeit Gottes als Horizont einer zukünftigen Christologie, Münster 1969; Frank Meessen: Unveränderlichkeit und Menschwerdung Gottes. Eine theologiegeschichtlich-systematische Untersuchung, Freiburg/Basel/Wien 1989; Roland Faber:

auf viele Jahrhunderte hin theologische Wege versperrt, die Frage nach dem Zusammenhang von Gott und Leiden in einer angemessenen Weise einer Antwort näherzuführen.

Man wird sogar davon ausgehen müssen, dass der entsprechend zwielichtig gebliebene Gottesglaube als solcher mit schuld daran war, dass spätestens dann, als im Gefolge der Konfessionskriege die kirchlichen Lehren an allgemeiner Überzeugungskraft und damit an Einfluss verloren hatten, dem Aufklärungszeitalter Tür und Tor geöffnet wurden. Ein blass gewordener, nicht wirklich mit seiner Herrschaft »nahe gekommener«, sondern immer noch fern gebliebener Gott konnte nun philosophisch mit leichter Hand zur Seite geschoben werden. Als der christliche Philosoph Gottfried Wilhelm Leibniz (1646-1716) seinen berühmten Essay »Theodizee von der Güte Gottes, der Freiheit des Menschen und dem Ursprung des Übels« (1710) verfasst hatte, war das bereits im Namen der Freiheit geschehen – und zwar viel eher im Interesse der menschlichen Autonomie als in dem göttlicher Theonomie[23]. Die Frage nach der Gerechtigkeit Gottes verhielt sich für Leibniz nämlich nur noch funktional zur Theorie vom vernünftigen Menschen. »Denn was wird aus dem Freiheitspathos der Aufklärung, wenn der Mensch selbst als die Ursache des Bösen und Sinnlosen zu gelten hätte? Und was würde aus der autonomen Vernunft, wenn in ihrem Zentrum ein ungelöster Widerspruch steht?«[24] Leibniz hatte die vorfindliche Welt mit ihren natürlichen und moralischen Übeln als die beste aller möglichen Welten zu erklären versucht – als die beste, die Gott überhaupt habe schaffen können. Die Welt wird von ihm also erklärt als notwendig so gewordene, die gerade so auf ihren Schöpfer zurückverweise[25]. Sie wird gerechtfertigt

Der Selbsteinsatz Gottes. Grundlegung einer Theologie des Leidens und der Veränderlichkeit Gottes, Würzburg 1995.

23. Zu den Begriffen »Autonomie« und »Theonomie« siehe Werner Thiede: Wer ist der kosmische Christus? Karriere und Bedeutungswandel einer modernen Metapher, Göttingen 2001, 71ff. Zum Freiheitsproblem s. u. Kap. XII.4.

24. Wolfgang Schoberth: Gottes Allmacht und das Leiden, in: W. H. Ritter/R. Feldmeier/W. Schoberth/G. Altner: Der Allmächtige. Annäherungen an ein umstrittenes Gottesprädikat, Göttingen 1997, 43-67, hier 54. Die theologische Gestalt des Theodizeeproblems »ist letztlich äußerlich, und die Frage nach der Güte und Gerechtigkeit Gottes fragt letztlich nicht nach der rechten Erkenntnis Gottes, sondern nach dem rechten Gebrauch der Vernunft« (55). Vgl. auch Walter Sparn: Leiden – Erfahrung und Denken. Materialien zum Theodizeeproblem, München 1980, 24f.

25. Damit ergibt sich ein Rückschluss von der Welt auf Gott, der im Sinne der Theologie Martin Luthers als »theologia gloriae« kritisiert werden muss – zu Gunsten einer erforderlichen »theologia crucis«, die Gottes Wesen vom Kreuz Jesu her verstehen lehrt.

als faktischer Ausschluss aller anderen Möglichkeiten von Welt. Das aber kann angesichts des unsäglichen Leidens in der Welt eigentlich keine überzeugende und ernsthaft tröstende Rechtfertigung Gottes sein. Leibniz hat einen typischen Fehler der »Neu-Zeit« gemacht: Er hat seine Epoche selbst unausgesprochen als die (im eschatologischen, also endzeitlich-endgültigen Sinn) »neue Zeit« unendlichen Fortschritts angesehen[26], statt im Sinne des Neuen Testaments mit der Vollendung der Schöpfung durch Gott selbst zu rechnen – und deshalb auf die *beste* aller möglichen Welten noch zu *warten*[27]! Der Gott, der die jetzige, so ambivalente Welt als »beste« gesetzt haben soll, kann im Grunde nur als ein ihr relativ distanziert gegenüber stehender Schöpfer gedacht und empfunden werden. Leibnizens Theodizee lässt den Leser insofern am Ende ratlos oder gar zum Spott verleitet[28] zurück.

Als knapp vier Jahrzehnte nach seinem Tod das See- und Erdbeben von Lissabon die abendländische Zivilisation erschütterte, reichte diese Katastrophe hin, den Vernunftglauben an Gott den Schöpfer nachhaltig zu erschüttern, den man sich im Gefolge aufgeklärter Kritik zunächst noch hatte erhalten wollen. Gegenüber aller »natürlichen Theologie«, die Gott und Welt in einer grundsätzlichen Harmonie zusammendachte[29], wirkte die Naturkatastrophe von 1755 wie ein Weckruf zu atheistischer Nüchternheit.

26. Vgl. Karl Löwith: Weltgeschichte und Heilsgeschehen. Die theologischen Voraussetzungen der Geschichtsphilosophie, Stuttgart 1966[5].
27. Vgl. Hailer: Glauben, 108 und 236. Immerhin bedenkt Leibniz einmal, dass »Gott vorhergehend das Gute und nachfolgend das Beste will«, so dass er das physische Übel »oft auch als Mittel zum Zweck« will (Theodicee, 366) – ohne freilich diese Einsicht eschatologisch zu wenden. Auch seine Lehre von der »prästabilierten Harmonie« und die damit einhergehende Überzeugung, dass »Gott die ganze Folge unseres Universums« überblicke (391), wendet der Philosoph auf das Verhältnis von Zukunft und Vergangenheit an, ohne daraus eschatologische Schlüsse zu ziehen.
28. So hat Voltaire in einer Satire auf Leibnizens Theodizee, dem Roman »Candide ou sur l'Optimisme«, exakt darauf abgezielt, dass Leibniz reflektierend über etwas schrieb, das Menschen zutiefst betroffen macht und gefangen nimmt: Er lässt den Philosophen Panglosse immer wieder in schlimme Unglückssituationen geraten, in denen dieser gleichwohl fortfährt, seine Philosophie von der »besten aller möglichen Welten« zu dozieren.
29. Ein neues Beispiel hierfür liefert Claus Petersen: Die Botschaft Jesu vom Reich Gottes. Aufruf zum Neubeginn, Stuttgart 2005, indem er »Reich Gottes« ganz im Sinne einer angeblichen »Ur-Religion« der Menschheit (11) interpretiert, weil seiner liberal-theologischen Meinung nach heutzutage futurisch-eschatologisches Denken obsolet geworden ist (73 f.). Ihm bleibt in der trüben Konsequenz nichts anderes übrig, als die Weltwirklichkeit schönzureden (11, 75) und ebenso enthusiastisch wie unbiblisch vom »göttlichen Wesen der Welt« zu reden (11 f., 74, 93 u. ö.).

3. Kants Nein zu philosophischer Theodizee

Die Vernunftkritik Immanuel Kants (1724-1804) schob denn auch – auf dem Höhepunkt der Aufklärung angekommen – die Frage nach Gott weiter ins Abseits. Das konnte gelingen, weil auch hier, nachgerade in Sachen »Theodizee«, alles zu verhandeln war »vor dem Gerichtshofe der Vernunft«[30]. Dabei sah Kant diese Richterin zumindest in theoretischer Hinsicht als nicht zuständig an, was er in aller Strenge durchhielt. Die Gottesfrage nämlich übersteige die Zuständigkeit der Vernunft. Man habe es hier letztlich »mit einer Glaubenssache zu tun«[31]. Gleichwohl bleibt die Vernunft und nicht etwa der Glaube in Kants Perspektive das, was den Menschen letztlich ausmacht. Und sie ist seiner Überzeugung nach in der Lage, »diesen Prozess *für immer* zu endigen«[32].

Tatsächlich sucht der Königsberger Philosoph alle kirchliche Gotteslehre als »spekulativ«, nämlich die Grenzen der Vernunft überschreitend und damit unkontrolliert vorgehend abzufertigen. Die Theodizeefrage sieht er deshalb als theoretisch unlösbar an. Beispielsweise verwirft er die Theodizee der stoischen Philosophie[33], die schon zur Zeit des Urchristentums verbreitet war und derzufolge das All eigentlich vollkommen, alles Übel aber für die Harmonie des Ganzen notwendig ist. Damit negiert Kant auch den Lösungsvorschlag, den vor ihm noch Leibniz gewagt hatte. Er hält dem in seiner kleinen Schrift »Über das Mißlingen aller philosophischen Versuche in der Theodizee« (1791) entgegen, »dass alle bisherige Theodizee das nicht leiste, was sie verspricht, nämlich die moralische Weisheit in der Weltregierung gegen die Zweifel, die dagegen aus dem, was die Erfahrung an dieser Welt zu erkennen gibt, gemacht werden, zu rechtfertigen …«[34]

Konkret zeigt Kant das Misslingen der philosophischen Theodizee vor allem an drei Punkten auf: Es sei nicht einzusehen, warum die *Heiligkeit* des göttlichen Gesetzgebers es zulasse, dass das moralisch Böse die Welt ver-

30. Immanuel Kant: Über das Mißlingen aller philosophischen Versuche in der Theodizee (1791), in: Akad.-Ausgabe (Repr. 1923/1968) Bd. 8, 255-271; hier zitiert nach: I. Kant: Sämtliche Werke, 2000 o. O., Bd. 6, 242-254, 242. Unter »Theodizee« versteht Kant »die Verteidigung der höchsten Weisheit des Welturhebers gegen die Anklage, welche die Vernunft aus dem Zweckwidrigen in der Welt gegen jene erhebt« (ebd.).
31. Kant: Theodizee, 251.
32. Kant: Theodizee, 248 (kursiv im Original).
33. Vgl. W. Thiede: Kant und die Stoa. Zum weltanschaulichen Hintergrund seiner Philosophie, in: Materialdienst der EZW 67 (2004), 97-100.
34. Kant: Theodizee, 247.

unstalte, warum die *Gütigkeit* des Welterhalters und Schöpfungsregenten Leid und Schmerz der vernünftigen Kreatur zumute, und schließlich, warum die *Gerechtigkeit* des Weltenrichters Laster und Verbrechen in der Welt nicht angemessen strafe. Zum ersten Punkt führt Kant näher aus: Wenn Gott das Böse – aus welchen Grund auch immer – zulasse, könne es bedenklicher Weise den Menschen auch nicht als Schuld zugerechnet werden[35]. Hierauf wird später eigens einzugehen sein (I.2); einstweilen sei nur darauf hingewiesen, dass aus neutestamentlicher Perspektive die Pointe der Heilsbotschaft in der Tat gerade darin besteht, dass Gott sich in Jesus Christus als derjenige gezeigt hat, der Schuld nicht zurechnet, sondern vergibt (z.B. Röm 4,5-8). Auf alle drei Punkte zusammen aber wäre aus der Perspektive des christlichen Glaubens zu erwidern: Sie unterstellen im Gegensatz zum Neuen Testament, dass Gott bereits voll und ganz Regent dieser Welt sei; sie gehen also von keiner *eschatologischen*, die »letzten Dinge« angemessen berücksichtigenden Sichtweise aus. Damit nehmen sie Voraussetzungen an, wie sie in einer Märchenwelt herrschen, in der ungefähr alles schon innerhalb der jeweiligen Geschichte – und nicht erst eschatologisch – zu einem guten Ende zu kommen pflegt. Weltgericht und Vollendung der Schöpfung sind aber, wie bereits dargelegt, nicht innerhalb dieser Weltzeit zu erwarten, sondern setzen deren gottgewollten Abschluss, ihr Ganzgeworden-Sein voraus.

Kant ist freilich an anderer Stelle seiner Abhandlung doch auf den Umstand eingegangen, dass die Vernunft die eschatologische Frage nach der »Endabsicht Gottes« mit allen Dingen und nach einer »künftigen Glückseligkeit« stellt, auf die die religiöse Traditionen antwortet. Aber er meint, die Annahme einer göttlich verheißenen Zukunft bedeute moralisch, dass die jetzige Weltzeit als »Prüfungszeit« gesetzt worden sein müsse. Und eine solche Sichtweise, so argumentiert er weiter, sei zwar als reine Behauptung möglich, könne jedoch »schlechterdings nicht eingesehen werden, und man kann also freilich diesen Knoten durch Berufung auf die höchste Weisheit, die es so gewollt hat, abhauen, aber nicht auflösen; welches doch die Theodicee verrichten zu können sich anheischig macht.«[36] Ob die These von der

35. Kant: Theodizee, 244.
36. Kant: Theodizee, 245. Seine skeptische »Vermutung, dass die Übereinstimmung der Schicksals der Menschen mit einer göttlichen Gerechtigkeit, nach den Begriffen, die wir uns von ihr machen, so wenig dort, wie hier zu erwarten sei« (247), klingt jedenfalls nicht sonderlich vernünftig; denn der Begriff des Himmels als eines göttlich regierten Jenseits dieser Welt, wie ihn Jesus z.B. im ersten Teil des Vaterunsers voraussetzt, lebt er gerade von solcher Differenz zwischen Hier und Dort.

»Prüfungszeit« der neutestamentlichen Gesamtperspektive überhaupt angemessen sei, lässt sich kritisch fragen[37]. Sicher hat Kant allerdings Recht mit der These, dass die eschatologische Sichtweise von einer empirisch-kritisch prüfenden Vernunft nicht nachvollzogen werden kann, weshalb in dieser Hinsicht alles Glaubenssache bleiben muss.

Dazu ist freilich zunächst zu sagen, dass auch eine *innerhalb* dieser Weltzeit ausgleichende Gerechtigkeit – wie sie etwa die westlichen Weltreligionen Hinduismus und Buddhismus mit dem Karmaprinzip behaupten[38] – nur »glaubend« und nicht objektiv-vernünftig angenommen werden kann. Vor allem aber muss gegengefragt werden, was Kant dann näherhin unter »Glaubenssache« versteht. Die Pointe seiner »Kritik der reinen Vernunft« von 1781 besteht ja darin, dass die Vernunft hier ihr eigenes Vermögen kritisiert, sich also selbst einschränkt. Demnach haben die aus der reinen Vernunft stammenden Erkenntniselemente nur so weit Geltung, wie die sinnliche Erfahrung reicht. Sie gelten nicht darüber hinaus, nicht für Jenseitiges, Transzendentes. Sogar im Diesseits ist laut Kant das »Ding« nicht »an sich« zu haben, nicht absolut zu erkennen, sondern immer nur aus dem einen oder anderen Blickwinkel. Indes – gerade in den Erkenntnissen, die »über die Sinnenwelt hinausgehen, wo Erfahrung gar keinen Leitfaden, noch Berichtigung geben kann, liegen die Nachforschungen unserer Vernunft«, weiß Kant[39]. Der Mensch trägt demgemäß von Natur aus den Impuls in sich, über sich selbst und den Horizont der sichtbaren Welt hinauszufragen. Kant unterstreicht, derlei Fragen seien als solche legitim: »Die menschliche Vernunft geht unaufhaltsam, ohne dass bloße Eitelkeit des Vielwissens sie dazu bewegt, durch eigenes Bedürfnis getrieben bis zu solchen Fragen fort, die durch keinen Erfahrungsgebrauch der Vernunft … beantwortet werden können.« Das gilt zweifellos auch für die Theodizeefrage, die als solche also keineswegs als vernunftwidrig dasteht.

In der Vorrede zur 2. Auflage seiner »Kritik der reinen Vernunft« formuliert Kant den berühmten Satz: »Ich musste also das Wissen aufheben, um zum Glauben Platz zu bekommen …«[40] Doch aus dem Zusammenhang gerissen, ist dieser Satz missverständlich. Kant möchte keineswegs aller Re-

37. Dazu s. u. Kap. XII.4, wo es um die menschliche Freiheit und ihre Bewährung geht.
38. Vgl. Reinhart Hummel: Reinkarnation. Weltbilder des Reinkarnationsglaubens und das Christentum, Freiburg i. Br. 2000³; Werner Thiede: Die mit dem Tod spielen. Okkultismus – Reinkarnation – Sterbeforschung, Gütersloh 1994.
39. Immanuel Kant: Kritik der reinen Vernunft (1787²), in: Werke in zwölf Bänden, hg. von W. Weischedel, Frankfurt/M. 1977, Bd. 4, 49.
40. Kant: Kritik, 32.

ligion, allen Glaubensweisen beliebigen Freiraum neben dem vernünftigen Wissen verschaffen. Im Gegenteil – er wettert gegen den »Unglauben« derer, die ein Wissen auf rational unzugänglichen Gebieten behaupten. Ausdrücklich wendet er sich gegen Schwärmerei und Aberglauben ebenso wie gegen Atheismus und Materialismus. Hingegen plädiert er für einen aufgeklärten *Vernunftglauben*. Gemeint ist damit eine Glaubensweise, die sich aus der Vernunft selbst ableiten bzw. innerhalb ihrer Grenzen bestätigen lässt. Diesen Vernunftglauben hat Kant 1793 in seiner Spätschrift »Die Religion innerhalb der Grenzen der bloßen Vernunft« näher umrissen. Vernunft und Glaube will er offenkundig in ein- und derselben Perspektive, nämlich vom Fluchtpunkt der Vernunft – nicht des Glaubens! – aus sehen. Ihm entgeht dabei, dass er »Vernunft« ungeschichtlich begreift und insofern ungewollt als ein gewissermaßen selbst zu »glaubendes« Phänomen ins Spiel bringt. Friedrich Nietzsche wird ihm das später vorwerfen. Und ihm entgeht insbesondere, dass der von ihm konstruierte »Vernunftglaube« seinerseits alles andere als das schlechthin glaubwürdige Religionssystem darbietet[41].

Ohne jede Antwort auf die Theodizeefrage bleibt Kant allerdings nicht. Wenn nicht der theoretischen Vernunft, so doch der »praktischen Vernunft« traut er es zu, mit dem Theodizeeproblem angemessen umzugehen. Diese praktische Vernunft entwerfe ein vollkommenes Reich praktischer Zwecke, die sich mit der Naturkausalität nicht decken; es handele sich um das, was noch nicht da sei, aber durch unser Tun und Lassen wirklich werden könne. Sie votiere zwar für den Schöpferglauben, sehe diesen allerdings nicht als »geboten« an.[42] Worauf es ankomme, sei der Umstand, dass im menschlichen Bewusstsein in Form reinen Gesetzes der Wille zu finden sei, der Vernunft als einem Allgemeinverbindlichen unbedingt zu entsprechen. Dieser Umstand finde in der Forderung Ausdruck, dass alles besondere Wollen dem Allgemeinwillen zu entsprechen habe – um der Selbstentsprechung praktischer Vernunft willen. Wird dies konsequent erfasst, lassen sich alle denkbaren Grundsätze reiner praktischer Vernunft auf ein Prinzip reduzieren, das als Grundgesetz der Moral fungiert: »Handle so, dass die Maxime deines Willens jederzeit zugleich als Princip einer allgemeinen Gesetzgebung gelten könne.«[43]

Ob der Mensch überhaupt in der Lage, nämlich innerlich wirklich frei

41. Vgl. näherhin W. Thiede (Hg.): Glauben aus eigener Vernunft? Kants Religionsphilosophie und die Theologie, Göttingen 2004.
42. Vgl. Kant: Theodizee, 273 und 280.
43. Kant: Kritik, 54.

ist, in der von Kant gedachten Weise dem kategorischen Imperativ zu folgen, ist eine schwierige philosophische, letztlich doch wohl theologische Frage[44]. Wie immer man sie beantwortet, die Theodizeefrage bleibt. Kann aber der Umstand, dass ein Mensch in praktischer Gesinnungsethik strikt seinem Gewissen folgt und auf eine theoretische Beantwortung der Theodizeefrage verzichtet, schon eine – sagen wir: hinreichende existentielle Antwort auf die Theodizeefrage sein? Kant führt Hiob als ein Beispiel dafür an, dass dem so sei. In der Tat gibt es ungezählte Menschen, die – ob fromm oder »aufgeklärt« – mit Kant die Überzeugung »des Unvermögens unserer Vernunft«[45] in Sachen Theodizee teilen[46]. Auf Grund des oben bereits Ausgeführten über die göttliche Weisheit, die sich im Zeichen des Kreuzes auftut, votiere ich anders. Dass Menschen in dieser Frage nicht weiter kommen, ist gegebenenfalls hinzunehmen, nicht aber, dass sie aus ihrem Unvermögen ein Gesetz für alle machen.

4. Wider die theologische Ratlosigkeit

Kants Abhandlung zur Theodizeefrage hat lediglich das Misslingen aller *philosophischen* Versuche in dieser Sache behauptet. Gleichwohl sind ihm Generationen von *Theologen* bis zum heutigen Tage gefolgt. Sie haben sich damit bewusst oder zum Teil auch weniger bewusst einer »aufgeklärten« Religionsphilosophie verschrieben, die argumentativ im Endergebnis nicht über Hiob hinausführt und insofern auf alttestamentlicher Ebene verbleibt. Gegenüber der neutestamentlichen Botschaft und den geistigen Weiten, die sie eröffnet, kommt das nahezu einem Verrat gleich. Gott und das Leid – sollten damit notwendig unbegreifliche Gegensätze benannt sein, zu deren Auflösung »kein Sterblicher gelangen kann«[47]? Also ein Rätsel, ein Paradox,

44. Dazu mein Aufsatz »Gnade als Ergänzung? Zur Aporetik der Kantschen Rekonstruktion von Soteriologie und Christologie«, in: W. Thiede (Hg.): Glauben, 67-112.
45. Kant: Theodizee, 251. Ist das aber nicht auch bloß ein – obschon rationaler – »Machtspruch, wodurch der Zweifelnde zur Geduld verwiesen, aber nicht befriedigt wird« (247)?
46. Demgemäß spricht z. B. Hermann Lübbe von der Theodizeefrage als einem rein theoretischen Seminarproblem (Religion nach der Aufklärung, Graz/Wien/Köln 1986, 197).
47. Kant: Theodizee, 248.

ein bleibendes Mysterium? Oder gehört beides, Gott und Leid, ganz eng, vielleicht überraschend eng zusammen? Das Kreuz als Symbol der christlichen Religion weist genau in diese Richtung: Es bringt Gott selbst und das Leid auf einen Nenner. Hier ist weder fromme Ratlosigkeit noch esoterisches Geheimniswahren. In Jesus, dem Christus, hat Gott gesprochen, geantwortet auf tiefste, letzte Fragen.

Und so ist das Kreuz denn auch Symbol der Erlösung, der Befreiung vom Leid. Die christliche Erlösungsreligion – sie tröstet mit der solidarischen Gegenwart des mit-leidenden Christus und macht Hoffnung darauf, dass derselbe Gott, der Christus auferweckt hat, einst alles Leid überwinden und damit die Sehnsucht der Menschen nach Erlösung herrlich erfüllen wird. Es war der Jesuit Ladislaus Boros, der einmal unterstrichen hat: »Bis heute war es das Christentum, das den ›träumenden Menschen‹ am vollsten ernst genommen hat … Es ist die Hoffnung, in der Gott die Sehnsucht des Menschen derart übertrumpft, dass die wildesten und vermessensten Träume der Menschheit als Kleinglaube und fast tierische Stumpfheit erscheinen. Schon von diesem Gesichtspunkt her gesehen wäre das Christentum die Religion, die der inneren Seinskonstitution des Menschen am meisten entspricht.«[48]

Wenn das so ist, dann fragt man sich, warum gerade das Christentum heutzutage oft so kleinlaut und mutlos wirkt. Viele Menschen unserer Zeit finden die christliche Religion immer weniger attraktiv; der Säkularismus schreitet fort. Das Wirklichkeitsverständnis bezieht man vorzugsweise von der Naturwissenschaft. Deren erklärtes Ziel ist es mittlerweile, die Weltformel zu finden – und zwar als den »Nachweis, dass die Welt gar nicht anders sein kann, als sie ist«. So jedenfalls der New Yorker Physiker Brian Greene in einem Spiegel-Interview zu seinem Buch »Der Stoff, aus dem der Kosmos ist« (2004). Religiöse Sehnsucht scheint demnach so tot zu sein wie der Gott der Liebe und des Guten, von dem Friedrich Nietzsche einst gesprochen hat. Wenn Welterklärung sich darauf beschränkt, die Wirklichkeit als Ganze in ihrem materiellen Sosein und Gewordensein zu durchleuchten, dann blendet sie die Möglichkeit eines geistigen Ursprungs der Welt als Schöpfung von vornherein aus – und erst recht eine Sinngebung der Welt, die den Menschen Hoffnung auf Erlösung verschafft. Die Welt so zu erklären, dass sie gar nicht anders sein kann, als sie ist, das ist ein trostloses Unterfangen. Das ist das Ende aller Träume.

48. Ladislaus Boros: Der anwesende Gott. Wege zu einer existentiellen Begegnung, Olten/Freiburg i. Br. 1964, 160.

Nur wenn die Welt auch anders sein kann, als sie ist, macht die Rede vom »Reich Gottes« Sinn. Das Neue Testament spricht vom universalen Reich Gottes als der vollendeten Schöpfung, der ewigen Zukunft, die der Schöpfer dem All gewähren wird. Mit diesem Horizont der kosmischen Erlösung erst wird die christliche Botschaft von Gott als Liebe möglich[49]. Die Welt kann letzten Endes (!) auch anders sein, als sie ist – nämlich eine Wirklichkeit ohne Leid, ohne Schmerz und Tränen. Von dieser Hoffnung lebt christlicher Glaube elementar[50]. Am Anfang war der »Logos«, so hebt bekanntlich das Johannesevangelium an. Diesen griechischen Begriff kann man mit »Wort«, aber auch mit »Sinn« übersetzen. Christus, der Logos, stellt als der Mensch gewordene Sinn des Alls mit seiner Auferstehung die Ansage der Auferstehung aller Toten, der göttlichen Zukunft aller Kreatur dar, die ihr erst gänzlich Sinn verleiht.

Ist aber Christus dieser letzte Sinn des Kosmos, dann und gerade dann drängt sich die Frage auf, warum die Welt nicht immer schon so ist, wie sie im Geist seiner Liebe sein könnte. Es ist das die alte Frage, die überall dort auftaucht, wo von einem Sinn gebenden Schöpfergott die Rede ist: Warum hat er die Schöpfung nicht gleich vollkommen gemacht[51]? Wie soll er es verantworten können, dass sie so voller Leid ist? Bleibt diese Theodizee-Frage ohne Antwort, dann drängt sich – vielleicht nicht zwingend, aber doch tendenziell – die Ersatzantwort des Atheismus auf. Denn wo kein Sinn erkennbar ist, dort machen sich Zweifel an der Existenz eines Sinngebers breit: ohne erkennbare Gerechtigkeit kein gerechter Gott. Ohne gelingende[52] Theodizee steht darum auch jeder Schöpferglaube auf tönernen Füßen.

49. Das ist Claus Petersen entgegenzuhalten, der ernsthaft meint, Jesu Reich-Gottes-Begriff seiner eschatologischen Dimension heutzutage ohne Schaden entkleiden und dennoch im Kerngehalt bewahren zu können (Reich Gottes, 74). Tatsächlich kommt dabei ein trostloser, weil hoffnungsloser Glaube heraus, der sich angesichts der Todesfrage mit dem Hinweis abspeisen lassen muss: »Wir sind nicht mehr – aber wir waren! Unser Leben war ein Teil des Reiches Gottes« (87).
50. In der Konsequenz seiner Negation jeglicher futurischer Eschatologie muss sich Claus Petersen auch von der Heilsbedeutung Jesu Christi verabschieden (Reich Gottes, 50, 55); ob sein Rest angeblich »natürlicher« Religiosität noch das Attribut »christlich« verdient, ist zu bezweifeln.
51. Dazu s. u. VI.2 und XII.5.
52. Eine gelungene Theodizee muss und kann keine für alle Zeiten und alle Diskussionen »abschließende« Auskunft darstellen (so mit Recht Sparn: ›Trug‹, 49), weil die Art ihres »endgültigen« Gelingens eine eschatologische Dimension hat: Nur der Christusglaube bildet den legitimen Horizont ihres Anspruchs – womit er allerdings präsentisch schon im »Licht der Gnade« und nicht erst im »Licht der Herrlichkeit« seinen Ort haben darf.

Und erst recht jeder Erlösungsglaube. Zweifel und Verzweiflung siegen dann. Kein Wunder, dass in einer Epoche, da weite Teile der Theologie eine Antwort auf die Theodizeefrage verweigern, ja für unmöglich erklären, die verbreitete Sinnkrise sich zu einer »Massenneurose«[53] ausgeweitet hat!

Wenn aber gerade Jesus Christus als der letzte Sinn des Kosmos, als der Logos allen Seins genau diese kritischen Fragen hervorruft, dann müsste im Christus-Glauben doch die Antwort auf die Theodizee-Frage zu finden sein! Wo Christus als die göttliche Weisheit in Person geglaubt wird, wie sollte dort diese Frage mit irgendwelchen Vertröstungen abgespeist werden? Insofern ist es theologisch als eine tragische Entwicklung zu bezeichnen, dass die christliche Theologie insbesondere seit Kant ganz überwiegend bekennen zu müssen meint, ratlos zu sein in Sachen Theodizee. Ihr Trost beschränkt sich dann auf die Versicherung: »Gott ist solidarisch und leidet mit den Verzweifelten.«[54]

Im Grunde ist es merkwürdig, wie einig sich die christliche Schultheologie heutzutage durch viele Schulen und Konfessionen darin zu sein scheint, dass es auf die bekannte Frage, warum der allmächtige Gott trotz seiner Liebe unsagbar viel Leid und Ungerechtigkeit zulasse, bis zur universalen Offenbarung Gottes am Ende dieser Welt keine Antwort geben könne. Ein Beispiel für diese Verweigerungshaltung liefert Joachim Kunstmann mit seinem Aufsatz »Theodizee. Vom theologischen Sinn einer unabschließbaren Frage«[55]. Auch nach Wilfried Härle hat der christliche Glaube es auszuhalten, »dass er auf die Theodizeefrage keine definitive Antwort *hat*, sie aber im Vertrauen auf Gott eschatologisch erhofft.«[56] Rudolf Weth behauptet in gut kantianischer Perspektive, »dass die Theodizeefrage von niemandem beantwortet, aber auch von keinem abgeschafft werden kann.« Mehr noch: Er fordert, sie müsse »kritisch offen gehalten werden, weil jede Antwort den Nerv der Frage ersticken und ein falsches Bild von Gott, Welt und Mensch suggerieren würde.«[57] Jede (!) inhaltlich ausgeprägte Antwort bedeutet also notgedrungen eine falsche.

53. So der Psychologe Viktor E. Frankl: Das Leiden am sinnlosen Leben, Wien/Freiburg i. Br. 1977, 111.
54. So Udo Hahn: Art. Leiden, in: Evangelischer Taschenkatechismus, hg. von W. C.-W. Clasen u. a., Rheinbach/Birnbach 2002³, 299-301, hier 301.
55. Joachim Kunstmann: Theodizee. Vom theologischen Sinn einer unabschließbaren Frage, in: Evangelische Theologie 59 (1999), 92-108.
56. Wilfried Härle: Dogmatik, Berlin/New York 1995, 454 f.; ähnlich Sparn: ›Trug‹, 49.
57. Vgl. Rudolf Weth: Gefragter Glaube – offene Theodizeefrage und trinitarisches Bekenntnis, in: Ders. (Hg.): Der lebendige Gott. Auf den Spuren neueren trinitarischen Denkens, Neukirchen-Vluyn 2005, 143-157, hier 152. Ähnlich Schoberth: Allmacht,

Solch heutzutage gepflegte Ratlosigkeit vor dem Theodizeeproblem[58] zu hinterfragen, muss theologisch erlaubt sein[59]. Ich halte das mit Gisbert Greshake[60] und Friedrich Hermanni[61] sogar für geboten. Hier geht es nicht nur um eine Frage intellektueller Redlichkeit, sondern um theologische Reflexionsbemühungen, die wissenschaftlich weiterführen sollen – im Interesse betroffen fragender Menschen einerseits und einer recht verstandenen Kreuzestheologie andererseits, im Übrigen sogar im Interesse derer, die längst zu fragen aufgehört haben.

Kennzeichnet nicht in der Tat das Ende des Fragens weitgehend unsere Situation? Als das Erd- und Seebeben 1755 in Lissabon gewütet hatte, wühlte der Streit um die Gottesfrage viele Menschen auf[62]. Und heute, über ein Vierteljahrtausend später? Eine verstärkte religiöse Nachfrage oder Irritation scheint trotz der ähnlichen Naturkatastrophen der letzten Jahre und Jahrzehnte, die weitaus mehr Tote mit sich gebracht hatten, nicht in Sicht. Tatsächlich haben derlei Widerfahrnisse schon frühere Generationen durchgemacht. 1887 etwa forderte eine gewaltige Überschwemmung in der chinesischen Provinz Henan 900.000 Tote; 1923 ein Erdbeben in Tokio und Yokohama über 100.000; Überschwemmungen am Jang-tse in China 1911 über 100.000 und 1931 sogar über eine Million; 1970 ein Wirbelsturm in Bangladesch 300.000; 1972 eine Dürre-Periode in der afrikanischen Sahel-Zone 250.000; 1976 ein Erdbeben in der chinesischen Stadt Tangshan ebenso viele Opfer. Kirchenleitungen pflegen selbstverständlich zum hilfsbereiten Spenden aufzurufen, fühlen sich aber wenig bemüßigt, hilfsbereit auf die Frage eingehen, wie der von ihnen verkündigte Gott der Liebe mit solch

51; Neuhaus: Frömmigkeit, 24; Martin Hailer: Gott und die Götzen. Über Gottes Macht angesichts der lebensbestimmenden Mächte, Göttingen 2006, 51.

58. Einige weitere Systematiker seien hier exemplarisch als Vertreter dieser Argumentationslinie genannt: Christofer Frey: Dogmatik, Gütersloh 1993[3], 81; Gerd Neuhaus: Frömmigkeit, 152 u. ö.; Hans Schwarz: Im Fangnetz des Bösen, Göttingen 1993, 180 f.; Lange: Glaubenslehre, 411 f.; Gunda Schneider-Flume: Grundkurs Dogmatik, Göttingen 2004, 200 f.
59. Lange räumt – wiederum gut kantianisch – ein: »Dass die Theodizeefrage unlösbar ist, bleibt für das Denken unbefriedigend«; deshalb hält er es jedenfalls für theologisch falsch, sie verbieten zu wollen (ebd. und 530).
60. Vgl. Gisbert Greshake: Wenn Leid mein Leben lähmt, Freiburg i. Br. 1992, 19 ff.
61. Vgl. Friedrich Hermanni: Das Böse und die Theodizee. Eine philosophisch-theologische Grundlegung, Gütersloh 2002, 26 f. u. ö.
62. W. Breidert (Hg.): Die Erschütterung der vollkommenen Welt. Die Wirkung des Erdbebens von Lissabon im Spiegel europäischer Zeitgenossen, Darmstadt 1994; Ulrich Löffler: Das Erdbeben von Lissabon 1755. Geschehen, zeitgenössische Deutung, Bedeutung, in: Luther 77 (2006), 8-31.

gigantischen Katastrophen gedanklich in Einklang zu bringen sein sollte. Meistens schweigen sie – nicht nur, weil die Theologie hier überwiegend zu schweigen pflegt, sondern auch deshalb, weil meist schon gar nicht mehr gefragt wird. In unserem Zeitalter ist der Glaube an einen personalen, nämlich auf seine Verantwortung hin ansprechbaren Gott weithin einem praktischen Atheismus oder Agnostizismus gewichen. Für den säkular geprägten Zeitgeist erübrigt sich das Fragen nach dem letzten Sinn gewissermaßen. Religion ist zwar keineswegs »tot«, steht aber kaum mehr im Zentrum öffentlicher Diskurse. Zugespitzt formuliert: Es gibt gar nicht mehr sonderlich viel von jenem Glauben, den Naturkatastrophen erschüttern könnten; abendländische Religionskritik hat – kulturell gesehen – schon ziemlich erfolgreich damit aufgeräumt.

Eine Theologie, die auf die Theodizeefrage keine inhaltlich tröstende Antwort parat hat, ist zeitgemäß. Sie hat sich dem Zeitgeist bestens angepasst. Hat Gottes Geist hier wirklich nichts zu sagen und wenn überhaupt, dann auf Auskünfte jenseits dieser Weltzeit zu verweisen? Gewiss, die demütig erscheinende Verweigerungshaltung zeitgenössischer Theologie kann als Versuch akzeptiert werden, angesichts des Leidens anderer auf allerlei gut gemeinte und doch zynisch anmutende Antworten zu verzichten. Denn die könnten in ihrem Bemühen um eine Theodizee die betreffenden Übel des Daseins ungewollt »schönzureden« versucht sein, gerade indem sie ihre Notwendigkeit begründen und damit quasi noch argumentativ »legitimieren«[63]. Aber der Preis auf solchen generellen Verzicht ist hoch. Zu hoch, wie ich meine. Es geht theologisch um zuviel: eben um nicht weniger als die Gottesfrage. Der radikale Verzicht auf eine theologisch qualifizierte Antwort dürfte seinerseits zynisch gegenüber den verzweifelt Fragenden sein[64].

Darum lohnt es den offenen Diskurs – im Namen des Kreuzes! Offen heißt hier: Es darf keinerlei vorlaufende Denkverbote geben. Auch wer vorgibt, über die »Stichhaltigkeit der Theodizee-Argumente«[65] urteilen zu können, muss sich offen halten für die hermeneutische Grundeinsicht, dass Stichhaltigkeiten allemal abhängig sind vom jeweiligen Vernunftverständnis und vom weltanschaulich-religiös vorausgesetzten Rahmenkonzept bzw. »Paradigma«[66]. Ob Theodizee-Argumente nach eingehendem Diskurs ein-

63. Dazu s. u. Kap. II.5.
64. So sieht etwa Bauke selbst, dass sein bescheidener Standpunkt »fast schon als eine fade Vertröstung« wirkt (Gerechtigkeit, 349).
65. Z. B. bestreitet Armin Kreiner die Überzeugungskraft sämtlicher Theodizeen (Gott im Leid. Zur Stichhaltigkeit der Theodizee-Argumente, Freiburg i. Br. 2005).
66. Dass es eine neutrale »Vernunft« nicht gibt, zeige ich u. a. auf in dem Beitrag »Zwi-

leuchten, lässt sich nicht voraussagen. Das hängt von ihrer Qualität ebenso ab wie von den intellektuellen und psychischen Voraussetzungen der disputierenden Subjekte, ja auch von der Gesamtsituation, innerhalb derer sich der Reflexionsprozess im Einzelnen abspielt. Sollte Theodizee in guter Weise gelingen, dann muss das letztlich mit dem Wirken des Geistes Gottes zu tun haben, denn Einsichtnahme in Gottes grundlegendes Verhältnis zu Bösem und Leid kann nicht anders zustande kommen als so, dass im nachvollziehenden Verstehen Gottes Reich in dem Betreffenden nahe herbeigekommen ist.

schen Gottesstaat und Laizismus. Religion und Politik in der pluralen Gesellschaft«, in: Materialdienst der EZW 68 (2005), 203-218.

II. Gottes Gerechtigkeit – hinterfragt vom modernen Sinnlosigkeitsgefühl

Die zweifelnde Frage nach Gottes Gerechtigkeit, Güte und überhaupt nach seinem Schöpfer-Sein ist angesichts einer leidvollen Schöpfung alles andere als unfromm. Es sei denn, man würde es als ein Zeichen von Frömmigkeit ansehen, in Sachen Religion den Verstand mehr oder weniger auszuschalten. Von Menschen, die so denken, wird umgekehrt der Vorwurf erhoben, dass es anmaßend sei, über Gottes Walten mit unserem kleinen Verstand richten zu wollen. Doch es geht bei der Theodizeefrage keineswegs um ein Zu-Gericht-Sitzen der menschlichen Vernunft über Gott, sondern um ein legitimes Suchen nach Verstehen angesichts eines großen Paradoxes. Diese Suche ist oft genug von Sehnsucht, ja Liebe zu Gott getragen und insofern mitnichten ein Zeichen von Rebellion. Bleibt sie freilich dauerhaft ergebnislos, wird das die vielleicht ursprünglich fromme Intention nicht unbedingt befördern. Allerdings können auch gefundene Resultate, sofern sie theologisch minderwertig sind, langfristig der spirituellen Einstellung Schaden zufügen. Es lohnt sich also, in dieser zentralen religiösen Frage Sorgfalt walten und sich das Bemühen um eine tragfähige, tief reichende Antwort durch keine vorschnellen Auskünfte torpedieren zu lassen.

Die Fragestellung selbst ist deutlich: Wie können Gott und das Leid der Welt, auch mein persönliches Leid, überzeugend auf einen Nenner gebracht werden? Der offenkundige Widerspruch zwischen Gottes Gerechtigkeit und Güte einerseits und den Übeln der Welt andererseits hat viele Religionen und Religionsphilosophen zu Lösungsvorschlägen animiert, von denen sich aber keiner allgemein durchgesetzt hat. Allein dieses Faktum zeugt von der Verborgenheit Gottes, die mitunter als Nichtexistenz Gottes gedeutet wird.

Ginge man von der Nichtexistenz Gottes aus, wäre man freilich der Grundhaltung des Glaubens nicht enthoben: Auch der Atheismus ist nicht mehr als ein Deutungsmodell, das keine objektive Beweiskraft hat. Es impliziert allerdings die Behauptung einer absoluten Sinnlosigkeit des Universums und lässt nur den kleinen, relativen Sinn überschaubarer menschlicher Strukturen zu. Diese Haltung ist angesichts der faktischen Verborgenheit des wie immer zu verstehenden »Absoluten« nicht illegitim, aber doch riskant: Sie setzt alles auf den Zweifel und verwirft die keineswegs grundsätzlich auszuschließende Möglichkeit, dass es doch einen umfassenden, wenngleich verborgenen Sinn geben könnte, der allein schon mit der Gegebenheit von Welt und persönlicher Existenz um die Grundhaltung des Vertrauens wirbt. Wer einen letzten Sinn aller Dinge und damit auch des eigenen Daseins schlechthin bestreitet, wird damit zwar eventuell einer letzten negativen Wahrheit, eben der absoluter Sinnlosigkeit gerecht; aber eine klare Bestätigung dafür wird er, gerade wenn er recht haben sollte, nie erhalten. Ja diese Haltung selbst ist dann eigentlich in sich gleichgültig. Sollte er aber auf dem Holzweg sein, hat er es versäumt, sich auf die dann doch positive göttliche Wahrheit hin auszurichten, sich wenigstens versuchsweise auf sie einzustellen. Und dieses Versäumnis wird er dann wahrscheinlich doch einmal erfahren – mit welchen Folgen, sei hier dahin gestellt. Sollten ihm jedenfalls einst von göttlicher Seite Vorwürfe gemacht werden, würde ihm das himmlische Gericht immerhin den Umstand der doch weitgehenden Verborgenheit Gottes zugute halten müssen. Denn gerade wenn argumentativ auf den erahnbaren Schöpfer der Welt abgehoben wird, wie das beispielsweise der Apostel Paulus in den ersten Abschnitten seines Briefes an die Römer tut, bleibt das Problem der »moralischen« Verborgenheit Gottes bestehen. Die Theodizeefrage ist so gesehen nicht nur der »Fels«, sondern gegebenenfalls auch der »Apologet« des Atheismus.

Auf Grund dieser Darlegungen bietet sich das Faktum der Verborgenheit Gottes theologisch als Ausgangspunkt weiterführender Reflexionen zum Theodizeeproblem an. Weder Gottes Güte noch seine Allmacht sind offenkundig. Anders gewendet: Gott übt sie entweder nicht offenkundig aus, oder er übt sie offenkundig nicht aus. Beides bedeutet im Endeffekt Schmerz für Gott; denn allein schon der Umstand der Verborgenheit einer vielleicht doch ausgeübten Allmacht dürfte zumindest ein Stück weit deren Einschränkung implizieren.

Von solch einer Einschränkung zeugt nun die christliche Religion in ihrem Zentrum, indem sie von der Menschwerdung der zweiten Person der dreifaltigen Gottheit spricht – bis hin zum Tod am Kreuzesgalgen. Paulus drückt das unter Aufnahme eines urchristlichen Liedes in seinem Brief an die Philipper folgendermaßen aus: »Er, der in göttlicher Gestalt war, hielt es nicht für einen Raub, Gott gleich zu sein, sondern entäußerte sich selbst und nahm Knechtsgestalt an, wurde den Menschen gleich und der Erscheinung nach als Mensch erkannt. Er erniedrigte sich selbst und war gehorsam bis zum Tod, ja zum Tod am Kreuz. Darum hat ihn auch Gott erhöht und hat ihm den Namen gegeben, der über alle Namen ist …« (2,6-8). Der hier auftauchende Begriff der Selbstentäußerung, der Selbstentleerung lautet im griechischen Original *kenosis*. Wenn nun nach urchristlicher Tradition eine Person der Gottheit sich »entäußert« hat, kann das für die anderen beiden Personen derselben Gottheit schwerlich ohne Konsequenzen geblieben sein. Vielmehr müssen auch Gott der Vater und der heilige Geist direkt oder indirekt an dieser Kenose teilgehabt haben bzw. immer noch an ihr partizipieren. Wie das systematisch-theologisch näherhin zu denken ist, soll in den Teilen B, C und D dieses Buches zur Ausführung kommen. Und damit soll insgesamt deutlich werden, wie aus dem Zentrum des christlichen Glaubens heraus eine glaubwürdige und tragfähige Antwort auf die Theodizeefrage möglich wird.

1. Welt ohne Sinn?

Neuzeitliche Vernunftkritik hat im Verbund mit den Fortschritten der Naturwissenschaft Atheismus, Agnostizismus und Säkularismus begünstigt. Daher wird die Frage nach Gott, nach seiner Gerechtigkeit und Güte heutzutage schon vielfach gar nicht mehr gestellt. Wohl nicht zuletzt wegen des auch theologiegeschichtlich immer mehr hintangestellten Theodizeeproblems ist die Gottesvorstellung ihrer personalen Färbung zunehmend verlustig gegangen. Man spricht oft lieber von der »Transzendenz«, dem Absoluten oder dem »letzten Sinn«. Gerade in der Sinnfrage aber spiegelt sich insgeheim die Frage nach Gott als einer gültigen, allmächtigen »Person«, die darin ihren personalen Charakter hat, dass sie Selbstbewusstsein besitzt und in Selbstverantwortung der Welt Sinn verleiht. »Die Sinnsuche beschäftigt immer mehr Menschen«, lautet das Resümee einer repräsentativen Befragung über »Spiritualität und Religiosität in Deutschland«[1]. Gemeint ist weniger die Suche nach Sinn für die eine oder andere Tätigkeit oder Lebenssituation als vielmehr die nach dem Sinn schlechthin, nach dem »Sinn des Ganzen«, von dem der nach ihm Ausschau Haltende sich gerne umgriffen wissen möchte. Wer nach dem letzten, umfassenden Sinn fragt, sehnt sich

1. Veröffentlicht von der »Identity Foundation« (Düsseldorf) im April 2006. »Trend geht zur Sinnsuche«, lautete bereits eine AP-Pressemeldung vom April 2003 mit Bezug auf Aussagen des Trendforschers Horst Opaschwski im Interview mit der Tageszeitung »Mannheimer Morgen«.

danach, dass er selbst und alles Sein von tiefster Warte aus erkannt und eben auf ein sinn-volles Ziel hin »gedacht« wird. Insofern spiegelt sich in der Sinnfrage nichts anderes als die Sehnsucht nach jener Transzendenz, die Welt und Subjekt gleichermaßen umschließt[2] und für die in der religiösen Sprache das Wort »Gott« zur Verfügung steht. Helmut Gollwitzer erklärt: »Die Sinnfrage ist die Gottesfrage, sofern mit dem Wort ›Gott‹ jeweils diejenige Instanz bezeichnet wird, von der Sinngebung erhofft wird.«[3] Wenn aber die Existenz Gottes kritisch hinterfragt wird, gerät auch der sogenannte letzte Sinn in die Perspektive der Skepsis. Theodizeeproblem und Sinnfrage stehen in einem Entsprechungsverhältnis.

Nach dem letzten »Sinn« pflegen insbesondere Menschen zu fragen, denen er abhanden gekommen ist. Weniger salopp ausgedrückt: Die Sinnfrage ist vorwiegend ein Thema für Menschen, die in ihrem Leben bereits schmerzliche Erfahrungen mit der Zerbrechlichkeit von Sinn-Strukturen gemacht haben. Und doch ist sie keineswegs nur eine Frage, die je und je bei Gelegenheit individueller Betroffenheit aufbricht. Der Verlust des umfassenden Sinnhorizonts ist auch ein gesellschaftliches Phänomen, nämlich eine Folge der Säkularisierung des Abendlands. Solch grundsätzlicher Sinnverlust ist in der neuzeitlichen Kultur daher immer mehr ins Bewusstsein der Menschen gedrungen[4]. Man kann eben nicht mehr wie in früheren Zeiten einfach einen transzendenten Horizont der Dinge voraussetzen, auch wenn die großen Kirchen mitunter noch so tun, als wäre das so. Längst vorüber ist die mehr oder weniger mythologische Geborgenheit problemlosen Glaubendürfens, zerbrochen der selbstverständliche religiöse Rahmen der Weltwirklichkeit für Völker und Gesellschaften[5]. »Metaphysik« ist seit Kant – wie bereits dargelegt – eigentlich nur noch als subjektive Frage, nicht mehr als sich objektiv-verbindlich gebende Antwort erlaubt. Jedes Theodizee-Projekt gilt dementsprechend als illegitimes Unterfangen.

Mitunter gab es regelrechte Sinnkrisen schon in alten Kulturen, etwa im

2. Vgl. Peter L. Berger: Sehnsucht nach Sinn. Glauben in einer Zeit der Leichtgläubigkeit, Frankfurt/M. 1994; Bernhard Grom/Josef Schmidt: Auf der Suche nach dem Sinn des Lebens, Freiburg i. Br. 1988[2].
3. Helmut Gollwitzer: Krummes Holz – aufrechter Gang. Zur Frage nach dem Sinn des Lebens, München 1973[6], 176. Letztlich zeugt die Sinnfrage von dem Angewiesensein des Menschen auf den ihm unbekannten und doch seiner Psyche immer schon einwohnenden Gott, von dem Beanspruchtund Gefragtsein des Subjekts durch ihn.
4. Vgl. Friedrich Gogarten: Verhängnis und Hoffnung der Neuzeit, Tb München 1966.
5. Siehe immerhin Georg Schwickhart (Hg.): Was ist der Sinn meines Lebens? Antworten aus den Religionen der Welt, Gütersloh 2002 (GTB 1170).

Alten Ägypten[6]. Nicht immer sind Religionen automatisch Sinn-Lieferanten – ganz abgesehen davon, dass in jedem Einzelfall zu fragen wäre, welche Sinn-Qualität spirituell jeweils angeboten wird. Insofern ist es nur bedingt erstaunlich, dass sich bereits im Alten Testament die Aussage findet, alles sei sinnlos. Zu Beginn des Buches Prediger (Kohelet[7]) heißt es (nach der modernen Übersetzung »Die gute Nachricht«, wobei sich der folgende Text gar nicht wie eine »gute Nachricht« anhört): »›Vergeblich und vergänglich!‹, pflegte der Weisheitslehrer zu sagen. ›Vergeblich und vergänglich! Alles ist vergebliche Mühe.‹ Der Mensch müht und plagt sich sein Leben lang, und was hat er davon? Die Generationen kommen und gehen; und die Erde bleibt, wie sie ist. Die Sonne geht auf, sie geht unter – und dann wieder von vorn, immer dasselbe. Jetzt weht der Wind von Norden, dann dreht er und weht von Süden, er dreht weiter und immer weiter, bis er wieder aus der alten Richtung kommt. Alle Flüsse fließen ins Meer, aber das Meer wird nicht voll. Das Wasser kehrt zu den Quellen zurück – und wieder fließt es ins Meer. Du bemühst dich, alles, was geschieht, in Worte zu fassen, aber es gelingt dir nicht. Denn mit dem Hören und Sehen kommst du nie an ein Ende. Doch im Grunde gibt es überhaupt nichts Neues unter der Sonne. Was gewesen ist, das wird wieder sein; was getan wurde, das wird wieder getan. ›Sieh her‹, sagen sie, ›da ist etwas Neues!‹ Unsinn! Es ist schon einmal da gewesen, lange bevor wir geboren wurden. Wir wissen nur nichts mehr von dem, was die Alten taten. Und was wir heute tun oder unsere Kinder morgen, wird auch bald vergessen sein« (1,2-11).

Der einleitende Ruf dieses Textes aus der Spätzeit des Alten Testaments könnte tatsächlich auch übersetzt werden mit den Worten: »Es ist alles sinnlos!« Das Ganze klingt wie ein Klagelied von der Sinnlosigkeit des Lebens. Da spricht ein alter, weiser Mann, aus dessen Perspektive die Dinge dieser Welt alles andere als beglückend sind. Das Wertvolle an diesem Text ist: Hier wird allen Harmonisierungs- und Beschönigungsversuchen eine Absage erteilt. Gerade deswegen wirkt er durchaus modern. Ist doch in keiner Epoche der Menschheit ein so verbreitetes Sinnlosigkeitsgefühl anzutreffen wie in unserer weithin säkularisierten Zeit!

Die *moderne* Sinnfrage ist zum Signum der Moderne selbst geworden: Sie ist Ausdruck eines Zeitalters, das die Ungewissheit hinsichtlich eines letzten Sinns sozusagen zur Gewissheit erhoben hat. Zu groß die Ungerech-

6. Siehe Günter Lanczkowski: Zur ägyptischen Religionsgeschichte des mittleren Reiches, in: ZRGG 6 (1954), 1-18 (= II. Teil), bes. 7.
7. Wörtlich: Weisheitslehrer.

tigkeiten auf dieser Welt – nicht nur, was die sozialen Verhältnisse, sondern auch was schicksalsmäßige Fügungen angeht –, als dass das Walten eines gerechten Gottes einleuchten würde! Viel sinnloses Geschehen im Großen wie im Kleinen macht Theodizeen rasch zum Gegenstand der Skepsis. Die daraus resultierende Ungewissheit hinsichtlich eines letzten Sinnes ist oft schwer auszuhalten. Manche Menschen laufen auf Grund ihres Sinn-Verlangens in die Arme von Sekten[8] und spirituellen »Bauernfängern«. Gern sind sie bereit, viel Geld hinzulegen für irgendwelche Angebote von Sinn-Überhöhungen. All zu rasch glauben sie exotischen Phantasten wie zum Beispiel der »Scientology-Church«[9], von deren psychologischen Tricks sie sich ohne weitere Prüfung beeindrucken lassen. Peter Sloterdijk bemerkt pointiert, die Sucht nach Sinn gebe jedem Unsinn die Chance, sich als Heilsweg zu verkaufen[10]. Dass in unserer säkularen Gesellschaft ein regelrechtes Überangebot an Sinn-Systemen anzutreffen ist, analysiert in einer tiefenpsychologischen Studie Doris Lier mit dem Resultat, solche Inflation führe zum Wertverlust all dieser sich relativierenden Sinn-Antworten, also tatsächlich in den Nihilismus[11]. Solche Selbstrelativierung von Sinnangeboten in unserer pluralistischen Gesellschaft gibt zudem denjenigen Auftrieb, die der Sinnfrage geschickterweise dadurch beikommen zu können meinen, dass sie sie zu einem »selbsterzeugten Pseudoproblem«[12] deklarieren. Schon Sigmund Freud konnte 1937 formulieren: »Im Moment, da man nach Sinn und Wert des Lebens fragt, ist man krank, denn beides gibt es ja in objektiver Weise nicht …«[13]

Sinnverneiner müssen sich aber ihrerseits in Frage stellen lassen. Wie Leszek Kolakowski am Ende seines Büchleins »Horror metaphysicus« zeigt, mündet jede Kritik am »letzten Sinn« in die kritische Gegenüberlegung, dass, wenn »die Welt ohne Sinn wäre, wir niemals so weit gekommen wären, uns nicht nur das Gegenteil vorstellen zu können, sondern genau dies den-

8. Zu diesem theologisch gemeinten Begriff siehe das 1. Kapitel in meinem Buch »Sektierertum – Unkraut unter dem Weizen?« (Neukirchen-Vluyn 1999).
9. Dazu Werner Thiede: Scientology – Religion oder Geistesmagie? Neukirchen-Vluyn 1995[2].
10. Peter Sloterdijk: Kritik der zynischen Vernunft, Bd. 2, Frankfurt/M. 1983, 524.
11. Doris Lier: Totentanz. Bilder einer magersüchtigen Zeit, Zürich 2001, 29.
12. Vgl. z. B. Paul Watzlawick: Münchhausens Zopf oder Psychotherapie und ›Wirklichkeit‹. Gesammelte Aufsätze und Vorträge, Bern 1988.
13. Sigmund Freud: Brief an Marie Bonaparte vom 13. 8. 1937, in: Ders.: Briefe 1873-1939, Frankfurt/M. 1960, 429.

ken zu können: dass [...] die Welt ohne Sinn ist«[14]. Tatsächlich impliziert jede Rede von Sinnlosigkeit bereits den apriorischen Gedanken einer Sinnganzheit[15] – auch wenn er dann explizit negiert, bezweifelt wird. Ulrich Mann drückt den Sachverhalt folgendermaßen aus: »Dass wir so leben, als wäre Sinn, Sinn schlechthin, Sinn trotz aller Sinnwidrigkeiten, Sinn hinter und eigentlich doch schon mitten in ihnen, das ist ein ›logologischer‹ Gottesbeweis ... Wir brauchen Gott nicht zu beweisen, weil wir selbst, als die, die wir sind, auch als sogenannte ›Atheisten‹, der denkbar zugkräftigste und lebendigste Gottesbeweis sind.«[16]

2. Naturwissenschaft als Anwalt der Sinnlosigkeit?

Der abgrundtiefe Zweifel des modernen Bewusstseins hinsichtlich eines letzten Sinns hängt zusammen mit den Veränderungen des Weltbildes[17], das sich der modernen Naturwissenschaft verdankt. Nun spart freilich deren Methodik apriori eine weltanschaulich-religiöse Sinnfindung aus[18]. Deshalb ist es eine der Grundparadoxien der Moderne, dass man sich von den Auskünften der Naturwissenschaft weithin weltanschauliche Orientierung erhofft – und dann in der Konsequenz an der von Frankl diagnostizierten Massenneurose der Sinn-Ermangelung partizipiert! Manche Naturwissenschaftler haben ihren Anteil an solch fehlgeleiteten Erwartungen – etwa wenn Carl Friedrich von Weizsäcker die moderne Physik als »Philosophie des 20. Jahrhunderts« bezeichnet, oder wenn Stephen W. Hawking

14. Vgl. Leszek Kolakowski: Horror metaphysicus. Das Sein und das Nichts, München 1989.
15. Vgl. Wolfhart Pannenberg: Wissenschaftstheorie und Theologie, Frankfurt a. M. 1973, 218.
16. Ulrich Mann: Gott in der Seele. Einige Erwägungen zur Imago-dei-Lehre heute, in: G. Müller (Hg.): Rechtfertigung, Realismus, Universalismus in biblischer Sicht. Festschrift für Adolf Köberle zum 80. Geburtstag, Darmstadt 1978, 155-165, hier 158.
17. Vgl. Werner Thiede: Art. Weltanschauung. V. Praktisch-theologisch, in: RGG[4], Bd. 8, Tübingen 2005, 1405 f.
18. Die Sinnfrage »verweist auf eine Dimension unseres geistigen Lebens, die sich auf einer ganz anderen Ebene befindet, einer Ebene, die durch naturwissenschaftliches Denken nur schwer oder gar nicht zu erreichen ist« (Hinderk M. Emrich: Neurowissenschaft und Sinnfrage, in: P. M. Pflüger [Hg.]: Die Suche nach Sinn heute, Olten 1990, 95-116, hier 97). Vgl. auch Erwin Schrödinger: Geist und Materie (1958), Zürich 1989, 97 f.

und andere das Finden der »Weltformel« in Aussicht stellen: »Dann würden wir Gottes Plan kennen«[19]! Dabei wird allerdings nicht bedacht: »Heute, an den seltsamen und beweglichen Grenzen, die die Quantentheorie gezogen hat, machen ... Physiker die Erfahrung eines Agnostizismus neuer Art: Die Realität ist nicht erkennbar; sie ist verschleiert und wird es immer bleiben.«[20] Deshalb sind Allmachtsphantasien über das Finden einer alle kosmische Realität einfangenden »Weltformel« konsequent als illusorisch abzutun[21]. Ganz überwiegend sind sich moderne Naturforscher wissenschaftstheoretisch ihrer begrenzten Rolle durchaus bewusst, die ihnen keine maßgebliche Autorität in Sachen des »letzten Sinns« zuweist[22].

Gleichwohl ist von theologischer Seite her einzuräumen, dass sich die neuere Naturwissenschaft mit ihren bisherigen Ergebnissen in religiöser Hinsicht nicht unbedingt als mutmachend erweist. Mit der von ihr favorisierten Theorie absoluter Selbstorganisation des Universums und mit ihrer Heraushebung der kosmischen Chaos-Strukturen hat sie der Annahme eines »letzten Sinnes« nicht eben vorgearbeitet. Ihre Resultate legen anscheinend nicht nahe, was sich Menschen religiös zu ersehnen pflegen: dass ein permanent handlungssteuerndes bzw. sinnstiftendes Zentrum über dem Kosmos wache wie eine Mutter über ihren Kindern oder ihn lenke wie ein guter Vater. Dabei macht gerade diese Hoffnung den »Sinn« der Sinnfrage

19. Vgl. Stephen W. Hawking: Eine kurze Geschichte der Zeit. Die Suche nach der Urkraft des Universums, Reinbek 1988, 218. Das naturwissenschaftliche Bemühen um die »Weltformel« ist in vollem Gange (vgl. z. B. bereits Paul Davies/John Gribbin: Auf dem Weg zur Weltformel, München 1993). »Der Spiegel« formuliert 1999 auf dem Titelblatt: »Gesucht: Die Weltformel. Die klügsten Köpfe der Gegenwart enträtseln, was das Universum im Innersten zusammenhält« (Nr. 30). Doch »bild der wissenschaft« konstatiert 2005: »Der Weg zur Weltformel scheint noch weit zu sein« (4/2005, 57).
20. Jean Guitton/Grischka und Igor Bogdanov: Gott und die Wissenschaft. Auf dem Weg zum Meta-Realismus, München 1996, 15. Wie weit die Suche nach der Weltformel von einer berechtigten Hoffnung auf Erfolg entfernt ist, verdeutlicht David Lindley: Das Ende der Physik. Vom Mythos der Großen Vereinheitlichten Theorie, Basel 1994. Ilya Prigogine erklärt: »Die Idee, eine Weltformel zu finden, ist in den letzten Jahren eher im Verschwinden begriffen, denn wir sind weit davon entfernt, *alles* zu erkennen« (»Wir sind keine Zigeuner am Rande des Universums«. Ein Gespräch mit dem Nobelpreisträger Ilya Prigogine, in: Conturen 3/1991, 17-27, hier 26 f.). Vgl. auch Dieter Hattrup: Der Traum von der Weltformel, Freiburg 2006.
21. So Martin Rees: Vor dem Anfang. Eine Geschichte des Universums, Frankfurt/M. 1998; Christian Göldenboog: Das Loch im Walfisch. Die Philosophie der Biologie, Stuttgart 2003.
22. Vgl. John D. Barrow: Impossibility. The Limits of Science and the Science of Limits, Oxford 1998.

aus: dass Mensch und Welt nicht durch ein blindes All taumeln mögen, sondern dass hinter allen Dingen eine letzte Wahrnehmung stattfinde[23] und eine erinnernd-bewahrende[24], irgendwie doch alles ordnende, Wahrheit stiftende und Orientierung schenkende Macht stecke[25].

Dennoch ist es bei näherem Zusehen keineswegs so, dass von naturwissenschaftlicher Seite allein die Skepsis Unterstützung bekäme. Der Physiker und Philosoph Carl Friedrich von Weizsäcker etwa betont die Eigenschaft der Naturgesetzlichkeit, nicht allein auf das Prinzip der Kausalität, sondern auch auf das der Finalität zu verweisen: »Der Lichtweg ist durch den Endpunkt bestimmt, den der Lichtstrahl erst nach der Durchlaufung dieses Weges erreichen soll.«[26] Er räumt ein, für die moderne Physik und Mathematik sei das kein Widerspruch: »Das Ziel gibt nur die Folge an, die nach dem Gesetz notwendig eintreten muß, und das Gesetz ist gerade so eingerichtet, dass die von ihm beherrschten Wirkungen das Ziel realisieren.« Aber dann gibt er zu bedenken: »Der Vorgriff auf die Zukunft, der in der Vorstellung eines Ziels ausdrücklich ausgesprochen ist, liegt unausdrücklich ebenso in der Erwartung, dass das Gesetz immer und überall gelten werde.« Und er folgert: »So ist zwischen Kausalität und Finalität des Weltgeschehens vor Gott kein Unterschied.«[27] Dem philosophierenden Naturwissenschaftler legt sich der Gottesgedanke durchaus nahe.

Selbst philosophisch-rationale Analyse kommt zu einem entsprechenden Ergebnis. Reinhard Löw zeigt in seiner Studie über »Die neuen Gottesbeweise«: Gerade die Argumentation mit der Selbstorganisation des Universums, die auf der modernen Evolutionstheorie basiert, verlangt bei genauer Betrachtung nach einer umfassenden Wahrnehmung der Welt durch eine übermenschliche Wesenheit. Denn gäbe es nur eine »objektive« Weltwirklichkeit, die nicht in ihrem Zusammenhang von »außen« wahrgenommen und insofern *gedacht* wird, dann bestünde sie allein aus »Fakten« im Sinne

23. Der irische Philosoph und Bischof George Berkeley hat insofern definiert: *esse est percipi* – Sein heißt wahrgenommen werden.
24. Vgl. Hans Jonas: Vergangenheit und Wahrheit. Ein später Nachtrag zu den sogenannten Gottesbeweisen, in: Ders.: Philosophische Untersuchungen und metaphysische Vermutungen, Frankfurt/Leipzig 1992, 173 ff.
25. Die beliebte Floskel, dass irgendein *logos*, irgendeine Sinn-Logik und nicht bloß die Gesetzlichkeit des Chaos das Universum lenke, ist freilich solange wenig tröstlich, als offen bleibt, ob dieser Sinn am Ende nicht doch vielleicht »Wahn-Sinn« sei – siehe unten I.3.
26. Carl Friedrich von Weizsäcker: Zum Weltbild der Physik, Stuttgart 1958, 164. Nächste Zitate ebd. 166 f.
27. Ebd. 164. Weiteres s. u. (dritter Hauptteil)!

reiner Identität. Der Umstand aber, dass die Dinge selbst in Relationen bestehen und einer stets im Fluss befindlichen Differenz ausgesetzt sind, käme in keiner Weise mehr zur Geltung. »Es gibt in der Welt der reinen Objektivität weder Hier noch Dort, weder Vorher noch Nachher. Eine absolut genommene (vom Subjekt ganz absehende) mechanische Betrachtung hebt sich in ihrer immanenten Logik selbst auf.«[28] Man kann daraus auch folgern: Es gibt – gegen Kant – kein »Ding an sich«; vielmehr sind alle Dinge nicht nur direkt oder indirekt aufeinander bezogen, sondern sie bestehen letztendlich dadurch, dass sie gedacht, wahrgenommen werden von der somit Sinn stiftenden Macht des Allumgreifenden, die ihrerseits in Relation zu allem steht. Löw erklärt weiter: Gerade auch das »mechanische Verhältnis ist ein vom Subjekt statuiertes Verhältnis. Um es in seiner Wahrheit zu begreifen, muß berücksichtigt werden, dass die betrachtenden (eingreifenden, bestimmenden) Subjekte selbst schon lebendige Einheiten von der Art sind, dass sie anderes mit anderem verknüpfen können. Nur unter der Voraussetzung von Leben gibt es Mechanismen, und nur unter der Voraussetzung von Bewußtsein kann das festgestellt werden. [...] Erkennendes Bewußtsein ist somit Voraussetzung für die Entstehung von dann aber *wirklich* Neuem im Laufe der Evolution.« Schließlich berichtet Löw, wie er von daher zunächst auf den Gedanken kam, dass eine wirkliche Welt eigentlich erst seit dem Auftreten von menschlichem Bewusstsein bestehen konnte; sein Lehrer Robert Spaemann indessen habe ihm den Weg zur angemessenen Korrektur dieses offenkundig unhaltbaren Schlusses gezeigt, indem er bemerkte: »Aber warum muß es gerade das menschliche Bewußtsein sein? Ein paar Engel, Erzengel oder, besser noch, der liebe Gott reichen doch auch?!!«

Dass moderne Naturwissenschaft dieses Postulat eines übermenschlichen bzw. göttlichen, die Welt durch (wollende) Wahrnehmung konstituierenden Bewusstseins stützt, geht auf die Entdeckungen der Quantenmechanik zurück. Spielt doch in ihr die Bedeutung des wahrnehmenden Beobachters im Experiment eine elementare Rolle! Auf diesem Feld begegnet man mitunter einem »semantischen Missverständnis« der Quantentheorie, was die Differenz von Beobachter und Beobachtung angeht: »Beobachtung« ist nämlich im quantentheoretischen Kontext ein Akt der Registration, der auch durch eine physikalische Apparatur erfolgen könnte, so dass Fragen des »Bewusstseins« völlig ausgeklammert bleiben mögen.

28. Vgl. Reinhard Löw: Die neuen Gottesbeweise, Augsburg 1997, 149 ff. (Zitate: 153 und 155).

Lebendiger Geist scheint insofern bei der Beobachtung von Quantensystemen keine wesentlichere Rolle als bei der Beobachtung von klassischen Systemen zu spielen. Und doch ist es die Quantentheorie selbst, die auf Grund ihrer holistischen Struktur den Einbezug lebendigen Geistes in die Wirklichkeitserklärung durchaus nahelegt. Überlegungen des Physik-Nobelpreisträgers Wolfgang Pauli[29], der die Quantenmechanik mitentwickelt hat, zu Gunsten einer gemeinsamen Beschreibung von Physischem und Psychischem sind hier relevant geworden. Sie hängen mit seiner Überzeugung zusammen, vollständig würde die Physik erst mit der konsequenten Berücksichtigung des Subjektiven im Objektiven, also der Rolle des Geistigen im Kosmischen. Mittlerweile wird das »psychophysische« Problem von Physikern und Psychologen unter ausdrücklicher Berücksichtigung der Einsicht diskutiert, dass ja die gesamte Realität neben der physikalisch erfassbaren Dimension auch Psyche, Bewusstsein bzw. Geist umfasse[30].

Nüchtern festzuhalten ist hier zunächst, dass sich naturwissenschaftliche und philosophische Überlegungen hinsichtlich einer geistigen, weltumspannenden Wirklichkeit auf der Ebene von Hypothesen und Spekulationen bewegen. Sie können und wollen keinen Gottesbeweis darstellen, aber sie zeigen eindrücklich, dass von einer rational etwa erforderlichen Gottesleugnung keine Rede sein kann. Vielmehr legt sich der Horizont einer göttlichen, sinnstiftenden Transzendenz manchen modernen Physikern, Philosophen und Psychologen durchaus nahe. Doch was ist damit gewonnen? Das Problem besteht hier darin, dass jene transzendente, göttliche Wahrnehmungsmacht inhaltlich noch kaum bestimmt ist. Was nützt die Überzeugung, dass alles doch einen Sinn habe, wenn dieser Sinn selbst weitestgehend im Unklaren bleibt? Theodizee bleibt dann allemal diffus. Hierin dürfte der Grund dafür liegen, dass man von naturwissenschaftlicher Seite so etwas wie Sinn-Auskunft in tieferer Weise auch gar nicht recht zu erwarten pflegt.

29. Vgl. C. A. Meier (Hg.): Wolfgang Pauli und C. G. Jung. Ein Briefwechsel, Berlin 1992.
30. Vgl. Ernst Anrich: Die Einheit der Wirklichkeit. Moderne Physik und Tiefenpsychologie, Fellbach 1980²; Mathias Bröckers: Nachrichten aus dem Untergrund des Übernatürlichen, in: E. Sens (Hg.): Am Fluß des Heraklit. Neue kosmologische Perspektiven, Frankfurt/Leipzig 1993, 279-297, bes. 287ff.; Rolf Stühmer: Körper & Geist. Der naturwissenschaftliche Beweis, Tübingen 1997; Günther Schulte: Neuromythen. Das Gehirn als Mind Machine und Versteck des Geistes, Frankfurt/M. 2000. Weiteres unten im dritten Hauptteil.

3. Urverzweiflung contra Urhoffnung

Mit der kosmologischen Sinn-Leere, jener so tristen Sinn-Lehre, welche von der allseits geschätzten Naturwissenschaft – ob gefragt oder ungefragt – weithin vermittelt wird, ist eine große Nüchternheit in unsere abendländische Kultur eingekehrt. Religionslosigkeit heißt in vieler Hinsicht durchaus auch Illusionslosigkeit. Moderne Philosophie, Kunst und Literatur[31] zeugen in der Folge vom Ringen des mehr oder weniger gottlos gewordenen Menschen um autonome Selbst- und Sinnfindung[32].

Exemplarisch lässt sich hier der existenzialistische Philosoph Jean-Paul Sartre (1905-1980) benennen: Er bezieht in seinem Werk »Das Sein und das Nichts«[33] den Begriff der Ganzheit auf das Bewusstsein des »Mangels«, das sehnsuchtsvoll an Ganzheit denken lässt. Der im Werden befindliche Mensch sehe sich dadurch veranlasst, die mangelhafte Wirklichkeit des Gegebenen je auf den Entwurf von Ganzheit hin selbsttätig zu überschreiten. Doch Sartre weiß: Der in seiner Vorfindlichkeit unvollkommene, sterbliche Mensch kann nie einen bleibend realisierbaren Entwurf von Ganzheit für seine Existenz hervorbringen. Insofern versieht der atheistische Philosoph jedes menschliche Ganzheitsstreben mit einem nachhaltigen Fragezeichen. Sein Existentialismus hat etwas Heroisches: Absurdität wird realistisch akzeptiert – nicht verdrängt, aber auch nicht einfach tatenlos hingenommen. Die metaphysische Leere wird zum Freiheitsraum menschlicher Selbstkonzeption. Damit versucht Sartre »keineswegs, den Menschen in Verzweiflung zu stürzen. Aber wenn man, wie die Christen, jede Haltung des Unglaubens Verzweiflung nennt, so geht der Existentialismus von der Urverzweiflung aus.«[34]

Solche »Urverzweiflung« ist bezeichnend für säkularisierte Existenzen in der Moderne. Ist doch der Mensch – so Viktor E. Frankl, der 1997 verstorbene Begründer der »Logo-Therapie« – auf Grund seines wesenhaften

31. Beispiele bietet Franz W. Niehl (Hg.): Gottes Ohnmacht. Texte aus der deutschsprachigen Literatur, Mainz 1988.
32. Dass solch autonome Sinnsetzungen anstrengende Unternehmen sind, gegenüber denen das Evangelium von dem »Zwang, sich selbst zu begründen« und der »Welt Bestand und Gefüge zu geben«, befreit, unterstreicht Jörg Baur: Himmel ohne Gott. Zum Problem von Weltbild und Metaphysik (1969), in: Ders.: Einsicht und Glaube, Bd. 2, Göttingen 1994, 77-89, hier 88 f.
33. Jean-Paul Sartre: Das Sein und das Nichts (1943), Hamburg 1974.
34. Jean-Paul Sartre: Ist der Existentialismus ein Humanismus? Zürich 1947[2], 66 f.

Über-sich-selbst-hinaus-Seins allemal auf der Suche nach Sinn[35]! Wie der Mensch zum Leben Hoffnung braucht, so lechzt sein Denken[36] nach Sinn. Die von Frankl, C. G. Jung, Stanislaf Grof und anderen namhaften Psychologen, aber auch von Kulturphilosophen und -theologen[37] hierfür beigebrachten Indizien sprechen Bände. Nicht zuletzt die neuesten Belege von Ärzten für die gesundheitsförderliche Eigenschaft des »Glaubens« gehören hierher[38]. Frankl weiß zu diagnostizieren: »Der typische Patient von heute leidet … an einem abgründigen Sinnlosigkeitsgefühl, das mit einem Leeregefühl vergesellschaftet ist – weshalb ich von einem existentiellen Vakuum spreche.«[39] Wohlgemerkt: Frankl bezieht seine Diagnose einer verbreiteten »noogenen Neurose« nicht nur auf psychische Frustrationen angesichts mangelnder Sinnfülle innerhalb diverser Lebensläufe, sondern auf »ein abgründiges Gefühl letztlicher Sinnlosigkeit«, auf die Ermangelung eines umgreifenden »Über-Sinns«[40]! Über individuelle Lebenssinnfragen hinaus hat demnach die aufs *Ganze* gehende Sinnfrage ihren eigenen Ort in der Psyche; in ihr vollzieht sich die von Frankl beobachtete »Selbst-Transzendenz menschlicher Existenz«[41]. Wo der Mensch diese Suche resigniert einstellt, wo er mithin die Frage nach einem letzten Sinn negativ beantwortet, dort lässt sich nicht ohne eine bestimmte Art von »Glauben« sagen, er habe zu

35. Entsprechendes gilt übrigens schon für Kinder: Ihr Weltverständnis zeugt von dem urmenschlichen Verlangen nach Sinnstiftung (vgl. Reto Luzius Fetz/Karl Helmut Reich/Peter Valentin: Weltbildentwicklung und Schöpfungsverständnis. Eine strukturgenetische Untersuchung bei Kindern und Jugendlichen, Stuttgart/Berlin/Köln 2001).
36. Das gilt für die organische Gehirnfunktion als solche, durch die das Subjekt stets »holistisch« Sinn zu erkennen sucht, aber auch auf der Ebene des Philosophischen, denn es liegt auf der Hand, »daß sich die Sinnskepsis als allgemeines Lehrstück der Selbstaufhebung des philosophischen Diskurses verstehen läßt« (Marcel Niquet: Transzendentale Argumente. Kant, Strawson und die sinnkritische Aporetik der Detranszendentalisierung, Frankfurt/M. 1991, 569).
37. Vgl. Emil Brunner: Christentum und Kultur, Zürich 1979, 85 ff.
38. Vgl. z. B. Ute Eberle: Fürbitte mit Fernwirkung, in: bild der wissenschaft 2/2003, 38-41; Michael Utsch: Gebet als Glaubensmedizin? in: Materialdienst der EZW 67 (2004), 3-11.
39. Viktor E. Frankl: Das Leiden am sinnlosen Leben. Psychotherapie für heute, Freiburg i. Br. 1978², 11.
40. Frankl: Leiden, 12 und 95.
41. Vgl. Frankl: Leiden, 18. »Das Leben transzendiert sich selbst nicht in die ›Länge‹ – im Sinne seiner eigenen Fortpflanzung –, sondern ›in die Höhe‹ – indem es einen Sinn intendiert« (V. E. Frankl: Ärztliche Seelsorge. Grundlagen der Logotherapie und Existenzanalyse, München 1975⁹, 86).

seiner »Eigentlichkeit« gefunden. In Wahrheit findet sich laut Frankl »konsequenter Nihilismus nur in der Psychose«[42].

Solch seit Friedrich Nietzsche salonfähig gewordener Nihilismus wirkt insofern wie eine heroische Trotzreaktion, die Sinn aus dem absoluten Sinnverlust saugt, aus dem Wegwischen des »letzten Sinns«, der allein Ganzheit, Eigentlichkeit schenken kann. Nietzsche hatte dieses Wegwischen eindrücklich beschrieben, indem er den »tollen Menschen« Gott am helllichten Tag mit einer Laterne suchen und dann ausrufen ließ: »Wir haben ihn getödtet, – ihr und ich! Wir Alle sind seine Mörder! Aber wie haben wir dieses gemacht? Wie vermochten wir das Meer auszutrinken? Wer gab uns den Schwamm, um den ganzen Horizont wegzuwischen? ... Irren wir nicht wie durch ein unendliches Nichts? Haucht uns nicht der leere Raum an? Ist es nicht kälter geworden? [...] Gott ist tot! Gott bleibt tot! Und wir haben ihn getötet [...] Ist nicht die Größe dieser Tat zu groß für uns? Müssen wir nicht selber zu Göttern werden, um nur ihrer würdig zu erscheinen?«[43]

Anschaulich beschreibt Nietzsche die Folgen der Mündigkeit neuzeitlicher Autonomie, die Gottes, die einer umfassenden Sinngebung nicht mehr bedarf. Anschließend lässt er den »tollen Menschen« weiterreden: »Ich bin noch nicht an der Zeit. Dies ungeheure Ereignis ist noch unterwegs und wandert ...« In der Tat hat dieser Paradigmenwechsel seine Zeit gebraucht. Und die Menschen haben sich mittlerweile, wie Nietzsche es gesehen hat, mit gewissem Erfolg bemüht, selber zu Göttern zu werden. Der technische Fortschritt hat ihnen zu gesteigertem Narzissmus verholfen. So ist der Mensch, um es mit Sigmund Freud zu formulieren, »beinahe selbst ein Gott geworden. Freilich nur [...] eine Art Prothesengott [...], recht großartig, wenn er alle seine Hilfsorgane anlegt, aber sie sind nicht mit ihm verwachsen und machen ihm gelegentlich noch viel zu schaffen.«[44] Doch wie gesagt: nur gelegentlich. Wie beispielsweise eine 1993 veröffentlichte Umfrage des Emnid-Institutes gezeigt hat, rangierten rund ein Jahrhundert nach Nietzsche unter den als zukunftsrelevant erachteten Hauptthemen »Glaube und Kirche« fast an letzter Stelle. Kaum noch neun Prozent der befragten Deut-

42. Vgl. Hans Schär: Was ist Wahrheit? Eine theologisch-psychologische Untersuchung, Zürich 1970, 250.
43. Friedrich Nietzsche: Die fröhliche Wissenschaft (1882), Aphorismus 125 (vgl. auch 108), in: G. Colli/M. Montinari (Hg.): Friedrich Nietzsche. Kritische Studienausgabe (1967 ff., im folgenden abgekürzt: KSA), Bd. 3, 480 f. Vgl. dazu Eugen Biser: »Gott ist tot«. Nietzsches Dekonstruktion des christlichen Bewußtseins, München 1962.
44. Sigmund Freud: Das Unbehagen in der Kultur, in: Kulturtheoretische Schriften, Frankfurt/M. 1986, 191-270, hier 222.

schen sehen demnach den religiösen Bereich als ein »sehr wichtiges Thema« der Zukunft an. Die vordersten Plätze hingegen nehmen Anliegen wie Alters- und Gesundheitsversorgung oder »persönliche Sicherheit« ein. Dazu passt die im Herbst 2002 erfolgte Diagnose der Meinungsforscherin Renate Köcher, Leiterin des Instituts für Demoskopie Allensbach, derzufolge das Interesse an Fragen der Transzendenz mittlerweile spürbar nachgelassen habe. Man ist im Diesseits angekommen und nimmt das »Leben als letzte Gelegenheit«[45] wahr.

In einer solch säkularisierten Gesellschaft freilich muss der Tod massiv verdrängt werden[46]. Wer in materialistischer bzw. agnostischer Gesinnung an die absolute Endlichkeit seines Lebens glaubt, steht unter dem neurotischen Zwang, seine befristete Existenz als solche mit möglichst umfangreichen Sinnfragmenten anzufüllen. Ihn müssen Niederlagen, Krankheiten, Unfälle, Schicksalsschläge eher in Panik geraten lassen als einen Menschen mit Hoffnung über den Tod hinaus. Der technikgeförderte Hedonismus und Narzissmus unserer Tage ist ein Ausdruck solch neurotischer Sinnsuche. Drücken nicht auch die sich in aller beruflichen und freizeitlichen Geschäftigkeit manifestierenden »Sinn-Vermeidungsstrategien« indirekt eine existentielle Verzweiflung an der Sinnfrage schlechthin aus? Schließlich zielt die Frage nach dem Lebenssinn allemal über die jeweilige Lebensgrenze hinaus[47]. Sie intendiert das Sinn-Ganze von Wirklichkeit überhaupt, deren Teil jedes vergängliche Leben ist. Sie erweist sich als Frage nach dem letzten Sinn, nach Sinn schlechthin. Die so genannte Sinnfrage in dieser grundsätzlichen Ausrichtung begegnet vorzugsweise als Erbin der Gottesfrage: »Der Sinn der Welt muß außerhalb ihrer liegen«, notierte Ludwig Wittgenstein in seinem »Tractatus logico-philosophicus« (1921)[48].

Damit aber kommt auch das intellektuelle Recht einer Hoffnung über

45. Vgl. Marianne Grönemeyer: Das Leben als letzte Gelegenheit, Darmstadt 1995.
46. Vgl. Werner Thiede: Tabuisierung des Todes im 21. Jahrhundert? Überlegungen zu einem spätmodernen Kulturphänomen, in: BThZ 21 (2004), 206-225.
47. Nach Robert Jay Liftons psychologischer Analyse brauchen darum auch wir heutigen Menschen »die Symbolisierung von Fortdauer – den Tod transzendierende Vorstellungen und Bilder –, um unserem Sterbenmüssen wirklich begegnen zu können« (Der Verlust des Todes. Über die Sterblichkeit des Menschen und die Fortdauer des Lebens, München 1986, 29).
48. Tractatus logico-philosophicus, 6.41. Wittgenstein war dabei gegenüber seiner eigenen Methode nicht unkritisch: »Der Anspruch, mit Hilfe einer Sprachkritik die philosophischen Probleme zu lösen, indem man ihre weltanschauliche Komponente beseitigt, erwies sich als Trugschluß« (zit. nach: Günter Schenk: Art. Wittgenstein, Ludwig, in: Philosophenlexikon, hg. von E. Lange/D. Alexander, Berlin 1987[4], 942-946, 946).

die vorfindliche Welt hinaus in den Blick. Dass jenseits dieser oft chaotisch und ungerecht erscheinenden Weltstrukturen der Gesamtsinn, der Grund und das Ziel aller Dinge allgemein offenbar werden könnte, ist eine Vermutung, die keineswegs unlogisch ist[49]. Im Gegenteil – der Mensch ist ersichtlich auf solches Hoffen hin angelegt. Die auf Sigmund Freud zurückgehende Psychoanalyse weiß um die Stellung des Ich zwischen regressiven und progressiven Strebungen des Unterbewussten, nämlich einerseits um sein Hervorgewachsensein aus der ursprünglichen Säuglingssymbiose mit der Mutter und andererseits um seine Tendenzen zur Autonomwerdung. Dabei liegen progressiven Schritten des Ich-Bewusstseins immer wieder regressive Rückkoppelungen zugrunde[50]. Sie werden als »Rückschritte« im negativen Sinn gewertet, sofern sie keiner Progression dienen. Erik H. Erikson hat nun als Psychoanalytiker jene Basis der Regression mit dem Begriff des »Urvertrauens« in Verbindung gebracht und diesem selbst eine progressive Intention zugeschrieben. Das im frühesten Stadium des heranwachsenden Wesens entstandene Identitätsgefühl umschreibt er mit den Worten »Ich bin, was ich an Hoffnung habe und einflöße« als ein in späteren Entwicklungsstufen weiterwirkendes Grundgefühl[51]. Das berechtigt dazu, neben den Begriff des »Urvertrauens« den der »*Urhoffnung*« zu stellen. Die Haltung des Hoffens als grundlegenden Identitätsfaktor in der Entwicklung des Menschen unterstreichen die Humanwissenschaften insgesamt[52]. Gerade im Wissen um seine Sterblichkeit wohnt dem Menschen die Intention inne, sein Hoffen auf den letzten, umfassenden Horizont der Transzendenz zu richten, der ihm nicht nur Un-Sterblichkeit, sondern einen letzten Sinn

49. Wenn selbst ein Theologe wie Claus Petersen behauptet, futurische Eschatologie sei dem modernen Menschen nicht mehr zumutbar (Reich Gottes, 73), so ist das eine der Aufklärungsphilosophie und dem Säkularismus geschuldete Position, die in ihrer eindimensionalen Logik verkennt, dass es sehr wohl Sinn macht, das Ganzwerden von Zeit und damit von Sinn durch die Macht, der sich die Welt überhaupt verdankt, zu erhoffen (vgl. Wolfhart Pannenberg: Eschatologie und Sinnerfahrung [1973], in: Ders., Grundfragen systematischer Theologie Bd. 2, Göttingen 1980, 66-79).
50. Vgl. Erik Homburger Erikson: Identität und Lebenszyklus, Frankfurt/M. 1966, 169.
51. Erik H. Erikson: Jugend und Krise. Die Psychodynamik im sozialen Wandel, Stuttgart 1970, 108 und 116. Zu denken wäre auch an die Wendung *spero ergo ero* bei Ernst Bloch: Atheismus im Christentum, Frankfurt/M. 1977[2], 290.
52. Vgl. z.B. Robert Kegan: Die Entwicklungsstufen des Selbst. Fortschritte und Krisen im menschlichen Leben, München 1986, 72. Nach Eberhard Jüngel ist »Hoffnung in gleichem Maße wie die Angst, wenn auch in anderer Weise, eine die menschliche Existenz fundamental bestimmende Struktur«, die allerdings als unbestimmte durchaus »ins Leere gehen kann« (Beziehungsreich. Perspektiven des Glaubens, Stuttgart 2002, 99f.).

im Kontext aller Dinge verheißt. Insofern geht es beim Urvertrauen in Gestalt von Urhoffnung um eine progressive Ausrichtung auf die Macht der letzten Zukunft hin. Das ist – oft unausgesprochen – in der psychoanalytischen Theorie impliziert. Und es bedeutet nicht weniger als die Urhoffnung darauf, dass die Theodizeefrage als das Problem der Widersprüchlichkeit von erhofftem Letztsinn und vorhandener Sinnlosigkeit nicht ohne Antwort bleiben wird. Solcher (Ur-)Hoffnung auf ein Offenbarwerden des universalen Sinnes und insofern des Sinnes eines jeden Lebens, kurz: auf eine überzeugende Theodizee, eine gewinnende Theorie der Gerechtigkeit Gottes lässt sich jedenfalls intellektuelle Redlichkeit nicht absprechen[53].

4. Theologische Ratlosigkeit vor der Sinnfrage

Verbirgt sich hinter der Sinnfrage insgeheim die Gottesfrage, wie Gollwitzer angenommen hat, dann erstaunt es umso mehr, wie relativ selten, zögerlich und teilweise ungeschickt die Theologie sich der Sinn-Thematik angenommen hat. Gewiss hat so mancher Theologe eingestanden, dass die Frage nach dem letzten Sinn von religiöser und theologischer Bedeutung sei; beispielsweise spricht Paul Tillich mit religionsphilosophischem Akzent von »einer unmittelbaren Erfahrung von einem letzten Sein und Sinn, deren man intuitiv gewahr werden« könne und auf die sich die Botschaft christliche Theologie antwortend einzustellen habe[54]. Doch vielfach herrscht ein theologisches Misstrauen gegenüber der sogenannten Sinnfrage. So zeigt der Dogmatiker Gerhard Sauter in seinem Buch »Was heißt: nach Sinn fragen?« kritisch auf, wie den modernen Menschen sein Bedürfnis nach einem Sinnhorizont zu Konstruktionen verführt, die allesamt in der Gefahr stehen, den wahren, längst gegebenen Sinn zu verfehlen. Schon in der Sinnfrage selbst sieht Sauter den falschen Ansatz: Als Frage nach dem »letzten« Sinn sei sie »maßlos und vermessen«! »In ihrer Richtung sind zwar Auskünfte möglich, auch eindrucksvolle und faszinierende, aber solche, die

53. Vgl. auch Wolfhart Pannenberg: Systematische Theologie Bd. 3, Göttingen 1993, 607 ff.
54. Paul Tillich: Systematische Theologie, Bd. 1, Stuttgart 1977^5, 16. Vgl. Werner Schüßler: Jenseits von Religion und Nicht-Religion. Der Religionsbegriff im Werk Paul Tillichs, Frankfurt/M. 1989.

uns verleiten, Sinn zu setzen, statt uns gegebenem Sinn (also der Sinnhaftigkeit) auszusetzen.«[55]

Mit diesem Diktum schüttet Sauter freilich das Kind mit dem Bade aus. Dass der Mensch durch die Sinnfrage oder besser: durch das Ausbleiben einer »objektiv« gültigen Antwort darauf versucht ist, sie eigenmächtig zu beantworten, kann sie noch nicht desavouieren. Spiegelt sich doch in ihr das Gefragtsein des Menschen auf Hoffnung machende Weise! Soll die Sinnfrage offen gehalten und also weder *a priori* noch *a posteriori* verneint werden, so darf sie nicht ihrerseits als verfehlt erklärt werden. Als aufs Ganze gehende Frage gibt sie vielmehr Anlass zu der Hoffnung, dass der Mensch von der hinter allem stehenden Macht nicht losgelassen sei, ja dass die Verborgenheit der alles sinn-voll umspannenden Transzendenz ein positives Ende finden werde. Anders noch als etwa der östliche Glaube ans »Tao«, für den der Sinn immer schon mehr oder weniger offenkundig gegeben ist, antizipiert christliches Glauben und Hoffen einen positiven, im Rückblick erst wahrhaft Sinn eröffnenden Ausgang der Weltgeschichte. Hier erweist sich, dass »Hoffnung« selbst ein aufs Ganze gehender, ein holistischer Begriff ist, der im Unterschied zu dem des »Optimismus« die existentielle Intention auf einen guten Ausgang und insofern auf universal offenbar werdenden Sinn meint.

Nach letztem Sinn zu fragen, verdient daher mitnichten den Vorwurf der »Maßlosigkeit«. Vielmehr spiegelt sich in der legitimen »Maß-Losigkeit« dieses Fragens die Unendlichkeit der Transzendenz, nach der gefragt wird. Insofern greifen auch alle Antworten zu kurz, die meinen, sie könnten die Sinnfrage angemessen durch die Erklärung zur Ruhe bringen, man müsse sich im Hunger nach dem »Brot des Lebens« sozusagen mit kleinen Brötchen abspeisen lassen, man habe sich bei aller Sehnsucht nach sinnstiftender Transzendenz mit immanenten Sinn-Inseln zu bescheiden. Bernulf Kanitschneider etwa rät, da ein »kosmischer Sinn nicht zu fassen« sei, zu entsprechender »Bescheidenheit«[56] – und lässt damit in beinahe zynisch anmutender Haltung namentlich gegenüber Menschen, die an gewaltigem Sinnmangel in ihrem Dasein zu leiden haben, alle Hoffnung auf eine transzendent bestehende Geborgenheit bzw. eschatologisch verheißene Gerechtigkeit fahren!

55. Vgl. Gerhard Sauter: Was heißt: nach Sinn fragen? Eine theologisch-philosophische Orientierung, München 1982, 167.
56. Bernulf Kanitschneider: Auf der Suche nach dem Sinn, Frankfurt a. M./Leipzig 1995, 116 und 125.

Laientheologisch argumentiert auch Viktor E. Frankl in seinem Buch »Der unbewußte Gott«, je umgreifender eine Sinnantwort sei, desto weniger sei sie vom einzelnen Subjekt mit seinem konkreten Sinnbedürfnis zu erfassen[57]. Hierbei übersieht er, dass die Sehnsucht nach vorläufigen, greifbaren und machbaren Sinnbezügen nicht austauschbar ist gegen die nach einem übergreifenden, ja alles tragenden Sinngrund[58]. Beide liegen auf so unterschiedlichen Ebenen, dass der Schein trügt, sie ließen sich gegeneinander ausspielen[59]. Irdisch greifbare Sinnfülle garantiert noch keineswegs religiöse Bedürfnislosigkeit; und umgekehrt bewahrt religiöser Glaube an einen letzten Sinn keineswegs vor einem Leiden an mangelnder Sinnfüllung im Vorfindlichen. Das Zeichen vor der Klammer hat noch einmal ein ganz anderes Gewicht als das innerhalb der Klammern. Der Rat Frankls an Sinnsuchende, sich aufs Konkrete zu konzentrieren und so etwa in Hobbys Leistung zu beweisen oder Leid in Leistung zu transformieren[60], ist gewiss nicht verkehrt, therapiert aber gerade nicht jenen Schmerz, der Menschen in der Tiefe ihrer Psyche und Vernunft nach dem Letzten fragen lässt[61]. Theologisch ebenso zweifelhaft ist Frankls Aussage, Sinn könne niemals »gegeben«, sondern müsse je eigenständig »gefunden« werden[62]; er sei kein Seiendes, sondern ein »Sein-Sollendes«[63]. Denn dieser Sinn wäre längst gefunden oder konstruiert, wenn er von Seiten der Menschen überhaupt zu entdecken oder zu »machen«[64] wäre. Nein, derlei »autonome« Bestimmungen bleiben gegenüber der zu glaubenden Transzendenz merkwürdig heteronom. Der von Frankl so genannte »Über-Sinn« ist im Unterschied zu innerweltlichen »Sinn-Inseln« gerade nicht machbar; er kann gar nicht

57. Vgl. Frankl: Gott, 89.
58. Die Frage nach einem Sinn des Lebens »bezieht sich niemals allein auf den durch eigene Lebensgestaltung zu schaffenden Sinn, sondern notwendig immer auch auf das einem widerfahrende Schicksal« (Lange: Glaubenslehre, 535).
59. »Das Verhältnis zum ewigen Du liegt aber in einer allen innerweltlichen Verhältnissen entgegengesetzten Dimension. Der ewige Sinn eines Geschehens ist also dimensional verschieden von aller innerweltlichen Sinngebung« (Karl Heim: Glaube und Denken, Tübingen 1931, 329).
60. Vgl. Frankl: Gott, 89.
61. Insofern täuscht sich Gollwitzer, wenn er meint: »Die Frage nach dem Sinn des einzelnen Menschen tritt *vor* die Frage nach dem Sinn der Geschichte, des Weltalls usw. und wird der Probierstein für alles« (Krummes Holz, 23).
62. Vgl. Frankl: Leiden, 28.
63. Vgl. Günter Funke: Von der Faszination des Anfangens, in: P. M. Pflüger (Hg.): Die Suche nach Sinn heute, Olten 1990, 10-33, bes. 14.
64. Frankl lehnt aktivistische Sinngebungen zwar einerseits ab, fordert aber im Widerspruch dazu zu entsprechenden »Leistungen« auf.

anders zugänglich sein als gerade so, dass er sich selber *gibt*, religiös gesprochen: sich selber *offenbart*. Dabei ist er überindividuell, insofern er *dieselbe* Antwort an jeden einzelnen beinhaltet; doch er ist zugleich höchst individuell, insofern er diese Antwort wirklich jedem einzelnen als Erfüllung zugedacht hat. Gewiss kann Frankl als Logotherapeut jenen »letzten Sinn« nicht vermitteln geschweige denn stiften, da er fachlich keinen religiös-theologischen Standpunkt einnehmen will und darf[65]. Er muss als Wissenschaftler praktisch aufs Vorläufige verweisen – und im übrigen schweigen. In diese Richtung war am Ende bereits die Empfehlung des Philosophen Ludwig Wittgenstein in seinem berühmten »Tractatus logico-philosophicus« gegangen: »Wovon man nicht sprechen kann, darüber muß man schweigen.« Wie aber, wenn die Wahrheit der Wittgensteinschen Schlussfolgerung nur zutrifft im Blick auf das, worüber der Mensch von sich aus nicht reden kann? Wenn also jener letzte Sinn, der laut Wittgenstein außerhalb der Welt liegen muss, durch Offenbarung sich mitgeteilt hat und dadurch sagbar, kommunizierbar geworden ist?

5. Wider zynische Theodizeen

Hier knüpft die Wissenschaft der christlichen Theologie als Wissenschaft von der göttlichen Offenbarung an: Sie hat positiv von dem Sinn-»Logos«[66] zu zeugen, vom *Offenbar*-Geworden-Sein des letzten Sinns, der nicht in himmlischer Abstraktion geblieben, sondern einmalig-konkret und mit allen Konsequenzen Mensch geworden ist. Das letzte, nicht hinreichend in Worte zu fassende Sinn-Geheimnis erschließt sich im Antlitz jenes »Menschensohnes«, der »das Wort« in Person ist[67]. Und dieses Antlitz ist das des Gekreuzigten. Der letzte Sinn ist insofern – gekreuzigter Sinn!

65. Vgl. Frankl: Leiden, 91; ders.: Seelsorge, 230.
66. Johann Wolfgang von Goethe ist durchaus auf der richtigen Spur, wenn er seinen »Faust« den Beginn des Johannes-Prologs versuchsweise übersetzen lässt: »Im Anfang war der *Sinn*« (Studierzimmer-Szene). Der griechische Begriff *Logos* heißt zwar lexikographisch »Wort«; doch Goethe lässt Faust mit Recht darüber sinnieren, dass der deutsche Begriff »Wort« kaum hinreicht, die Fülle dessen wiederzugeben, was hier an Bedeutung mitschwingt.
67. Dass wir Sinnbeziehungen auch außerhalb des Sprachlichen, des Wortes, erfahren können, ist unserem Geist durch die rechte Hemisphäre des Gehirns möglich: Sie korreliert die Dinge plötzlich und gleichzeitig so, dass ein Muster, ein *Sinn* aufscheint (vgl.

Was hat das zu bedeuten? Kraft dieser Offenbarung, die aller sonstigen »Offenbarung« in der Religionsgeschichte ins Gesicht schlägt, wird zunächst einmal jedes Schönreden von Sinnlosigkeit und Ungerechtigkeit durchgestrichen. Gekreuzigter Sinn – das ist sterbender, gescheiterter Sinn. Im Zeichen des Kreuzes Jesu muss anerkannt werden: Es gibt Sinnlosigkeit, Ungerechtigkeit, Chaos und Leid[68], ohne dass diese gottwidrigen Strukturen und Realitäten in irgendeiner Weise weggeredet, geleugnet oder als »Illusion« bezeichnet werden dürften. Sie sind schmerzliche Realität, bittere Wirklichkeit, die Gott zugelassen und der er sich im »Menschensohn« selber ausgesetzt hat. Weder die ganz anderen Sinnmaßstäben der Ewigkeit[69] noch selbst die verheißene Vollendungswelt, der neue Himmel und die neue Erde, von denen die Propheten geredet haben, werden an diesem Kreuz der Wirklichkeit rückwirkend etwas ändern können. Der auferstandene Jesus ist identisch mit dem gekreuzigten.

Insofern kann eine Theodizee im Zeichen des Kreuzes auch schwerlich in den – gegenüber vielen Theodizeen mit Recht angeführten – Zynismus-Verdacht geraten. Zynismus hieße hier: Weil Gott angesichts der Ungerechtigkeiten in der Welt durch eine wie auch immer geartete Theodizee-Theorie gerechtfertigt werden soll, kann solch eine »Rechtfertigung Gottes« doch nichts anderes bedeuten als die »Heiligsprechung« von Ungerechtigkeit und Schmerz[70]. Walter Dietrich und Christian Link zufolge gibt es jenes Grausame zuhauf, das »jeder theologischen Sinngebung« spottet[71]. Gerd Neuhaus nennt als inakzeptablen »Preis jeglicher Theodizee« die »Perpetuie-

Mathias Wais: Auf der Suche nach einer Theorie des Anarchischen – oder: Was verbindet Parapsychologie und Neuropsychologie? in: Zeitschrift für Parapsychologie und Grenzgebiete der Psychologie 27 [1985], 55-64, bes. 57).

68. Der Exeget Klaus Berger unterstreicht: »Einen einheitlichen Sinn des Leidens kennt die Bibel nicht« (Wie kann Gott Leid und Katastrophen zulassen? Stuttgart 1996, 183).

69. Karl Heim etwa erklärt, der ewige Sinn eines Geschehens sei »dimensional verschieden von aller innerweltlichen Sinngebung. Der ewige Sinn eines Schicksals, das innerweltlich gesehen ganz und gar sinnlos ist, geht uns nur auf, wenn das Verhältnis zu Gott das einzige und unendlich wichtige Anliegen unseres Lebens geworden ist, demgegenüber alles innerweltliche Macht- und Glücksbegehren, alles, was das Verhältnis zur Es-Welt oder die Stellung zu den Mitmenschen verändert, in ein wesenloses Nichts versinkt« (Glaube und Denken, Tübingen 1931, 329).

70. So bereits Arthur Schopenhauer: Die Welt als Wille und Vorstellung, Bd. I, 4. Buch, § 85; Dorothee Sölle: Leiden, Stuttgart/Berlin 1973, 32 ff. (Sölle spricht gar von »Sadismus«); Emanuel Lévinas: Zwischen uns. Versuche über das Denken an den Anderen, München/Wien 1995, 126.

71. Walter Dietrich/Christian Link: Die dunklen Seiten Gottes. Bd. 2: Allmacht und Ohnmacht, Neukirchen-Vluyn 2000, 302.

rung eines Opfermechanismus«: »Nicht nur das Leid im Sinne einer den Menschen quälenden Schmerzerfahrung, sondern der leidende Mensch selbst wurde zum Mittel für einen Zweck erklärt, an dem er keinen Anteil gewinnt.«[72] Auf Grund des Zynismus-Arguments gilt dann jegliche Theodizee als obsolet. So müsse gerade »die Theologie selbst den Theodizee-Programmen widersprechen«, meint Wolfgang Schoberth[73].

Doch die Fragen drängen; und Hilfe und Trost bestehen dann bestenfalls in affektiver Vertröstung oder in ernüchternder »Aufklärung« über die begründete Antwortlosigkeit. Theologie kommt, wenn sie sich dem Zynismus-Argument beugt, ihrer kognitiven Aufgabe nicht im Rahmen des Möglichen, ja Gebotenen nach. Ist es nicht umgekehrt zynisch, die zu Tröstenden abzuspeisen mit dem Hinweis auf die angeblich generelle Unmöglichkeit von einsehbarem Trost – angesichts des Kreuzes im Zentrum christlicher Theologie, das doch in sich den Schlüssel zum Verstehen birgt? Ist es nicht zynisch, theologisch jegliche Theodizeen verbieten zu wollen, weil durch sie die Opfer zum Mittel für einen Zweck erklärt würden, an dem sie keinen Anteil gewinnen könnten – wo doch das christliche Credo die Auferstehung der Toten bekennt?

Gleichwohl haben die theologischen Theodizee-Verweigerer nicht ganz Unrecht: Ihre Kritik trifft ja in vielen Fällen zu. Theodizeen *können* zynisch sein – und sind es wohl in der Überzahl! Bedenkliche Theodizeen liegen vor, wo das Kreuz der Wirklichkeit theologisch verbrämt werden soll durch Eingliederung in einen göttlichen Horizont, innerhalb dessen dieses Kreuz auf Grund der neuen, himmlischen Beleuchtung gar nicht mehr als »Kreuz« erscheint. Ungewollt zynische Rechtfertigung von Sinnlosigkeit, Ungerechtigkeit und Leid jeder Art gibt es in vielen Theodizee-Varianten – wobei selbst der Umstand, dass das Kreuz in manchen von ihnen eine mehr oder weniger bedeutende Rolle spielt, wenig besagen muss.

Beliebt ist besonders die *dialektische* Theodizee-Variante. Für sie liefert der Theologe Günther Keil ein bedenkliches Beispiel: Er fasst das »ewige Ganze Gottes« so auf, dass der »Horizont der Horizonte« angeblich alles Negative dialektisch aufhebt[74]. Christus integriert uns demnach auf Grund

72. Neuhaus: Frömmigkeit, 49 und 103.
73. Schoberth: Allmacht, 60 f.; ähnlich z. B. Otto Hermann Pesch: Neues Glaubensbuch, hg. von J. Feiner und L. Vischer, Freiburg i. Br. 1973[2], 315; Dietrich Ritschl: Zur Logik der Theologie. Kurze Darstellung der Zusammenhänge theologischer Grundgedanken, München 1984, 66.
74. Günther Keil: Glaubenslehre. Grundzüge christlicher Dogmatik, Stuttgart 1986, 191 ff., 204 f.

seiner Liebe, die auch unser Leben als ewig sinnvoll auferstehen lässt, wieder ins göttliche All. »Versöhnung« wird von Keil zum Prinzip eines Christus, der als »Logos des Alls« in »seiner alles wieder zusammenführenden Einheit auch Geborenwerden und Sterben, auch Leben und Tod überspannt«, weil er »schon immer jenseits von Leben und Tod steht.«[75] Vergangenheit, Gegenwart und Zukunft werden geeint in diesem »Logos«, der Negatives wie Positives in sich dialektisch verbindet: »Auch die Sünde behält ihre Ewigkeit [...] Wir erstehen also zwar als Sünder auf, aber die durch Christi Liebe ins Ganze wiedereingefügte Sünde ist keine Sünde mehr (sie ist keine Vereinzelung, kein ›incurvatus in se‹ mehr), sondern ist im ewigen Zusammenhang selbst sinnhaft und rein.« Wenn so das Negative, das Gott Entfremdete, das Sinnlose, kurz: all das in der Welt, was eigentlich die Theodizeefrage provoziert, im Kontext des Ewigen selbst als »sinnhaft« hervortreten soll, dann wirkt solch eine Antwort zynisch denen gegenüber, die sich innerhalb einer vielleicht beträchtlichen Qual befinden und sich durch deren vergoldende Umdeutung gar nicht recht getröstet wissen.

Eine ähnliche, ja verwandte Variante der ungewollt zynischen Rechtsprechung Gottes angesichts von Ungerechtigkeit und Leid ist die *monistische*: Ihr zufolge ist es Gott selbst, der »das Weltganze mitumfaßt«[76], der also in allen Dingen, stets neu siegend, um seine eigene Wiederfindung in der Welt kämpft. Exemplarisch sei hier Paul Tillichs Theodizee angeführt. Dieser Theologe und Religionsphilosoph spricht gern vom »Rhythmus des göttlichen Lebens«, in welchem der »Weg von der Essenz über die existentielle Entfremdung zur Essentifikation«[77] führe. »Mit der Erschaffung in die Zeit ist die Möglichkeit zur Selbst-Verwirklichung, zur Entfremdung und zur Wiederversöhnung für die Kreatur gegeben«, erklärt er und fährt fort: »Denn die ewige Dimension dessen, was im Universum geschieht, ist das göttliche Leben selbst.« Ungeachtet der Freiheit des Geschöpfs, sich von der essentiellen Einheit mit dem schöpferischen Grund seines Seins abzukehren, bleibe es doch »substantiell mit ihm geeint«[78]. Festzuhalten ist hierbei, dass Tillich eine »Partizipation des göttlichen Lebens an der Negativität des kreatürlichen Lebens« bejaht[79]. In diesem monistischen Sinn deuten »alle Aussagen der Theologie« bei Tillich »auf das Mysterium des ewigen

75. Vgl. ebd. 199f. und 203 (nächstes Zitat ebd.).
76. Theunissen: Monismus, 402.
77. Z.B. Paul Tillich: Systematische Theologie, Bd. III, Stuttgart 1978², 475. Nächstes Zitat: 476.
78. P. Tillich: Systematische Theologie, Bd. II, Stuttgart 1979⁶,14f.
79. Vgl. Systematische Theologie Bd. I, 290 und 311. Siehe auch Jörg Eickhoff: Theodizee.

Grundes des Seins hin.«[80] Das Endliche, Vergängliche, Leidvolle begrenzt den Ewigen nicht: Es »gehört zu dem ewigen Prozess seines Lebens.«[81] Indes – wer konkret schweres Leid durchmacht, für den mag es zynisch klingen, dass darin eben der ewige Prozess »göttlichen« Lebens sich vollziehe. Solch religionsphilosophischer Monismus läuft, wie Michael Theunissen darlegt, eben doch nur auf ein »Scheinganzes« hinaus[82].

Zynisch in diesem Sinn ist nicht zuletzt das hier noch zu nennende *heteronome*[83] Theodizee-Modell. Es erklärt dem Leidenden, dass all sein Schmerz ihm gerechtermaßen zuteil werde – auf Grund der Gerechtigkeit Gottes, die auf wenngleich verborgene Weise dem Sünder heimzahle, was er verdient habe. Oder in abgemilderter Form: Gott wolle durch Zufügung von Schmerz den Glaubenden erziehen. Die beiden schon bei Leibniz klar unterschiedenen Grundarten von Übeln, das »natürliche« (z. B. Naturkatastrophen; Unglücksfälle) und das »moralische«[84], werden hier in fragwürdigster, eben zynischer Weise verkettet. Zwar sieht die biblische Tradition selbst das Leid und Weh der Welt im so genannten Sündenfall von Adam und Eva begründet. Und das heißt, sie behauptet tatsächlich einen letzten Zusammenhang zwischen geistigen und kosmischen Bedingungen. Aber es steht doch für diese Tradition außer Frage, dass *jeder* Mensch grundsätzlich Sünder ist. Deshalb hilft diese merkwürdig populäre[85] Antwort dort nicht wirklich weiter, wo sie natürliche Übel und moralische Schuld im individuellen Schicksal konkret korreliert. Was auf den ersten Blick nach einem

Die theologische Antwort Paul Tillichs im Kontext der philosophischen Fragestellung, Frankfurt/M. u. a. 1997.

80. Systematische Theologie Bd. II, 101.
81. Systematische Theologie Bd. II, 101. »Gottes Leben hat den Charakter allen Lebens: über sich hinauszugehen und zu sich zurückzukehren« (100). Dass das entsprechende Schema bei Tillich schon frühzeitig nachweisbar ist, zeigt Repp, 219. Es wird nach Tillich »in den trinitarischen Symbolen ausgedrückt« (100).
82. Vgl. Theunissen: Monismus, 400.
83. »Heteronom« deshalb, weil es – im Gegensatz zum monistischen Modell – Gott und Mensch radikal einander gegenüberstellt.
84. Vgl. Hailer: Glauben, 94.
85. Das gilt auch gegenüber dem esoterisch hochgehaltenen Karma-Gedanken im Kontext des Reinkarnationsmodells: »Wir glauben an ein niemals irrendes Gesetz der Vergeltung, Karma genannt [...] Wir glauben aber weder an eine stellvertretende Sühne noch an die Möglichkeit eines Nachlasses auch nur der kleinsten Sünde durch irgendeinen Gott« (Helena P. Blavatsky: Der Schlüssel zur Theosophie. Eine Darstellung der ethischen, wissenschaftlichen und philosophischen Lehren der Theosophie, für deren Studium die Theosophische Gesellschaft gegründet wurde [1889], Satteldorf 1995³, 185 und 256).

überzeugenden Hinweis auf Gottes Gerechtigkeit aussehen mag, muss deshalb auf den zweiten Blick als äußerst fragwürdige Theorie erscheinen. Und was die »pädagogische« Funktionalisierung der Theodizeefrage angeht, so gibt es zwar gewiss einen erzieherischen Effekt von Schmerz; doch dass unsere Welt von daher als eine gigantische Erziehungsanstalt zu begreifen sei, ist zumindest nicht die eigentliche Sinn-Auskunft des Evangeliums. In vielen Fällen wirkt eine solche Antwort in der Tat nur zynisch. Faktisch ist das heteronome Theodizee-Modell sowohl im Alten als auch im Neuen Testament unmissverständlich kritisiert worden (Hiob 12,2; 13,4; 19,2; 21,34; Luk 13,4; Joh 9,3). Ja aus biblischer Sicht macht die unqualifizierte Rede von Gottes »gerechtem« Zorn Gott wirklich zornig (Hiob 42,7)! Demnach ist es Gott selbst keineswegs gleichgültig, ob und in welcher Weise Theodizeen entwickelt und angeboten werden.

Das Modell des »gekreuzigten Sinns« vermeidet demgegenüber solchen Zynismus: Es nimmt die Leidenden, die Opfer von Ungerechtigkeit und Schicksalsschlägen in ihrem Schmerz radikal ernst. Es sucht diesen Schmerz nicht durch »übernatürliche« Sinngebung *weg*zureden, *schön*zureden, indem es ihn als unmittelbar göttlich-sinnvolle Wegstrecke interpretiert. Sondern es lässt ihn zu, lässt ihn ohne Verbrämung stehen. Kreuz ist Kreuz. Der Sinnzusammenhang aller Dinge in der Welt – er ist tatsächlich zerbrechlich. Welt ist nicht nur schmerzhaft, sondern – für sich betrachtet – chaotisch, immer wieder als »sinnlos« erfahrbar. Das ist Wirklichkeit und bittere Wahrheit, ja ein Stück göttliches Gericht[86].

Möchte man sagen, wie das monistische Modell es tut, alles Leidvolle und Schmerzhafte sei letztlich ein Teil Gottes selbst, so könnte man gerade für diese mystische bzw. metaphysische »Wahrheit« das Kreuz als Symbol heranziehen wollen. Aber solch schön redende oder schönredende Theorie verdankt sich einem theologischen Kurzschluss: Sie mischt Göttliches und Nichtgöttliches, Allmacht und Leid so unvermittelt ineinander, als machte selbst die Differenz von Gerechtigkeit und Ungerechtigkeit für Gott einen allenfalls relativen Unterschied. Die These vom Ineinander des Hellen und Dunklen in Gott, nämlich von Freude und Schmerz auch im Göttlichen, ist einerseits nahe an der Wahrheit dran – und andererseits doch auch weit von ihr weg; denn sie propagiert die unheile, unvollendete Welt eben nur als ein »Scheinganzes«[87]. Das Kreuz steht neutestamentlich indessen nicht etwa für

86. Insofern weltimmanenter Sinn als solcher sich nicht direkt auf Gott bezieht, steht er unter Gottes Gericht, muss er vergehen.
87. So Theunissen: Monismus, 400. »Ist Philosophie Sachwalterin des Ganzen, so muß die

ewiges oder zeitweise bestehendes Chaos im »Absoluten«, nicht für einen dialektischen Mix von Sinnlosigkeit und Sinn dort, wo letztgültiger Sinn zu erhoffen wäre, nicht für einen gleichsam blinden oder auch nur im Ursprung »dunklen« Gott. Vielmehr wäre eine Auskunft in dieser Richtung überraschend eng verwandt mit der atheistischen Antwort.

Im Übrigen ist gerade die strikt *atheistische* Auskunft im Kern nichts anderes als eine Variante des monistischen Theodizee-Modells – nur dass hier nicht ein spiritualistischer, sondern ein materialistischer Monismus vertreten und damit das Absolute unmittelbar negativ bestimmt wird. Und verhält sich nicht selbst dieses Modell auf seine Weise höchst zynisch gegenüber den leidenden und verzweifelt fragenden Menschen? Hat es doch keinen echten Trost parat! Es weiß im Grunde nur das Sinnlosigkeitsgefühl der Betroffenen brutal zu bestätigen. Ende. Und das, obwohl auch die Sinnlosigkeitsthese ihrerseits ja gar nichts anderes als eine Glaubensangelegenheit ist!

Umso weniger hat christliche Theologie Anlass, sich den Mund verbieten zu lassen. Und zwar auch nicht durch den Hinweis auf die Gräuel von Auschwitz[88], als ob nicht längst vor den Untaten des Hitler-Regimes die neuere und ältere Menschheitsgeschichte zahllose, annähernd analoge Beispiele brutaler Menschenverachtung aufzuweisen hätte! Und als ob nicht Naturkatastrophen seit jeher das himmlische Regiment eines allmächtigen Gottes im Vergleich zu moralischem Übel noch viel eher in Frage gestellt hätten! Ja als ob eine autoritäre Pauschal-Verbannung sämtlicher Versuche einer Theodizee die menschlichen Leiden irgendwie leichter machen würde!

Das atheistische Anliegen vermag die theologische Rede vom »gekreuzigten Sinn«[89] dadurch aufzunehmen, dass sie Sinnlosigkeitserfahrung nicht

christlich-theologische Kritik am ... Monismus zu ihrer Selbstkritik werden, zur Selbstkritik der Philosophie« (ebd.).

88. Vgl. z.B. neben Lévinas (s.o.) Dorothee Sölle: Gott denken. Einführung in die Theologie (1990), Tb München 1997, 244. Gründlichere Reflexionen dazu bieten etwa Eugen Kogon/Johann Baptist Metz/Elie Wiesel: Gott nach Auschwitz, Freiburg i.Br. 1979; Regina von Ammicht-Quinn: Von Lissabon bis Auschwitz. Zum Paradigmawechsel in der Theodizeefrage, Freiburg i.Br. 1992; M. Görg/M. Langer (Hg.): Als Gott weinte. Theologie nach Auschwitz, Regensburg 1997; Gregor Taxacher: Nicht endende Endzeit. Nach Auschwitz Gott in der Geschichte denken, München 1998; J. Manemann/J. B. Metz (Hg.): Christologie nach Auschwitz? Münster 2001.

89. Diese letztlich positive Sinnantwort wird im Spiegel der modernen Sinnfrage in besonderer Weise zur Herausforderung. Bedeutet sie doch eine tiefgreifende Kritik an den autonomen, aber allemal zynischen Antwortversuchen des neuzeitlichen Menschen! Dabei will sie allemal konstruktive Kritik sein. Gerade indem sie allen Versuchungen widersteht, Sinn nihilistisch zu verleugnen oder womöglich totalitär zu

religiös wegdeutet oder schönredet. Sie kann und muss aber zugleich den ungewollten Zynismus auch des atheistischen Modells vermeiden – und zwar dadurch, dass sie vom Kreuz nicht anders redet als im Horizont der Auferstehung. Der *gekreuzigte* Sinn wird keineswegs doketisch seiner abgrundtiefen Schmerzlichkeit entnommen. Aber er wird auch nicht *absolut* gesetzt – wiewohl er seinen Ort im Absoluten selbst hat! »Versäumter Sinn ist unwiderbringlich verloren«, hat einmal ein kluger Mann gesagt[90]. Christliche Theologie hat solch einem trostlosen Satz das Zeugnis entgegenzustellen, dass Kreuz und Auferstehung zusammengehören: Die Wirklichkeit sinnlosen Schmerzes ist zwar nicht durchzustreichen; aber die benannte Sinnlosigkeit hat als solche noch einmal einen Ort in einem allerletzten Sinn-Zusammenhang, der seinerseits dadurch keineswegs schmerzlos wird, sondern schmerzlich bleibt – dafür steht das Kreuz im Herz Gottes. Aber es ist dies zugleich ewig geheilter Schmerz. Erst dieser letzte, allumfassende Sinn nämlich holt alle Sinnwidrigkeiten ein, ohne sie einfach wegzustreichen. Erst auf Grund dieses »gekreuzigten« Sinns, der der »Logos« schlechthin ist, rechtfertigt sich die steile Rede von Gott als Liebe[91]. Dessen Erkenntnis im Zeichen von Kreuz und Auferstehung haben ungezählte Glaubende als erleuchtend und heilsam erfahren – als Mysterium des letzten Sinns schlechthin. Der von den Toten auferstandene Gekreuzigte offenbart den ultimaten, alles Vor- und Vor-Vorletzte überholenden und immer schon verborgen tragenden Sinn. Ist er doch selbst »der Erste und der Letzte, der Anfang und das Ende« (Offb 1,17; 22,13)[92]!

Darum stammt aus seinem Mund auch das Wort: »Niemand kennt den Vater denn nur der Sohn und wem es der Sohn will offenbaren« (Matth 11,27) – oder johanneisch: »Niemand kommt zum Vater denn durch mich« (Joh 14,6). Hans Joachim Iwand folgert aus dieser Erkenntnis: »Jesus Christus, der für uns gestorbene und auferstandene Herr, er ist der Gottesbeweis

konstruieren, bekennt sie sich zum allerletzten Sinn, wie er in der Gestalt des auferstandenen Gekreuzigten aufscheint. Sie weiß um den gekreuzigten Sinn, nämlich um den Logos, der als Menschgewordener größtem Schmerz und dem Tod real ausgeliefert war, von dem aber keine Rede wäre, hätte Gott ihn nicht auferweckt zu neuem, ewigem Leben. Der gekreuzigte Sinn – das ist die Grundformel gelingender Theodizee.

90. Nämlich Funke: Faszination, 21.
91. Zum Thema vgl. Konrad Stock: Gottes wahre Liebe. Theologische Phänomenologie der Liebe, Tübingen 2000; Markus Mühling-Schlapkohl: Gott ist Liebe. Studien zum Verständnis der Liebe als Modell des trinitarischen Redens von Gott, Marburg 2000.
92. Diese Selbstprädikation Christi tritt hier an die Stelle der gleichlautenden alttestamentlichen Selbstprädikation Gottes (Jes 48,12).

in unserem Kosmos, in dem Kosmos der Gottlosen.«[93] Erst dieser »Gottesbeweis« vermag das Herz zu überzeugen und die Vernunft gefangen zu führen unter den Gehorsam Christi (2. Kor 10,5), indem er es in die Geistesgegenwart des bedingungslos liebenden Gottes stellt. Erst im Anblick des »gekreuzigten Sinns« selbst zeigt sich: Die unüberholbare Zusage der Liebe Gottes lässt neues, Hoffnung machendes und die Gegenwart erhellendes Licht auf alles scheinbar von Gott Verlassene fallen – gerade auch auf alles Leidvolle, Sinnwidrige[94]! Durch das Kreuz Jesu Christi wird zum einen deutlich, dass die Welt für sich genommen tatsächlich sinn-los ist[95]. Zahllose menschliche Sinnkonstruktionen religiöser und irreligiöser Art wollen, können aber nicht über diesen Sachverhalt hinwegtäuschen und müssen früher oder später in die Krise kommen. Zum andern zeigt sich vom Kreuz her, dass die Welt in ihrer abgründigen Tiefe sinnvoll war, ist und sein wird um des letzten Sinnes willen, den *Gott* ihr von Anfang an zugedacht hat und ständig zielbewusst »zu-denkt«[96].

Wie aber stellt sich dieser letzte Sinn näherhin inhaltlich dar? Sollte er sich nicht doch – entgegen den obigen Ausführungen zum »monistischen« Theodizee-Modell – als ein Sinnzusammenhang erweisen, der mit Schmerz

93. Hans Joachim Iwand: Die christliche Verantwortung für die Bildung, in: Ders.: Nachgelassene Werke, Band 2, München 1966, 298.

94. Hans Küng erklärt: »Erst vom Kreuze Jesu her aber bekommt das durchkreuzte Dasein des Menschen einen Sinn [...] Denn kein Kreuz der Welt [...] kann das Sinn-Angebot widerlegen, das im Kreuz des zum Leben Erweckten ergangen ist: daß auch das Leid, daß auch äußerste Bedrohung, Sinnlosigkeit, Nichtigkeit, Verlassenheit, Einsamkeit und Leere von einem mit dem Menschen solidarischen Gott umfangen ist und so dem Glaubenden ein Weg zwar nicht am Leid vorbei, wohl aber durch das Leid hindurch eröffnet ist, damit er, gegenüber dem Leid in aktiver Indifferenz, gerade so bereit ist zum Kampf gegen das Leid und seine Ursachen, im Leben des Einzelnen wie in der menschlichen Gesellschaft« (Christ sein, dtv-Ausgabe, München 1980[5], 710).

95. Vgl. Friedemann Greiner: Der Mensch auf der Suche nach dem Sinn, in: Nachrichten der Evangelisch-Lutherischen Kirche in Bayern 19 (1983), 101-104.

96. Das »Wort vom Kreuz« ist aufrichtendes Wort, weil es Auferstehung im Blick hat. So sehr es Gott im Zeichen seiner Liebe mit dem Leid der Welt zu verknüpfen weiß und solidarisch werden sieht, so sehr bezeugt es denselben Gott als den, der am Ende alles Leid beenden, Erlösung verwirklichen wird. Vgl. Gollwitzer, Krummes Holz, 326 passim: Wie die Schöpfung ist auch die Sinngebung nicht »fertig«; die biblische Sinnverheißung ist Befehl und Einladung zur Sinnhoffnung. Insofern ist Walter Kasper zuzustimmen, wenn er betont: »Das Licht, welches von der Erlösung her auf die Welt fällt, ist angesichts des Bösen das einzige, welches der Verzweiflung Herr werden kann und welches der [...] Hoffnung des Menschen Recht gibt, ihr gerecht wird, ja sie aufgerichtet und erfüllt« (Was alles Erkennen übersteigt. Besinnung auf den christlichen Glauben, Freiburg i. Br. 1987, 83).

und Freude, mit Kreuz und Auferstehung auch Gutes und Böses im Göttlichen versammelt? Friedrich Nietzsche, der meistgelesene Philosoph der Welt, hat schwerblütige Gottesgedanken in dieser Richtung entwickelt.

III. Gottes Güte – hinterfragt durch Nietzsches Theodizee

Der Rede vom »gekreuzigten Sinn« ist Friedrich Nietzsche erstaunlich nahe gekommen – er, der am Ende seiner bewussten Existenz selbst mit »Der Gekreuzigte« unterschrieb! Und doch hat er ihren tiefsten Sinn verfehlt. Es lohnt sich, seinen bis heute wenig bekannten Denkweg über Gott nachzuvollziehen, um zu verstehen, worin seine Faszination und worin sein Scheitern begründet sind. Also ein Kapitel Nietzsche.

Vielfach weiß man von diesem außergewöhnlichen Philosophen gerade bloß dies, dass er seinen »tollen Menschen« den Tod Gottes verkünden ließ. Aber das war nur eine Station auf seinem spannenden Denkweg – gewiss ein markanter Punkt, der freilich in seinen philosophischen Zusammenhängen gesehen werden muss. Gemeint sind damit einerseits die Zusammenhänge in Nietzsches Existenz, andererseits die philosophiegeschichtlichen Voraussetzungen seines Denkens[1].

1. Hegels Rede vom »Tod Gottes«

Wo von Sinnlosigkeit im Horizont aller Dinge ausgegangen wird, dort wird damit gerechnet, dass Ungerechtigkeit, Schmerz, Leid und Tod das letzte Wort behalten werden. Dort ist es – gemessen an jenem hellen Horizont, den der christliche Gottesglaube eröffnet hatte – »Nacht« geworden. Dort herrscht die »Urverzweiflung«, von der Sartre gesprochen hat – letztlich die Verzweiflung darüber, dass Gott »tot« ist und Theodizee darum als schlechthin unmöglich anzusehen ist. Als Journalisten einmal Sartre salopp fragten, was es Neues gebe, erhielten sie eben diese Antwort: »Voilà, meine

1. Die Ausführungen dieses Kapitels beruhen weithin auf meinem Aufsatz »›Wer aber kennt meinen Gott?‹ Friedrich Nietzsches ›Theologie‹ als Geheimnis seiner Philosophie, in: Zeitschrift für Theologie und Kirche 98 (2001), 464-500.

Herren, Gott ist tot.« Indes – neu war diese Auskunft ja nicht gerade. Friedrich Nietzsche hatte sie, wie dargelegt, schon im 19. Jahrhundert erteilt.

Nietzsches hellsichtiger Analyse zufolge sind es die aufgeklärten Menschen selbst gewesen, die Gott getötet haben. Begonnen haben dürfte dieser Akt am Beginn der Neuzeit, als der Philosoph René Descartes (1596-1650) meinte, die Existenz Gottes nur auf dem Umweg des sich seiner selbst versichernden Ego belegen zu können. Gottes Funktion sah er gerade noch in der Vermittlung zwischen den materiellen, ausgedehnten Dingen *(res extensae)* und den geistigen Realitäten *(res cogitans)*. Deren Dualismus krass zu lehren, hat im Endeffekt ungewollt den Materialismus gefördert. Indem Descartes etwa die Tiere ausschließlich zu den »res extensae« rechnete, galten sie ihm als kunstvolle, seelenlose Maschinen.

Von da war der Schritt nicht mehr allzu weit, auch den Menschen als Maschine zu interpretieren, wie es 100 Jahre später Julien-Offray de Lamettrie in seinem berühmten Werk »l'Homme machine« (1748) konsequent tat. Wiederum ein Jahrhundert später bestätigte Charles Darwin die Zusammengehörigkeit von Tier und Mensch eindrucksvoll in seinem Hauptwerk »On the Origin of Species by Means of Natural Selection« (London 1857). Dass die Evolution auf Geist, auf Freiheit und Unsterblichkeit im Horizont Gottes aus gewesen sein könnte, wurde immer unwahrscheinlicher. Die noch einigermaßen fromm begonnene Aufklärung führte konsequent zu Nietzsches Diagnose des »Todes Gottes«.

Doch selbst Nietzsche war nicht der Erste gewesen, der philosophisch vom Tod Gottes gesprochen hatte. Das hatte vor ihm schon Georg Wilhelm Friedrich Hegel getan – allerdings noch in ganz anderem Sinn. Dieser idealistische Philosoph hatte im Rahmen seiner Religionsphilosophie verkündet: »Gott selbst ist tot«[2]! Das wiederum war ein (allerdings ungenaues) Zitat aus der 2. Strophe des lutherischen Passionsliedes »O Traurigkeit, o Herzeleid« gewesen, die Johann Rist 1641 gedichtet hatte – in dem christlichen Bewusstsein, dass das Kreuz Jesu Gottes liebevolle, Hoffnung machende Teilnahme an unserer menschlichen Sterblichkeit, ja an aller kreatürlichen Passion bedeutet. Aber bei Hegel war der Akzent entscheidend anders gesetzt.

Für diesen Philosophen bringt das Bewusstsein vom »Tod Gottes« zum

2. Vgl. G. W. F. Hegel: Vorlesungen über die Philosophie der Religion, 2 Bde., in: Werke in zwanzig Bänden (Theorie Werkausgabe), Bd. 16 und 17, Frankfurt/M. 1969, hier: Bd. 17, 297. Siehe dazu näherhin Christian Link: Hegels Wort »Gott selbst ist tot«, Zürich 1974.

Ausdruck, dass »das Endliche, Gebrechliche, die Schwäche, das Negative göttliches Moment selbst ist«, ja dass »das Anderssein, das Endliche, das Negative nichts außer Gott ist, als Anderssein die Einheit mit Gott nicht hindert.« Daher werde im »spekulativen Karfreitag« die absolute Liebe angeschaut: »Es ist die Identität des Göttlichen und Menschlichen, dass Gott im Endlichen bei sich selbst ist und dies Endliche im Tod selbst Bestimmung Gottes ist. Gott hat durch den Tod die Welt versöhnt und versöhnt sie ewig mit sich selbst. Dies Zurückkommen aus der Entfremdung ist seine Rückkehr zu sich selbst, und dadurch ist er Geist.«[3] Wer das begreife, für den sei am Kreuz der theistische Gott gestorben[4].

Demnach benutzt Hegels philosophischer Idealismus die Rede vom »Tod Gottes«, um sich mit autonomer Gebärde abzusetzen von der christlichen Theologie, die Gott als Schöpfer von seiner Schöpfung grundsätzlich unterscheidet. Erst auf Grund dieser seinsmäßigen Unterscheidung aber wird die christliche Botschaft vom göttlichen Überschritt in die Welt durch die Fleischwerdung des Gottessohnes zur Heilsbotschaft, wirklich zur Offenbarung der Liebe Gottes. Der Tod Gottes des Sohnes, der zweiten Person der Trinität, impliziert dann die Ansage radikalen Heils, nämlich der künftigen Vollendung der Schöpfung in Gestalt eines neuen Himmels und einer neuen Erde. Diese Verheißung entfällt bei Hegel. Er kann von Gott reden, ohne radikal zu hoffen – eine Perspektive, die insofern ein Stück weit der des alttestamentlichen Predigers gleicht, der Sinnlosigkeit und Gottesglaube tapfer auf einen Nenner gebracht hat.

Indem Hegel den »Tod Gottes« ausschließlich philosophisch versteht, wird diese Metapher notwendig reduziert auf eine geistige Rechtfertigung der unerlösten Wirklichkeit. Seine Theodizee ist das Modell eines dialektischen Monismus. Soll die Rede von Gottes Tod, von seiner Selbstentäußerung dafür stehen, dass alles Leid und alles Böse immer schon zum alles übergreifenden Wesen dieses Gottes-Selbsts gehören, dann gibt es keine echte Erlösung. »Erlösend« soll allenfalls das idealistische Bewusstsein dieses Sachverhalts sein. Dann ist aber die Ambivalenz dieser Welt das Letzte, weil immer schon verborgen Göttliche. Eine traurige, ja zynische Theodizee! Sinnlosigkeit wird hier monistisch als Sinnhaftigkeit verbrämt. Der Schritt zu Nietzsches Verständnis vom »Tod Gottes« war von hier aus kein allzu großer.

3. Hegel: Vorlesungen, 295. Nach Hegel stirbt Gott am Kreuz sich selbst, »welches diesen Sinn hat, daß er in diesem Tode zu sich selbst kommt« (94).
4. G. W. F. Hegel: Phänomenologie des Geistes, Frankfurt/M./Berlin/Wien 1980[3], 432.

2. Nietzsche – von Kindesbeinen an mit der Theodizeefrage beschäftigt

Nur wenige Monate, nachdem Friedrich Nietzsche seinen »tollen Menschen« hatte Gottes Tod diagnostizieren lassen, notierte er das Bekenntnis: »Ich liebe mich wie meinen Gott«. Wie nun? Hatte er denn noch einen Gott? Er hatte durchaus einen, und der war sein Geheimnis – ein wahrhaft mysteriöser Gott! Jene merkwürdige Notiz lautete weiter: »Ich kenne nur Sünden an meinem Gotte; wer aber kennt meinen Gott?«[5]

Ein unbekannter Gott scheint hier ins Spiel zu kommen – offenkundig ein »sündhafter« Gott! Schon diese Andeutung lässt ahnen, dass Nietzsche einen Glauben entwickelt hat, der dem Theodizeeproblem auf ganz eigene Weise gerecht zu werden versucht. Tatsächlich ist die Theodizeefrage für ihn nicht dauerhaft zum »Fels des Atheismus« geworden, sondern nur vorübergehend. Mit Recht haben einige Forscher Nietzsche als religiösen Menschen erfasst – so bereits seine kurzzeitige Freundin Lou Andreas-Salomé[6], dann rund ein halbes Jahrhundert später Horst Schülke, Walter Nigg und Hans Pfeil, und wiederum etwa fünfzig Jahre darauf Okochi Ryogi[7]. Was aber sollte das für eine Gottheit sein, die der kritische Denker Nietzsche sich bewahrt hat über alle Kritik hinaus?

»Man höre zu, denn ich rede selten als Theologe«[8] – mit diesen Worten deutet Nietzsche in seiner letzten Autobiographie, die er im Herbst 1888 unter dem Titel »*Ecce homo*« verfasst hat, seine geheime Perspektive an. Der ganz späte Nietzsche ist es, der sich hier explizit als »Theologe« in Szene setzt. Als solcher muss er die Theodizeefrage noch einmal anders aufgreifen, als er das aus rein philosophischer Perspektive getan hat.

Ihn jedoch als eine Art »Theologe« wahrzunehmen, das haben gerade Vertretern der theologischen Zunft in der Regel als abwegig empfun-

5. Vgl. G. Colli/M. Montinari (Hg.): Friedrich Nietzsche. Kritische Studienausgabe (1967ff., im folgenden abgekürzt: KSA), Bd. 10, 119, auch 196. Seitenangaben zu dieser Ausgabe erfolgen im Folgenden nach Bandzahl und Schrägstrich.
6. Vgl. Lou Andreas-Salomé: Friedrich Nietzsche in seinen Werken (1894), hg. von E. Pfeiffer, Frankfurt/M. 1983, 61 u.ö.
7. Horst Schülke: Nietzsches gottlose Frömmigkeit, Hamburg 1946; Walter Nigg, Friedrich Nietzsche, Bern 1947; Hans Pfeil: Friedrich Nietzsche und die Religion, Regensburg 1949, 203; Okochi Ryogi: Wie man wird, was man ist. Gedanken zu Nietzsche aus östlicher Sicht, Darmstadt 1995, 65; ferner Rüdiger Safranski: Nietzsche. Biographie seines Denkens, München 2000, 262f.
8. KSA 6, 351.

den[9]. Gewiss, es haben ihn Theologen von Rang zu würdigen gewusst – angefangen von seinem Freund Franz Overbeck[10] über seinen späten Spaziergangspartner Julius Kaftan[11] bis hin zu Karl Barth[12], Paul Tillich, Dietrich Bonhoeffer[13], Fritz Buri[14] und anderen. Aber sie alle haben ihn eben nicht als Theologen, sondern als Philosophen gehört[15]. Dabei haben sie zu wenig sein Diktum berücksichtigt: »Jede Philosophie *verbirgt* auch eine Philosophie; jede Meinung ist auch ein Versteck, jedes Wort auch eine Maske.«[16]

Gewisse Affinitäten zur Theologie lassen sich in Nietzsches Biographie schon früh bemerken. Weithin bekannt ist, dass er 1844 als Pfarrerssohn geboren wurde, weniger hingegen, dass die theologische Ahnenreihe bei beiden Eltern mehrere Generationen zurückreicht[17]. Man könnte natürlich einwenden, dass diese Äußerlichkeit noch längst nicht zu dem Urteil be-

9. Vgl. Ulrich Willers: Friedrich Nietzsches antichristliche Christologie. Eine theologische Rekonstruktion, Innsbruck/Wien 1988, 14; Michael Trowitzsch: Nietzsche, theologisch, in: ZThK 94 (1997), 111-130, bes. 114. Hailer konstatiert: »Es gibt wohl kaum Aussicht an [sic!] eine direkt an Nietzsche angelehnte Theologie« (Glauben, 185).
10. Vgl. Hermann-Peter Eberlein: Flamme bin ich sicherlich. Friedrich Nietzsche, Franz Overbeck und ihre Freunde, Köln 1999.
11. Vgl. Julius Kaftan: Aus der Werkstatt des Übermenschen,Heilbronn 1906. Nietzsches »Der Antichrist« war wohl sein »Manifest gegen den Theologen Kaftan und die von ihm vertretene Dogmatik in der christlichen Frage«, meint Curt Paul Janz: Friedrich Nietzsche, München/Wien 1978, Bd. 2, 628.
12. Vgl. Karl Barth: Die kirchliche Dogmatik III/2, Zollikon-Zürich 1948, 276-290.
13. Vgl. Peter Köster: Nietzsche-Kritik und Nietzsche-Rezeption in der Theologie des 20. Jahrhunderts, in: Nietzsche-Studien 10/11 (1981/82), 615-685, bes. 662 ff.
14. Vgl. Fritz Buri: Kreuz und Ring. Die Kreuzestheologie des jungen Luther und die Lehre von der ewigen Wiederkunft in Nietzsches »Zarathustra«, Bern 1947.
15. Freilich hat Nietzsche insgesamt »das Unglück gehabt, nur als Philosoph fortzuleben – obwohl er manches andere hätte werden wollen, Apostel oder [...] Reformator, und zuletzt Hanswurst oder Gott« (Werner Ross: Der ängstliche Adler. Friedrich Nietzsches Leben, München 1999[4], 7).
16. KSA 5/234. Vgl. auch 5/57: »Sollte nicht erst der *Gegensatz* die rechte Verkleidung sein, in der die Scham eines Gottes einherginge?« Man erinnere sich an Luthers Lehre von den Larven und Masken Gottes, von seiner Verborgenheit unter dem Gegenteil, nur dass hier nicht Scham, sondern Demut das Motiv Gottes ist (vgl. Rudolf Hermann: Luthers Theologie. Gesammelte und nachgelassene Werke Bd. 1, Göttingen 1967, 169 ff.).
17. Vgl. Curt Paul Janz: Friedrich Nietzsche. Biographie (1978), dtv-Ausgabe, Bd. 1, München 1981, 28 ff. »Nietzsche entstammte also jener Pfarrhaustradition, die sich durch Heiraten mit Mädchen aus ähnlich gearteten Stammreihen noch verstärkte [...] Das evangelische Pfarrhaus jedoch war es, das der Erbmasse Nietzsches das Gepräge gab« (28 und 34).

rechtigt, durch Nietzsches Adern sei Theologenblut geflossen. Doch da hätte man Nietzsche selbst, den pointierten Denker der Leiblichkeit, gegen sich. Bereits als Jugendlicher unterstrich er: »Die Tätigkeit des Menschen aber beginnt nicht erst mit der Geburt, sondern schon im Embryon und vielleicht – wer kann hier entscheiden – schon in Eltern und Voreltern.«[18] Noch in seiner späten Schrift »Jenseits von Gut und Böse« heißt es: »Es ist aus der Seele eines Menschen nicht wegzuwischen, was seine Vorfahren am liebsten und beständigsten getan haben«, dass sie nämlich wie in seinem Falle gewissenhaft »ganz ihrem Glauben – ihrem ›Gotte‹« gelebt haben[19]!

Die Idylle des evangelischen Pfarrhauses, in der der kleine Friedrich seine ersten Jahre verbringen durfte und die er in sich aufgesogen hatte, zerriss jäh, als der geliebte Vater des damals Dreijährigen erkrankte und seinem Leiden rund ein Jahr später erlag[20]. Obendrein fand ein halbes Jahr später sein zweijähriger Bruder Joseph einen plötzlichen Tod. Wie der Jugendliche aus seiner Erinnerung berichtet, hatte er unmittelbar vor der Erkrankung Josephs einen präkognitiven Traum gehabt: »Ich hörte in der Kirche Orgelton wie beim Begräbnis. Da ich sah, was die Ursache wäre, erhob sich plötzlich ein Grab und mein Vater im Sterbekleid entsteigt demselben. Er eilt in die Kirche und kommt in kurzem mit einem kleinen Kinde im Arm wieder. Der Grabhügel öffnet sich, er steigt hinein und die Decke sinkt wieder auf die Öffnung ...«[21] Von ungeheurem Trauerschmerz ist sodann die Rede; und umso mehr erstaunt es, wie wenig Gewicht in der bisherigen Nietzsche-Forschung diesen beiden schwerwiegenden Todesfällen im Blick auf die kindliche und damit auch spätere Psyche Nietzsches beigemessen worden ist. In einer thanatopsychologischen Studie wird festgestellt: »Je früher in der Kindheit des Subjekts der Bruder starb, umso tiefer ist die Wunde.«[22]

18. So 1862 in dem Aufsatz »Willensfreiheit und Fatum«. »Schon in frühen Äußerungen und bis in seine letzten wachen Tage zeigte sich bei Nietzsche ein ungewöhnlich tiefes Gefühl der Gebundenheit seines Wesens an die Ahnen« – mit diesen Worten beginnt die dreibändige Biographie von Janz (Nietzsche, Bd. 1, 23).
19. KSA 5/218 f. »Immer aber hält er an der Gewissheit fest, das Gut und die Arbeit der Vorfahren in sich zu bergen« (Janz, Bd. 1, 26).
20. Vgl. Klaus Goch: Nietzsches Vater oder: Die Katastrophe des deutschen Protestantismus. Eine Biographie, Berlin 2000.
21. Zitiert nach Janz: Nietzsche, Band 1, 47. Zehn Jahre später hat Nietzsche übrigens noch einmal einen präkognitiven Traum, den Tod seines Großvaters betreffend (85 f.).
22. Ginette Raimbault: Kinder sprechen vom Tod. Klinische Probleme der Trauer, Frankfurt/M. 1981, 160. Vgl. ferner Tobias Brocher: Wenn Kinder trauern, Hamburg 1985, 69 ff.

Es handelt sich dabei um eine »narzißtische Wunde«[23], zu der der Verlust eigener Identität hinzukommt. Die erste Veränderung im Geist des Kindes ist der Zerfall der Allmacht, die es seinen Eltern zugeschrieben hat – »besonders wenn der Tote ein Bruder oder eine Schwester ist.«[24] Im Falle Nietzsches traf dies potenziert zu, nachdem der Tod sowohl den Vater als auch den Bruder ereilt hatte. Wie sollte dem doppelt Schockierten später Gott als vernünftiger Übervater glaubhaft sein? Noch in der Sicht des erwachsenen Nietzsche hat sich Gott als »*Gott der höchsten Kurzsichtigkeit, Teufelei* und *Ohnmacht* erwiesen«[25]. Lässt sich vielleicht zwischen der frühkindlichen Erfahrung des Vatertodes und der späteren Rede vom Tod des Vatergottes eine Verbindung herstellen?[26] Würde Gott für ihn je noch im Ernst anders denn als »jenseits von Gut und Böse«[27] zu denken sein?

In diesem Kindheitsgeschick sind bereits die Bedingungen grundgelegt für Nietzsches spätere Theodizee. Seine Biographen haben viel über die Krankheiten nachgedacht, die sein Leben und Denken zweifellos stark beeinträchtigt haben. Aber haben sie gründlich genug nach deren Wurzeln in den psychischen Traumata der kindlich erlebten, innerfamiliären Todesfälle gefragt? Von der hier skizzierten psychischen Konstellation des jungen Nietzsche her versteht sich seine religiöse Ader, die in ein frühes theologisches Interesse mündete. Der Kindheitsfreund Wilhelm Pinder erklärte mit Blick auf den Tod von Nietzsches Vater und Bruder: »So war der Grundzug seines Charakters eine gewisse Melancholie, die sich in seinem ganzen Wesen äußerte. [...] Er hatte ein sehr frommes, inniges Gemüt [...] Schon von Jugend auf bereitete er sich auf den Stand vor, den er später einnehmen wollte, nämlich das Predigeramt.«[28] Man wunderte sich immer wieder über den »kleinen Pastor«, wie der gern einsame Knabe genannt wurde, zumal er

23. Raimbault: Kinder, 160. Noch die späte Selbstidealisierung Nietzsches lässt sich ein Stück weit als narzisstische Kompensation der schwerwiegenden kindlichen narzisstischen Kränkung deuten (vgl. dazu Wilhelm Meng: Narzissmus und christliche Religion. Selbstliebe – Nächstenliebe – Gottesliebe, Zürich 1997, 113).
24. Raimbault: Kinder, 161. Die Entwicklung einer »archaischen ödipalen Vaterphantasie« (Meng: Narzissmus, 242) konnte bei Nietzsche nicht reifen und musste notgedrungen einen anderen Weg nehmen.
25. KSA 13/59, kursiv: F. N.
26. Über Nietzsches Piano hing lange Zeit ein Bild seines Vaters – unter einem »Kreuzesabnahme« betitelten Gemälde (vgl. Willers: Christologie, 74)!
27. Vgl. die Frage Nietzsches in: KSA 12/213.
28. Nach Elisabeth Förster-Nietzsche: Der junge Nietzsche, Leipzig 1912, 27.

»Bibelsprüche und geistliche Lieder mit einem solchen Ausdruck hersagen konnte, dass man fast weinen mußte«[29].

Als lesehungriger Schüler freute sich Friedrich in den Ferien an der ungewöhnlich großen, wenn auch nicht ausschließlich theologischen Bibliothek seines Großvaters. Über seine religiösen Gedichte, Lieder und Aufzeichnungen während der Jugendzeit informieren eingehende Studien[30]. Auf der strengen königlichen Landesschule bewies Friedrich »reges theologisches Interesse«[31], das erste pantheistische Züge verrät. Damals lernte er bereits Hebräisch zur Vorbereitung auf das ins Auge gefasste Theologiestudium[32]. Gleichzeitig aber machte er intensive Bekanntschaft mit der hellenischen und römischen Götterwelt: Sie zog ihn stark in ihren Bann. Die erworbenen philologischen Kenntnisse ließen den pietistisch Erzogenen währenddessen die Möglichkeit von Bibelkritik in den Blick bekommen, wodurch die innere Abwendung von einem Gott angebahnt wurde, den er als gesetzlichen Inbegriff der christlich-kirchlich geprägten Kultur kennen gelernt hatte. 1861 war er zudem mit Ludwig Feuerbachs Schriften bekannt geworden, von denen er wichtige sogar auf seinen Wunschzettel zum 17. Geburtstag setzte.

1862 brachte sein erster philosophischer Aufsatz unter der Überschrift »Willensfreiheit und Fatum« schon erste skeptische Gedanken über Christentum und Religion zum Ausdruck – in dem Bewusstsein: »Nach meinem Urcharakter / gestalt ich mir auch Gott«[33]. 1863 mündete ein »Lebensrückblick« des Adoleszenten in die Worte: »Und so entwächst der Mensch allem, was ihn einst umschlang; er braucht nicht die Fesseln zu sprengen, sondern unvermutet, wenn ein Gott es gebeut, fallen sie ab; und wo ist der Ring, der ihn endlich noch umfaßt? Ist es die Welt? Ist es Gott?« Bezeichnend ist hier bereits das Paradox, das sich im weiteren Leben Nietzsches durchhält: Gott steht in Frage; und doch soll es ein Gott gewesen sein, der den Fesseln zu sprengen geboten hat!

Insofern deutet sich an, dass es bei Nietzsche um die Ablösung des alten

29. Förster-Nietzsche: Nietzsche, 28.
30. Richard Blunck: Friedrich Nietzsche. Kindheit und Jugend, München/Basel 1953; Manfred Kaempfert: Säkularisation und neue Heiligkeit. Religiöse und religionsbezogene Sprache bei Friedrich Nietzsche, Berlin 1971, 17ff., 28ff.; Martin Pernet: Das Christentum im Leben des jungen Friedrich Nietzsche, Opladen 1989.
31. Janz, Bd. 1, 36.
32. Vgl. Pernet: Christentum, 84. Nietzsches erster Tutor war damals der kindlich-gläubige Theologe Professor Buddensieg, dessen frühen Tod er aufrichtig betrauerte.
33. Vgl. Janz: Nietzsche, Bd. 1, 100 und 110.

Gottes durch einen neuen geht. Und tatsächlich formuliert er 1864 zum Abschluss seines Schülerdaseins das berühmt gewordene Gedicht »An den unbekannten Gott«[34], der eben nicht mit dem christlichen identisch ist. Diesem Unbekannten und doch zuinnerst Verwandten verspricht der angehende Theologiestudent inbrünstig, sein Leben lang zu dienen – in dem Bewusstsein, ihm in »tiefster Herzenstiefe« Altäre geweiht zu haben, »dass alle Zeit mich seine Stimme wieder riefe.« Wer den auf Zukunft hin entworfenen, gebetsartigen Text des kaum Zwanzigjährigen ernsthaft meditiert, kann schwerlich umhin, mit der tiefen Religiosität des Verfassers auch in dessen weiterem Lebenslauf zu rechnen; er wird ihre weitere Ausgestaltung allerdings im Unbekannten, Neuartigen suchen müssen.

Unter diesem Aspekt erstaunt es wenig, dass Nietzsches erstes Semester Theologie auch sein letztes wurde. Die Lektüre des »Leben Jesu« von David Friedrich Strauß tat damals ein Übriges, um ihn vom Gott des Christentums zu entfremden. Der prädisponierte Theologe wandte sich ab von der Schultheologie des Christentums – was keineswegs hieß, dass er aufgehört hätte, die Gottes- und Theodizeefrage in der Tiefe seines Herzens und seines Verstandes zu bewegen.

3. Philosophie des unvollkommenen Gottes

Aus Nietzsche ist bekanntlich weder ein wissenschaftlicher noch ein kirchlicher Theologe geworden. Im Gegenteil: In seiner Person nimmt seinem späten Anspruch nach der »Antichrist«[35] selbst das Wort! »Anti-christlich« heißt freilich nicht unbedingt »anti-religiös«: Der Antichristus ist auch ein Christus, nämlich der Messias[36] eines eben »ganz anderen« Gottes. So unterstreicht Nietzsche im Rückblick, mit rückhaltloser Rechtschaffenheit

34. Dass dem Text ein christliches Lied zugrundeliegt, zeigt Karl Pestalozzi: Nietzsches Gedicht »Noch einmal eh ich weiterziehe ...« auf dem Hintergrund seiner Jugendlyrik, in: Nietzsche-Studien 13 (1984), 101-110. Nach Biser ist »die das gesamte Werk durchziehende Anrufung des ›unbekannten Gottes‹« immer wieder auf das Jugendgedicht von 1864 zurückzuführen (›Gott ist tot‹. Nietzsches Destruktion des christlichen Bewußtseins, München 1962, 108).
35. Vgl. Ross: Adler, 772. Zur »Antichrist«-Schrift Nietzsches vgl. Andreas Urs Sommer: Friedrich Nietzsches »Der Antichrist«. Ein philosophisch-historischer Kommentar, Basel 2000.
36. »Nietzsche fühlt sich immer mehr in die Rolle des Messias hinein und glaubt, das

nicht etwa für bloßen Unglauben gekämpft zu haben: »Nein, das wisst ihr besser, meine Freunde! Das verborgene Ja in euch ist stärker als alle Neins und Vielleichts, an denen ihr mit eurer Zeit krank seid; und wenn ihr auf's Meer müsst, ihr Auswanderer, so zwingt dazu auch euch – ein *Glaube*!«[37] Nietzsche hat nach dem Tod des alten[38] Gottes sozusagen das Meer offen liegen sehen und ist in seinem Forscherdrang hinausgesegelt, um zu experimentieren. Sein Hinweis auf das verborgene Glaubens-Ja hinter seiner philosophischen Bestreitung Gottes veranlasst dabei theologisch zu höchster Aufmerksamkeit – eingedenk seines Ausrufs: »Man höre zu, denn ich rede selten als Theologe«!

Solches Zuhören erfordert eine differenzierte Verstehensbemühung, die Missverständnisse möglichst ausschließt. »Verwechselt mich vor allem nicht!«, heißt es im Vorwort zu »Ecce homo«. Vielleicht ist es ja nur die Maske der Ironie, die den Philosophen als Theologen vorstellt? Tatsächlich legt der Text, der auf sein »Man höre zu« folgt, zunächst eine ironische Interpretation nahe. Der gesamte Satz lautet wie folgt: »Theologisch geredet – man höre zu, denn ich rede selten als Theologe – war es Gott selber, der sich als Schlange am Ende seines Tagewerks unter den Baum der Erkenntnis legte: er erholte sich so davon, Gott zu sein [...] Er hatte Alles zu schön gemacht [...] Der Teufel ist bloss der Müssiggang Gottes an jedem sie-benten Tage«[39]. Was Nietzsche hier formuliert, mag auf den ersten Blick zum La-

Gewicht der Welt auf seinen Schultern zu tragen« (Anacleto Verrecchia: Zarathustras Ende. Die Katastrophe Nietzsches in Turin, Wien/Köln/Graz 1986, 165).

37. Nietzsche 1887 im für die 2. Auflage verfassten 5. Buch der »Fröhlichen Wissenschaft«: KSA 3/631; vgl. auch 13/492, und s. u.

38. Vgl. z. B. KSA 4/326, 370, 391; 5/23. Christlich-theologisch muss die Rede vom »Tod Gottes« allemal mehr besagen. Wohl musste Gott sterben, weil es zu seinem Wesen gehört, sich in Liebe zu seiner Schöpfung zu entäußern. Aber entgegen einer Philosophie, die Gottes »Schöpfung« als dessen eigenes Anderes einholen zu können meint, weiß christliche Kreuzestheologie um die gottgewollte Nichtgöttlichkeit der Welt. Sie braucht darum deren Leidstrukturen in keinster Weise zu verdrängen: Im Tod Gottes erkennt sie mitnichten den Teil eines dialektischen Selbstprozesses des Absoluten, sondern den realen Schmerz des gekreuzigten Gottessohnes als Ausdruck der Begegnung des Schöpfers mit der entfremdeten Schöpfung. Und sie geht entsprechend von der Realität der Auferstehung Jesu Christi aus, um die Verheißung einer realen Vollendung der Welt ernstnehmen zu können. Moderne Theologen sind mitunter der Versuchung erlegen, im Anschluss an Hegels oder Nietzsches philosophische Rede vom Tod Gottes die biblische Erlösungsbotschaft zu verflachen. Kreuzestheologisch gilt es den umgekehrten Weg zu gehen, nämlich die »Weisheit der Welt« von Gottes Weisheit her kritisch zu beleuchten und so den Raum unüberbietbarer Verheißung zu eröffnen.

39. KSA 6/351.

chen reizen: Es wirkt wie eine Persiflage auf biblisch-theologisches Reden. Dem irrational anmutenden Paradiesesmythos wird das Material entnommen und dann in potenziertem Spott auf jede theologische Vernunft karikierend umkombiniert. Gott selbst als Schlange unter dem Baum der Erkenntnis – zu komisch! So zynisch geht es zu, wenn Nietzsche, der bekannte Theologenhasser, als Theologe redet!

Und doch ist damit nur die Oberflächenschicht dieses Textes erfasst. Dass Nietzsche mehr ist als bloß Zyniker oder atheistischer Karikaturist, liegt auf der Hand, wenn man an die Ernsthaftigkeit seines Theodizeeproblems denkt. Wer hier nur den Spötter reden hören würde, der hätte eben nicht zugehört, hätte ihn verwechselt! Es kommt darauf an, im Hinhören zu bemerken, wie die ironische Brechung noch einmal gebrochen wird. Die zitierten Sätze bergen in ihrer Tiefe tatsächlich Nietzsches »Theologie«, ja seine Theodizee – nämlich seine Überzeugung, dass von Gott jenseits des Gegensatzes von Gut und Böse geredet werden müsse. Sie finden sich nicht zufällig innerhalb jenes Abschnitts von »Ecce homo«, der sich rückblickend mit der Schrift »Jenseits von Gut und Böse« von 1886 befasst.

In Nietzsches Augen kommt der bedenkliche Charakter kirchlicher Theologie weniger in der Form des Mythischen zum Ausdruck als vielmehr in dem Inhaltlichen, dass sie Gott und Teufel, Schöpfer und Schlange dualistisch unterscheidet, um dadurch den Anschein einer Ordnung in die Wirklichkeit zu bringen. Solch theologisches Bemühen um Vernunft, um Wahrheit betrachtet er mit äußerster Skepsis[40]. Seins- und erkenntnismäßig rechnet er mit dem Prinzip des Chaos[41]. Dabei kann er selbst insofern als philosophischer Protagonist der modernen Chaostheorie angesehen werden, als er wahrgenommen hat, dass im Chaos selbst durchaus ästhetische Fraktale als ordnungsähnliche Muster auftauchen, deren Strukturen mehr empfinden lassen als bloß sinnloses Wirrwarr. Sein Irrationalismus[42] mün-

40. Der »Glaube, daß es gar keine Wahrheit giebt, der Nihilisten-Glaube ist ein großes Gliederstrecken für einen, der als Kriegsmann der Erkenntniß unablässig mit lauter häßlichen Wahrheiten im Kampfe liegt. Denn die Wahrheit ist häßlich« (KSA 13/51). Vgl. Roland Bergmeier: Das Nichts in der Seele, in: DtPfrBl 100 (2000), 355-357.

41. Zum Begriff bei Nietzsche vgl. näherhin Thomas Busch: Die Affirmation des Chaos. Zur Überwindung des Nihilismus in der Metaphysik Friedrich Nietzsches, St. Ottilien 1989, 217ff., bes. auch 226ff. Kein Wunder, dass ihm »die Erde überhaupt als Irrenhaus« galt (KSA 6/230; auch 5/333)!

42. Hegels Identität von Denken und Sein ist bei Nietzsche aufgegeben, sofern mit Denken klares Bewusstsein gemeint, gerade nicht aber, sofern das Unbewusste, Irrationale in seiner Göttlichkeit erfasst ist. Indirekt bleibt Nietzsche also »ein Erbfolger des deutschen Idealismus«, der sich mittels seines Gottesverständnisses »gewaltig aufbläht«

det nicht von ungefähr in die Erkenntnis eines kosmischen Gesetzes, des der »ewigen Wiederkehr des Gleichen«[43]. Chaos und Kosmos erweisen sich so gesehen nicht als gegensätzliche Pole, sondern fallen in einer mystisch anmutenden *coincidentia oppositorum* zusammen – wie ja überhaupt die nondualistische Relativierung von Gegensätzlichkeiten sich als roter Faden durch sein Gesamtwerk zieht[44].

Analoges gilt laut Nietzsche für Gott und Teufel. Gott selbst als Schlange – so neu ist der Gedanke ja auch gar nicht! Die Vorstellung eines sich seiner alten Haut entledigenden Gottes hatte bereits das vedische Indien entwickelt[45]. Und spätantike Gnostiker hatten die Idee der Schlangengestalt Gottes geradezu schulmäßig gepflegt[46]. Aber im Unterschied zum Gnostizismus lehrt Nietzsche keinen rein jenseitigen Gott, der als Geist aller Materie abhold wäre. Vielmehr versteht er das Göttliche als Willenskraft im Sinne »geistloser« Begierde. Darin kommt er von Arthur Schopenhauer her,

(Günther K. Lehmann: Der Übermensch – Friedrich Nietzsches Scheitern der Utopie, Berlin 1993, 66, auch 96).

43. Der mystischen Erkenntnis von Anfang August 1881 war fast unmittelbar erste begeisterte Spinoza-Bekanntschaft voraufgegangen (vgl. KSA 15/117). Nietzsches ekstatische Vision fand in einer Formulierung in einem Notizbuch ihren Niederschlag und blieb seitdem in ihrer Substanz unverändert – er pflegte das Heft stets mit sich zu führen! Der ganz späte Nietzsche erkannte zunehmend die Verwandtschaft dieser Idee mit der indischen Philosophie (vgl. Andreas-Salomé: Nietzsche, 275). Doch anders als beim indischen Vorbild kosmischer Periodizität ging Nietzsche nicht von einer Rücknahme der Welt ins göttliche Absolute aus, von dem aus sie wieder und wieder ins Dasein gesetzt würde. Da es für ihn diesen Gegensatz von Absolutem und Relativem nicht mehr gab, sah er die Welt in ewiger, pantheistisch gefärbter Selbstunmittelbarkeit kreisen – eine halb säkularisierte Fassung hinduistischer Kosmologie. Mit ihr mag die Schlüsselloch-Beobachtung seiner Vermieterin zu tun gehabt haben, die ihn kurz vor seinem Turiner Zusammenbruch wie den indischen Weltengott Shiva in seinem Zimmer »nackt tanzen gesehen« hat (Verrecchia: Ende, 265).

44. Vgl. Günter Figal: Nietzsche. Eine philosophische Einführung, Stuttgart 1999, 149 passim.

45. Vgl. Mircea Eliade: La coincidentia oppositorum et le mystère de la totalité, in: Eranos-Jahrbuch 1958, Bd. 27, Zürich 1959, 206. Übrigens gehörte die Ringschlange dem Dionysoskult an. Martin Heidegger weist darauf hin, dass das Symbol der Schlange für das ewig Werdende, aber auch für das Leben selbst steht (Nietzsche, 2 Bände, Pfullingen 1961, hier Bd. 1, 549).

46. Vgl. Kurt Rudolph: Die Gnosis. Wesen und Geschichte einer spätaniken Religion, Göttingen 1980[2], bes. 256; ferner Elaine Pagels: Adam, Eva und die Schlange. Die Theologie der Sünde, Reinbek 1991, 154 (zur Gnosis s. u. Kap. X.1). Übrigens kommt das Motiv der Weltschlange auch vor in Jean Pauls Roman »Der Siebenkäs« (1797), wo der tote Christus vom Weltgebäude herab verkündet, dass kein Gott sei!

der den Pantheismus metaphysisch bejaht, aber den absoluten Geist der idealistischen Tradition durch den Willen als blinde, triebartige Kraft ersetzt hatte[47]. Die damit verbundene moralische Negativwertung jenes göttlich-blinden Willens, jenes irrationalen Weltgrundes wandelt Nietzsche dezidiert in eine positive um[48]: »Wer, gleich mir, [...] mit einem asiatischen und überasiatischen Auge in die weltverneinendste aller möglichen Denkweisen hinein und hinuntergeblickt hat – jenseits von Gut und Böse, und nicht mehr, wie Buddha und Schopenhauer, im Bann und Wahne der Moral –, der hat vielleicht ebendamit, ohne dass er es eigentlich wollte, sich die Augen für das umgekehrte Ideal aufgemacht: für das Ideal des übermüthigsten lebendigsten und weltbejahendsten Menschen, der sich nicht nur mit dem, was war und ist, abgefunden und vertragen gelernt hat, sondern es, *so wie es war und ist*, wieder haben will, in alle Ewigkeit hinaus, unersättlich da capo rufend, nicht nur zu sich, sondern zum ganzen Stücke und Schauspiele, sondern im Grunde zu Dem, der gerade dies Schauspiel nöthig hat – und nöthig macht: weil er immer wieder sich nöthig hat – und nöthig macht – – Wie? Und dies wäre nicht – circulus vitiosus deus?«[49]

Gott als »fehlerhafter Kreislauf«, als blinder Wille oder, wie Walter Sparn diesen Begriff übersetzt, als »ein Gott-Teufelskreis«[50] – aber eben so als *deus*, ganz positiv als Gott: das ist die Essenz von Nietzsches Theodizee. Welch eine Aussage: Gottes Güte wird bestritten, um Gottes Sein zu rechtfertigen! Carl Gustav Jung ist nicht weit entfernt von solchem Denken, wenn er meint: »Der Glaube an Gott als das Summum Bonum ist einem reflektierenden Bewußtsein unmöglich.«[51]

Nietzsches Modell gründet, wie herauszuhören ist, in seiner Philosophie der ewigen Wiederkehr des Gleichen. Deren Interesse ist ein antidualistisches: Sie verbannt jede Transzendenz und vergöttlicht stattdessen die

47. Zu erinnern wäre hier auch an Schellings Spätphilosophie, die das »Ursein Gottes« ausdrücklich als »blind« klassifiziert (vgl. »Philosophie der Offenbarung«, hg. von M. Frank, Frankfurt/M. 1977, 166f. und 180).
48. Warum sollte das Absolute als Wille verneinenswert sein? Nietzsche warf Schopenhauer die Negation des Willens vor (vgl. KSA 12/441). Das Problem besteht hier freilich darin, dass jenes Absolute Schmerz und Böses zeitigt; Nietzsche sieht hier keine andere »logische« Wahl, als beides dem Göttlichen zuzurechnen: So kommt es zu seinem eigenartigen Gottesverständnis »jenseits von Gut und Böse«.
49. KSA 5/74f. Nach Andreas-Salomé zeigt dieser Abschnitt, dass Nietzsches Spätphilosophie »ein Charakter religiöser Erhebung eigen ist« (Nietzsche, 263). Vgl. näherhin Pierre Klossowski: Nietzsche und der Circulus vitiosus deus, München 1986.
50. Sparn: Leiden, 124.
51. Carl Gustav Jung: Antwort auf Hiob (1952), München 2001, 64; vgl. auch 65 und 75.

Immanenz. Nietzsche versteht sich zunehmend[52] als antimetaphysischer Denker, insofern mit Metaphysik der Dualismus von Geist als »Ding an sich« und Materie als Erscheinung gemeint ist. Sein eigener Standort jenseits solcher »Transzendenz-Metaphysik«[53] wäre allerdings verkannt, wenn man ihn als völlig metaphysikfrei beschreiben wollte. Er lehrt eine Art pantheistischer[54] »Immanenz-Metaphysik«, nämlich die unbewusst flutende Einheit von Einheit und Vielheit[55], von Sein und Schein[56]. Nietzsche reimt analog zu Goethe: »Weltspiel, das herrische, mischt Sein und Schein: – Das Ewig-Närrische mischt *uns* – hinein!«[57] Ihm geht es nicht um Sein, das sich im Werden äußert, sondern um Werden, das als zyklischer Prozess die höchste Annäherung ans Sein erreicht. Während Platon die Zeit in ihrer geschlossenen Kreisbewegung als größtmögliche Annäherung an ihr Urbild zeitloser Ewigkeit denkt, behält Nietzsche gewissermaßen das Abbild der ewigen Wiederkunft des Gleichen, während er das Urbild des absoluten

52. Bereits 1872 schreibt Nietzsche vom »weggezogenen Boden der Metaphysik« (KSA 7/428). Er bedenkt aber nicht: Das »Ende der Metaphysik« kann »immer nur eine bestimmte, nie die Metaphysik ereilen« (Jörg Salaquarda: Art. Metaphysik III. Ende der Metaphysik?, in: TRE 22 [1992], 653-660, hier 659).
53. Nietzsches undifferenziertes Reden von »der« Metaphysik meint im Grunde die Spielarten der »Transzendenzmetaphysik«; doch gibt es ja auch solche, die »auf dem Boden einer gottlosen Immanenz« blühen (vgl. Panajotis Kondylis: Die neuzeitliche Metaphysikkritik, Stuttgart 1990, 559). Der späte Nietzsche wiederum bewegt sich genau dazwischen, indem er eine Synthese beider Spielarten schafft.
54. In solcher Anknüpfung an Schopenhauer und Spinoza lebt wieder etwas auf von seiner jugendlichen Theologie, die bereits pantheistische Züge trug (vgl. Kaempfert: Säkularisation, 36). Als er 1870 das »Ende der Religion« konstatiert, notiert er gleichzeitig: »Der indische Hauch bleibt zurück: weil er uns verwandt ist« (KSA 7/100). Seine späten differenzierenden, tendenziell bejahenden Reflexionen zum Pantheismus finden sich in KSA 12/213 f.
55. Die Welt ist für Nietzsche als Spiel von Kräften und Kraftwellen zugleich Eins und Vieles; den Gegensatz von Absolutem und Relativem hebt er auf, denn in ihm ist ja das Absolute kein Absolutes mehr, sondern selbst ein Relatives (vgl. Busch: Chaos, 112 f.).
56. Mit der These der Identität von beidem löst Nietzsches Spätphilosophie das von Schopenhauer überkommene Problem der Doppelgesichtigkeit der Erscheinungswelt, die einerseits »Erscheinung« im Sinne der Äußerung des Ur-Einen und andererseits »Erscheinung« im Sinne der Erkenntnisbedingungen der menschlichen Subjektivität ist (vgl. Margot Fleischer: Dionysos als Ding an sich, in: Nietzsche-Studien 17 [1988], 74-90, bes. 89). Siehe ferner KSA 6/81: Mit der »wahren« Welt ist auch die »scheinbare« abgeschafft, d. h. die Differenz ist überholt.
57. »An Goethe«, abgedruckt im Anhang an die 2. Auflage der »Fröhlichen Wissenschaft« (1887): KSA 3/639.

Geistes streicht. In diesem Sinn ist er ein Mystiker des Werdens[58] als des Ewig-Närrischen – und so seinem Selbstverständnis nach »nur Narr, nur Dichter!«[59]

Wirklich nur das – oder nicht auch Theologe? Sind nicht Poesie und Theologie ein wenig miteinander verwandt? Im Bild des periodisch sich zur Schlange verwandelnden Gottes sind sie jedenfalls alle beisammen: Narrentum, Poesie und Theologie. Dementsprechend denkt Nietzsche Gott als »die ganze Fülle der Lebensgegensätze in sich drängend und sie in göttlicher Qual *erlösend, rechtfertigend*: – Gott als das Jenseits, das Oberhalb der erbärmlichen Eckensteher-Moral von ›Gut und Böse‹.«[60] Eine monistische Theodizee ganz eigener Art!

Bereits das bisher Zitierte macht deutlich, dass man zu kurz greift, wenn man Nietzsche mit Eugen Fink eine »Theologie ohne Gott«[61] unterstellt. Man muss nur sehen, dass sein Gottesbegriff in ungewohnter Weise den Gegensatz von Gott und Bösem, von Sein und Schein transzendiert. Deswegen benutzt er ihn auch selten für das von ihm Gemeinte[62]. »Die Hochzeit kam für Licht und Finsternis«[63] – mit diesen Worten endet Nietzsches »Jenseits von Gut und Böse« bezeichnenderweise. Im Anschluss an Descartes[64] erwägt Nietzsche, ob Gott nicht als ein allmächtiger, aber betrügerischer Dämon zu deuten sei, genannt *genius malignus*. Und im Unterschied zu Descartes[65]

58. Man beachte dabei, wie stark Nietzsches Metaphysik des Werdens bereits an Schopenhauer (ja im Grunde auch schon an Heraklit) anschließt (vgl. KSA 1/824 f.)! Gerade deshalb leugnet sie ein »Gesammtbewusstsein des Werdens« (13/35): Der blinde Wille Schopenhauers ist es, der alles wollend treibt.
59. So der Titel eines späten Dionysos-Dithyrambus (KSA 6/377 ff.; vgl. bereits 4/374).
60. KSA 12/581.
61. Eine Formulierung Eugen Finks, der bei Nietzsche »eine Theologie« findet, »die das Dasein als aesthetisches Phänomen rechtfertigt, im Glanz des Schönen das Heil der Welt vernimmt, die Kunst-Religion des spielenden Gottes Dionysos« (Nietzsches Philosophie, Stuttgart u. a. 1986[5], 162).
62. Er »war bisher der grösste *Einwand* gegen das Dasein [...]. Wir leugnen Gott, wir leugnen die Verantwortlichkeit in Gott« (KSA 6/97) – das gilt nur im Blick auf den *bisherigen* Gottesbegriff! Den rechnet er in seinem »Gesetz wider das Christenthum« gar unter die Schimpfwörter (KSA 6/254; vgl. auch 373).
63. KSA 4/243.
64. Vgl. René Descartes: Meditationes de prima philosophia (Paris 1641), Meditatio I, 12.
65. Descartes hatte noch eine viel optimistischere Weltsicht (vgl. Meditatio IV, 5). Hingegen betont Nietzsche, »dass es in der Welt durchaus nicht göttlich zugeht [...] Wir wissen es, die Welt, in der wir leben, ist ungöttlich, unmoralisch« (KSA 3/580). Mit seiner Theodizeefrage hat er Descartes Zweifel »an Radikalität weit überboten« (Dieter Just: Nietzsche kontra Nietzsche. Zur Psycho-Logie seines Philosophierens, Würzburg 1998, 246).

wehrt er diese Fiktion keineswegs mit dessen Einsicht[66] ab, ein betrügerischer Gott stelle ja doch etwas Unvollkommenes (und deshalb eine *contradictio in adiecto*) dar. Vielmehr überlegt er jenseits von Gut und Böse: Wenn es im Wesen der Dinge etwas Täuschendes und Närrisches gäbe, würde der allerbeste Wille zum cartesianischen Zweifel »uns nicht vor den Fallstricken dieses Wesens hüten«. Als Geschöpfe dieses Wesens hätten wir – so Nietzsche weiter – irgendwie an seinem betrügerischen Grund-Willen Anteil, so dass wir uns am Ende sogar durchaus selber betrügen *wollten*[67]! Eine konsequente, aber schwer durchschaubare Schlangen-Theodizee tut sich hier auf[68]. Wer sie verstanden hat, für den erschließen sich integral die meisten der »Gegensätze seiner Philosophie«[69] in ihrem inneren Zusammenhang, so dass von daher auch sein immerhin bis gegen Ende durchgehaltener »Wille zum System«[70] einleuchtet.

4. Nietzsche als »atheistischer Theologe«

Nietzsches Philosophie ist mystischer, ist »tiefer als der Tag gedacht«[71]! Der Umstand, dass ein Gut und Böse umschließender, lustvoll-trügerischer Gott keine Gewissheit ermöglicht, kann Nietzsche nicht freuen. Denn wie Des-

66. Vgl. René Descartes: Meditatio I, 9 und IV, 2.
67. Die Partizipation im Betrügen ist durchaus mystisch gemeint und entspricht der cartesischen Auffassung, die göttliche Substanz sei im Ego ebenso zugegen, wie das Ich darin sich selbst zugegen ist (vgl. Stefan Winter: Heideggers Bestimmung der Metaphysik, München 1993, 114).
68. Im Anfang ist – so der späte Nietzsche im 2. Band von »Menschliches, Allzumenschliches« – nicht der Logos, sondern das Gegenteil davon, der Un-Sinn: »[…] und Gott (göttlich) war der Unsinn« (KSA 2/388). Tatsächlich ist Nietzsches »Identifizierung mit dem Bösen« letztlich »nur in einem System jenseits der Logik denkbar« (Just: Nietzsche, 167). Vgl. auch Christoph Schulte: Radikal böse. Die Karriere des Bösen von Kant bis Nietzsche, München 1991².
69. Vgl. Wolfgang Müller-Lauter: Nietzsche. Seine Philosophie der Gegensätze und die Gegensätze seiner Philosophie, Berlin/New York 1971.
70. Jahrelang hat Nietzsche Stoff zu einer *systematisch* angelegten Darstellung gesammelt, um diesen Plan erst 1888 aufzugeben – und dann zu betonen: »Der Wille zum System ist ein Mangel an Rechtschaffenheit« (KSA 6/63; vgl. 13/477). Doch selbst diese Selbstkorrektur war systematischer Ausfluss seines Systems, Konsequenz seiner Theologie des dionysischen Lügengottes. »Spätestens Ende 1888 sah er im ›Immoralismus‹ sein eigentliches System« (Just: Nietzsche, 22).
71. Vgl. KSA 4/400 (»Nachtwandler-Lied«). Nach Peter Sloterdijk ist Nietzsche ein »mo-

cartes möchte er von dieser Hypothese eigentlich fortschreiten zu heller Gewissheit: Anhaltendes Zweifeln widerstreitet seinem Idealbild des starken Menschen[72]! Doch sein Festhalten am immoralistischen Gottesbegriff verhindert solches Fortschreiten. Bis zum Schluss treibt ihn diese Schwierigkeit um.

Das lässt sich erkennen, wenn man ihn von seiner Selbstenthüllung in »Ecce homo« her in seinen »theologischen« Ambitionen wahrnehmen lernt. Seit Lou Andreas-Salomés klugen Analysen[73] pflegt die Nietzsche-Forschung seine philosophische Entwicklung grob in drei Perioden zu gliedern: in eine frühe, von Schopenhauers Metaphysik beeinflusste, die bis 1878 hin abebbt; in eine positivistisch-destruktive bis Mitte 1882, und in eine letzte, konstruktivere, die diese beiden Ausrichtungen zur Synthese zu bringen versucht[74]. Diese drei Phasen spiegeln meines Erachtens zugleich den inneren Weg seines theologischen Ringens wider: Es ist, wie sich zeigen lässt, eine permanente Suche nach Gewissheit.

Schopenhauer-Lektüre hatte einst den 21-jährigen Studenten in seiner jugendlichen Tendenz zum Atheismus bekräftigt, aber zugleich an die Stelle des verlorenen Gottes eine nichttheistische Willensmetaphysik treten lassen[75]. Nach der positiven Umwertung des Willens kann Nietzsche in seiner ersten Publikation »Die Geburt der Tragödie« formulieren: »Wir sind wirklich in kurzen Augenblicken das Urwesen selbst und fühlen dessen unbändige Daseinsgier und Daseinslust«[76]. Diese Perspektive vermittelt ihm zunächst »metaphysischen Trost«; doch der erweist sich nicht als dauerhaft stabilisierend. Die Notwendigkeit von Qual und Kampf im Dasein mit der Ewigkeit dionysischer Entzückung zu begründen, Glücksgefühl also in der Verschmelzung mit dem *einen* Lebendigen und seiner unzerstörbaren Zeu-

derner Mystagoge« (Der Denker auf der Bühne. Nietzsches Materialismus, Frankfurt/M. 1986, 42).

72. Vgl. KSA 5/336.
73. Vgl. Andreas-Salomé: Nietzsche, 35 f.
74. Wie Biser bemerkt, schließt Nietzsche »die Gottesfrage nach dem Durchgang durch die destruktive Phase seines Denkens nicht mehr grundsätzlich aus« (Gott, 293). Auch Karl Barth konstatiert treffend: »Nietzsches Herz hing *nicht* an der Bestreitung der Existenz Gottes« (Kirchliche Dogmatik III/2, 285). Dass die dritte Phase sich wieder der Anlehnung an Schopenhauers Metaphysik verdankt, zeigt Giorgio Colli im Nachwort zum Nachlass (KSA 13/653-655).
75. Vgl. Georg Simmel: Schopenhauer und Nietzsche. Tendenzen im deutschen Leben und Denken seit 1870 (1902), Hamburg 1990.
76. KSA 1/109. Nächstes Zitat ebd.

gungslust zu empfinden[77], das bedeutet den Rekurs auf ein Göttliches über der leidvollen, vergänglichen Welt, das aber in sich gerechtfertigt erscheint. In einer selbstkritischen Vorrede zur 3. Auflage seiner »Geburt der Tragödie« beschreibt der gereifte Nietzsche jene frühe mystische Perspektive als »Artisten-Metaphysik«, weil ihrzufolge »nur als ästhetisches Phänomen das Dasein der Welt *gerechtfertigt* ist.«[78] Er distanziert sich von dieser Metaphysik, insofern sie das Sein des Urwesens vom Werden der Welt noch unterschieden habe. Die Erkenntnis, dass solche Unterscheidung seiner lebens- und diesseitsbejahenden Tendenz widerspricht, bedeutet seinen Abschied von »aller metaphysischen Trösterei«[79] und damit das Ende seiner ersten Periode. Allerdings räumt er ein, seinerzeit schon auf dem richtigen Weg gewesen zu sein mit jener Umwertung Gottes in einen »unmoralischen Künstler-Gott, der im Bauen wie im Zerstören, im Guten wie im Schlimmen, seiner gleichen Lust und Selbstherrlichkeit inne werden will«[80]. Er weiß sich als damals schon entschlossenen Jünger eines »noch unbekannten Gottes«, den er als den griechischen Gott »Dionysos« identifiziert[81].

Tatsächlich hält sich der mystisch anmutende Kern seiner »Artisten-Metaphysik« durchaus auch in der zweiten, positivistischen Phase durch. Im Frühjahr 1881 überlegt Nietzsche: Das Naturgesetz der Kausalität könnte ein Mittel des »artistischen Betruges« sein, insofern es dem göttlichen Subjekt erlaubt, »*tief* zu träumen«[82]. Offenkundig denkt er an den von Descartes als träumend vorgestellten *genius malignus* – nur dass er diese Fiktion nicht wie jener »moralisch« widerruft! Vielmehr interpretiert er die Welt als »eine Reihe von Zuständen« am erkennenden göttlichen Subjekt, das sich selbst und seine Schöpfung trügerischem Wahn aussetzt[83]. Zwar vermag dieser dämonische Gott nicht das »Verlangen nach Gewissheit«[84] zu befriedigen, das die »höheren Menschen« (also auch Nietzsche selbst!) als »in-

77. Vgl. KSA 1/109. »Der Gott schafft die Welt nicht: die Welt ist der Gott selber als Erscheinung. [...] Dieser Auffassung von Dionysos nähert sich Nietzsche in der *Geburt der Tragödie*« (Giorgio Colli: Nach Nietzsche, Frankfurt/M. 1980, 208 f.).
78. KSA 1/17.
79. Vgl. KSA 1/22.
80. KSA 1/17. Die Welt interpretiert er 1883 als »eines Gottes Ausgelassenheit« (KSA 10/551).
81. Vgl. KSA 1/14 f. In »Jenseits von Gut und Böse« vgl. Abschnitt 295 (KSA 5/238 f.).
82. KSA 9/435.
83. Vgl. KSA 9/435. Diese »Theologie« Nietzsche selbst in seiner mittleren Phase anzutreffen, überrascht angesichts der Verkennungen bzw. Verleugnung dieses Tatbestands durch die bisherige Nietzsche-Forschung.
84. Vgl. KSA 3/373.

nerste Begierde« in sich tragen. Hat er doch in seinem trügerischen Wesen seine Lust daran, Gewissheiten in Frage zu stellen! In seinem Sinn muss es eigentlich sein, dass man »jedem Wunsch nach Gewissheit den Abschied giebt«[85]. Aber das spricht noch nicht gegen eine Art mystischer Verbundenheit mit ihm[86].

So erklärt es sich, dass Nietzsche nach seiner Abkehr von der Transzendenz-Metaphysik der ersten Phase das Destruieren religiös-metaphysischer Gewissheiten regelrecht zum Programm erhebt[87]. In den Dienst dieser Bestrebung stellt er naturwissenschaftliche Studien, die zunehmend Argumente zu Gunsten einer skeptisch-atheistischen Haltung liefern. Als ihn im Zuge kosmologischer Reflexionen[88] im Sommer 1881 der Gedanke der ewigen Wiederkunft des Gleichen beschleicht, erlebt er ihn wie die Offenbarung eines Mysteriums. Im Text der »Fröhlichen Wissenschaft«, deren Manuskript knapp ein Jahr später druckfertig vorliegt, ist es ein Dämon (ganz im cartesischen Sinn ein hypothetischer), der die »ewige Wiederkunft« einflüstert und mit der potentiellen Erwiderung bedacht wird: »Du bist ein Gott und nie hörte ich Göttlicheres!«[89] Die hier durchscheinende Identität von Gott und Teufel zeigt erneut, wie Nietzsche auch während seiner destruktiv-kritischen Periode »dionysisch« empfunden hat.

Aus dieser Phase, ja aus derselben »Fröhlichen Wissenschaft« stammt die berühmte Geschichte vom »tollen Menschen«, der Gottes Tod proklamiert. Warum ist hier vom dionysischen, immoralischen Gott Nietzsches

85. KSA 3/583; ferner 5/15.
86. Nietzsche spekuliert 1881 erneut, dass wir selbst in der Tiefe an dem betrügerischen Urwesen partizipieren (KSA 9/435).
87. Darin eingeschlossen ist die Kritik an jeglicher Unsterblichkeitshoffnung (vgl. z.B. KSA 3/53f., 71 und 294; 4/276). Bezeichnend ist gleichwohl, dass diese Negation ihrerseits gleichsam ertragen, ja aufgehoben sein soll durch die Lehre von der ewigen Wiederkunft: »Ich komme ewig wieder zu diesem gleichen und selbigen Leben, im Grössten und auch im Kleinsten« (KSA 4/276).
88. Im selben Heft, in dem Nietzsche damals seine Erkenntnis der ewigen Wiederkunft notiert, ruft er empathisch aus: »Kosmisch empfinden!« (KSA 9/443). Schon das 1878 erschienene, von Nietzsche durchgearbeitete Buch von J. G. Vogt »Die Kraft. Eine realmonistische Weltanschauung« sah in der Natur einen ewigen Kreisprozess, der von dem Weltsubstrat als »Ding an sich« gesteuert wird. Nietzsches Bemühen um naturwissenschaftliche Absicherung dieser Idee beweist sein mit ihr verknüpftes kosmologisches Interesse. Übrigens kannte Nietzsche bereits die moderne kosmologische Theorie vom künftigen Wärmetod des Alls; dass er sie nicht in positivistischem Eifer übernahm, sondern die Lehre von der ewigen Wiederkunft bevorzugte, illustriert noch einmal deren »religiösen« Charakter.
89. KSA 3/570 (gegen Ende der »Fröhlichen Wissenschaft« in der 1. Auflage).

keine Rede? Bisherige philosophische[90] und theologische[91] Deutung hat gemeint, der »tolle Mensch« repräsentiere Nietzsche selbst – oder den von ihm propagierten »Übermenschen«, der Gott negiert und in seiner Stärke die Idee der »ewigen Wiederkunft« in ihrer Ambivalenz aushält. Dagegen hat Bernhard Taureck zeigen können, dass dieser »tolle Mensch« für den Schwachen steht, für jenen Typus des passiven Nihilisten, dem der Gottestod »ein unendliches Nichts« bedeutet[92]. Der Starke, der Übermensch[93] hingegen nimmt keineswegs einfach das Nichts als ultimative Größe an. Er weiß zwar: »›Gott‹ ist eine viel zu extreme Hypothese«; doch er erkennt zugleich: Extreme Positionen werden »nicht durch ermäßigte abgelöst, sondern wiederum durch extreme, aber *umgekehrte.*« Und die Umkehrung der Gotteshypothese besteht eben nicht in der Abschaffung, sondern in der Umwertung Gottes: Sie zielt – wie Nietzsche in einer Nachlass-Notiz zum Auftakt seiner dritten Periode formuliert – auf »die Umschaffung des Teufels in Gott«[94]. Der starke Mensch führt damit den Nihilismus gerade in sein Extrem[95]. Ihm ist klar: »Im Grunde ist ja nur der moralische Gott überwunden.«[96] Der »Gott-Teufels-Kreis« aber kommt nun erst wirklich zum Zuge, indem Sinnlosigkeit nicht nur diagnostiziert, sondern als *verewigte* begriffen wird. Für diese Art monistischer Theodizee zahlt Nietzsche einen hohen Preis.

Wenige Wochen nach Abschluss der »Fröhlichen Wissenschaft« betont

90. Vgl. z. B. Christoph Türcke: Der tolle Mensch. Nietzsche und der Wahnsinn der Vernunft, Lüneburg 1999², 130.
91. Vgl. z. B. Hans Küng: Existiert Gott? Antwort auf die Gottesfrage der Neuzeit, München 1978, 414.
92. Vgl. KSA 12/351. Siehe Bernhard Taureck: Nietzsches Alternativen zum Nihilismus, Hamburg 1991, 482. Man wird zu präzisieren haben: Zunächst war Nietzsche selbst in der Position des »Schwachen«; seine persönlichen Notizen nach Entdeckung des Gedankens der ewigen Wiederkehr des Gleichen sind teilweise fast wörtlich identisch mit den Äußerungen des »tollen Menschen« (vgl. Ross: Adler, 584). Erst im weiteren Verlauf seines Reflexionsprozesses wird Nietzsche zum Starken, was für ihn in der Selbstvergöttlichung kulminiert.
93. Schon beim 17-jährigen Nietzsche kommt der Begriff »Übermensch« erstmals vor – in mythologischem Kontext (vgl. Janz, Bd. 1, 104). Später heißt es im Zarathustra einmal: »Ich rathe, ihr würdet meinen Übermenschen – Teufel heissen« (KSA 4/186).
94. KSA 10/27.
95. Vgl. KSA 12/213. Auch später bringt Nietzsche seine Zweifel am »Gott der Wahrheit« und sein Fragen, »ob nicht die Lüge etwas Göttliches ist«, in Verbindung mit extremem Nihilismus (13/139). Des öfteren streicht er den Ekel (!) heraus, den die Lehre von der »Wiederkunft auch des Kleinsten« hervorrufen müsse (z. B. 4/271 und 274 f.).
96. KSA 12/212 f. Analoges gilt für Nietzsches Aussage, das Unbekannte zukünftiger Interpretationen sei nicht in *alter* (!) Weise zu vergöttlichen (KSA 3/627), weil zuviel Teufelei und Narrheit darin sei.

Nietzsche in einer Nachlass-Notiz: Keineswegs stellt der moderne Mensch den Gottesmörder dar, sondern »Gott hat Gott getödtet.«[97] Dieser Gott tötende Gott kann nur der jenseits von Gut und Böse sein – nämlich der zu Gott gewordene Teufel[98]. Als »advocatus diaboli« bleibt Nietzsche dabei Ankläger des alten Gottes[99]. Doch seine Kritik meint nicht Gott überhaupt: »Ihr nennt es die Selbstzersetzung Gottes: es ist aber nur seine Häutung: – er zieht seine moralische Haut aus! Und ihr sollt ihn bald wiedersehn, jenseits von gut und böse.«[100] Dieses Zitat von 1883 weist mit der Metapher der Häutung bereits voraus auf die Aussage in »Ecce homo«, in der er als Theologe von Gott als der Schlange spricht. Weitere Nachlass-Notizen aus der dazwischen liegenden Zeit untermauern, dass für Nietzsche nur der theistische Gott gestorben ist, näherhin der moralisch-heteronome Gott des Christentums[101]. In gewissem Sinn ist er also »Theologe geblieben – freilich ein Theologe *sui generis*, ein *atheistischer Theologe*; er ist Theologe geblieben, weil ihm das theologische Koordinatensystem geblieben ist.«[102] Er spricht nicht einfach nur als der Gott-ist-tot-Atheist, als den ihn die Theologie meist genommen hat, sondern in der Tonart so mancher Gott-ist-tot-Theologen des 20. Jahrhunderts, die ihrerseits bloß den Tod des theistischen Gottes meinten – um so die Perspektive auf ein anderes Gottesverständnis zu eröffnen, mit dessen Hilfe sich auch der Theodizeefrage leichter begegnen lässt[103].

97. KSA 10/30 (Juli/August 1882). Nietzsche notierte damals freilich auch: »Neue Vorstellungen von Gott und Teufel. Wir müssen die Lüge, den Wahn und Glauben, die Ungerechtigkeit *heiligen*« (10/17). Und später: »Alles Gute ist die Verwandlung eines Bösen: jeder Gott hat einen Teufel zum Vater« (10/195).
98. Vgl. KSA 10/27: »Wie der Teufel zu Gott wird.« Ebd. geht es um »die Umschaffung des Teufels in Gott«!
99. KSA 10/27 (Nachlass aus dem August 1882). Der Mensch ist gerade als traditionell *religiöser* nach Nietzsche ein »Genius der Lüge«, zumal er selbst ein Stück des *genius malignus* ist (zu Nietzsches Philosophie der Lüge vgl. Colli in KSA 13/666)!
100. KSA 10/105.
101. Vgl. KSA 12/212f. (auch 119; ferner 5/599 und 409, wo die »Lüge im Glauben an Gott« eindeutig auf den »christlichen Gott« bezogen wird; dazu 3/573f. und 4/331).
102. Hans Hübner: Nietzsche und das Neue Testament, Tübingen 2000, 22. Für den Theologen Hübner ist Nietzsche »der in theologischen Bahnen denkende Atheist« (38) bzw. ein »frommer Atheist« (273).
103. So hat der »Gott-ist-tot-Theologe« William Hamilton gleichzeitig mit Thomas J. J. Altizer in derselben Widersprüchlichkeit wie Nietzsche ernsthaft den Tod Gottes proklamiert und dennoch an einigen Stellen positiv von Gott sprechen können (vgl. Sigurd Daecke: Der Mythos vom Tode Gottes. Ein kritischer Überblick, Hamburg 1969, 33-62, bes. 48f.).

5. Nietzsches Ende im »göttlichen Labyrinth«

Eugen Fink zufolge beginnt bei Nietzsche nach der Tot-Erklärung des alten Gottes die »Verkündigung eines neuen Gottes«[104]. Das ist reichlich verkürzt ausgedrückt. Präziser beschreibt Eugen Biser den mit Nietzsches dritter Periode einsetzenden Denkprozess als eine »Neuentdeckung Gottes, die als ›Neuentdeckung‹ dann allerdings von allem wegstrebt, was die metaphysisch-christliche Anschauung je unter ›Gott‹ verstanden hatte.«[105] Biser hätte nur auch deutlich machen müssen, dass solches Wegstreben bereits von der ersten Periode Nietzsches her angelegt war – und dass es sich in der dritten wiederum stufenweise entfaltete. Es gilt nämlich zu bedenken, dass Nietzsches Neubestimmung Gottes einen Rekurs auf seine vorübergehend in den Hintergrund gerückte dionysische Theologie bedeutete[106]. Gründe über Gründe legten ihm dabei verstärkt »Muthmassungen über ein betrügerisches Princip im ›Wesen der Dinge‹« nahe[107]. Dass man von dem immoralisch gedachten Gott »gefoppt wird und doch ohne Macht ⟨ist⟩, sich nicht foppen zu lassen«, empfand Nietzsche nach wie vor als lähmendste Vorstellung[108]! Der *genius malignus* erschien ihm so als eine eigentlich wenig hilfreiche Wahrheit, die als eine in sich lügnerische ohnehin die »*Pflicht* zum Misstrauen« begründet, »zum boshaften Schielen aus jedem Abgrunde des Verdachts heraus.«[109]

104. Fink: Nietzsches Philosophie, 176. Joachim Köhler formuliert: »Das Gespenst des toten Gottes, das in Zarathustras Leib lebte und spukte, entpuppt sich als Hoherpriester des neuen Gottes« (Zarathustras Geheimnis. Friedrich Nietzsche und seine verschlüsselte Botschaft, Nördlingen 1989, 596).
105. Biser: ›Gott ist tot‹, 292.
106. Andreas-Salomé zufolge kehrt der spätere Nietzsche nach seiner positivistischen Phase in einer durch letztere modifizierten Weise wieder zur Schopenhauerschen Metaphysik zurück (vgl. Andreas-Salomé: Nietzsche, 185, 201, 212, 248 und 274). Ebenso urteilen Giorgio Colli (in: KSA 13/655 und 659) und andere. Damit wird Nietzsche »der erste neue Metaphysiker« (Werner Jung im Nachwort zu G. Simmel, Schopenhauer, 349). Die jüngere Nietzsche-Forschung räumt insgesamt wieder vermehrt ein, dass der frühe und der späte Nietzsche auf seine Weise metaphysisch dachte (z. B. Figal: Nietzsche, 36 f., 137, 141, 142, 149 u. ö.; Kondylis: Metaphysikkritik, 539).
107. KSA 5/52 (1885).
108. Vgl. KSA 12/213.
109. KSA 5/53 (mit 52 zu lesen!). »Es ist nicht mehr als ein moralisches Vorurtheil, dass Wahrheit mehr werth ist als Schein [...] Ja, was zwingt uns überhaupt zur Annahme, dass es einen wesenhaften Gegensatz von ›wahr‹ und ›falsch‹ giebt?« (ebd.). Programmatisch heißt es: »So viel Misstrauen, so viel Philosophie« (3/580).

Insofern tritt Nietzsches zum Non-Dualismus bekehrter Zarathustra konsequent als atheistischer Prophet auf, der überzeugt ist: »*Todt sind alle Götter*«[110]. Jegliches Reden von Gott oder Göttern wird von ihm negiert: »So schweigt mir doch von allen Göttern! Wohl aber könntet ihr den Übermenschen schaffen [...] Hinweg von Gott und Göttern lockt mich dieser Wille; was wäre denn zu schaffen, wenn Götter – da wären!«[111] Im Lauf der Zeit wird Nietzsche allerdings bewusst, dass die von ihm propagierte Radikalkritik an Gott und Göttern keineswegs so lebensförderlich ist, wie er zunächst gemeint hat. 1887 notiert er: »Dass eine Menge *Glauben* da sein muß, [...] das ist Voraussetzung alles Lebendigen und seines Lebens.«[112] Freilich fügt er hinzu, es sei zwar nötig, etwas für wahr zu halten, nicht aber, dass etwas wahr *ist*. Mit diesem Konzept greift er erneut auf seine frühe Metaphysik zurück, nämlich auf das Zusammenspiel des Dionysischen mit dem Apollonischen: Der wilden, schaffenden und zerstörerischen Energie des Dionysischen hatte er einst das versöhnende, harmonisierende Apollonische als die künstlerisch tätige Macht gegenübergestellt, die über der chaotischen Wirklichkeit den schönen Schein wahrt und sie so erträglich macht. In genau diesem apollonischen Sinn lässt er in seiner Spätzeit den Glauben zu: Er fordert dazu auf, tapfer an den »ganzen Olymp des Scheins«[113] zu glauben, ohne sich an den diesbezüglichen Ungewissheiten zu stören. Den Nihilismus – verstanden als »ein Verlangen ins Nichts«[114] – zu überwinden, heißt nun geradezu, »einen Glauben zu *setzen*.«[115] Und so zählt er sich bekennend zu den »Ersten, die es begreifen, was ein heidnischer Glaube ist: sich *höhere Wesen* als der Mensch ist, vorstellen müssen, aber

110. KSA 4/102. Vgl. Eberhard Jüngel: Deus, qualem Paulus creavit, dei negatio. Zur Denkbarkeit Gottes bei Ludwig Feuerbach und Friedrich Nietzsche, in: Nietzsche-Studien 1/1972, 286-296.
111. Zarathustra II: KSA 4/109 und 111. Ebenso: »Gott starb: nun wollen *wir*, – dass der Übermensch lebe« (4/357). Nietzsches Willen zur Autonomie zeigt sich im gleichen Kontext: »*Wenn* es Götter gäbe, wie hielte ich's aus, kein Gott zu sein!« (110; vgl. ferner 325 und 10/451).
112. KSA 12/352. Analog dazu überlegt Nietzsche in bedingter Revision seiner Antimetaphysik, die Bewegung der Vernunft selbst *impliziere* den Glauben ans Ich als an eine Substanz – ohne dass allerdings für ihn Wahrheit reklamiert werden könne (KSA 12/317f.).
113. KSA 6/439. In letzter Konsequenz gilt für Nietzsche, dass, wenn es überhaupt etwas anzubeten gibt, es der *Schein* ist, der angebetet werden muss, und dass die Lüge göttlich ist. Schon in seiner ersten Phase hatte Nietzsche geschrieben: »Man muss selbst die *Illusion wollen* – darin liegt das Tragische« (KSA 7/428).
114. KSA 1/18. Nietzsche setzt Nihilismus und Pessimismus gleich.
115. Vgl. KSA 12/350.

diese Wesen jenseits von Gut und Böse«[116]. Dementsprechend distanziert er sich schließlich von dem Atheisten Zarathustra[117] und schreibt: »Mir selber, in dem der religiöse, das heißt gott*bildende* Instinkt mitunter wieder lebendig werden will: wie anders, wie verschieden hat sich mir jedes Mal das Göttliche offenbart! [...] Wie viele neue Götter sind noch möglich!«[118]

In dieser »neuen Theologie«[119] Nietzsches tritt sein Gott wieder aus dem Hintergrund hervor. Dem »Anti-Metaphysiker« ist bewusst geworden, dass ja gerade auch aller Kritizismus im Dienst der Wahrheit steht und insofern eigentlich selbst auf Metaphysik beruht. Das heißt, er nimmt sein Feuer immer noch von dem Brande, den jahrtausendealter Glaube entzündet hat – der Glaube, dass »Gott die Wahrheit ist, dass die Wahrheit göttlich ist [...] Aber wie, wenn [...] Nichts sich mehr als göttlich erweist, es sei denn der Irrthum, die Blindheit, die Lüge ...?«[120] Dann fragt es sich, so Nietzsche, »ob man nicht an Gott glauben sollte, nicht weil er wahr (sondern weil er falsch« ist)[121]! Hier ist Nietzsche abermals bei jenem Glauben an den trügerisch-blinden Gott[122] angelangt, den er als extremste Form des Nihilismus versteht[123]. Doch es gibt einen entscheidenden Unterschied: Am Beginn seiner dritten Periode hatte er dieses Extrem noch vorsichtig unter dem Eindruck des verlorenen traditionellen Gottesglaubens anvisiert. Jetzt, jenseits seiner Zarathustra-Jahre, befindet sich sein Nihilismus gewissermaßen in der Reife-Phase. Der Glaube an den *genius malignus* ist kein distanziertes Für-wahr-Halten jenes Ambivalenten mehr, sondern eher schon existentieller Akt: Für Nietzsche wird nun »Gott interessant ...«[124]! Ja er beginnt sich als der den blinden Urwillen Durchschauende nun ganz positiv als dessen Messias[125] zu begreifen: Es ist, »als ob sich in mir ›der Wille‹ ein Licht angezündet hätte über die schiefe Bahn, auf der er bisher abwärts lief

116. KSA 13/487.
117. Darauf weist mit Recht Busch hin (Chaos, 143).
118. Vgl. KSA 13/526. »Ich würde nicht zweifeln, dass es viele Arten Götter giebt ...« (ebd.).
119. Fink: Nietzsches Philosophie, 170.
120. KSA 3/577. Sehr ähnlich 5/409f. Man darf freilich nicht übersehen, dass Nietzsches Wahrhaftigkeitsargument nicht so evident ist, wie er unterstellt – als ob jedwede intellektuelle Wahrhaftigkeit weg vom christlichen Glauben führen müsste!
121. KSA 13/140.
122. Nietzsche leugnet »Gott« nur als »nichts *wollendes* Wesen«, der als »überschauender Gott« ein »Allgeist« wäre (KSA 13/35), nicht aber als den blinden »Gott« der Willensmetaphysik.
123. Vgl. KSA 12/354.
124. KSA 13/612.
125. Vgl. Andreas-Salomé: Nietzsche, 267.

[…] Und allen Ernstes, Niemand wusste vor mir den rechten Weg, den Weg *aufwärts* …«[126]

Von daher aber kommt es schließlich, wie Nietzsche unter der Überschrift »Tagebuch des Nihilisten« analysiert, zur »Katastrophe«[127]. Worin diese näherhin besteht, führt er in seinen Notizen nicht aus; er hat sie freilich auf tragische Weise durchlebt – und damit seine »Theodizee« zutiefst existentiell realisiert. Folgendes lässt sich nachzeichnen. Der Glaube an seinen schillernden Gott beginnt den späten Nietzsche zunehmend zu faszinieren. Er konturiert seine monistische Theodizee, indem er überlegt: »Entfernen wir die höchste Güte aus dem Begriff Gottes: – sie ist eines Gottes unwürdig […] Gott *die höchste Macht* – das genügt! Aus ihr folgt Alles, aus ihr folgt – ›die Welt‹!«[128] Als »Freigeist«[129] steht er nun »mit einem freudigen und vertrauenden Fatalismus mitten im All, im *Glauben*, dass nur das Einzelne verwerflich ist, dass im Ganzen sich Alles erlöst und bejaht […] Ein solcher Glaube ist der höchste aller möglichen Glauben: ich habe ihn auf den Namen des *Dionysos* getauft.«[130] Was sich hier andeutet, ist die tatsächliche Überwindung des Nihilismus: Das Doppelbewusstsein der Unwahrheit und Scheinhaftigkeit des zu Glaubenden einerseits und des wachen Kritizismus andererseits weicht einem pantheistischen Gesamtbewusstsein unter immoralischem Vorzeichen. Insofern ist Nietzsche dabei, die Theodizee eines absolut uneingeschränkten Jas zur schmerzlichen Wirklichkeit mit dem Verlust seines kritischen Geistes zu erkaufen.

Der entscheidende letzte Schritt in diese Richtung erklärt sich aus der Eigendynamik des von Nietzsche Geglaubten. Mit den von ihm bejahten Göttern gibt es nun wieder Anzubetendes; nach erfolgter »Umwertung aller Werte« liegen wieder Werte, »neue Tafeln« und »Wahrheiten«[131] vor. Hatte

126. KSA 6/355. In dieser Weise pflegen Sektenführer zu reden – und tatsächlich tat das L. Ron Hubbard, der Nietzsche zu den Quellen seiner »Scientology« rechnete (vgl. L. Ron Hubbard: Scientology 0-8. Das Buch der Grundlagen, Kopenhagen 1990, 6; dazu Werner Thiede: Friedrich Nietzsches neureligiöser Ansatz, in: Materialdienst der EZW 63 [2000], 303-314, bes. 311).
127. Vgl. KSA 13/139.
128. KSA 12/507f.
129. Der Freigeist ist für ihn »der *religiöseste* Mensch, den es jetzt giebt« (KSA 10/30).
130. Götzendämmerung: KSA 6/152. Das metaphysisch relevante Motiv des *Ganzen* als verbindendes Element zwischen der griechischen Religiosität und Nietzsche betont Karl Jaspers: Psychologie der Weltanschauungen, Berlin 1925[3], 188.
131. Vgl. KSA 6/355: »Ich erst habe den Maassstab für ›Wahrheiten‹ in der Hand …« Früher hatte Nietzsche noch formuliert: »Gesetzt, wir wollen Wahrheit: *warum nicht lieber* Unwahrheit?« (5/15).

er nicht auch kurz vor Beginn seines einsemestrigen Theologie-Studiums in dem erwähnten Gedicht an den »unbekannten Gott« darum gebetet, dass alle Zeit ihn »seine Stimme wieder riefe«? Jetzt hört er sie tatsächlich wieder rufen.

Das gibt er zu erkennen in der Neubearbeitung eines Textes aus seinem »Zarathustra« – nämlich in einem der letzten Dionysos-Dithyramben, überschrieben »Klage der Ariadne«[132]. Die griechische Sagengestalt Ariadne[133] steht hier für den religiös Verzweifelten, der den »unbekannten Gott« als »grausamsten Jäger« erfährt und als »eifersüchtigen« Folterer anklagt. Die von diesem Gott her erspürte Forderung totaler Hingabe lässt Nietzsche Ariadne zunächst mit der Haltung dreister Gottesbemächtigung parieren: »Gib, ja ergieb / grausamster Feind, / mir – *dich*!« Der Wille zur Macht greift im Menschen prometheisch nach dem Unverfügbaren. Als Ariadne in der Folge aber die göttliche Nähe schwinden spürt, erkennt sie verzweifelt, dass ihre eigene Liebessehnsucht unerfüllt zu bleiben droht. Sie fleht: »Oh komm zurück, / mein unbekannter Gott! mein *Schmerz*! / mein letztes Glück!«[134] Anders nun als in der früheren Fassung, in der der unter Gott Leidende noch von dem atheistischen Zarathustra getadelt wird[135], endet das Gedicht mit diesem Seufzer aber nicht! Vielmehr offenbart sich der unbekannte Gott als Dionysos, erscheint in smaragdener Schönheit und spricht versöhnlich zu ihr: »Du hast meine Ohren: steck ein kluges Wort hinein! – / Muss man sich nicht erst hassen, wenn man sich lieben soll? [...] / *Ich bin dein Labyrinth* ...«[136]

Im Lichte dieser späten Worte erscheinen Nietzsches einstige Gehässigkeiten gegen den Gott der Religion als eine Vorform tiefster Liebe. Die innere Einheit seiner dritten Periode mit der frühen metaphysischen und der zweiten destruktiven Periode ist damit erkennend hergestellt. Schon früher hatte Nietzsche mit der Formel vom *amor fati*[137] mystischen Liebeswillen

132. KSA 6/398 ff. Die Form des Dithyrambus ist übrigens, wie die Tragödie, ein Kind des Dionysos-Kultus.
133. Vgl. Adrian Del Caro: Symbolizing Philosophy. Ariadne and the Labyrinth, in: Nietzsche-Studien 17/1988, 125-157; Karen Swassjan: Labyrinth. Ariadne. Der Gekreuzigte, in: Nietzsche-Studien 21/1991, 254-265.
134. KSA 6/401.
135. Am Beginn des IV. Zarathustra-Buchs: KSA 4/313 ff.
136. Zur Liebe des schamlosen Dionysos zu Ariadne vgl. in »Jenseits von Gut und Böse« Abschnitt 295 (KSA 5/239). Dort ist auch vom Labyrinth so die Rede, dass dem Menschen das Sich-Zurechtfinden darin (das hieße: Im Schamlosen des Gottes jenseits von Gut und Böse) in Aussicht gestellt wird (anders 5/332).
137. Vgl. z. B. KSA 3/521. Zum Neujahrstag 1882 heißt es: »Amor fati: das sei von nun an

zum Schicksal, zum Umgreifenden zum Ausdruck gebracht. In einem späten Dionysos-Dithyrambus tut er es nun erneut: »Schild der Nothwendigkeit! / [...] Ewiges Ja des Sein's, / ewig bin ich dein Ja: / *denn ich liebe dich, oh Ewigkeit!*«[138] In der Offenbarung des Dionysos aber zeigt sich, wie für den »Theologen« Nietzsche auch umgekehrt das Ja der Schicksalsmacht ihm gegenüber konkret geworden ist: Ihr scheinbar ihn verfolgender Hass entpuppt sich als Maske der Liebe. Das göttliche »Labyrinth« verkehrt seine furchterregende Eigenschaft in die eines reinen Faszinosums. Mit dieser Offenbarung am Ende seiner dritten Phase ist der Jünger und Eingeweihte[139] des Dionysos reif zum Loslassen: Der »Drang nach Gewissheit«[140] obsiegt angesichts der liebenden Gottheit über alles Zweifeln[141]. Kritisch-rationales Philosophieren, wie es Nietzsche bereits ein Stück weit überwunden hatte[142], verliert damit alle Macht über ihn. Der »dionysische Wahnsinn«[143] ergreift ihn. Es kommt zur mystischen Gottwerdung[144]: Als Weltenschöpfer fühlt er sich gegen Ende[145] – und unterzeichnet einige seiner Wahnsinns-

meine Liebe!« Mit Recht weist Just darauf hin, dass Nietzsches Formel »amor fati« *genitivus objectivus* und *subjectivus* umfasst und dass er beide bejaht (und deshalb die deutsche Übersetzung nicht zugelassen) hat: »Im ersten Fall würde N. etwas außerhalb seiner selbst lieben, mit dem er im zweiten Fall identisch wäre« (Nietzsche, 121; vgl. auch 235). Nietzsches »amor fati« ist die Formel »für das Chaos« (227), für sein dionysisches Jasagen zum ewigen Kreislauf auch des Leidens (KSA 13/492).

138. KSA 6/405. Vgl. auch Busch: Chaos, 97 f. und 257 ff.
139. Vgl. KSA 5/238.
140. KSA 3/628 (1887).
141. Auch Nietzsches einstige kritizistischen Vorbehalte gegen das Lieben schmelzen nun dahin: Der »Schrei *Liebe*« erklingt inmitten der »Nacht von Marter und Widersinn« jetzt doch so, dass nicht »unbesiegliches Grausen« und Zittern in diesem »Irrenhaus« Erde (KSA 5/333), sondern faszinierendes Erlösungsgefühl sich durchsetzt. Und schlussendlich ist ja »immer etwas Wahnsinn in der Liebe« (4/49) ...
142. »Nicht der kritische Nietzsche ist der wahre, [...] sondern der mystische«, interpretiert Ross ein Zitat von 1884, also aus Nietzsches Zarathustra-Zeit (Adler, 705).
143. Vgl. KSA 1/16. Freilich meint Nietzsche: »Es ist aber auch immer etwas Vernunft im Wahnsinn« (4/49); Logos und Chaos bilden eine Koinzidenz der Gegensätze. Nach Lehmann (Übermensch, 207) wirkt sich hier Nietzsches Identitätsphilosophie aus; das ist richtig gesehen – sofern man die Identität mit dem *genius malignus* meint!
144. Werner Ross erklärt: »Um die Weihnachtstage herum muß seine Entscheidung gefallen sein. Er warf alle Bedenken über Bord [...] Er entschloß sich, Dionysos zu werden [...] Der kühnste Schachzug in dieser Planung war, daß er den Auftritt, die Epiphanie des Gottes selbst brachte, der in ›smaragdener Schönheit‹ erscheint« (Der wilde Nietzsche oder Die Rückkehr des Dionysos, Stuttgart 1994, 166).
145. Vgl. Ross: Adler, 781 f. (auch bereits 771, 773, 775, 778, ferner 785); des weiteren zur Selbstapotheose Nietzsches z. B. Verrecchia: Ende, 136; Lehmann: Übermensch, 74.

zettel prompt als Dionysos höchstselbst[146]. Der wiederum kann ja sein Wesen lügnerisch wechseln – weshalb Nietzsche auch einige Male als der »Gekreuzigte« unterschreibt. Was sich in den ersten Januartagen 1889 in Turin vollzieht, nennt Werner Ross eine »Himmelfahrt« und erklärt: »Nietzsches Wahnsinn ist, wenn man so will, ein Stück seiner Philosophie, ihre radikal, gegen alle Vernunft, vollzogene Konsequenz.«[147]

Lässt sich vielleicht noch präziser sagen, Nietzsches Wahnsinn sei vor allem ein Stück seiner *Theodizee*? Stellt nicht der manisch-depressiv Irre-Gewordene[148] das Ebenbild des von ihm konzipierten Gottesglaubens dar, wie er das im Umbruch seiner Katastrophe zum Ausdruck gebracht hat? Tatsächlich war er kein gott-loser Nihilist, wiewohl er den Nihilismus ins Extrem führte. Vielmehr suchte er beide zu transzendieren: den theologisch tradierten Gott und das philosophisch gedachte Nichts[149]. Das nihilistische Schließen auf die Sinnlosigkeit des Daseins nannte er im Nachlass pathologisch: Es verdanke sich dem bloßen Schein, »als ob alles umsonst sei«[150]! Er selbst gelangte zu einer pantheistischen Ja-Stellung im nichtmoralischen Sinn, also dazu, »sich einen Gott ›jenseits von Gut und Böse‹ zu denken« und somit »jeden Augenblick des allgemeinen Daseins gutzuheißen«[151]. Auf der Basis dieser Art von Theodizee liebte er »einen guten Theil Zufall, Unsinn«[152], ohne deshalb an *völligen* Unsinn zu denken – denn Chaos und Kosmos waren für ihn Seiten ein- und derselben Wirklichkeit; und die Welt erschien ihm daher in letzter Konsequenz »verklärt«[153]. Sein *genius mali-*

Bereits in »Ecce homo« versteht sich Nietzsche nicht nur als Theologe, sondern am Schluss als »Gott« (KSA 6/356)!

146. So Lehmann: Übermensch, 260.
147. Ross: Adler, 783 und 781. Helmut Thielicke sinniert: »Es ist das Rätsel dieses Wahnsinns, dass die Kurve eines physiologisch erklärbaren Prozesses und die Kurve eines geistigen Schicksalsweges *konvergieren*, und dass das, was als Konvergenz im Ansatz seines Denkens angelegt ist – nämlich das absurdum –, von der Physiologie realisiert und ›beantwortet‹ wird« (Der evangelische Glaube. Grundzüge der Dogmatik, Band 1: Prolegomena, Tübingen 1968, 372). Andreas-Salomé betont: »Das Bild des Wahnsinns steht am Ende der Philosophie Nietzsches als eine grelle und furchtbare Illustration zu den erkenntnistheoretischen Ausführungen, von denen er in seiner Zukunftsphilosophie ausgeht« (Nietzsche, 284; vgl. auch 287).
148. Zur Diagnose vgl. Verrecchia: Ende, 326, ferner 315.
149. Vgl. KSA 5/336. Selbst den Gedanken an die »ewige Wiederkehr des Gleichen« ließ er schließlich als »extremste Form des Nihilismus« hinter sich (12/217, Abschnitt 16).
150. Vgl. KSA 12/212 und 351 (1887).
151. KSA 12/213f.
152. KSA 12/217.
153. »Die Welt ist verklärt und alle Himmel freuen sich«, lautet ein Wahnsinns-Zettel vom

gnus akzeptiert als schmerzlustbetonter Gott um der Lust willen den Kontrast des Schmerzes[154].

Angesichts dieses ewig-närrischen Gottes hat sich der Philosoph Georg Picht zu dem Satz verstiegen: »Wenn irgend jemand, so ist Nietzsche mit seiner gesamten Existenz, die er dabei aufs Spiel gesetzt hat, Theologe gewesen.«[155] Picht hat seine These freilich insbesondere auch auf die spiritualistische[156] Interpretation christlicher Zentralbegriffe bezogen, wie sie der späte Nietzsche im Gefolge seiner konsequenten Abblendung jeglicher Gedanken an eine Weltvollendung, an eine Zielbestimmtheit aller Wirklichkeit[157] vorgenommen hatte: Das Reich Gottes sei als ein Zustand des Herzens überall und nirgends, der Sohn Gottes bedeute den Eintritt in das Gesamt-Verklärungs-Gefühl aller Dinge usw.[158] In diesem angeblich ursprünglichen, eigentlich mythologischen[159] Sinn ist selbst für den Antichristen Nietzsche das Christentum »jeden Augenblick noch möglich«[160]. Solch ungeschichtlicher[161] Spiritualismus entspricht seiner monistischen Theodizee. Der radikale Verzicht auf die Vollendungshoffnung des christlichen

4. 1. 1889 (an diesem Tag kehrte der Todestag seines kleinen Bruders wieder!): vgl. Verrecchia: Ende, 231.

154. Vgl. bes. KSA 12/214 (Abschnitt 8).

155. Georg Picht in: Ders./E. Rudolph (Hg.): Theologie, was ist das? Stuttgart 1977, 312 (vgl. 322).

156. Nietzsche spricht von den »ewigen Thatsachen« des Evangeliums und meint mit seiner Theologie den rechten Interpretationsmaßstab für Jesus Christus zu besitzen: »Das gerade, was im *kirchlichen* Sinn das Christliche ist, ist das *Antichristliche* von Vornherein« (KSA 13/162). Bereits in seinem Todesjahr wurde ihm denn auch von dem protestantischen Theologen Eduard Grimm »Spiritualität« attestiert (»Wie wurde Friedrich Nietzsche ein Feind des Christentums, und was können wir von ihm lernen?«, in: Protestantische Monatshefte 4, 7/1900); später sah ihn auch der Kirchenhistoriker Ernst Benz in spiritualistischer Tradition (Nietzsches Ideen zur Geschichte des Christentums, in: ZKG 1937, 169-313).

157. Theistischen Gottesglauben und Zielorientierung verwirft Nietzsche in einem (KSA 5/112). Er orientiert sich dabei an der eschatologischen Skepsis seines Theologenfreundes Franz Overbeck (vgl. Rudolf Brändle/Ekkehard W. Stegemann [Hg.]: Franz Overbecks unerledigte Anfragen an das Christentum, München 1988).

158. Vgl. z.B. KSA 6/206f.

159. Vgl. Lehmann: Übermensch, 88.

160. KSA 13/162. In einer Nachlass-Stelle aus dem Herbst 1888 heißt es: »Der Antichrist ist selbst die nothwendige Logik in der Entwicklung eines echten Christen« (KSA 13/622).

161. Nietzsche entfaltet über weite Strecken ein »Zerrbild des Christentums« (Fink: Philosophie, 120), dessen Lob und Tadel insofern weniger wiegt, als ihm (und auch einem Gutteil seiner Leserschaft) bewusst gewesen ist.

Glaubens entspricht seinem Bekenntnis zum mythischen, ewig um Gut und Böse kreisenden Lebens- und Todesgott[162] Dionysos.

Zwar weiß christliche Theologie ihrerseits um die »dunklen Seiten Gottes«[163]. Doch sie bezieht dieses Wissen von Kreuz und Auferstehung Jesu Christi her auf das Ziel der Allerlösung im Licht der Herrlichkeit Gottes. Dem Festhalten an dieser Hoffnung verdankt sie die Reinerhaltung ihres Gottesbegriffs: Mit Descartes und gegen Nietzsche beharrt sie auf Gottes Vollkommenheit und Güte. Darum muss ihre Theodizee entschieden anders aussehen – in dem Bewusstsein, dass Gottes Vollkommenheit und Güte zwar Böses, aber nicht Schmerz in Gott ausschließen.

162. Vgl. Fink: Philosophie, 173. Nietzsche betont 1888: Der »in Stücke geschnittene Dionysos ist eine *Verheißung* ins Leben: es wird ewig wieder geboren und aus der Zerstörung heimkommen« (KSA 13/267). Zu den mythologischen Zügen einer Vegetationsgottheit bei Dionysos vgl. Heinz Noetzel: Christus und Dionysos, Stuttgart 1960, 18; Uwe Beyer: Christus und Dionysos. Ihre widerstreitende Bedeutung im Denken Hölderlins und Nietzsches, Münster 1992.

163. Vgl. Walter Dietrich/Christian Link: Die dunklen Seiten Gottes, 2 Bände, Neukirchen-Vluyn 1995/2000; Hanspeter Schmitt (Hg.): Der dunkle Gott, Stuttgart 2006.

B. Die Selbstentäußerung Gottes des Vaters

Das Lieben

Das Lieben ist schön
Schöner als das Singen
Das Lieben hat zwei Personen
Das ist beim Lieben der Kummer

Heinar Kipphardt[1]

IV. Die unvollkommene Welt als Schöpfung glauben

Die sehnsuchtsvoll-zweifelnde Frage nach Gott angesichts unzähliger Leid- und Sinnlosigkeitserfahrungen in der Welt wird in unserer modernen Gesellschaft häufig negativ beantwortet, indem ein grundlegendes Element christlich-jüdischen Gottesglaubens bestritten wird: das Schöpfersein des Höchsten. Mit solcher Bestreitung wird die Deutung unserer Welt als Schöpfung abgelehnt. Und damit ist auch die Theodizeefrage stillgelegt. Oder ist nicht deren Stilllegung oft genug sogar das geheime Motiv der Leugnung eines göttlichen Schöpfers? Wo kein Schöpfer ist, dort trägt auch niemand Verantwortung für den Zustand, die »Verfassung« der Welt – eine kognitive Dissonanz ist beseitigt!

Indes – stillgelegt mag die Theodizeefrage kraft solcher Auskunft sein, ruhiggestellt sehr wohl, nicht aber wirklich beruhigt! Das liegt daran, dass der Glaube (und es ist ja gleichfalls ein Glaube!), niemand, kein himmlischer Schöpfer trage die Letztverantwortung für die Welt, im Blick auf deren leidvolle Strukturen hoffnungslos, ja womöglich verzweifelt macht. Wo kein Schöpfergott angenommen wird, dort wird auch keine Erlösung, also keine künftige Gerechtigkeit, keine letzte Sinngebung, kein umfassender Sieg der Liebe erwartet. Ohne Schöpferglaube keine Theodizeefrage mehr – aber auch keine Erwartung einer positiven Theodizee-Antwort mehr! Auch wenn man vielfach meint, der Abschied vom Schöpfergott stärke den Menschen in seiner Autonomie, wohnt ihm doch zutiefst ein depri-

1. Aus: Heinar Kipphardt (1922-1982): März. Roman und Materialien, Reinbek 1999.

mierendes, ja lähmendes Moment inne. Die Frage nach Gott bleibt selbst dort unterschwellig lebendig, wo der Schöpfer für tot erklärt worden ist.

Darum lohnt es sich allemal, wenigstens die Frage ernst zu nehmen – und sei es gegen den Zeitgeist! Der freilich orientiert sich bekanntlich in hohem Maße an den Auskünften der Naturwissenschaft, was die Frage der Weltdeutung angeht. Und diese Auskünfte führen mittlerweile zusehends fort vom traditionellen Glauben an einen Schöpfergott, fort von der Deutung der Welt als Schöpfung, der ja als solcher »Logoshaftigkeit und Vernünftigkeit«[2] zukommen müsste. Insofern scheint sich die Theodizeefrage erledigt zu haben; selbst manche Theologen sehen sie relativiert[3]. Doch der Schein trügt.

1. Schöpfungsglaube ohne Verstandesopfer

Ist die Naturwissenschaft die »Offenbarungsmacht« unserer Zeit? Vielfach wird das so gesehen; aber Naturwissenschaftler sind sich – sofern sie auch über einige geisteswissenschaftliche Bildung verfügen – im Klaren darüber, dass ihre Fragestellung, mit der sie an die Welt herangehen, eine methodisch begrenzte ist, die in der Konsequenz auch nur sehr einseitige Antworten erlaubt. Für den Astrophysiker Robert Jastrow etwa steht fest, dass die Naturwissenschaft »niemals den Vorhang vor dem Mysterium der Schöpfung herunterreißen wird.«[4]

Theologisch ist dieses »Mysterium« in den letzten Jahrzehnten durchaus wieder verstärkt ins Bewusstsein getreten[5]. Seine Renaissance[6] verdankt

2. So Kasper: Erkennen, 73. Kasper meint, Christen hätten »heute allen Grund, die Vernünftigkeit der Wirklichkeit zu verteidigen« (74).
3. Vgl. Ritschl: Logik, 65. Ritschl zufolge haben ja »die Ergebnisse der klassischen und dann der heutigen Physik, Astronomie und Biologie einen echten Anteil an der Bearbeitung des ursprünglich theologischen Problems des Phänomens der Unordnung, des Chaos und des Bösen« (67).
4. Zitiert nach Rüdiger Vaas: Der Glaubensstreit. Warum Physiker und Theologen heute aneinander geraten, in: bild der wissenschaft 12/1999, 42-47, hier 45. Mit Recht nennt Karl Barth den Inhalt der Schöpfungslehre ein »Geheimnis« (Die Kirchliche Dogmatik, Bd. III/1, Zollikon-Zürich 1957[3], 3).
5. Vgl. Jürgen Moltmann: Gott in der Schöpfung. Ökologische Schöpfungslehre, München 1985; Christian Link: Schöpfung. Schöpfungstheologie angesichts der Herausforderungen des 20. Jahrhunderts, Gütersloh 1991; Michael Welker: Schöpfung und

das Thema vor allem den wachsenden Anzeichen einer weltweiten ökologischen Krise. Viel ist in Theologie und Kirche von der dem Menschen aufgetragenen »Bewahrung der Schöpfung« die Rede[7]. Damit freilich gerät das Stichwort »Schöpfung« verstärkt unter das Vorzeichen des Imperativs statt des Indikativs, des Gesetzes statt des Evangeliums. Und unter das der »Weltzeit« statt der »Gotteszeit«. Damit ist gemeint: Die biblisch gedachte Differenz von vergänglicher und vollendeter Schöpfung kommt gedanklich gar nicht mehr angemessen in den Blick[8]. Zudem wird dabei noch gern verkehrt angenommen, der Mensch sei imstande, die Schöpfung zu Grunde zu richten – als umfasse diese nicht weit, weit mehr als nur unseren Planeten und seine in der Tat gefährdete Biosphäre!

Die für unseren menschlichen Verstand schier unfassbare Größe der gesamten Schöpfung ist allerdings ihrerseits ein ambivalentes Phänomenen. Faszinierend, nämlich kognitiv wie emotional überwältigend muss ihre räumliche Ausdehnung gerade auf den modernen Menschen wirken, der dank naturwissenschaftlicher Bildung um den »Durchmesser« des Weltalls von ungefähr 30 Milliarden Lichtjahren weiß[9]. Erschreckend mag dieses Wissen um den riesigen (allerdings größtenteils leeren) Raum insofern sein, als es die skeptische Frage nahe legt, wie denn angesichts eines solch riesigen Universums der »Schöpfer des Himmels und der Erde« überhaupt noch als wesenhaft auf uns Menschen bezogen gedacht werden kann. Der Planet Erde bildet innerhalb des Weltalls eine verschwindende Größe[10]; und der Gedanke ist auf Anhieb schwer eingängig, dass die unermessliche Veranstaltung des Universums in irgendeiner sinnvollen Verbindung mit der biblisch

Wirklichkeit, Neukirchen/Vluyn 1995; Heinrich Bedford-Strohm: Schöpfung (Ökumenische Studienhefte 12), Göttingen 2001.

6. Vgl. Christoph Schwöbel: Gott in Beziehung. Studien zur Dogmatik, Tübingen 2002, 131.
7. Vgl. z. B. Ulrich Schmitthenner: Der konziliare Prozess. Gemeinsam für Gerechtigkeit, Frieden und Bewahrung der Schöpfung, Idstein 1998; von enthusiastischer Spiritualität bewegt: Matthew Fox: Der Große Segen. Umarmt von der Schöpfung, München 1991.
8. Vgl. Johannes Fischer: Leben aus dem Geist. Zur Grundlegung christlicher Ethik, Zürich 1994, 224.
9. Zur Erinnerung: Das Licht legt pro Sekunde ca. 300000 km zurück. Eine anschauliche Einführung in kosmologische Größenverhältnisse leistet Jan Moewes: Für 12 Mark 80 durch das Universum, Frankfurt/M. 1997^2.
10. Allerdings könnte das gigantische materielle All durchaus als eine Art »Abfallprodukt« jenes Urknalls aufgefasst werden, der vom Schöpfer mit Blick auf die »selbstorganisierte« Entstehung eines Planeten Erde gewollt war (vgl. Hoimar von Ditfurth: Kinder des Weltalls. Der Roman unserer Existenz, Hamburg 1970).

beschriebenen Heilsgeschichte stehen sollte. So scheint der unendlich anmutende Raum keinen Raum mehr zu lassen für die Theodizeefrage.

Schlimmer noch muss das Glaubensbewusstsein der Umstand anfechten, dass der Gedanke der Schöpfung und damit eines Schöpfers aus Sicht der modernen Naturwissenschaften zwar nicht verboten[11], aber auch nicht mehr notwendig, also gewissermaßen »überflüssig« ist. Nicht nur die Evolutionstheorie, sondern auch die Kosmologie – sie kommen längst ohne die Gotteshypothese aus[12]. Entsprechend tief ist der garstige Graben, der sich im interdisziplinären Miteinander zwischen den Naturwissenschaften einerseits und den Geisteswissenschaften, insbesondere der christlichen Theologie andererseits aufgetan hat. Nicht dass die gegenseitige Wahrnehmung und das Gespräch in der Weise zum Stillstand gekommen wären, wie das sogar Theologen wie Friedrich Schleiermacher und Karl Barth für ratsam erklärt hatten[13]! Aber der Dialog könnte angesichts der schwierigen und weit reichenden Fragen auf beiden Seiten noch ganz anders in Gang gekommen sein, als das bisher[14] der Fall gewesen ist. Dann wäre vielleicht auch im

11. Physikprofessor Jürgen Audretsch betont: »Die Vorstellung eines Gottes als Verursacher des Seins widerspricht der Kosmologie nicht« (Blick auf das Ganze. Überlegungen eines Physikers zur theologischen Dimension der physikalischen Kosmologie, in: Der Schöpfung auf der Spur. Theologie und Naturwissenschaft im Gespräch, hg. von der Evangelischen Akademie Baden, Karlsruhe 1999, 34-62, hier 58).
12. Vgl. Hansjörg Hemminger/Wolfgang Hemminger: Jenseits der Weltbilder. Naturwissenschaft, Evolution, Schöpfung, Stuttgart 1991; Paul Weingartner (Hg.): Evolution als Schöpfung? Ein Streitgespräch zwischen Philosophen, Theologen und Naturwissenschaftlern, Stuttgart 2000.
13. Vgl. Friedrich Schleiermacher: Der christliche Glaube, Bd. 1, Berlin 1960[7], 196; Karl Barth, KD III/1, Vorwort.
14. Vgl. den von mir herausgegebenen und mit einem Literaturverzeichnis versehenen Band von Hans Schwarz: Schöpfungsglaube im Horizont der modernen Naturwissenschaft, Neukirchen/Vluyn 1997; außerdem Hans-Peter Dürr, Wolfhart Pannenberg u.a.: Gott, der Mensch und die Wissenschaft, Augsburg 1997; Johann Dorschner (Hg.): Der Kosmos als Schöpfung. Zum Stand des Gesprächs zwischen Naturwissenschaft und Theologie, Regensburg 1998; Arnold Benz/Samuel Vollenweider: Würfelt Gott? Ein außerirdisches Gespräch zwischen Physik und Theologie, Düsseldorf 2000; Thomas F. Torrance: The Ground and Grammar of Theology. Consonance between Theology and Science, London 1980; John Polkinghorne: Theologie und Naturwissenschaften. Eine Einführung, Gütersloh 2001; Jürgen Moltmann: Wissenschaft und Weisheit. Zum Gespräch zwischen Naturwissenschaft und Theologie, Gütersloh 2002; Wolf Krötke: Erschaffen und erforscht. Mensch und Universum in Theologie und Naturwissenschaft, Berlin 2002; Ulrich Moustakas: Urkunde und Experiment. Neuzeitliche Naturwissenschaften im Horizont einer hermeneutischen Theologie der Schöpfung, Tübingen 2003; Ian G. Barbour: Wissenschaft und Glaube. Historische und zeitgenössische Aspekte, Göttingen 2003; Hans Küng: Der Anfang der Dinge. Natur-

Bewusstsein der Allgemeinheit die Wahrheit des Schöpfungsgedankens nicht in dem Maße verschwunden, wie das inzwischen eingetreten ist[15].

Das christliche Bekenntnis zum Schöpfer des Himmels und der Erde, also des gesamten Universums mit seinen sichtbaren und unsichtbaren Dimensionen[16] erweist sich gerade angesichts der neueren naturwissenschaftlichen Erkenntnisse als das, was es ist und bleibt: eine Angelegenheit des Glaubens. Insofern aber gibt es keinen ernsthaften Grund, den Glauben an Gott den Schöpfer wegen Aussagen der modernen Naturwissenschaft preiszugeben. Gegenüber entsprechenden Postulaten betont etwa der Physikprofessor und anglikanische Gemeindepfarrer John Polkinghorne, dass »religiöse Menschen, die einen göttlichen Geist oder Zweck hinter dem Universum erblicken, ihre Augen nicht einfach verschließen und irrational an unmögliche Dinge glauben.«[17] Und Kitty Ferguson widersetzt sich am Ende ihrer Streifzüge durch die moderne Kosmologie der Ansicht, »es erfordere Gedankenakrobatik oder eine andere intellektuelle Unredlichkeit, gleichzeitig an die Naturwissenschaft, wie wir sie am Ende des 20. Jahrhunderts kennen, und an Gott zu glauben – selbst an einen personalen Gott, der ins menschliche Leben eingreift.«[18]

Allemal aber werden Christen kritische Fragen gegenüber der Rede vom »Schöpfer« ernst zu nehmen haben – und in diesem Zusammenhang immer wieder auch auf die Theodizeefrage[19] stoßen. Dabei müssen sie sich und

wissenschaft und Religion, München/Zürich 2005; T. D. Wabbel (Hg.): Im Anfang war (k)ein Gott. Naturwissenschaftliche und theologische Perspektiven, Düsseldorf 2005; John Polkinghorne/Michael Welker: An den lebendigen Gott glauben. Ein Gespräch, Gütersloh 2005.

15. Vgl. Leo Scheffczyk: Einführung in die Schöpfungslehre, Darmstadt 1982, 5; Falk Wagner: Zur gegenwärtigen Lage des Protestantismus, Gütersloh 1995, 91 und 94.
16. Vgl. Wolfgang Beinert: Ich glaube an Gott – den Schöpfer des Himmels und der Erde. Schöpfungsglaube heute, in: Theologisch-praktische Quartalschrift 124 (1976), 313-323.
17. John Polkinghorne: Gott ist das Letztgültige, in: bild der wissenschaft 12/1999, 49-51, hier 51. Die »naturwissenschaftlichen Einsichten passen gut zu der theistischen Annahme, dass hinter der Entwicklungsgeschichte des Universums die Absicht eines Schöpfers steht ...« (Polkinghorne: Gott glauben, 36f.).
18. Kitty Ferguson: Gottes Freiheit und die Gesetze der Schöpfung, Düsseldorf 1996², 409. Zur hier indirekt mit angesprochenen Wunderfrage siehe meine Studie »Wunderheilungen heute – eine theologische Herausforderung«, in: H. Wiesendanger (Hg.): Wie Jesus heilen, Schönbrunn 2005³, 135-160.
19. Exemplarisch ist hier die Stellungnahme des Physikprofessors und Nobelpreisträgers Steven Weinberg: »Es gibt keinen Beweis für Gott«, in: bild der wissenschaft 12/1999, 48f.

anderen grundsätzlich bewusst machen: Gilt naturwissenschaftlich im Rahmen des Strebens nach »objektiven«[20] Resultaten ein Enthaltungsgebot im Blick auf die wesenhaft nicht objektiv klärbaren Fragen nach dem Transzendenten, so hat die Theologie als Geisteswissenschaft in dieser Hinsicht ganz andere Voraussetzungen und Ziele. Darum ist Falk Wagner zu widersprechen, wenn er deshalb, weil »die Schöpfungsvorstellung zur Erkenntnis und Erklärung der Naturwelt nichts beiträgt«[21], für ihre Preisgabe plädiert. Gegenüber diesem Kurzschluss verdient Wolfhart Pannenbergs These Zustimmung, dass »die Theologie die naturwissenschaftlichen Gesetzesaussagen prinzipiell in den Kohärenzrahmen ihrer Beschreibung der Welt als Schöpfung Gottes einordnen kann«[22]. Für ein dialogisches Miteinander von Naturwissenschaft und Theologie plädiert dementsprechend Michael Welker – denn die Schöpfung zielt »in der Erstellung von Himmel und Erde von vornherein auf die differenzierte Gemeinschaft Gottes mit den Menschen im besonderen und mit den Geschöpfen im allgemeinen und damit auf Gotteserkenntnis und auf Erkenntnis der Schöpfung.«[23] Eine problemlose Angelegenheit ist das gleichwohl mitnichten.

2. Weltentstehung aus dem Nichts

Seit Jahrzehnten brüten Physiker Theorien aus, wie das Universum sozusagen von selber aus gar nichts entstanden sein könnte. Den Beginn machte 1973 Edward Tyron mit der These, das All sei aus dem Vakuum des leeren Raumes per Quantenfluktuation hervorgegangen. Heutzutage würde man hierzu allerdings rückfragen, woher denn der »leere Raum« gekommen sei[24]. Der Oxforder Physikprofessor Peter W. Atkins legte zu Beginn der

20. Selbst diese »Objektivität« ist wissenschaftstheoretisch gesehen eine relative: »Jegliche wissenschaftliche Erkenntnis ist ungewiß« (Richard P. Feynman: Was soll das alles? Gedanken eines Physikers, München 1999, 39).
21. Wagner: Lage, 91; vgl. auch 106.
22. Wolfhart Pannenberg: Systematische Theologie, Bd. 2, Göttingen 1991, 90. Vgl. auch Arnold Benz: Die Entwicklung des Universums und der christliche Schöpfungsglaube, in: Materialdienst der EZW 66 (2003), 43-51.
23. Vgl. Michael Welker: Schöpfung: Big Bang oder Siebentagewerk?, in: Glaube und Lernen 9 (1994), 126-140, hier 137.
24. Vgl. Alan H. Guth: Die Geburt des Kosmos aus dem Nichts. Die Theorie des inflationären Universums, München 1999, 431ff.; Polkinghorne: Theologie, 110.

80er Jahre ein Buch unter dem Titel »Schöpfung ohne Schöpfer. Was war vor dem Urknall?« vor. Die damals mehr noch als heute provozierende These lautete, dass »die Raumzeit im Zuge ihres selbsttätigen Aufbaus ihren eigenen Staub erzeugt. Das Universum kann aus nichts entstehen. Ohne Eingriff. Durch Zufall.«[25] Auch wenn der Naturwissenschaftler sich mit solchen Formulierungen mindestens ansatzweise auf geisteswissenschaftliches Gebiet begibt, sieht es doch so aus, als könne er nicht anders und als sei es Angelegenheit der Geisteswissenschaften, die Konsequenzen aus dem naturwissenschaftlichen Befund zu ziehen. Doch so einfach liegen die Dinge nicht; sie überschneiden sich bereits auf dem Gebiet der Mathematik[26].

Atkins' These lässt sich zunächst rein immanent kritisieren. Zur Durchführung seiner Annahme einer »autonomen« Weltentstehung aus dem Nichts braucht er »zwei Zutaten«, und eigentlich sind es drei. Die dritte, von ihm gar nicht ausdrücklich aufgezählte ist die hier zunächst in Augenschein zu nehmende Prämisse, dass die Naturwissenschaft verlässlich über den Urknall hinausspekulieren könne. Wer den Urknall vor 13,7 Milliarden[27] Jahren als nur einen besonders drastischen von vielen Phasenübergängen im Universum deuten möchte, wie das inzwischen auf der Basis der neueren, freilich zunehmend umstrittenen[28] Stringtheorie beinahe zur Mode geworden ist, geht von bislang unbewiesenen Voraussetzungen aus[29]. Einstweilen muss es offen bleiben, ob sich das Weltall zyklisch ausdehnt und wieder zusammenzieht, wie das analog vor allem die indische Religiosität und von ihr abgeleitete esoterische Weltanschauungen annehmen, oder ob von einem singulären Urknall auszugehen ist, von dem ab es sich in dauernder Ausdehnung befindet[30].

25. Peter W. Atkins: Schöpfung ohne Schöpfer. Was war vor dem Urknall? Reinbek 1984, 139.
26. Vgl. Peter Plichta: Gottes geheime Formel. Die Entschlüsselung des Welträtsels und der Primzahlencode, München 2002⁶.
27. Diese Zahl steht seit 2003 fest (vgl. Rüdiger Vaas: Das erste Licht, in: bild der wissenschaft 8/2003, 44-51).
28. Vgl. Dietmar Dath: Schlimmer als falsch. Ein Methodenstreit erschüttert die theoretische Physik, in: F.A.Z. Nr. 175 vom 31. 7. 2006, 27.
29. Vgl. Rüdiger Vaas: Die Zeit vor dem Urknall, in: bild der wissenschaft 4/2003, 60-67, bes. 66 (Aussage von Physikprofessor Gabriele Veneziano, der anbei den spekulativen Charakter der Stringtheorie betont). Zur Genese der Stringtheorie siehe Brian Greene: Das elegante Universum. Superstrings, verborgene Dimensionen und die Suche nach der Weltformel, Berlin 2000.
30. Dass das All sich ausdehne, ohne wieder in sich zusammenzufallen, also gewissermaßen geschichtlich zu begreifen sei, zeichnet sich naturwissenschaftlich laut Klaus Bachmann deutlich ab: Unendlichkeit 1, in: Geo 1/2002, 48-66, bes. 55.

Stellt man die gewagten – wenngleich unter säkularem Aspekt geradezu unverzichtbaren – naturwissenschaftlichen Spekulationen über eine Zeit noch »vor« dem Urknall ebenso hintan wie die noch weitaus spekulativeren, im Kern ebenso alten wie beliebigen[31] physikalischen Phantasien über weitere Universen, dann stellt sich dieser »Big Bang«[32] als das überhaupt erst Zeit setzende Eintreten des Kreatürlichen ins Seins aus dem Nichts heraus wie folgt dar. Es war ein Wirklichwerden von Energie, die im Bruchteil einer billionstel Sekunde aus dem obersten denkbaren Hitzegrad in Erscheinung trat[33] – womit auch eigentlich erst geschöpfliche Zeit begann[34].

Gerade umgekehrt müssen naturwissenschaftliche Spekulationen ansetzen, die in durchaus »meta-physisch« anmutender Manier »hinter« den Urknall zurückzudenken versuchen. Aus dem untersten denkbaren Kältegrad heraus haben sich demnach immer wieder einmal scherbenartig erste Wirklichkeitspunkte gebildet[35]. So lehrt es schon Atkins, der hierfür freilich seine »zwei Zutaten« benennt, die er benötigt, um ein derartiges Zustandekommen des Urknalls zu erklären: »Erstens brauchen wir die Punkte, die sich zu den Zeit und Raum bestimmenden Mustern zusammenfinden.

31. Der Physikprofessor Gabriele Veneziano betont, hier handele es sich um ebenso modische wie beliebige Denk-Möglichkeiten, ohne dass die moderne Stringtheorie sie wirklich fordere (zit. nach R. Vaas, Zeit, 66). Spekulationen über eine Vielzahl von Welten gab es schon in der Antike (vgl. Hans Sasse: Art. kósmos, in: ThWNT III, 1938, 867-896, bes. 873). Auch Peter C. Hägele kritisiert, »dass solche Vielwelten-Szenarien zwar auf quantentheoretischen Überlegungen fußen, aber derzeit einen sehr spekulativen Charakter haben. Vor allem ist keine Möglichkeit in Sicht, solche anderen Kosmen empirisch festzustellen« (Die moderne Kosmologie und die Feinabstimmung der Naturkonstanten auf Leben hin, in: Glaube und Denken 18 (2005), 41-75, hier 63). Und selbst wenn es jene Vielzahl von Welten gäbe, würde doch ihr Gesamt letztlich wiederum eine umfassende (Schöpfungs-?)Welt ausmachen.
32. Vgl. auch Marcelo Gleiser: Das tanzende Universum. Schöpfungsmythen und Urknall, Wien 1998. Bereits Papst Pius XII. hatte 1951 im Urknall-Modell ein Indiz für die Erschaffung des Universums gesehen.
33. Erste kleinste Energieteilchen besitzen eine bestimmte Mindestlänge, so dass es sich mitnichten um einen »fließenden« Übergang aus der Transzendenz handeln kann (vgl. Greene: Universum, 412f. und 418).
34. Deshalb gilt es die Warnung von Audretsch zu beachten: »Ein Urknall als Singularität der Raum-Zeit, *in* der die Raum-Zeit vierdimensional punktuell entstanden ist, ist eine Vorstellung, die wir aufgeben müssen« (Blick, 50, vgl. 59). Schöpfung muss dem Physikprofessor zufolge »nicht unbedingt mit dem Anfang der Zeit zusammenfallen« (51), sondern kann als »zeitlose Verursachung gedacht werden« (53). Theologisch ist hier zu bestätigen, dass der Schöpfungsakt als solcher noch außerhalb irdischer (nicht außerhalb göttlicher) Zeit steht, diese aber mit dem Dasein der Kreatur konstituiert.
35. Vgl. z. B. Greene: Universum, 418.

Zweitens brauchen wir die Punkte, die von der Zeitstruktur in ihre Gegensätze zerlegt werden. Die Zeit verleiht den Punkten Leben; die Punkte verleihen der Zeit Leben. Die Zeit brachte die Punkte in die Welt, und die Punkte brachten die Zeit in die Welt. Das ist der kosmische Reißverschluß, der unser Universum zusammenhält.«[36]

Bereits die Formulierung dieser Sätze macht deutlich, dass hier mehr postuliert als aufgeklärt, mehr spekuliert als bewiesen wird[37]. Atkins vermag nicht plausibel darzulegen, wodurch das Entstehen anfänglicher Punkte und damit auch der Zeit aus dem Gar-Nichts bedingt gewesen sein soll – denn ein Werden aus dem »Fast-Nichts« erklärt in der entscheidenden Hinsicht auch fast nichts[38]! Beispielsweise schlägt der italienische Physikprofessor Maurizio Gasperini, der wie Atkins von einem langen Werden des Alls schon vor dem Urknall ausgeht, stringtheoretisch vor, den Schöpfungsbericht am Anfang der Bibel heute folgendermaßen umzuformulieren: »Am Anfang erschuf Gott die Hintergrundfelder und die Materiequellen. Und die Quellen waren ohne Druck und eingebettet in den flachen Raum …«[39] Also selbst ein Vertreter des hinter den Urknall zurückgehenden Modells macht sich hier bewusst, dass die Annahme eines Schöpfers sinnvoll ist. Atkins' Zutaten indes sind allzu wackelige Hypothesen, die auf den *Glaubens*charakter seiner Hauptthese hindeuten. Gewiss kann der Naturwissenschaftler auf die Realität quantenphysikalischer Sprünge *ex nihilo* außerhalb des Kausalitätsgesetzes und auf die Bildung spontaner Fluktuationen verweisen[40]. Doch nach wie vor bleibt die geisteswissenschaftliche Grundfrage bestehen, warum überhaupt etwas ist und nicht nichts. Denn auch die quantenmechanischen Gesetze werfen das Problem ihrer Ursprünglichkeit, ihrer eigenen Potentialität »im Anfang« auf[41]. Das bestätigt

36. Atkins: Schöpfung, 137.
37. Vgl. auch Stefan Bauberger: Was ist die Welt? Zur philosophischen Interpretation der Physik, Stuttgart 2004; Helmut A. Müller (Hg.): Kosmologie. Fragen nach Evolution und Eschatologie der Welt, Göttingen 2004.
38. Bezeichnenderweise räumt Atkins hier selbst das Fehlen letzter Klarheit ein (Schöpfung, 140). Von »Fast Nichts« spricht Vaas: Zeit, 60.
39. Zitiert nach Vaas: Zeit, 63.
40. Vgl. Henning Genz: Die Entdeckung des Nichts. Leere und Fülle im Universum, Augsburg 1997, 315 ff.
41. Vgl. Johannes Knöppler: Welt ohne Schöpfer? Theologische Implikationen moderner Kosmologie, in: Glaube und Denken. Jahrbuch der Karl-Heim-Gesellschaft, hg. von H. Schwarz, Bd. 5, Moers 1992, 43-57; Eilert Herms: Kosmologische Aspekte des Gesetzesbegriffs [1989], in: Ders.: Offenbarung und Glaube. Zur Bildung des christlichen Lebens, Tübingen 1992, 408-430, bes. 430.

auch der amerikanische Physikprofessor Alan H. Guth in einem Buch mit dem vollmundigen Titel »Die Geburt des Kosmos aus dem Nichts«: Er muss einräumen, dass »sämtliche Versuche, die Entstehung des Universums aus dem Nichts physikalisch erklären zu wollen, äußerst spekulativ sind«[42]. Und er schließt sein letztes Kapitel mit den Worten: »Wenn sich aber die Entstehung des Universums als quantenmechanischer Prozeß beschreiben läßt, dann bliebe immer noch ein großes Rätsel unserer Existenz: Was bestimmt die Gesetze der Physik?«[43]

In der Tat geht es bei der Beantwortung solch letzter Fragen nicht mehr nur um physikalische, sondern im Ansatz bereits auch um geisteswissenschaftliche bzw. religiöse Probleme. Was wohl für immer spekulativ bleiben muss, sich also »sicherem« Wissen entzieht[44], ist der Sache nach eine Angelegenheit des Glaubens – wohl irgendwelcher Mutmaßungen, vor allem aber bestimmter Haltungen des Vertrauens. Ob nämlich das All sozusagen *autonom* aus dem Nichts entstanden ist oder ob sich sein Werden aus dem Nichts *theonom* dem Wort des Schöpfers verdankt, lässt sich nur glaubend im existentiellen Setzen auf bestimmte Perspektiven von Sinn oder Unsinn entscheiden.

Dem modernen Autonomiegefühl entsprechen zweifellos die Entwürfe einer »autonomen« Entstehung *ex nihilo*. Doch ihre Akzeptanz ergibt sich für manche namhaften Physiker keineswegs zwangsläufig, wie bereits deutlich geworden sein dürfte: Sie halten es weiterhin mit der religiösen Annahme eines Schöpfergottes, durch die nicht nur ein X für ein Y gesetzt wird, sondern ein letztes Vertrauen in den Sinn aller Wirklichkeit sich bekundet. Wen sollte das laut Brian Greene »elegante Universum« in der Tiefe seines Geistes erfreuen, würde es bei aller Eleganz ein sinn-kaltes Gebilde darstellen, das – wie modernste Spekulationen besagen – nicht nur in endlose Kälte ausliefe, sondern auch aus endloser Kälte geboren wäre? Die Frage nach dem guten Gott würde sich bei dieser Annahme zwar nicht mehr stellen, doch es bliebe die Frage, ob diese Annahme selbst eine gute und wahre wäre:

42. A. H. Guth: Nichts, 438; ebenso Greene: Universum, 447; ferner Audretsch: Blick, 50-52.
43. Guth: Nichts, 439; ebenso Paul Davies: Gott und die moderne Physik, München 1986, 279.
44. Greene erklärt: »Niemand kann mit Sicherheit sagen, wie alles tatsächlich begonnen hat. Unsere Unwissenheit setzt sich sogar auf einer höheren Ebene fort: Wir wissen noch nicht einmal, ob die Frage nach den Anfangsbedingungen überhaupt sinnvoll ist oder ob sie … sich auf immer dem Zugriff jeder Theorie entzieht« (Universum, 422; vgl. auch 444).

»Kaum überraschend ist der Befund, dass die große Mehrheit der Deutschen die wissenschaftliche Weltdeutung nicht befriedigt.«[45]

3. Von der unvollendeten Schöpfung aufs Wesen des Schöpfers schließen?

Der jüdische Philosoph Hans Jonas hat in dieser Hinsicht wie folgt überlegt: Die Rückfrage nach dem Anfang der Welt und damit nach ihrem Charakter als Schöpfung, die auf einen Schöpfer verweist, entspringt dem menschlichen Geist. Geht man die Evolutionskette immer weiter zurück, stößt man auf immer weniger »Geist«; und doch muss man allem Vorangegangenen zuerkennen, dass es in seiner Konsequenz ja »Geist« – nämlich im Menschen – ermöglicht und insofern implizit enthalten hat! Man kann gewissermaßen sagen, dass »die Materie von Anbeginn schlafender Geist sei«; doch dann muss man sofort hinzufügen, dass »die wirklich erste, die schöpferische Ursache von schlafendem Geist nur wacher Geist sein kann, von potenziellem Geist nur aktueller …«[46] Schöpfung ohne Schöpfer – das ist demnach kein zwingendes, kein überzeugendes Konzept!

Jonas variiert mit seiner Argumentation das so genannte »anthropische Prinzip«, das von der faktischen Existenz des Menschen gerade angesichts der mannigfaltigen Kontingenzen im Werden unserer Spezies, unseres Planeten, unserer Milchstraße, ja des Universums insgesamt auf eine gewisse Lenkung zu diesem Ziel hin schließt. Es geht im Grunde um das »größte Geheimnis: Wer oder was traf die scheinbar unzähligen Entscheidungen, die für die Planung unseres Universums offenbar erforderlich waren?«[47]

45. Michael Utsch: Neue Umfrage bestätigt Einsichten der EKD-Perspektivkommission, in: Materialdienst der EZW 69 (2006), 306-308, hier 306 f. Diese mangelnde Befriedigung mag freilich damit zusammenhängen, dass man kaum realisiert hat, dass »die jüngsten Entdeckungen der neuen Physik die Sphäre der metaphysischen Intuition berühren« (Jean Guitton/Grischka und Igor Bogdanov: Gott und die Wissenschaft. Auf dem Weg zum Meta-Realismus, München 1993, 15).
46. Hans Jonas: Philosophische Untersuchungen und metaphysische Vermutungen, Frankfurt/Leipzig 1992, 234.
47. Greene: Universum, 327. Vgl. auch Hans Rohrbach: Das anstößige Glaubensbekenntnis. Ein Naturwissenschaftler zum christlichen Glaubensbekenntnis, Gießen 1987, 33 ff.

Das Schlussverfahren auf der Basis des anthropischen Prinzips, dem die neuesten naturwissenschaftlichen Bestätigungen der Irreversibilität der Zeit mit zugrunde liegen, ist freilich nicht objektiv beweiskräftig; aber es hat etwas sehr Einleuchtendes, das den Sinn positiven Sinnglaubens untermauert. Zwar sind die Evolutionswege nach heutigem Wissen allzu verschlungen, als dass man eine direkte göttliche Lenkung aus ihnen ableiten könnte[48]. Aber umgekehrt ist auch die Wahrscheinlichkeit einer »natürlichen« Entstehung des Menschen derart gering, dass nicht wenige Naturwissenschaftler heute von der Einzigartigkeit des geistbegabten Wesens »Mensch« im riesigen Weltall überzeugt sind. Der Chemie-Nobelpreisträger Ilya Prigogine betont von daher, wir Menschen seien »keine Zigeuner am Rande des Universums«: »Wenn man aber nun erkennt, dass die *grundlegenden* Gesetze der Natur durch *Nichtlinearität*, durch die Schaffung von Neuem charakterisiert sind, dann steht der Mensch … auf der Spitze der Naturgesetze.«[49] Zeitlich-evolutionistisch gesehen ist demnach der Mensch sehr wohl als »Krone der Schöpfung« zu betrachten. So lässt sich theologisch sagen: Er ist das vom Schöpfer angepeilte Geschöpf. Diese keineswegs illegitime Grundannahme kann aus christlicher Sicht gerade auf Grund der Lehre der Menschwerdung des göttlichen Logos nur gutgeheißen werden.

Aus dieser Perspektive heraus fällt aber auch ein neues Licht auf die zunächst irritierende Größe des Weltalls. Zum einen nämlich ist zu bedenken, dass das All im Augenblick des Urknalls und ganz kurz danach kleiner war als ein Mensch! So unmöglich ist es folglich keineswegs, den Schöpfer, der in seinem Sohn Mensch werden will, mit der Realität des Universums zusammen zu denken. Zum andern entspricht der inzwischen erreichte Umfang des Weltalls der Würde des Schöpfers selbst, der mit der Schöpfung insgesamt ein Gegenüber haben will, das ihm wenigstens annähernd angemessen ist. Wie unausdenklich groß muss Gott sein, wenn schon seine Schöpfung derart gigantisch ausfällt!

Dass seine Unendlichkeit gleichwohl alle Kreatur unsagbar übersteigt, ist eine theologische Aussage, die letztlich unabhängig davon zu machen ist, ob von naturwissenschaftlicher Seite eine Endlichkeit oder Unendlichkeit des Universums behauptet wird. Der Streit der Empiriker hierüber ist nach wie vor im Gange: Man ist sich uneinig, ob die kosmische Hintergrund-

48. Mit Stephen Jay Gould: Zufall Mensch. Das Wunder des Lebens als Spiel der Natur, München 1991 – gegen Eugen Drewermann, der meint: »Die gesamte Evolution der Welt ist – für den Gläubigen! – eine einzige ›Offenbarung‹ Gottes …« (Glauben, 514). Nein, *das* ist sie selbst für den Gläubigen nicht!

49. Prigogine: Zigeuner, 27.

strahlung auf einen »Urknall«[50] und ein *endliches*[51] Weltall hindeutet – oder ob das sogenannte »Konkordanz-Modell« im Recht ist, demzufolge der Kosmos *unendlich* und flach ist[52]. Auch die Frage nach seiner *zeitlichen* Endlichkeit oder Unendlichkeit stellt sich: Ob es den Urknall und womöglich ein »Vor dem Urknall« gegeben hat, bleibt bislang ebenso Spekulation wie die Frage, ob sich das All im Zuge seines naturwissenschaftlich prognostizierten Kältetods binnen vielleicht 10^{100} Jahren verflüchtigen wird[53]. Christliche Theologie hat zwar eine Affinität zur These von der Endlichkeit der Schöpfung gegenüber dem unendlichen Schöpfer; doch muss sie auch berücksichtigen, dass ja die Schöpfung zum würdigen Gegenüber des Schöpfers bestimmt ist und spätestens dann, wenn Gott einst »alles in allem« sein wird, als verherrlichte an seiner Unendlichkeit partizipieren soll.

Christen rechnen im Übrigen nicht damit, dass die Weltgeschichte ins Leere läuft, sondern mit der Vollendung der bislang noch unvollendeten, auf dem Weg befindlichen Schöpfung durch ihren Schöpfer, kurz: mit der Transformation des Kosmos ins universale Gottesreich. Unter diesem Aspekt rücken die gigantischen Ausmaße der vielleicht doch unendlichen Jetztwelt noch einmal in ein anderes Licht: Sollten sie nicht bereits Basis für die Verwandlung in die gottgemäße Welt der Herrlichkeit sein, wie sie der Schöpfer seiner Schöpfung auf ewig zugedacht hat?

Zumal der christliche Glaube »Schöpfung« nicht nur als einen zurückliegenden Akt am Weltanfang versteht, sondern als einen kontinuierlichen Prozess[54], der – wenn auch keineswegs bruchlos – ins Telos der Weltvollendung münden wird, darum ist solcher Schöpfungsglaube letztlich iden-

50. Vgl. Greene: Universum, 428; dagegen R. Breuer (Hg.): Immer Ärger mit dem Urknall. Das kosmologische Standardmodell in der Krise, Reinbek 1993.
51. Die Gesamtmaterie dürfte annähernd 10^{50} Tonnen ausmachen (vgl. z. B. Egon Wiberg: Der Naturforscher und das Universum, in: Bayerischer Rundfunk [Hg.]: gehört – gelesen 10/1974, 3-19, bes. 6 f.) – das wäre eine unvorstellbar hohe und dennoch endliche Zahl.
52. Vgl. den Überblicksartikel von Christian Speicher in der NZZ (Nr. 240) vom 16. 10. 2003: »Leben wir in einem endlichen Universum? Infragestellung des Standardmodells der Kosmologie« (46).
53. Vgl. Paul Davies: Die letzten drei Minuten. Das Ende des Universums, München 1996, bes. 91; Olaf Stampf: Das Ende des Universums, in: Der Spiegel 2/2002, 148-156; Rüdiger Vaas: Phantom-Energie zerreißt das Weltall. Das Schicksal des Universums hängt von der mysteriösen Dunklen Energie ab, in: bild der wissenschaft 8/2003, 53-57.
54. »Schöpfung ist immer schon Erhaltung, und Erhaltung ist immer zugleich neue Schöpfung – nur so kann man die Doppelerfahrung augenblickshafter und kontinuierlich fortgehender Existenz als in Gottes Wirken gegründet ausdrücken« (Lange: Glaubenslehre Bd. 1, 341). Vgl. auch Welker: Big Bang, 26-140.

tisch mit kosmischer Vollendungshoffnung. Es denkt vom »Nichts« des Anfangs hin zu jenem »Alles«, in dem Gott am Ende selbst »alles sein« wird (1. Kor 15,28). Abwegig und zumal nach außen hin kaum überzeugend[55] sind von daher jedenfalls Theologien der Schöpfung, die den Aspekt von deren Unterwegs-Sein zum Vollendungsziel tendenziell vernachlässigen oder gar unterschlagen. Gerade für den (post-)modernen Zeitgenossen sind derartige Theologien entworfen worden – in der »frommen« Absicht, ihm die Schöpfungsthematik möglichst ohne jeglichen »weltanschaulichen« bzw. »metaphysischen« Ballast nahezubringen. Angepeilt wird damit ein Kreaturgefühl, das die Welt als Schöpfung wahrnehmen und mehr oder weniger ästhetisch hinnehmen soll – und zwar in ihrer Hinfälligkeit! Ihre »fragmentarische Schönheit und Vergänglichkeit als Gottes Gabe«[56] zu deuten, korrepondiert dann doch wohl einer Heilshoffnung, die in der künftigen Vollendung und »Verklärung« kaum mehr sieht als eine neue, »erlöste« Betrachtung des einst *Gewesenen*[57]. Von Gott dem Vater als dem Schöpfer des Himmels und der Erde zu reden, muss aber eingeübt werden als ein Bekenntnis zur von Ewigkeit her bestehenden Zielbestimmtheit der Welt, die mehr umfassen wird als bloß eine neue Beleuchtung der alten Wirklichkeit[58]. Die Vergangenheit, Gegenwart und Zukunft der Schöpfung rückt so ins Licht des trinitarisch an ihr Handelnden – und damit des am Ende auf allen Ebenen siegreich Liebenden.

Der Maler Vincent van Gogh äußerte einmal gegenüber seinem Bruder Theo: »Ich glaube immer mehr, dass man den lieben Gott nicht nach der hiesigen Welt beurteilen sollte, denn die ist nur ein Entwurf, der unangebracht ist … Es wäre für uns allerdings nötig, noch andere Werke derselben Hand zu sehen; diese Welt hier ist offensichtlich in einem seiner schlechten Augenblicke hastig hingepfuscht … Er hat sich trotzdem außerordentliche Mühe gegeben für diesen Entwurf seiner eigenen Welt. … Nur Meister können sich derartig täuschen.« Van Goghs Karikatur des Schöpfergottes, die

55. Vgl. Erich Schmalenberg: Schöpfung oder Evolution, in: DtPfrBl 2/2003, 66f.
56. Wolfgang Schoberth: Geschöpflichkeit in der Dialektik der Aufklärung. Zur Logik der Schöpfungstheologie bei Friedrich Christoph Oetinger und Johann Georg Hamann, Neukirchen-Vluyn 1994, 268.
57. Vgl. z.B. Karl Barth: KD III/2, 760: Die »Auferstehung der Toten« besteht in der »Aufdeckung und Verherrlichung des in Christus *gewesenen Lebens* des Menschen in seiner Zeit.« Kritisch dazu Werner Thiede: Auferstehung der Toten – Hoffnung ohne Attraktivität? Göttingen 1991, 174ff.
58. Diese neue Beleuchtung lehrt Karl Barth: Das Glaubensbekenntnis der Kirche, Zürich 1967, 157f.

seinem Zeitgenossen Nietzsche in Manchem nahekommt, trifft in einem Punkt das Rechte: Um den Meister zu beurteilen, muss man eigentlich ein vollendetes Werk von ihm sehen.

Dass aber die zum Reich Gottes bestimmte Schöpfung dank Gottes Willen aus dem Nichts gekommen ist, diese Lehre – biblisch zu begründen mit Röm 4,17 und Hebr 11,3 – bezeichnet sowohl die äußere Voraussetzung Gottes zum Schaffen als auch die innere Hinfälligkeit, nämlich Nichtigkeit der Schöpfung abgesehen von ihrem Geschaffen- und permanenten Gehalten- und Gerufensein. Im Grunde wird die Richtigkeit dieser Annahme durch die moderne Naturwissenschaft indirekt bestätigt, denn die legt ja selber eine Weltentstehung »aus dem Nichts« nahe: Eine größere Nähe solch »voraussetzungsloser« Wissenschaft zum Dogma lässt sich gar nicht denken! Dass hinter diesem »Nichts«[59] und hinter aller »Nichtigkeit« der Welt der alles ins Sein rufende und im Sein haltende Schöpfer steht, kann und darf die Naturwissenschaft selbstverständlich nicht lehren; der Glaube aber darf es – und zwar auch in moderner Zeitgenossenschaft – bekennen.

Dabei ergibt sich freilich folgende Schwierigkeit. Einerseits soll ja gelten, dass Gott die Welt aus nichts setzt, wodurch er es wirklich mit extern Anderem zu tun bekommt[60]. Andererseits soll nun diese Schöpfung auch dauerhaft von ihm ge- und erhalten, also gewissermaßen berührt sein, ohne wiederum in einer Weise von ihm gelenkt und regiert zu werden, der gemäß die Welt schon mit dem Gottesreich identisch sein müsste[61]. Die Lösung dieses Problems ist im Grunde naheliegend: Gottes Anwesenheit in seiner noch unvollendeten Schöpfung kann schwerlich anders gedacht werden als im Modus göttlicher Selbstzurücknahme. Auf seine Allmacht und Herrlichkeit hin ist die Welt nicht nur noch nicht »durchsichtig«; vielmehr beruht diese »Undurchsichtigkeit« eben darauf, dass Gott sich dieser Eigenschaften tatsächlich ein Stück weit und eine Zeit lang begibt, ohne sie dabei womög-

59. Zur sprachanalytischen Reflexion philosophischer Rede vom »Nichts« vgl. Ernst Tugendhat: Das Sein und das Nichts, in: Ders.: Philosophische Aufsätze, Frankfurt/M. 1992, 36-66.

60. Vgl. Hans Friedrich Geißer: Schöpfung aus dem Nichts, in: Fritz Stolz (Hg.): Religiöse Wahrnehmung der Welt, Zürich 1988, 107-125, bes. 113; Emil Brunner: Wahrheit als Begegnung, Zürich 1963², 93.

61. Welker betont mit Recht: »Gott ist keineswegs in jeder Raum-Zeit-Stelle handelnd und schöpferisch gegenwärtig. Die biblischen Texte können nicht z. B. vom Zurückziehen von Gottes Geist, vom Sich-Abwenden, Sich-Senken und Verhüllen von Gottes Angesicht, vom Auslöschen, Verscheuchtwerden oder Fliehen des Geistes sprechen, wenn sie sich ein solches abstraktes Omnipräsenz- und Omnipotenzkonzept leisten wollten« (Schöpfung, 25).

lich schlechthin aufzugeben. Seine Vorsehung[62] besteht also nicht in ständiger Lenkung sämtlicher Dinge – das wäre eine fehlgehende religiöse Vorstellung, die das Theodizeeproblem schier unlösbar machen würde. Vielmehr ist davon auszugehen, dass Gott – aus dem Grundwesen der Liebe heraus – Welt distanziert-fördernd werden lässt, und zwar unter Wahrung seiner Freiheit zu einzelnen Eingriffen[63] wie zum endgültigen Ab- und Umbruch.

Insofern ist Michael Welker zuzustimmen, wenn er mit Blick auf die beiden ersten Schöpfungsberichte des Alten Testaments prozesstheologisch[64] unterstreicht: »Der schaffende Gott ist nicht nur der agierende, sondern auch der reagierende, auf das Geschaffene eingehende Gott. Der schaffende Gott läßt sich mit der Eigenständigkeit, Neuartigkeit, sogar mit der Vervollkommnungsbedürftigkeit des Geschaffenen konfrontieren. ... Die gesamte Schöpfung wird von den Schöpfungstexten als in vielfacher Hinsicht eigenaktiv, als selbst hervorbringend, als selbst verursachend beschrieben. Diese eigene, selbsthervorbringende Aktivität ist nicht erst Folge und Resultat der abgeschlossenen Schöpfung. Sie ist vielmehr in den Schöpfungsvorgang eingebettet, an ihm beteiligt (vgl. besonders Gen 1,11 ff.!). Die ganze Schöpfung, nicht nur und nicht erst der Mensch, wird vom priesterschriftlichen Schöpfungsbericht als selbstaktiv, scheidend, herrschend, rhythmisierend, als selbst hervorbringend und belebend tätig beschrieben. ... Auch schließt der Schöpfungsprozeß das kognitive und normative kulturschaffende Verhalten des Menschen ein bzw. zielt darauf ab.«[65]

62. Siehe hierzu Arnulf von Scheliha: Der Glaube an die göttliche Vorsehung. Eine religionssoziologische, geschichtsphilosophische und theologiegeschichtliche Untersuchung, Stuttgart 1998; Reinhold Bernhardt: Was heißt »Handeln Gottes«? Eine Rekonstruktion der Lehre von der Vorsehung, Gütersloh 1999; Hans Schwarz: Womit der Glaube steht und fällt. Unverzichtbare Themen der Bibel, Neukirchen/Vluyn 1999, 57 ff.
63. Zur Wunder-Thematik siehe meine Studie: Heilungswunder in der Sicht neuerer Dogmatik, in: Zeitschrift für Theologie und Kirche 100 (2003), 90-117. Wiederabdruck in meinem Buch »Theologie und Esoterik« (Leipzig 2007, im Druck).
64. Zu prozesstheologischer Schöpfungstheologie vgl. Heinrich Bedford-Strohm: Schöpfung (Ökumenische Studienhefte 12), Göttingen 2001, 77 ff. »Allen solchen Konzeptionen ist indessen eine unübersehbare soteriologische Zahnlosigkeit eigen« (200). Vgl. auch John B. Cobb/David R. Griffin: Prozess-Theologie. Eine einführende Darstellung, Göttingen 1979, bes. 40 ff.
65. Welker: Schöpfung, 21 (Kursivsetzungen wurden von mir weggelassen). Vgl. auch Moltmann: Schöpfung, 101; Bernhardt: Handeln Gottes, 454. Exegetisch siehe z.B. Michaela Baucks: Die Welt am Anfang. Zum Verhältnis von Vorwelt und Weltentstehung in Gen 1 und in der altorientalischen Literatur, Neukirchen/Vluyn 1997; K. König/E. Zenger: Als Anfang schuf Gott. Biblische Schöpfungstheologien, Düsseldorf

Damit ist im Übrigen Immanuel Kants Meinung widerlegt, die menschliche Vernunft lasse den Gedanken göttlichen Erschaffens nicht zu, weil in der Folge jede freie Handlung auf kreatürlicher Seite ausgeschlossen wäre[66]. Das Gegenteil ist der Fall: Bibel und christliches Credo meinen es anders, wenn sie von der dynamischen Relation zwischen Schöpfer und Schöpfung reden. Systematisch klar zu denken ist dieses Verhältnis freilich nur im Modell göttlicher, verantwortlicher Selbstbegrenzung. Solche Selbstbegrenzung mag, solange ihr inneres Motiv nicht verstanden ist, geradezu als unverantwortlich eingestuft werden, nämlich vom »vorläufigen« Ergebnis her als Loslassen aller Verantwortung. Die Theodizeefrage stellt sich dann aus der Haltung provozierender Skepsis heraus. Doch diese Frage erhält eine Antwort aus der Tiefe der christlichen Botschaft heraus, wie im nächsten Abschnitt näher darzulegen sein wird. Von daher wird dann deutlich werden, dass jüdisch-christlicher Schöpferglaube mit Recht auf einen alle Welt(en) und Menschen heilvoll umfassenden Ursprungs- und Letzt-Sinn[67] vertraut. Und es wird einzusehen sein, wie wichtig es ist, das je eigene Bewusstsein der Geschöpflichkeit immer wieder der Versuchung zu entreißen, es »natürlicherweise« mit vorläufigen Sinn-Wahrnehmungen abzuspeisen. Denn die unfertige, noch nicht in harmonischem Einklang mit Gott befindliche Welt – insgeheim ermöglicht durch seine Selbstbegrenzung – verleitet als solche notgedrungen zu einem verzerrten Wahrhaben des Schöpfers[68] und der Schöpfungsbestimmung. Erst wo der Tiefensinn der Welt und des Lebens von Kreuz und Auferstehung her erschlossen, wo gekreuzigter Sinn ins Licht der Ewigkeit gerückt wird, kann die Wahrnehmung der sich zwischen Licht und Schatten, zwischen Segen und Fluch dahinbewegenden Schöpfung befreit ins Lob des Dreieinen münden. Darum kommt es auf das innere Motiv der göttlichen Selbstbegrenzung an: Nur wenn es eingesehen und nachvollzogen wird, kann Theodizee als kognitives Unternehmen gelingen. Dieses

1997; Bernd Janowski/Beate Ego (Hg.): Das biblische Weltbild und seine orientalischen Kontexte, Tübingen 2001.

66. Vgl. Immanuel Kant: Die Religion innerhalb der Grenzen der bloßen Vernunft, Hamburg 1961⁶, 159 f.
67. So dürfte es gemeint sein, wenn Wolfhart Pannenberg schreibt: »Vom letzten Ende her schafft Gott die Welt, weil sich erst vom Ende her entscheidet, was es eigentlich auf sich hat mit den Dingen und Wesen, mit denen wir gegenwärtig umgehen« (Das Glaubensbekenntnis, ausgelegt und verantwortet vor den Fragen der Gegenwart, Gütersloh 1972, 47).
68. Vgl. Röm 1,21 ff. Erinnert sei exemplarisch nochmals an Nietzsches diabolischen Pantheismus (s. o. 71 ff.).

innere Motiv aber ist nicht an der unvollkommenen Welt abzulesen, sondern eben am Kreuz Jesu als dem Ort der heilvollen Identifikation des Schöpfers mit ihr[69].

69. Luther hat dies in der Heidelberger Disputation von 1518 deutlich herausgearbeitet (vgl. WA 1, 354, 21 ff.).

V. Gottes Vatersein – das Geheimnis seiner Selbsttranszendenz

Sollte die merkwürdige Distanznahme, die den Schöpfer von seiner Schöpfung ein Stück weit getrennt hält, ja die Welt mitunter regelrecht »gottlos« erscheinen lässt, gerade in seinem liebevollen Vatersein begründet sein? Das mag zunächst zynisch und abwegig klingen. Aber es ist damit doch die Richtung bezeichnet, in der die Lösung des Theodizeeproblems gesucht werden muss. Denn genau darum geht es doch: dass und wie eine mehr oder weniger »gottverlassene« Welt stringent zusammengedacht werden kann mit dem Gott der Liebe, dem väterlichen Schöpfer und Vollender aller Dinge. Der Sinn des Ganzen, so wie es ist – er muss in Gott, im Herzen des guten Gottes, des allmächtigen Vaters gefunden werden, oder es gibt ihn nicht.

Freilich ist es ein Geheimnis um ihn. Sonst gäbe es ja kein Theodizee-Problem, wäre Theodizee keine Frage. Der Schlüssel zum Sinn der Sinnlosigkeit aber ist – wie bereits angedacht – das Kreuz Jesu. Nur so erschließt sich der »gekreuzigte« Sinn als zur »Auferstehung« bestimmter. Das Kreuz selbst muss seinen Ort im ewigen Vaterherzen haben. Wie ist das theologisch näherhin zu denken?

1. Gott will über sich selbst hinaus Anderes

So verbreitet der Glaube an einen Schöpfergott rund um die Welt ist, so wenig versteht sich der christliche Glaube an »Gott den *Vater*« von selbst. Zwar kommt die Bezeichnung von Gottheiten als »Vater« in manchen Religionen und sogar in einigen Philosophien vor. Beispielsweise zeugt der Hymnus des Stoikers Kleanthes an Zeus in antiker Zeit von einer Frömmigkeit, die dem einen Gott als dem Vater des Alls gilt. Aber im Einzelfall muss immer gefragt werden, was das Vatersymbol jeweils besagt bzw. auf welches Gottesverständnis es sich bezieht. Die eher pantheistische Spiritualität des Kleanthes lässt den Vaternamen in anderen Farben erscheinen als etwa die Verehrung des ugaritischen Hochgottes El neben anderen Göttern. Und im alten Israel war die Bezeichnung »Vater« zunächst bezogen auf die Stellung Gottes zum König, der damit als »Gottes Sohn« qualifiziert wurde (2. Sam 7,14). Nach dem Untergang des Königtums wurde der eine Gott Israels auch einige wenige Male »Vater« seines Volkes genannt – deutlich im bildlichen Sinn (Jer 3,19; 31,9). Im Munde Jesu aber erhielt die Bezeichnung Gottes als »Vater« einen neuen Sinn.

In messianischem Selbstverständnis sprach Jesus oft von Gott als »meinem Vater« und alternativ dazu von demselben Gott als »eurem Vater« (z. B. Mt 6,1; 15,13; Joh 20,17). Sein exklusives Gottesverhältnis kam insbesondere in der vertraulichen Anrede »Abba«, zu deutsch: »Väterchen«, zum Ausdruck. Als König des endzeitlichen Gottesvolkes sah er sich offenkundig in einem mehr als indirekten, nämlich in einem intimen Abstammungsverhältnis zum Schöpfer selbst. Die Angehörigen dieses neuen Gottesvolkes ließ er daran partizipieren: Durch den Glauben an ihn dürfen auch sie sich – gewissermaßen als adoptierte Geschwister – in eine vertrauliche Beziehung zu Gott gestellt wissen[1]. Der katholische Systematiker Eugen Biser unterstreicht: »Im Fall Jesu ist die Abba-Anrufung die größte revolutionäre Tat der Religionsgeschichte. Die Religionsgeschichte geht quer durch alle Religionen von einem ambivalenten Gott aus, von einem Gott, der ebenso geliebt wie gefürchtet werden muss. Man geht von einem Gott aus, der die leibhaftige Koinzidenz von Schrecken und Liebe ist, von Mysterium tremendum und Mysterium faszinosum. Das geht als gemeinsamer Nenner durch sämtliche Religionen hindurch. Jesus hat diesen Nenner entkräftet, Jesus hat diese Mauer durchbrochen, die Mauer dieses letztlich unnahbaren und unerreichbaren Gottes … Er hat uns Zugang zum Herzen Gottes geschaffen. Jesus entdeckte im Herzen Gottes die bedingungslose, die vorbehaltlose und die nie widerrufene Liebe. Das ist der Kern des Christentums, und das ist auch der Kern der Botschaft Jesu.«[2]

»Abba« – das ist der Name Gottes für den Christus und die Christen. Die Kirchenväter des 2. Jahrhunderts haben dieses innige Vater-Verhältnis bereits nicht mehr recht erfasst; sie denken in der Regel nur an Gott als den Vater der Welt, wenn sie ihn – selten genug – »Vater« nennen. Immerhin ist aber die ausdrückliche Bezeichnung Gottes als »Vater« bereits im altrömischen Bekenntnis zu finden, aus dem später das »Apostolische Glaubensbekenntnis« geworden ist. Ansatzweise zeichnet sich damit bereits die Tri-

1. Vgl. z. B. Mt 6,7-9; Joh 14,20; 16,27; 20,17; Röm 8,15.
2. Eugen Biser (im Interview durch Gerald L. Endres): Vom Unsinn der Gerichtspredigt, in: Publik-Forum 2/2003, 56f., hier 56.

nitätslehre der christlichen Kirche ab: Der dreigliedrige Aufbau des Credos, der dann im zweiten Teil vom Sohn und im dritten vom Heiligen Geist und seinem Regiment handelt, weist in diese Richtung. Freilich gab es zur Zeit des altrömischen Bekenntnisses noch keine explizite Lehre von der göttlichen Dreifaltigkeit, sondern nur trinitarische Kurzformeln; auf sie geht dieser Aufbau zurück.

Die Rede von Gott dem Vater meint im überlieferten Credo Gott in seinem grundsätzlichen »Vater«-Sein, das beides einschließt: das besondere Verhältnis zu seinem »eingeborenen Sohn«, von dem ja zu Beginn des zweiten Artikels ausdrücklich die Rede ist, und zugleich seinen grundlegenden Bezug zur Schöpfung im ganzen wie zu den Geschöpfen im einzelnen, wie er in seiner Innigkeit überhaupt erst im Glauben an den Sohn erkannt wird. Diese Doppelbedeutung hat zutiefst Zusammenhängendes im Blick: Gott wird zum Schöpfer, zum Vater der Welt und seiner geliebten Geschöpfe, indem er sich zunächst zu seinem Sohn ins Verhältnis setzt und dadurch überhaupt erst »Vater« wird. Anders ausgedrückt: Gottes Selbstunterscheidung in sich selbst begründet in ein und demselben »Atemzug« seine produktive Unterscheidung von der Welt[3].

Anfänglich – das ist in dem Bild unausgesprochen mit enthalten – ist der Vater ohne Sohn zu denken, also gänzlich »monarchianisch«. Die neuere Diskussion um die Trinitätslehre hat Wolfhart Pannenberg und andere dahin gebracht, von einer Ursprungstrinität in dem Sinne auszugehen, dass Gott sich bereits von aller Ewigkeit her selbst trinitarisch konstituiert, also alle drei Personen gleichursprünglich sind. Die von Jesus autorisierte Bildrede vom »Vater« gibt allerdings eine solche Spekulation ebenso wenig her wie logisches Denken. Gewiss impliziert Gottes Vater-Sein bereits sein uranfängliches »Schwangergehen« mit dem Sohn; und das »Aus-Gehen« des Geistes vom Vater (Joh 15,26) setzt analog dazu dessen »In-existenz« im Vater voraus. Aber das »Prae« des Vaters im Anfang bleibt dabei deutlich gegeben. Ganz richtig unterscheidet daher Jürgen Moltmann innerhalb der »immanenten Trinität« zwischen einer »Konstitutionsebene« und einer »Relationsebene«[4]: Während die Relationen zwischen den drei Personen so zu denken sind, dass sie sich alle gegenseitig stützen und insofern von gleichem Gewicht sind, muss in ontologischer Hinsicht, also im Blick auf die

3. Diese und die folgenden Überlegungen resultieren wie die Trinitätslehre aus dem Grundverständnis Gottes als Liebe, wie sie durch die Botschaft von Jesus Christus offenbar geworden ist.
4. Jürgen Moltmann: Trinität und Reich Gottes. Zur Gotteslehre, München 1994[3], 200; vgl. 182.

göttliche Selbst-Konstitution die Person des Vaters als primär gedacht werden. Und dieser seinsmäßige Sachverhalt spiegelt sich im Grunde noch im Beziehungsmäßigen, im Relationalen wider: Zwar ist die Vaterrolle bezogen auf die Sohnesrolle – und umgekehrt; doch dieses Formalverhältnis kennt eine inhaltliche Präferenz, derzufolge der Sohn dem Vater nachgeordnet ist, so dass von keiner völligen Symmetrie im Uranfang die Rede sein kann. Obgleich sich eine trinitarische Symmetrie sehr wohl dadurch ergibt, dass sich die drei »Personen« in gegenseitiger Liebe aneinander hingeben und sich insofern auch voneinander empfangen, also in göttlicher Einheit voneinander durchdrungen sind, gründet die ursprüngliche Konstitution dieser Symmetrie asymmetrisch im väterlichen Selbst.

Das väterliche »Ur-Selbst« ist als geistiges (Joh 4,24) von Ewigkeit her Selbst-Bewusstsein. Es konstituiert sich als solches in lebendigem Vollzug durch Selbstunterscheidung. Ein »Selbst« kann sich nur fassen durch Unterscheidung von Anderem, von Nicht-Selbst. Ursprünglich setzt sich Gott einfach zu sich selbst in Relation: Er nimmt sich selbst wahr – in Freude über sich selbst. Indem er sich im Zuge der Selbstwahrnehmung von sich selbst unterscheidet, ist er noch kein Anderer sich selbst gegenüber, sondern erst einmal gleichsam »Vater« und »Sohn« *in* sich selbst. Doch dabei – im Vollzug solcher Selbst-Liebe – denkt er bereits die Kategorie des »Anderen«. Und mit diesem innneren Vorgang erfasst er sich selbst als den, der liebend auf Anderes ausgerichtet ist, auch wenn dieses Andere zunächst noch er selbst ist. Seine interne Selbstliebe formiert sich von daher konsequent als Liebe zu extern Anderem[5]. Im Denken an »Anderes« richtet sich seine Liebe auch nach außen.

Gott liebt sich demnach notwendig selbst, indem er anderes liebt. Er verwirklicht sich wesenhaft selbst durch Selbsttranszendenz. Schöpfung ist insofern keineswegs bloß im Sinne Karl Barths »Überfluß seiner Fülle«, »Überströmen seines inneren Seins und Handelns, seiner eigenen inneren

5. In diesem Zusammenhang ist aus der reformierten Tradition heraus von Karl Barth der Gedanke der göttlichen Gnadenwahl formuliert worden (Kirchliche Dogmatik II/1). Für sich genommen, ist dieser Gedanke jedoch nicht sonderlich einleuchtend, denn es verhält sich ja nicht so, dass Gott hier eine Wahl zwischen mehreren Möglichkeiten träfe – als würde ihm sein Wesen als Liebe auch das Verwerfen der Schöpfung erlauben. Freiheit und Notwendigkeit bilden in Gott keinen Widerspruch. Das ist auch gegenüber Moltmann festzuhalten, der meint: »Als freie Schöpfung kann die Welt keine notwendige Entäußerung Gottes sein …« (Die ersten Freigelassenen der Schöpfung. Versuche über die Freude an der Freiheit und das Wohlgefallen am Spiel, München 1976[5], 24).

Lebendigkeit«, die ja überdies gar keine »innere« ist, solange nichts außer ihm existiert[6]. Vielmehr ist sie integraler Bestandteil der Selbstverwirklichung Gottes, und zwar gerade als Nichtgöttliches!

So plant der Schöpfer extern Anderes, das er – da es im Uranfang nichts anderes gibt als ihn selbst – erst setzen, nämlich aus nichts schaffen muss. Würde er dieses zu Schaffende aus *sich* selbst heraus setzen, dann wäre es kein wirklich Anderes, sondern allenfalls so etwas wie ein Ableger, eine unmittelbare oder auch mittelbare Fortsetzung seiner selbst, seines Selbst. Um genau dieses religionsphilosophisch verbreitete Missverständnis zu vermeiden, ist unbedingt die altkirchlich festgehaltene Formel von der *creatio ex nihilo*, der Schöpfung aus dem Nichts angesagt[7].

2. Gott der Vater in Verantwortung

Auf die schmerzlichen Konsequenzen aus diesem Sachverhalt für die Schöpfung selbst wird noch weiter einzugehen sein. Hier sind aber zunächst die schmerzlichen Konsequenzen für Gott selbst zu bedenken. Indem er nämlich wirklich Anderes zu setzen plant, um an ihm seine Liebe zu realisieren, muss er dessen Anderssein wiederum mit seinem eigenen Gott-Sein liebevoll zu vermitteln trachten – ein Prozess, der ihn trinitarisch, aber mitnichten tritheistisch werden lässt[8]. Gewiss kommt er mit dem Setzen des Anderen über seine Selbstliebe hinaus, die ihm angesichts des gefassten Gedankens ans Andere als »egoistisch« erscheinen müsste[9]. Aber so sehr er das Anderssein seiner Weltschöpfung grundsätzlich bejaht um erfüllter Lie-

6. Vgl. Karl Barth: Dogmatik im Grundriß im Anschluß an das apostolische Glaubensbekenntnis, München 1947, 48 f.; ferner: Ders.: Kirchliche Dogmatik I/2, 177; II/2, 192; III/1, 416.
7. Vgl. Peter Brunner: Gott, das Nichts und die Kreatur. Eine dogmatische Erwägung zum christlichen Schöpfungsglauben, in: Ders.: PRO ECCLESIA. Gesammelte Aufsätze zur dogmatischen Theologie, Band 2, Fürth 1990², 31-49.
8. Vgl. Hans Hübner: Wer ist der biblische Gott? Fluch und Segen der monotheistischen Religionen, Neukirchen/Vluyn 2004.
9. Eberhard Busch ist zu widersprechen, wenn er meint: Gott muss die Schöpfung »nicht erschaffen, um nicht allein zu sein. Denn Gott ist in sich von Ewigkeit zu Ewigkeit die Liebe und also nicht allein« (Credo. Das Apostolische Glaubensbekenntnis, Göttingen 2003, 142). Gott ist vielmehr in sich trinitarisch strukturiert gerade im Blick auf die Weltschöpfung – und wäre sonst sehr wohl mit sich selbst allein!

be willen, so sehr schmerzt es ihn, dass dieses Andere als solches zunächst in einem heteronomen Verhältnis zu ihm stehen muss, um wirklich Anderes zu sein. Unumgänglich ist für ihn die Phase der Disharmonie im Verhältnis zur Welt, ohne dass er sich freilich dauerhaft mit ihr abfinden kann. Schaffen wird er die Welt mit dem Ziel, sie schlussendlich erlösend in seine Liebe zu integrieren, sie ganz und gar hineinfinden zu lassen in deren lebendige Dynamik. Doch diesem Zielzustand, in dem Gott »sein wird alles in allem« (1. Kor 15,28), muss der Zustand der Entfremdung vorausgehen. Sonst wäre die Welt von ihrem Herkommen her kein wirklich Anderes im Verhältnis zu Gott.

Das Leid, das sich daraus für die Schöpfung unvermeidlich ergibt, empfindet Gott nicht nur mit. Sondern er ist in seiner Liebe bereit und willens, sein Mitleid durch konkretes Mitleiden zum Ausdruck zu bringen, indem er selbst in seine Schöpfung eingeht, nämlich ein Teil von ihr wird – ohne indes aufzuhören, Gott zu sein. Einen größeren Liebesbeweis kann er in Ewigkeit nicht bringen, als mit dem von ihm nicht nur verschiedenen, sondern entfremdeten Sein »partiell« zu verschmelzen. Möglich ist das auf Grund der ihm immanenten Selbstunterscheidung: Der im »Vater« seiende »Sohn«, ursprünglicher Selbstgedanke in Gott, muss sich als eigene Größe ausbilden, damit Gott sein *eigenes* Sein transzendieren und mit allen Konsequenzen hinüber-, hinuntertreten kann ins Dasein der Welt.

Erst auf Grund dieses Willens zur Selbst-Ent-Äußerung wird also der »Sohn« zu einem wirklich anderen »Teil« innerhalb Gottes selbst: Er *ist* Gott selbst, von göttlicher Natur wie der Vater, und doch – im Vollzug der Liebe Gottes zu sich selbst im Sohn[10] dazu bestimmt, in nichtgöttliche Natur einzugehen. So führt die Gott immanente, »ideale« Selbstunterscheidung hin zu der in seinem Planen präsenten Unterscheidung von der zu setzenden Schöpfung – und im Blick darauf wiederum zu seiner »realen« Selbstdifferenzierung zwischen himmlischem Vater und himmlischem, zur Menschwerdung bereitem Sohn. Von daher ist bereits deutlich, warum allemal neben dem Vater auch der Sohn ins Evangelium gehört[11].

Wie der skizzierte innergöttliche Prozess sich ebenso stringent auf die Ausdifferenzierung der dritten »Person« der Trinität erstreckt, ist weiter unten zu zeigen[12]. Einstweilen bedarf der implizite Aspekt des Personhaften in der Rede von »Gott dem Vater« einer ersten näheren Beleuchtung[13]. Reli-

10. Vgl. Joh 17,24.
11. Gegen Adolf von Harnack: Das Wesen des Christentums, Leipzig 1900, 41.
12. S. u. Kap. XII.2.
13. Vgl. zu dieser wichtigen Frage z. B. Herbert Vorgrimler: Theologische Gotteslehre,

gionskritiker haben diesen Aspekt von jeher als »mythologisch« eingeordnet. Sollte der Gottesbegriff nicht, wenn man ihn als Hypothese überhaupt ernst nehmen will, von allem konsequent rein gehalten werden, was ihn dem Weltlichen annähert und damit dem Projektionsverdacht aussetzt?

Der Philosoph Johann Gottlieb Fichte hat 1798 im sogenannten Atheismusstreit der modernen Religionskritik aufgeholfen mit der These, Gott könne nicht widerspruchslos als Person gedacht werden, weil der Gedanke der Person den der Endlichkeit impliziere und dadurch mit dem Gottesprädikat der Unendlichkeit in Konflikt gerate. Gehöre es doch zum Wesen einer Person, eines Ichs, einer anderen, einem Du gegenüberzustehen, womit eine klare Begrenzung ausgesprochen sei. Eine Generation später hat Georg Wilhelm Friedrich Hegel dieser Überlegung einen korrigierten Personbegriff entgegengesetzt: Wenngleich einer »Person« als Subjekt tatsächlich Endlichkeit zukomme, sei es doch ihr Wesen, sich selbst zu transzendieren, ja sich in einer oder mehreren anderen Personen geradezu erst selbst wirklich zu finden. Dieses Argument ist schlüssig. Eine menschliche Person kann insofern in der Relation zu Gott sich gedanklich ins Unendliche übersteigen; vor allem aber kann Gott als »Person«[14] sich selbst, wenn er will, sogar seinsmäßig übersteigen auf seine Schöpfung hin – ein Gedanke, der ja den Sinn der christlichen Gotteslehre ausmacht. Wird im Blick auf solche geschehene, also geschichtsbezogene Selbsttranszendenz Gottes die Ausdifferenzierung der göttlichen Personen – wie ansatzweise dargelegt wurde und noch weiter darzulegen sein wird – einsichtig, so bereitet auch die Vorstellung des göttlichen Vaters in personhafter Weise keine grundsätzlichen Schwierigkeiten mehr.

Und doch lässt sich gegen eine solche Sichtweise nachhaltig einwenden, sie denke Gott nicht umfassend genug, insofern der Personbegriff in der Tat ein einschränkendes Element für Gottes Sein mit sich bringt. Der Religionsphilosoph und Theologe Paul Tillich definiert deshalb Gott ausdrücklich als das »Sein-selbst«, um dann von solchem Seins-Monismus her den »Gott

Düsseldorf 1993³, 124 ff.; Klaus Berger: Ist Gott Person? Ein Weg zum Verstehen des christlichen Gottesbildes, Gütersloh 2004.

14. Nach Lange ist »nicht im wirklichen Sinn von Gott als Person, sondern vom Gottesverhältnis als einem personalen« zu reden, »in dem sich Gott als Grund meiner Personalität erweist« (Glaubenslehre, Bd. 1, 344). Diese Definition scheint mir bei allem Tiefsinn zu kurz gegriffen. Gerade unter dem Aspekt der Selbstbegrenzung Gottes ist hingegen Bernhard Philberth zuzustimmen: »Gott ist Person – und das All ist auf Seine Person hin. Gott ist selbstbewußter Geist …« (Der Dreieine, Stein am Rhein 1976⁴, 95).

über dem Gott des Theismus«[15] zu proklamieren. Am theistischen Gottesverständnis kritisiert er, dass es »das Ich-Du-Verhältnis zu Gott« und »die geschichtliche Schau des Universums, die Idee eines göttlichen Zieles« impliziere[16]. Stattdessen spricht er sich konsequent für eine am Seinsbegriff orientierte »überpersönliche Mystik«[17] aus. Damit freilich begibt er sich der Dimension der *Liebes*-Mystik, die gerade auf dem Weg des Personalen die Grenzen zwischen Schöpfer und Schöpfung transzendiert – und so eine monistische Bestreitung oder zumindest ansatzweise Nivellierung dieser Grenzen gar nicht nötig hat. Wie soll das Ich eines glaubenden Menschen sich *gelingend* überschreiten, ohne sich ins Abstrakte zu verlieren, wenn es nicht ein göttliches Du kennengelernt hat, in dessen Arme es sich werfen, in dessen Antlitz es sich glaubend spiegeln kann?[18] Das Volk Israel und inmitten seiner der Jude Jesus haben Gott von jeher personhaft erfahren. Durch Jesu Leben, Sterben und Auferstehen aber ist diese Erfahrung entscheidend vertieft worden. Christlich-theologisch ist von daher zu sagen: Es geht am Ende um mehr als irgendein transzendentes Du von vielleicht sehr heteronomer Qualität. Auf das theonome Du der grenzenlosen Liebe kommt es an, die gerade auch das Ich des Gottlosen umschließt! In der Gestalt Jesu Christi hat sich nach Überzeugung der christlichen Kirche Gott für uns personal greifbar gemacht, indem er uns durch den anschaubaren Sohn in zuvor undenkbarer Weise als Vater, als »Abba« (Röm 8,15; Gal 4,6) erkennbar geworden ist. Sein Geheimnis besteht gerade in der unauslotbaren Tiefe seiner lebendigen Vaterliebe, hinter der keine etwa noch tiefere Majestät des »verborgenen Gottes« anzunehmen ist[19].

15. Vgl. insbes. das Schluss-Kapitel von Paul Tillich: Der Mut zum Sein (1953), Hamburg 1965. Andernorts versucht Tillich diese Formulierung vor pantheistisch-mystischem Missverstehen in Schutz zu nehmen: Sie gehöre dorthin, wo der »Gott der Kirchensprache« geschwunden sei und doch noch inmitten von Sinnlosigkeit Sinn bejaht werde (Systematische Theologie, Bd. 2, Stuttgart 1979[6], 18f.).
16. Tillich, Mut, 180f. Entsprechend vertritt er eine Zeit-Ewigkeits-Dialektik, die die Eschatologie im wesentlichen auf ihre präsentische Dimension reduziert (vgl. Thiede: Auferstehung, 171ff.).
17. Vgl. Martin Repp: Die Transzendierung des Theismus in der Religionsphilosophie Paul Tillichs, Frankfurt/Bern/New York 198, 213f. Siehe zur Kritik auch Heribert Mühlen: Die abendländische Seinsfrage als der Tod Gottes und der Anfang einer neuen Gotteserfahrung, Paderborn 1968; Lange: Glaubenslehre, 527.
18. Eugen Drewermann betont, die Angst der menschlichen Existenz lasse sich nur im Gegenüber der Person eines anderen beruhigen (Glauben in Freiheit oder Tiefenpsychologie und Dogmatik. Bd. 1: Dogma, Angst und Symbolismus, Solothurn/Düsseldorf 1993[2], 511).
19. Das muss gegenüber Martin Luthers Gotteslehre (vgl. z.B. Martin Seils: Glaube [HST

Was aber die Einschränkung betrifft, die Gott eingegangen ist, indem er sich selbst in Beziehung zu Anderem gesetzt und damit endgültig als *Person* bestimmt, ja begrenzt hat, so sollte sie im Rahmen *christlicher* Theologie nicht verwundern: Sie gehört zu den elementaren, gleichwohl zum Teil immer noch unentdeckten Geheimnissen der Christus-Wahrheit, zu den oft verkannten Selbstverständlichkeiten der Rede von Gott als »Liebe«. Wie anders sollte Gottes Selbsterschließung in Jesus Christus überhaupt möglich geworden sein, wenn nicht das Zentrum von Gottes Wesen »personal«, subjekthaft zu denken und wenn nicht Gottes Selbstbegrenzung in diesem Zusammenhang geradezu mit Notwendigkeit anzunehmen wäre?

Wiederum wäre insbesondere die christliche Grundlehre von den drei Personen in Gott absurd ohne das Implikat, dass alle drei sich zum einen gegenseitig begrenzen und zum andern unablässig in lebendiger Dynamik transzendieren. In der Person des Vaters aber kann im oben dargelegten Sinn Gott in seiner urtümlichen Einheit angesprochen werden[20], ohne dass damit die Dreiheit in seinem Wesen geleugnet würde – denn gerade auf Grund seiner immanenten Selbstunterscheidung ist Gott der Vater sich seiner selbst als solcher bewusst. Ohne die Annahme solch göttlichen Vater-Geistes gäbe es keine Chance für eine positive Antwort auf die Theodizeefrage: Nur er als gute, liebevolle Person ist auf seine Letztverantwortung hin ansprechbar, anfragbar.

3. Gott als Vater der Welt?

Die Rede von Gott als dem »Vater« könnte in unserer Zeit zweifellos hinsichtlich ihrer geschlechtlichen Färbung anstößig wirken: Steht sie nicht für eine heute unhaltbar gewordene patriarchalische Gesinnung? Längst hat die Feministische Theologie den Vatergott umfassend kritisiert und damit das Verdienst erworben, »vergessene Gottesbilder der Bibel«[21] wieder deutlicher

13], Gütersloh 1996, 52 f.) gesagt werden, die in dieser Hinsicht zu heteronom geblieben ist.

20. Missverständlich ist es, von der »trinitarisch strukturierten einen Person Gottes« (so Bernhardt: Handeln Gottes, 445) zu reden.
21. Vgl. z. B. Virginia R. Mollenkott: Gott eine Frau? Vergessene Gottesbilder der Bibel, München 1984; Leonardo Boff: Das mütterliche Antlitz Gottes, Düsseldorf 1985; Frederic Raurell: Der Mythos vom männlichen Gott, Freiburg i. Br. 1989.

in Erinnerung gerufen zu haben. Indes – es geht Feministischer Theologie um mehr als bloß darum, einseitige Charakterisierungen Gottes auszugleichen. Man darf nicht verkennen, dass sich mit ihrer Programmatik tendenziell das Postulat einer massiven Korrektur des religiös-weltanschaulichen und hermeneutischen Paradigmas verbindet[22].

Darum ist es eben keineswegs gleichgültig, welcher Symbolik der Gottesgedanke primär zugeordnet wird. Weibliche Symbole stehen – wie die Tiefenpsychologie bestätigt – unverkennbar für Zyklik und insofern in hohem Maße für Regression, männliche dagegen eher für Fortschreiten, für Progression. Eine krasse Alternative bilden sie freilich nicht; schon der Umstand, dass Gott den Menschen zu seinem Ebenbild in Gestalt von Mann *und* Frau geschaffen hat (Gen 1,26f.), sollte vor radikal einseitigen Sexualisierungen der Transzendenz-Symbolik bewahren. Feministische Theologie steht mit ihrem Kampf fürs »Feminin« in dieser Gefahr, weshalb Hans-Jürgen Fraas mit Recht warnt: »Wollte man die Weiblichkeit Gottes gegen seine Männlichkeit ausspielen (etwa in Umbenennungen wie ›Gott-Mutter, Jesa Christa und die Geistin‹ ...), so würde dieser Vorgang religionsgeschichtlich wie religionspsychologisch einen Rückfall an die Mutterbindung, die undifferenzierte Einheit mit der ›Mutter Natur‹ darstellen und damit auch Jungs Individuationstendenz widersprechen. Allerdings liegt in dieser Regression offensichtlich ein verbreitetes psychisches Bedürfnis ...«[23]

Insbesondere ist ein solches Bedürfnis bezeichnend für Krisenzeiten; Theologie und Kirche sollten ihm aber nicht leichtfertig nachgeben. Hat doch der christliche Gottesbegriff ungeachtet manch weiblicher Züge, wie sie im Begriff der göttlichen Liebe und Barmherzigkeit zweifellos mitschwingen, strukturell eine unaufgebbare Tendenz zur Nach-Vorne-Ausrichtung[24]. Das Progressive der Reich-Gottes-Hoffnung verlangt nicht zufällig nach einer eher »männlichen« Symbolik, ohne dass diese zu eng im sexuellen bzw. patriarchalischen Sinn verstanden werden darf. Feministische Theologie hat in dieser Hinsicht einigen Missverständnissen entgegengearbeitet und manchen soziokulturellen Missbrauch benannt. Ihre Kritik

22. Vgl. Fritjof Capra/David Steindl-Rast: Wendezeit im Christentum. Perspektiven für eine aufgeklärte Theologie, Bern/München/Wien 1991, 116; Elisabeth Schüssler Fiorenza: Jesus – Miriams Kind, Sophias Prophet. Kritische Anfragen feministischer Christologie, Gütersloh 1997, 97ff.
23. Hans-Jürgen Fraas: Die Religiosität des Menschen. Religionspsychologie, Göttingen 1990, 128.
24. Vgl. Wolfhart Pannenberg: Das Glaubensbekenntnis, ausgelegt und verantwortet vor den Fragen der Gegenwart, Gütersloh 1972, 40.

am »Vatergott« trägt aber streckenweise ideologische Züge und bedarf ihrerseits theologischer Gegenkritik, wo es um die Grundsubstanz christlicher Gotteslehre geht.

Angebracht ist zudem der Hinweis, dass eine forcierte »Mutter«-Anrede Gottes sowohl die religionskritische Projektionsthese begünstigen[25] als auch abwegigen Vorstellungen in Richtung einer natürlichen Verwandtschaft zwischen Gott und Mensch Vorschub leisten würde[26]. Indem etwa das Apostolische Glaubensbekenntnis von dem »eingebornen Sohn« spricht, erblickt es im »Vater« keineswegs einseitig den zeugend »Männlichen«, sondern weist ihm in aller symbolischen Freiheit auch die weibliche Eigenschaft des Gebärens zu. Dieser Umstand beweist, dass die Rede von Gott dem Vater mitnichten in geschlechtlich verengendem Sinn gemeint[27] ist. Dementsprechend darf sie auch nicht kurzschlüssig von irgendwelchen individuellen Vater-Beispielen her gedeutet werden[28]; mit Viktor E. Frankl gesprochen: »In Wirklichkeit ist nicht Gott eine Vater-Imago, sondern der Vater eine Imago Gottes.«[29]

Christlicher Glaube erkennt Gott als den »Vater«, der die Welt nicht mütterlich geboren[30], sondern als echtes Gegenüber, als wirklich Anderes gesetzt hat, um sie in mütterlicher Weisheit und Hingabe auf ihrem Entfremdungsweg zu begleiten. In diesem »Vater« ist wie in Christus (Gal 3,28) »weder Mann noch Frau«: »Es kommt die Zeit und ist schon jetzt, in der die wahren Anbeter den Vater anbeten werden im Geist und in der Wahrheit … Gott ist Geist« (Joh 4,23 f.). Für »Geist« aber steht im griechischen Original der Neutrum-Begriff *pneuma*. So wenig man aus dem deutschen Begriff des Geistes dessen Männlichkeit ableiten wird, so absurd ist überhaupt der Versuch, ihm als solchen irgendein Geschlecht fix zuordnen zu wollen. Deshalb darf man auch nicht viel darauf geben, dass das hebräische Wort für »Geist« weiblich ist. Aus diesem alttestamentlichen Befund etwa die »Weiblichkeit

25. Pannenberg: Systematische Theologie, Bd. 1, 285 f.
26. So Busch: Credo, 119.
27. Vgl. zu der hier nicht weiter zu vertiefenden Problematik Notger Slenczka: Feministische Theologie. Darstellung und Kritik, in: ThR 58 (1993), 396-436; Christine Axt-Picalar: Trinitarische Entzauberung des patriarchalischen Vatergottes, in: ZThK 91 (1994), 476-486; J. Christine Janowski: Feministische Theologie – ein Synkretismusphänomen? Versuch einer systematisch-theologischen Klärung, in: V. Drehsen/W. Sparn (Hg.): Im Schmelztiegel der Religionen, Gütersloh 1996, 143-192.
28. Gegen Tilmann Moser: Gottesvergiftung, Frankfurt/M. 1976.
29. Frankl: Gott, 52 f.
30. Das unterstreicht Dietrich Korsch: Dogmatik im Grundriß. Eine Einführung in die christliche Deutung menschlichen Lebens mit Gott, Tübingen 2000, 134.

des Heiligen Geistes«[31] ableiten zu wollen, zeugt von ideologischer Herangehensweise an die Gottesfrage, die dafür denn doch zu ernst genommen werden sollte.

In der Sache gestattet die Rede von Gott als dem »Vater« grundsätzlich panentheistische Vorstellungen, wonach die Welt seinsmäßig als »in Gott« bestehend gedacht wird – wieder eine im Kern freilich stark »feminine« Vorstellung! Gerade im Horizont eines stark durch die moderne Naturwissenschaft geprägten Weltverständnisses hat die neuere Theologie, sofern sie sich nicht neukantianisch mit dem Insistieren auf der im Glauben zu gewinnenden »Weltlichkeit der Welt« (Friedrich Gogarten) begnügt hat, verstärkt einem solchen Panentheismus gehuldigt. Für Tillich etwa, der sich schon frühzeitig anti-dualistisch ausgesprochen hatte und unter Gott das »Seinselbst« als das Überpersönlich-Eine versteht, bedeutet die Vielheit der Welt zwar Entfremdung vom Göttlichen; doch ereignen sich seiner Sichtweise nach Schöpfung, Versöhnung und Vollendung im Sein permanent[32]. Solcher Monismus verstärkt sich noch, wo die immanente und die ökonomische, auf den Weltprozess bezogene Trinität völlig gleichgesetzt werden[33]. Die Welt mit all ihrem Schmerz und Leid gehört dann gewissermaßen naturgemäß zu Gott; der Hinweis auf Jesu Kreuz soll derartige panentheistische Entwürfe »kreuzestheologisch« legitimieren. Doch deren Grundproblem besteht in der Tendenz zur monistischen Nivellierung der Unterscheidung von Gott und Welt: Das »Vatersein« Gottes macht hier die Welt zum Sohn Gottes; das Kreuz Jesu Christi wird – theologisch nicht mehr einleuchtend – zu einem Teil des »Spiels Gottes«[34]. Noch naiver wird die Differenz von Gott und Schöpfung dort minimiert, wo die Welt als »Gottes Leib«[35] bzw. als »Epiphanie Gottes«[36] gesehen oder in pantheisti-

31. Vgl. Elisabeth Moltmann-Wendel (Hg.): Die Weiblichkeit des Heiligen Geistes. Studien zur Feministischen Theologie, Gütersloh 1995.
32. Vgl. Tillich: Systematische Theologie, Bd. III, 476.
33. Vgl. Karl Rahner: Grundkurs des Glaubens. Einführung in den Begriff des Christentums, Freiburg i. Br. 1984², 141 ff.; Eberhard Jüngel: Das Verhältnis von ›ökonomischer‹ und ›immanenter‹ Trinität [1975], in: Ders.: ENTSPRECHUNGEN: Gott – Wahrheit – Mensch. Theologische Erörterungen, München 1980, 265-275.
34. Vgl. Hugo Rahner: »Was sich vordergründig als Geschick, als Leid oder christlich als Teilnahme an der scheinbar sinnlosen Kreuzvernichtung darstellt, ist für den durch alle Hüllen blickenden Mystiker das wundersam erdachte Spiel einer ewigen Liebe, so vielfältig und sorgsam erdacht, wie es nur die Liebe kann« (Der spielende Mensch, Einsiedeln 1952, 52); anders Moltmann: Die ersten Freigelassenen, 35.
35. Z. B. bei Sallie McFague: Die Welt als Gottes Leib, in: Concilium 38, 2002, 154-160.
36. Willigis Jäger: Die Welle ist das Meer. Mystische Spiritualität, Freiburg i. Br. 2000, 48 f. Es geht Jäger um eine »Einheit ohne Gegenüber« (51).

scher Färbung von der göttlichen »Weltseele«[37] geredet wird. Was aber ist das berechtigte Anliegen solch monistischer Theologien? Es besteht genau darin, einer gottlos erscheinenden Welt Gottes Nähe zuzusprechen. Es handelt sich um indirekte Theodizee-Versuche. Doch sie laufen in der Tendenz oft ungewollt auf Kosmodizeen hinaus, indem sie die Welt als »göttlich« bzw. als unmittelbar vereinbar mit Gottes Sein deuten. Das pflegt dann nicht wirklich auf dem Wege einer *theologia crucis*, sondern mittels einer *theologia gloriae* zu geschehen; das heißt: Nicht vornehmlich vom Kreuz Jesu her wird auf Gottes Wesen und Willen geschlossen, sondern von der Welt und ihren Strukturen her.

Einen etwas anderen Denkweg schlägt demgegenüber die aus den USA kommende »Prozesstheologie« ein: Sie macht Ernst mit der Veränderlichkeit, ja Geschichtlichkeit, zu der Gott sich selber als Schöpfer, Versöhner und Erlöser der Welt herabgelassen hat[38]. Im Anschluss an Alfred North Whitehead und seinen »dipolaren Theismus« tun sich hier Möglichkeiten einer kreuzestheologisch orientierten »Weltfrömmigkeit« auf. Doch in Whiteheads Ablehnung der *creatio ex nihilo* zeigt sich, dass auch in diesem Denken eine Variante panentheistischer Weltdeutung begegnet. Weiterentwicklungen prozesstheologischer Konzepte müssten die »Zweipoligkeit« Gottes, der sich prozesshaft auf Welt einlässt, verstärkt von einem trinitarischen Ansatz her durchreflektieren: Dabei wäre weder die Einheit von immanenter und ökonomischer Trinität noch ihre Trennung, sondern ihre Verschränkung in Gottes wesenhaftem, freiem Aussein auf Welt so darzulegen, dass der Pol der göttlichen Allmacht den Pol der Ohnmacht umgreift. Nur dann wäre das Telos, der Letztsinn von Welt gewährleistet. Denn wie sagt Paul Schütz treffend: »Die Geburt der Welt steht erst noch bevor.«[39]

Erst unter diesem Aspekt macht es insgesamt Sinn, von Gott dem »Vater« im Kontext des Theodizeeproblems zu reden. Erst dann nämlich ist der Schöpfer glaubhaft als »Vater der Verlorenen«, wie Hans Küng erklärt: »Dieser selber ist die Antwort auf die Frage nach der Theodizee, nach den Lebensrätseln, dem Leid, der Ungerechtigkeit, dem Tod in der Welt. Als Vater der Verlorenen nun nicht mehr ein Gott in transzendenter Ferne, sondern ein Gott dem Menschen nahe in unbegreiflicher Güte, ihm großzügig und großmütig durch die Geschichte nachgehend, auch in der Dunkelheit, Ver-

37. Vgl. Geiko Müller-Fahrenholz: Erwecke die Welt! Gütersloh 1993, bes. Teil 1.
38. Vgl. Michael Welker: Universalität Gottes und Relativität der Welt, Neukirchen/Vluyn 1988².
39. Paul Schütz: Das Mysterium der Geschichte, Hamburg 1963, 543.

geblichkeit und Sinnlosigkeit zum Wagnis der Hoffnung einladend, auch in der Gottesferne ihn barmherzig auffangend.«[40] Gleichwohl stellt sich gerade von daher die Frage, wie die beiden Pole von Macht und Ohnmacht in Gott dem Vater stringent zusammengedacht werden können. Muss nicht am Ende theologisch deutlich von der Selbstentäußerung Gottes des Vaters geredet werden?

40. Hans Küng: Christsein, 529.

VI. Gottes Allmacht – glaubwürdig trotz seiner Selbstentäußerung

Warum lässt der allmächtige Vatergott eine Welt zu, deren Zustand gerade nicht von der Allmacht des Guten zeugt[1]? Gibt es auf diese Frage keine überzeugende Antwort, dann ist der christliche Glaube an Gott den Allmächtigen wenig glaubwürdig. Laut Friedrich Nietzsche hat sich der »Gott der Liebe« angesichts »der wirklichen Beschaffenheit der Welt als *Gott der höchsten Kurzsichtigkeit, Teufelei* und *Ohnmacht* erwiesen: woraus sich ergiebt, wie viel Werth seine Conzeption hat.«[2] Hätte die Wirklichkeit der Welt »eine Qualität der Vollkommenheit«, so Nietzsche, dann und nur dann wäre das »der ontologische Beweis Gottes«. Wie aber soll man unter den gegebenen Umständen intellektuell redlich an den Gott der Liebe glauben können?

Der amerikanische Rabbiner Harold Kushner hat sich angesichts dieses Dilemmas dafür entschieden, den Gedanken an Gottes Allmacht aufzugeben. Auf die einzige Frage, »die wirkliches Gewicht hat: Warum widerfährt guten Menschen Böses?«, antwortet er mit der Überlegung: »Gott möchte, dass die Gerechten ein friedvolles, glückliches Leben haben, aber manchmal bringt das selbst Er nicht zuwege. Selbst für Gott ist es zu schwierig, Chaos und Grausamkeit von unschuldigen Opfern fernzuhalten.«[3] Kushner opfert also den Glauben an Gott den Allmächtigen, um weiter auf Gottes Liebe und Gerechtigkeitswillen vertrauen zu können.

Logisch ist das freilich nicht: Die Theodizeefrage lässt sich keinesfalls dadurch lösen, dass man die Allmachtsthematik von der Frage nach dem Wesen Gottes abkoppelt. Der Glaube an Gottes Allmacht darf nicht isoliert werden von dem biblischen Satz »Gott ist Liebe«[4]. Es hilft auch wenig wei-

1. Vgl. den provokanten Beitrag von Volker Schoßwald: Kein »allmächtiger Vater«, in: Korrespondenzblatt (hg. vom Pfarrer- und Pfarrerinnenverein in der Evang.-Luth. Kirche in Bayern) 108 (1993), 97-102.
2. KSA 13/59 (Hervorhebung F. N.). Vgl. auch 551. Nächstes Zitat: 355.
3. Harold Kushner: Wenn guten Menschen Böses widerfährt. Aus dem Amerikanischen von Ulla Galm-Frieboes (1983), Gütersloh 1986, 15 und 51.
4. Wie die Botschaft vom Gott der Liebe hinter dem der Allmacht verschwand, rekonstruiert psychologisch Horst-Eberhard Richter: Der Gotteskomplex. Die Geburt und

ter, das Thema der göttlichen Allmacht[5] oder das Bekenntnis zum Gott der Liebe oder aber beides womöglich exegetisch dadurch zu relativieren, dass man sie als vergleichsweise späte Bildungen im Alten bzw. Neuen Testament darstellt. Für das Credo aller christlichen Kirchen stehen sie im Zentrum, und dem hat sich die Theologie zu stellen.

Das heißt freilich keineswegs, dass sie nicht aus den entsprechenden Hinweisen der Exegeten zu lernen hätte. Und hier tun sich nun in der Tat zum Teil überraschende, der Tradition nicht immer konforme Einsichten auf. So macht etwa Günther Klein – wie in der Einführung bereits dargelegt – deutlich, dass »die Urchristenheit das Weltregiment ihres Gottes« lediglich als partikular und vorläufig erfahrbares, freilich die Zukunft der vollendeten Schöpfung vorwegnehmendes Geschehen verstanden hat: Nirgendwo im Neuen Testament werde »die Geschichte transparent für ein herrscherliches Weltwalten Gottes.« Und Reinhard Feldmeier unterstreicht, im Blick auf die Macht Gottes gelte neutestamentlich: »*Die Hingabe und Ohnmacht des Gekreuzigten muß als entscheidendes Moment von Gottes Herrschaft verstanden werden.* Dies ist aber nur möglich, wenn man den Gedanken der Macht durch den der Liebe interpretiert. Nur die Liebe vermag so Macht auszuüben, dass dadurch andere nicht ent-mächtigt, sondern zum eigenen Personsein er-mächtigt werden.«[6] Damit deutet sich an, dass es theologisch legitim ist, die Frage nach der Verbindung von Allmacht und Liebe in Gott selbst nicht nur zu stellen, sondern sie auch vom Zentrum des Neuen Testaments her zu beantworten – nämlich von der Erfahrung der »Ohnmacht des Gekreuzigten« her, die als »entscheidendes Moment« der Herrschaft, also der Allmacht Gottes zu gelten hat. Und damit zeichnet sich ab, dass es theologisch sinnvoll, ja im Grunde naheliegend ist, die Rede von der »Selbstentäußerung« nicht nur wie gewohnt auf den Sohn zu beziehen (Phil 2,6-8), sondern auch auf den Vater. Denn mit dem Sohn ist auch der Vater vom Schmerz der Ohnmacht betroffen, wenn denn Sohn und Vater trinitarisch zusammengehören; und diese Betroffenheit bedeutet ihrerseits ein Stück Schmerz und Selbstentäußerung auf Seiten des Vaters.

die Krise des Glaubens an die Allmacht des Menschen, Reinbek 1979; vgl. ders.: Abschied vom Allmachtswahn, in: Publik-Forum 25 (1996), 6-9.

5. Vgl. Reinhard Feldmeier: Nicht Übermacht noch Impotenz. Zum biblischen Ursprung des Allmachtsbekenntnisses, in: W. H. Ritter/R. Feldmeier/W. Schoberth/G. Altner: Der Allmächtige. Annäherungen an ein umstrittenes Gottesprädikat, Göttingen 1997, 13-42. Feldmeier unterstreicht, dass »das Allmachtsprädikat in der Bibel eher am Rande« vorkomme (36).
6. Feldmeier: Übermacht, 39 (kursiv im Original).

1. Satan, der »Gott dieser Welt« – eine Antwort auf die Theodizeefrage?

Allmachtsphantasien sind ein psychologisch bekanntes Phänomen: Sie gehören zum Primär-Narzissmus des Kleinkindes und kehren im späteren Leben mitunter gerade dann wieder, wenn es um die Kompensation von schmerzlichen Ohnmachtsgefühlen geht. So sehr Phantasien im progressiven Sinn heilsam sein können, so deutlich ist bei nüchterner Betrachtung, dass Allmachtsphantasien wegen ihres Realitätsmangels kaum anders denn als regressiv, gewissermaßen als »psychisch reaktionär« eingestuft werden dürfen. Namentlich im Kontext von Sektierertum pflegen sie aufzutauchen[7].

Und doch haben sie im Zusammenhang des christlichen Glaubens einen legitimen Ort – sogar in mehrfacher Hinsicht. Das Prädikat des »Allmächtigen« wird zwar in der Heiligen Schrift allein Gott zugeschrieben – vor allem an einigen Stellen des Alten Testaments (Hiob 34,17; apokryph: Sirach 1,7; 2. Makk 1,25). Doch das Neue Testament sieht als Inhaber göttlicher Macht zum einen auch den Satan, nämlich den »Gott dieser Welt« (2. Kor 4,4; Luk 4,6), zum andern den Christus als dessen gegenwärtigen und eschatologischen Überwinder (1. Kor 15,24; Eph 1,21) – und schließlich sogar die Christen, die an Jesu Sieg »über alle Gewalt des Feindes« partizipieren dürfen (Luk 10,19). In der Verbundenheit mit dem Auferstandenen haben sie antizipatorisch Anteil am Sieg über den Tod und damit über die letzte Macht, die dem vollendeten Gottesreich entgegensteht. Der Glaube an Christus verbindet sie nach neutestamentlicher Überzeugung überhaupt mit dem allmächtigen Gott: Dessen »Kraft, die in uns wirkt« (Eph 3,20), ermächtigt insofern sehr wohl zu gewissen Allmachtsphantasien, so sie sich als Ausdruck liebenden Einsseins mit dem Allmächtigen selbst (Joh 17,21) verstehen und damit eben nicht schlechthin irreal sind. »Alle Dinge sind möglich dem, der da glaubt«, versichert Jesus (Mk 9,23). Fromme Allmachtsphantasien lassen sich insofern keineswegs pauschal als Symptome

7. Das wahre Selbst sei allmächtig, lehrt z. B. der Theosoph Hermann Rudolph: Theosophie. Gesammelte theosophische Vorträge, Bd. 1, Leipzig 1920[4], 167. Dem korrespondiert Rudolphs Behauptung, jeder Mensch sei ein Gott bzw. ein gefallener Engel (57) – und zwar einer, der seine Einheit (!) mit dem »Weltgeist« wiederzufinden habe (149). Vgl. ferner meine Ausführungen zum geistigen Vater von Scientology, L. Ron Hubbard, in: Scientology – Religion oder Geistesmagie? Neukirchen/Vluyn 1995[2], 42 ff.

eines regressiv betonten Narzissmus abtun; vielmehr kann sich ihnen durchaus die Wirklichkeit des göttlichen Geistes im Menschen spiegeln. Der Jesuit Ladislaus Boros hat einmal unterstrichen: »Bis heute war es das Christentum, das den ›träumenden Menschen‹ am vollsten ernst genommen hat … Es ist die Hoffnung, in der Gott die Sehnsucht des Menschen derart übertrumpft, dass die wildesten und vermessensten Träume der Menschheit als Kleinglaube und fast tierische Stumpfheit erscheinen. Schon von diesem Gesichtspunkt her gesehen wäre das Christentum die Religion, die der inneren Seinskonstitution des Menschen am meisten entspricht.«[8]

Begrenzt, ja eingeklammert werden christlich inspirierte Allmachtsphantasien allerdings durch das Bewusstsein, dass der Allmächtige selbst seine Allmacht offenkundig eingegrenzt hat, wie das nicht nur der nüchterne Verstand, sondern bei näherem Hinsehen eben auch das Neue Testament lehrt. Das Mysterium der Allmacht[9] erschließt sich nur unter Berücksichtigung des Umstands, dass Gott seine königliche Macht erst im Zuge der Vollendung seiner Schöpfung, also am Ende der Weltgeschichte in Fülle ausüben wird. Er ist demnach nicht jetzt schon, nicht in unserer irdischen Zeit die »alles bestimmende Wirklichkeit«[10]. Die biblische Rede von gegengöttlichen Kräften, denen Christus und die Christen bis dahin in Vollmacht entgegentreten können, sollen und dürfen, impliziert unverkennbar, dass der Schöpfer in seiner Allmacht anderen Mächten Raum gewährt hat – keineswegs unbegrenzt, aber doch bis ans Ende der irdischen Zeit.

In solch widergöttlichen Mächten erblicken manche Theodizeen die Lösung des Problems: Sie finden in der Existenz des Teufels die Begründung für alles Übel. Die Herkunft jenes bösen Engels und seiner Dämonen wird traditionell mit dem so genannten Engelsturz erklärt: »Er spielte im Denken des Alten Testamentes keine große Rolle, und erst ab dem 5. Jahrhundert vor Christus wurde die Vorstellung eines Satans als einer bösen Macht zu-

8. Ladislaus Boros: Der anwesende Gott. Wege zu einer existentiellen Begegnung, Olten/Freiburg i. Br. 1964, 160.
9. Vgl. Jan Bauke-Ruegg: Die Allmacht Gottes. Systematisch-theologische Erwägungen zwischen Metaphysik, Postmoderne und Poesie, Berlin/New York 1998.
10. Gegen W. Pannenberg: Systematische Theologie Bd. 1, Göttingen 1988, 175; Walter Simonis: Glaube und Dogma der Kirche: Lobpreis seiner Herrlichkeit (Eph 1,14). Leitfaden der katholischen Dogmatik nach dem Zweiten Vatikanum, St. Ottilien 1995, 418. Dietrich Korsch definiert Allmacht als »die Macht, die tatsächlich alles wirkt. Das Sein und das Nichts, das Leben und den Tod, das Gute und das Böse. … Nichts ist außer Gott, Gott ist und wirkt alles …« (Dogmatik, 133 f.). Solche Allmachtsvorstellung wäre allenfalls in eschatologischer (antizipierender) Perspektive gerechtfertigt.

nehmend ernst genommen. Was die Idee vom Engelsturz jedoch zum Ausdruck bringt, ist die Überzeugung, dass Gott nur Gutes schuf und dieses Gute durch die Auflehnung wider Gott seinen Zustand der Vollkommenheit einbüßte.«[11] Peter Vardy zählt zu den zeitgenössischen Theologen, die diese althergebrachte Theorie als Antwort auf das Theodizeeproblem immer noch vertreten.

Wer so argumentiert, muss dann freilich erklären, wieso Gottes das »satanische« Übel als solches zugelassen hat, auch wenn er es nicht selbst »geschaffen« hat. In der Tat bleibt diese Frage allemal offen. Sie wird in der Theorie vom Engelsturz unter Hinweis auf die Freiheit der Engel beantwortet, die als eigentlich gute Gabe Gottes missbraucht worden sei. Doch diese Theorie hat einen entscheidenden Fehler: Sie erblickt das »Andere« Gottes, nämlich die Geschöpfe als wirklich Anderes im lebendigen Gegenüber zu Gott in Mächten im *Himmel*, also innerhalb des Herrschaftsbereichs Gottes selbst und nicht im Bereich der irdischen Schöpfung. Damit aber wird automatisch unterstellt, dass der oberste und klügste aller Engel unmittelbare und höchste Einsicht im Blick auf den Herrscher des Himmels hatte. Der überkommene Mythos ist nicht einleuchtend, dass »Lucifer« in seiner brillanten Intelligenz den Aufstand gegen den guten, allmächtigen und allwissenden Gott gewagt haben soll. Es ist wiederum nicht einleuchtend, dass der Allmächtige und Allwissende diesen Aufstand nicht kraft seiner Allmacht sofort niedergeschlagen haben soll. Nein, so gelingt Theodizee keinesfalls.

Vielmehr muss schlüssig erklärt werden, warum Gott in seiner Allmacht wirklich Anderes jenseits seiner selbst und seines Herrschaftsbereichs, also geschöpfliche Freiheit und damit auch moralisch Böses[12] zugelassen hat. Darauf ist bereits ansatzweise im vorigen Kapitel geantwortet worden. Die Frage spitzt sich hier aber noch einmal zu im Blick auf das Verhältnis von Allmacht und Ohnmacht in Gott selbst.

11. Peter Vardy: Das Rätsel von Übel und Leid. Aus dem Englischen übersetzt von Clemens Wilhelm, bearbeitet von Perry Schmidt-Leukel, München 1998, 159. Siehe auch Pannenberg: Systematische Theologie, Bd. 2, 192 f.

12. »Dabei ist das Böse nicht nur für die Geschöpfe, sondern auch für Gott selber sehr real und kostspielig genug: Das zeigt der Kreuzestod seines Sohnes« (Pannenberg: Systematische Theologie Bd. 2, 196).

2. Gottes Macht zur Ohnmacht

Gott der Vater wird schon im Apostolischen Glaubensbekenntnis als der Allherrscher, im griechischen Urtext: als »*Pantokrator*« bezeichnet. Durch die lateinische Übersetzung mit dem substantivierten Adjektiv *omnipotens* wurde daraus der Begriff des »Allmächtigen«, bei dem der Akzent nicht ganz so stark auf dem Herrschaftsvollzug, sondern mit auf dem Aspekt des Alles-Könnens liegt. Die anderen beiden Personen der Trinität werden mit dem Begriff der Allherrschaft bzw. der Allmacht nur in abgeleiteter bzw. angedeuteter Weise in Verbindung gebracht. Das hat seine guten Gründe: Der Sohn und der Geist dienen der Allmacht des Vaters, indem sie sich selbst solcher göttlichen Allmacht begeben[13].

Hier tut sich ein Mysterium auf, durch das sich erklärt, warum im dreieinigen Gott beides zu finden ist: Allmacht und Ohnmacht, Herrlichkeit und Schmerz, Kreuz und Auferstehung. Wer nur einer binären Logik folgt, für die sich beides gegenseitig ausschließt, der muss entweder wie Hiob in heteronomem Stil an einen ihm schlechterdings unbegreiflichen Gott glauben[14] – oder dahin kommen, wohin der Teufel Hiob hat bringen wollen: zur Gottesleugnung. Wer Gott hingegen konsequent trinitarisch denkt, dem gehen tiefste Zusammenhänge auf. Das Kreuz erschließt dem Glauben theonome Einblicke: Die Rechtfertigung des Menschen durch Gott im Namen Jesu Christi eröffnet spiegelbildlich die Möglichkeit, Gottes Rechtfertigung vor der Anklage oder Klage des leidenden Menschen sinnvoll zu denken[15]. Gott rechtfertigt den Gottlosen, weil er in der Tat dieser Gottlosigkeit selbst Raum gegeben hat – um seine Liebe auch an wirklich Anderem real und so universal werden zu lassen.

In dieser Hinsicht hat der bereits erwähnte christliche Philosoph Gott-

13. Gott der Vater bleibt in seiner Allmacht, Herrlichkeit und Heiligkeit im Himmel, während er den Sohn und den Geist zur bzw. in die entfremdete Welt sendet. Der trinitarische Selbstvollzug Gottes hat seinen Sinn eben darin, dass sich die göttliche Wirklichkeit auf Anderes bezieht, um dieses trotz der durchaus gewollten Andersheit letztendlich ins eigene Sein theonom einzubeziehen. Das aber bedeutet für den Vater selbst eine zumindest indirekte Selbstbegrenzung, insofern ihn die vorläufige Nichtintegrität der Schöpfung nicht »kalt« lässt und eben zur »Fort«-Sendung seines Sohnes und seines Geistes veranlasst. Für den Sohn und den Geist aber bedeutet es *direkte* Selbstentäußerung (s. u.).
14. Vgl. Hans-Peter Müller: Theodizee? Anschlußerörterungen zum Buch Hiob, in: ZThK 89 (1992), 249-279.
15. Vgl. Hans Küng: Gott und das Leid, Einsiedeln 1967, 69.

fried Wilhelm Leibniz in seinem Theodizee-Essay eine wegweisende Unterscheidung entwickelt. Er hat nämlich nicht nur zwischen natürlichem und moralischem Übel differenziert, sondern noch eine dritte Kategorie eingeführt: die des metaphysischen Übels[16]. Die Differenz zwischen moralischem, also von Menschen geistig zu verantwortendem Übel einerseits und natürlichem Übel, etwa Naturkatastrophen und dergleichen andererseits ist unmittelbar evident – und wird doch bis heute in so manchen Abhandlungen zur Theodizeefrage noch nicht einmal angemessen berücksichtigt. Gerade dort, wo physische Übel Leid verursachen und dem Menschen als moralischem Versager daran keine unmittelbare Schuld zugeschrieben werden kann, stellt sich ja die Frage nach der Gerechtigkeit Gottes verschärft. Christliche Theologie hat im Anschluss an Paulus oft dazu tendiert, das moralische Versagen Adams und Evas als Ursache der nichtparadiesischen Zustände dieser Welt auszugeben. Diese Erklärungsmöglichkeit entfällt allerdings, seit die naturwissenschaftliche Evolutionstheorie die Annahme eines Urpaares der Menschheit hat obsolet werden lassen. Und seither ist die Theologie in Sachen Theodizee – wie schon gesagt – weithin ratlos geworden. Dabei hat sie aber außer Acht gelassen, dass laut Leibniz auch noch an jenes *malum metaphysicum* zu denken und hier der entscheidende Lösungsansatz zu finden ist.

Das »metaphysische Übel« erklärt Leibniz so: »Denn man muß beachten, dass es schon vor der Sünde eine *ursprüngliche Unvollkommenheit im Geschöpf* gibt, weil das Geschöpf seinem Wesen nach beschränkt ist …« Das *malum metaphysicum* besteht folglich »in der bloßen Unvollkommenheit«[17], nämlich im Faktum der Geschöpflichkeit als solcher. Begründet sich diese doch in der Unterschiedenheit von Gott als dem schlechthin Vollkommenen! Es geht beim *malum metaphysicum* also nicht um die Begründung einer ontologischen Notwendigkeit des Bösen für die Existenz des Guten, sondern allein um die Differenz von Schöpfer und Schöpfung.

Leibniz ist von der christlichen Schöpfungstheologie her unbedingt zuzustimmen: Die Welt als das von Gott außerhalb seiner selbst als echt An-

16. Vgl. Leibniz: Theodicee, 365. Dazu Christoph Schulte: Malum metaphysicum, malum morale, malum physicum. Zur Analytik der Übel im Anschluß an Leibniz, in: K. P. Liessmann (Hg.): Faszination des Bösen. Über die Abgründe des Menschlichen, Wien 1997, 133-155; Ingolf U. Dalferth: Übel als Schatten der Kontingenz. Vom Umgang der Vernunft mit Widervernünftigem und Übervernünftigem, in: Ders./Ph. Stoellger (Hg.): Vernunft, Kontingenz und Gott. Konstellationen eines offenen Problems, Religion in philosophy and theology 1, Tübingen 2000, 117-170, bes. 164 ff.
17. Leibniz: Theodicee, 364.

deres Gesetzte kann als solches Andere wesenhaft nicht auf Anhieb göttlich-vollkommen sein[18]. Es sei denn, man wollte es entsprechend den Hauptgedanken des deutschen Idealismus als dialektische Selbstäußerung Gottes interpretieren, der sich *selbst* als Anderes setzt – doch das entspräche dann nicht mehr ernsthaft dem christlich-theologischen Satz von der »Schöpfung aus nichts«, sondern eher einer *creatio ex deo*[19].

Indes – bliebe es dabei, hätte man zwar eine umgreifende Erklärung für die Übel der Welt, aber noch keine Erlösungsperspektive[20]. Und die sollte nicht nur um des leidenden Menschen willen zu suchen und zu denken sein, sondern um Gottes selbst willen. Indem Leibniz den eschatologischen Ausblick weitestgehend abblendete[21], entging ihm auch die Möglichkeit, ja Notwendigkeit, die Versöhnung Gottes mit dem Anderen, dessen ausstehende Integration in die Gottesherrschaft in den Blick zu bekommen[22]. Der Gedanke des »metaphysischen Übels« muss theologisch stringent weitergedacht werden in Richtung der »metaphysischen« Befreiung vom Übel, wie sie ja die christliche Tradition von Alters her impliziert. Wolfgang Trillhaas hat Recht: Es gibt »keine Theodizee ohne Eschatologie«[23].

18. »Zunächst bedarf es einer Schöpfung, der Gott Raum lässt, sich selbst zu entwickeln [...]. Gott ist im Prozeß der Evolution gegenwärtig nicht als der, der alles bestimmt – denn eine sich entfaltende Schöpfung ist eine solche, der Gott erlaubt hat, sich zu bestimmten Graden durch das Ausprobieren ihrer Möglichkeiten selbst zu entwickeln –, sondern als Quelle ihrer Fruchtbarkeit und als Führer, der das Universum dazu anleitet, diese Fruchtbarkeit zu entfalten.« (Polkinghorne: Theologie, 156 und 111).
19. Der steht z. B. Paul Tillich nahe; vgl. Marc Dumas: Die theologische Deutung der Erfahrung des Nichts im deutschen Werk Paul Tillichs (1919-1930), Frankfurt/M. u. a. 1993. Zu unterscheiden ist von einer solchen substanzorientierten Theorie die motivationsorientierte Rede von der »Schöpfung aus Liebe« (Moltmann: Schöpfung, 89).
20. Das ist auch einzuwenden gegenüber Hermanni, der sich in seiner Habilitationsschrift (2002) weitgehend Leibniz anschließt (Theodizee, 21 und 269 ff.) – wie denn auch Lange meint, Leibnizens Theodizee sei nach wie vor die »intellektuell befriedigendste Lösung des Problems ..., die es gibt« (Glaubenslehre, 409).
21. Nur ganz am Rand klingt in seiner Theodizee-Schrift ein positiver Bezug auf die christliche Erlösungsperspektive an (etwa in der 5. Fußnote [!] von § 49; vgl. etwa auch seine Rede vom »Staat Gottes« in § 144).
22. Pannenberg unterstreicht treffend: »Es ist der schwerste Mangel der traditionellen Behandlung der Theodizeeproblematik, gerade auch in der klassisch gewordenen Gestalt, die Leibniz ihr gegeben hat, daß man den Erweis der Gerechtigkeit Gottes in seinen Werken ausschließlich unter dem Gesichtspunkt des Ursprungs der Welt und ihrer Ordnung aus Gottes Schöpfungshandeln am Anfang meinte führen zu können, statt dabei die Geschichte des göttlichen Heilshandelns und seine in Jesus Christus schon angebrochene eschatologische Vollendung mit in den Blick zu nehmen« (Systematische Theologie Bd. 2, Göttingen 1992, 192).
23. Wolfgang Trillhaas: Dogmatik, Berlin/New York 1972[3], 166.

Im Blick auf den Begriff der Allmacht Gottes muss darum von Anfang an von der Erkenntnis der Liebe Gottes ausgegangen werden. Gott liebt sich selbst, indem er anderes liebt; er verwirklicht sich wesenhaft selbst durch Selbsttranszendenz[24]. Indem er sich von sich selbst unterscheidet, kommt er schlussendlich auf die Unterscheidung von sich selbst und real Anderem. Es ist also die Liebe, die Anderes als Schöpfung setzt[25] – und zwar im Sinne des »metaphysischen Übels« zunächst notwendig als definitiv nichtgöttliche Wirklichkeit mit den Folgen seinsmäßiger Unvollkommenheit. Um solche Unvollkommenheiten zu erklären, ist es also abwegig, wie einst der Gnostiker Marcion dem Gott der Liebe vorsorglich sein Schöpfertum abzusprechen. Es ist vielmehr die Allmacht der Liebe des dreieinigen Gottes, der in der Lage ist, »nicht bloß für sich Gott zu sein, sondern einer von ihm verschiedenen Wirklichkeit ihr Dasein zu gönnen, sich seines gefallenen Geschöpfes anzunehmen und es zu seinem Kind zu machen. Dass Gott das *kann*, dass Gott dazu *frei* ist, dass nichts ihn daran hindern kann, *das* zu tun, das ist seine Allmacht.«[26] Es ist diese Allmacht der göttlichen Liebe, die insofern auch alles Leiden in dieser Welt als vor-läufiges verantwortet. Und es wäre nicht die Allmacht der Liebe, wenn sie nicht darauf aus wäre, die Schöpfung letztendlich in den Machtbereich ihrer Liebe hineinzuholen und damit endlich Allherrschaft uneingeschränkt auszuüben! Mehr noch: Es wäre nicht die Allmacht der Liebe Gottes, wenn sie den Entfremdungsstatus der Welt nicht schon *während* deren Gesamtlaufzeit wenigstens ansatzweise durchbrechen wollte und könnte!

Genau hier nimmt die christliche Botschaft ihren Ausgangspunkt: Sie bekennt Gott als Liebe (1. Joh 4,8.16), indem sie ihn nicht nur als den Allmächtigen benennt, sondern zugleich als den, der sich aus Liebe mit der von ihm zunächst entfremdeten Welt konkret verbindet. Sie bekennt den Schöpfergott[27] als den, der sich bereits während dem Leidensstadium der Schöpfung ein für allemal mit ihr identifiziert – um ihr von da aus seinen

24. Siehe oben Kap. IV. Jürgen Moltmann formuliert: »Die Schöpfung ist ein Teil der ewigen Liebesgeschichte zwischen dem Vater und dem Sohn [...] Die Schöpfung ist da, weil die ewige Liebe sich ihrem anderen schöpferisch mitteilt« (Trinität, 74 f.).
25. Gegen Meister Eckharts mystische These, alle Kreaturen seien ein »reines Nichts«, wendet sich die Frankfurter Dissertation von Christine Büchner: Gottes Kreatur – »ein reines Nichts«? Innsbruck/München 2005. Büchner betont, der Schöpfer ermögliche dem Geschöpflichen neidlos ein Eigensein.
26. Busch: Credo, 122.
27. Das Credo nennt – wohlgemerkt! – den Schöpfer, nicht die Schöpfung: Die würde ja für sich genommen nicht deutlich genug auf den einen, gütigen Schöpfer verweisen (das betont Walter Rupprecht: Unsere Predigt über den 1. Glaubensartikel, in: W. An-

verheißungsvollen Weg der Erlösung ebenso konkret vor Augen zu stellen bzw. zu Ohren zu bringen: Eben dies ist im Kommen, Leiden, Sterben und Auferstehen Jesu Christi geschehen[28]. Und es ist von Ewigkeit her in dem allmächtigen Gott so vorgesehen gewesen. Das Kreuz von Golgatha ist im Herzen Gottes des Vaters immer schon verankert – das haben bereits zu Beginn des 20. Jahrhunderts einige anglikanische Theologen[29], dann ansatzweise Dietrich Bonhoeffer[30] und später deutlich Jürgen Moltmann[31] herausgearbeitet. Hinzuzufügen ist: Auch die Auferstehung Jesu von den Toten ist von Ewigkeit her vorgesehen gewesen – wie überhaupt die dadurch antizipierte Vollendung der Schöpfung, so dass am Ende aller Schmerz dieser Weltzeit nicht ins Gewicht fällt gegenüber der ewigen Herrlichkeit, um derentwillen der Dornenweg der geschöpflichen Entfremdung und der göttlichen Entäußerung durchschritten sein muss (Röm 8,18). Der gekreuzigte Sinn macht Sinn, weil er zur Auferstehung im Horizont der Vollendung bestimmt ist.

Die Allmacht Gottes wird also schließlich zu ihrem herrlichen Selbsterweis vor aller Welt kommen – das darf der Trost aller Leidenden und Seufzenden sein[32]. Dass sie aber während der Entfremdungszeit der Schöpfung nicht unmittelbar in ihr wirksam und erkennbar ist, hat mit ihrem ureigensten Wesen zu tun. Denn es handelt sich um die Allmacht dessen, der die unbedingte Macht hat, sich selbst als Liebe zu verwirklichen – und deshalb vorübergehend auf umfassende Ausübung seiner All-Macht zu verzichten. Es ist die Allmacht dessen, der die Macht hat, sich selbst zu beschränken und dennoch letztendlich erlösend in allem durchzusetzen. Nur Allmacht vermag das!

Und der allmächtige Gott tut das, weil er ohne solches Tun nicht einmal

dersen [Hg.]: Vom Dienst der Theologie an Amt und Gemeinde, München 1965, 68-87, bes. 70 f.).

28. Vgl. Adolf Köberle: Wo finden wir Gott? Viele Fragen und eine Antwort, Hamburg 1966.
29. Vgl. z. B. George Barker Stevens: The Christian Doctrine of Salvation, New York 1905; John Wright Buckham: Christ and the Eternal Order, New York/Chicago 1906; C. E. Rolt: The World's Redemption, London 1913.
30. Vgl. Dietrich Bonhoeffer: Widerstand und Ergebung, hg. von E. Bethge, Gütersloh 1976^9, 242: »Die Bibel weist den Menschen an die Ohnmacht und das Leiden Gottes.«
31. Vgl. Jürgen Moltmann: Der gekreuzigte Gott. Das Kreuz Christi als Grund und Kritik christlicher Theologie, München 1972.
32. Gegen Busch, der wie viele Theologen unserer Zeit meint, dass »die uns von Gott gesetzten Grenzen gut« und also kein Anlass zum Seufzen seien (Credo, 155). Vgl. aber insgesamt M. Ebner u. a. (Hg.): Klage (Jahrbuch für Biblische Theologie 16), Neukirchen-Vluyn 2001.

allmächtig im weitesten Sinn, sondern nur seiner selbst mächtig wäre. Um aber nicht bei sich selbst zu bleiben, muss er wie gesagt real Anderes setzen und am Ende über es mächtig, nämlich allmächtig werden – auf dass er dann sei »alles in allem« (1. Kor 15,28), so dass die natürlichen Grenzen des Geschöpflich-Endlichen einst nicht mehr schmerzen werden. Für dieses Ziel der *theosis*, der Vergöttlichung der Kreatur im Sinne ihrer ewigen Partizipation an seinem Sein, muss er vorerst notwendig auf die Ausübung von All-Macht verzichten, um dem Werden von wirklich Anderem Raum und Zeit zu geben. Dies ist das Mysterium der Allmacht, wie es sich im Licht von Kreuz und Auferstehung Jesu Christi eröffnet. Theodizee gelingt, wo Gott sich selbst rechtfertigt, indem er andere rechtfertigt[33]. Die Frage nach seiner Gerechtigkeit, in der sich die Sinnfrage spiegelt, erhält eine einnehmende Antwort: Es geschieht alles, gerade auch alles Leiden, um der Liebe willen, die er selbst ist[34].

3. Göttliche Selbstentäußerung aus Liebe

Erstaunlich spät ist die christliche Theologie diesem Mysterium ansatzweise näher getreten. Es war zunächst die jüdische Kabbala, die den Gottesgedanken erhellt hat, indem sie das Motiv der Selbstrücknahme Gottes zugunsten eines mystischen Urraums in ihm selbst entwickelte[35]. Damit war freilich die Schöpfung in theosophischer Manier als zwar Anderes, aber doch nur »Anderes *in* Gott« gedacht, so dass das »Anders«-Sein stark relativiert er-

33. »Das ist die wahre Theodizee: die Rechtfertigung Gottes durch Gott selbst in der Rechtfertigung des gottfernen Menschen!« (Küng: Leid, 55). »So hebt in der Gegenwart an, was in der Zukunft vollendet werden wird: die Rechtfertigung Gottes in der Rechtfertigung des Menschen …« (69).
34. Dieser Sachverhalt wird allerdings in panentheistischer Perspektive simplifiziert ausgedrückt, wenn W. Pannenberg formuliert: »Wie könnte Gott Liebe sein, wenn seine Liebe nicht alle kosmischen Prozesse durchwalten würde, da doch die Welt seine Schöpfung ist?« (Systematische Theologie, Bd. 3, Göttingen 1993, 221). Statt »durchwaltet« wäre richtiger »umgreift« zu sagen! Auch von der »Weltherrschaft Gottes durch den Erhöhten« (Bd. 1, 358) müsste entsprechend vorsichtiger (vgl. die eschatologischen Akzente in Joh 18,36, 2. Petr 1,11 und Apk 12,10) geredet werden.
35. Vgl. Moltmann: Schöpfung, 99. Näher informiert über diese theosophische Lehre der lurianischen Kabbala Gershom Scholem: Die jüdische Mystik in ihren Hauptströmungen (1957), Frankfurt/M. 1980, 285 ff.

scheinen musste[36]. Erst eine Theologie des Kreuzes ist im Stande, den Gedanken des Anderen außerhalb Gottes konsequent zu denken, ohne dabei wiederum auf den Gedanken der Versöhnung des Anderen mit Gott zu verzichten.

Im Gefolge der Kabbala war es aber schließlich zunächst der jüdische Philosoph Hans Jonas, der das Motiv der Selbstbegrenzung Gottes weiter zu entwickeln trachtete. Für Jonas ist Gott »werdender, wenngleich ewig existierender Geist«[37], wobei sich insbesondere nach der Katastrophe von Auschwitz die Frage aufdrängt, wie dieser Geist dergleichen hat zulassen können. Jonas antwortet darauf mit einer »glaublichen Vermutung« von mythischem Gepräge: »Im Anfang, aus unerkennbarer Wahl, entschied der göttliche Grund des Seins, sich dem Zufall, dem Wagnis und der endlosen Mannigfaltigkeit des Werdens anheimzugeben. Und zwar gänzlich: Da sie einging in das Abenteuer von Raum und Zeit, hielt die Gottheit nichts von sich zurück; kein unergriffener und immuner Teil von ihr blieb, um die umwegige Ausformung ihres Schicksals in der Schöpfung von jenseits her zu lenken, zu berichtigen und letztlich zu garantieren. Auf dieser bedingungslosen Immanenz besteht der moderne Geist. … Damit Welt sei, entsagte Gott seinem eigenen Sein; er entkleidete sich seiner Gottheit, um sie zurückzuempfangen von der Odyssee der Zeit, beladen mit der Zufallsernte unvorhersehbarer zeitlicher Erfahrung, verklärt oder vielleicht auch entstellt durch sie. In solcher Selbstpreisgabe göttlicher Integrität um des vorbehaltlosen Werdens willen kann kein anderes Vorwissen zugestanden werden als das der *Möglichkeiten*, die kosmisches Sein durch seine eigenen Bedingungen gewährt: Eben diesen Bedingungen lieferte Gott seine Sache aus, da er sich entäußerte zugunsten der Welt.«[38]

36. Dem ist Moltmann zu unkritisch gefolgt: »Die Differenz von Schöpfer und Geschöpf, ohne die Schöpfung nicht zu denken ist, bleibt umgriffen von der größeren Wahrheit, auf die die Schöpfungsgeschichte hinausläuft, weil sie von ihr herkommt: *dass Gott alles in allem ist*« (Schöpfung, 101). Mit dieser kursiv gesetzten Formulierung verfälscht Moltmann den futurisch-eschatologischen Panentheismus von 1. Kor 15,28 in einen metaphysisch-präsentischen.
37. Hans Jonas: Philosophische Untersuchungen und metaphysische Vermutungen, Frankfurt/Leipzig 1992, 188 (zum Bezug zur Kabbala vgl. bes. 206). Siehe auch Franz Josef Wetz: Hans Jonas zur Einführung, Hamburg 1994, 169 ff. – Die Vorstellung vom werdenden, unfertigen Gott spiegelt sich bereits in Ludwig Ganghofers Roman »Waldrausch«, in dem der »Waldrauscher«, eine prophetenartige Figur, von Gott sagt: »Und allweil probiert er's / Und baut an em Haus, / Is selm no net firti / Und wachst si' erst aus« (Rastatt o. J., 342).
38. Jonas: Untersuchungen, 193 f. Vgl. ders.: Zwischen Nichts und Ewigkeit. Drei Aufsätze zur Lehre vom Menschen, Göttingen 1987². Ebenfalls, wenngleich auf etwas andere

Jonas geht bei seinem Ringen um die Theodizeefrage nicht wie das christliche Denken von Gott als dem allmächtigen und allmächtig bleibenden Vater aus. Sein »werdender Gott« besitzt kein »vollständiges Sein«, und für diese Grundannahme argumentiert er einleuchtend mit dem Schöpfersein Gottes: »Auch wenn wir davon absehen, dass schon die Schöpfung als solche, als Akt und als das Sein seines Ergebnisses, ja schließlich eine entscheidende Änderung im Zustand Gottes darstellt, insofern er nun nicht mehr allein ist, so bedeutet sein fortlaufendes *Verhältnis* zum Geschaffenen, wenn dies erst einmal existiert und sich im Flusse des Werdens dahinbewegt, eben dies, dass er etwas mit der Welt erfährt, dass also sein eigenes Sein von dem, was in ihr vorgeht, beeinflußt wird. … Also, wenn Gott in irgendeiner Beziehung zur Welt steht – und das ist die kardinale Annahme der Religion –, dann hat hierdurch allein der Ewige sich ›verzeitlicht‹ und wird fortschreitend anders durch die Verwirklichungen des Weltprozesses.«[39]

Der Gedanke der Veränderlichkeit Gottes, eines Werdens des Schöpfers entspricht zwar kaum[40] der hellenistisch-philosophischen Tradition, allemal jedoch – wie Jonas zurecht betont – dem biblischen Reden von Gott, der zwar sich selber, seinem Wesen als Liebe unveränderlich treu, aber gerade darum nicht statisch im Verhalten uns gegenüber bleibt. Schon das Apostolische Glaubensbekenntnis ist in dieser Hinsicht weitsichtig genug formuliert worden: Es enthält nicht wie z. B. der Credo-Wortlaut der alten Kirche von Aquileia im 1. Artikel nach dem Bekenntnis zu Gott dem »allmächtigen Vater« noch die Worte »den unsichtbaren und leidensunfähigen«[41]. Kreuzestheologisch muss betont werden: Der allmächtige Gott hat auch die Macht bzw. die Fähigkeit zu leiden! In der neueren theologischen Diskussion ist dieser Aspekt seiner Veränderlichkeit und dementsprechend seiner Leidensfähigkeit verstärkt, wenngleich immer noch zu wenig aufgenommen worden. Der Umstand, dass der Schöpfer sich als solcher in Relation setzt zur Schöpfung und damit sich selbst begrenzt, impliziert ana-

Weise argumentiert von einer göttlichen Selbstentäußerung her Gianni Vattimo: Jenseits des Christentums. Gibt es eine Welt ohne Gott? München 2004.

39. Jonas: Untersuchungen, 198 f.
40. Immerhin konnte Seneca sagen, dass sich »die göttliche Natur an ständigen, überaus schnellen Verwandlungen erfreut, ja sich durch sie erhält« (Von der Seelenruhe. Philosophische Schriften und Briefe, aus dem Lateinischen übertragen und herausgegeben von Heinz Bertold, Leipzig 2001², 16).
41. Vgl. Adolf Harnack: Das Apostolische Glaubensbekenntnis. Ein geschichtlicher Bericht nebst einem Nachwort, Berlin 1892, 9.

log dazu, dass er im Verhältnis zur Zeit selbst gewissermaßen zeitlich, geschichtlich wird. Es gilt in der Tat, *Gottes Geschichte mit der Geschichte* zu denken[42] – freilich so, dass dabei seine Ewigkeit nicht aufhört. Diese Paradoxie ist im Grunde keine: Wie im Menschen als dem »Ebenbild Gottes« zwei Gehirnhälften miteinander schalten und walten, nämlich eine eher räumlich-holistisch orientierende und eine eher zeitlich-diskursiv denkende, so ist in Gott selbst das Miteinander von Ewigkeit und zeitlichen Bezügen kein Widerspruch, sondern das Kennzeichen seiner göttlichen Lebendigkeit.

Eberhard Jüngel, der bereits in einer Paraphrase zu Karl Barths Gotteslehre ausgeführt hat, dass Gottes Sein als »im Werden« zu denken sei bzw. dass Gott »sich in den Prozess einer Geschichte mit seiner Schöpfung einläßt«[43], ist auch in ein Gespräch mit Hans Jonas eingetreten. Er weiß: »Schöpferisch tätig zu sein heißt immer auch: sich durch sein eigenes Werk, durch sein eigenes Geschöpf begrenzen lassen. … Creatio ex nihilo, ursprüngliches Anfangen Gottes ist ein Akt schöpferischer Selbstbegrenzung Gottes.«[44] Aber als christlicher Theologe bezieht Jüngel den Trinitätsgedanken in die Argumentation ein. Dadurch kommt er über Jonas' Rede von Gottes anfänglicher »unerkennbarer Wahl« hinaus: »Es ist Gott keineswegs fremd, es ist ihm vielmehr wesentlich, sich selbst begrenzen zu können. So wie es dem ewigen Gott wesentlich ist, sich in sich selbst als Vater durch den Sohn und den Heiligen Geist zu begrenzen.«[45] Den Gedanken der göttlichen Selbstentäußerung kann Jüngel von daher differenzierend aufnehmen: Er weist darauf hin, dass eine solche »Kenose« neutestamentlich nur vom Sohn Gottes ausgesagt wird und nicht von Gott schlechthin.

Doch auch die These, dass die Selbstentäußerung und Selbstbegrenzung von Gott insgesamt auszusagen sei, ist im Bereich christlicher Theologie

42. Vgl. Thiede: Christus, 414. Meine These hebt sich ab von Pannenbergs Annahme, dass die »Welt als Geschichte Gottes« zu deuten sei (vgl. Systematische Theologie Bd. 1, 355).
43. Eberhard Jüngel: Gottes Sein ist im Werden. Verantwortliche Rede vom Sein Gottes bei Karl Barth. Eine Paraphrase, Tübingen 1976³, bes. 80 und 110f. Pannenberg sieht unter dem Gesichtspunkt der »Geschichte Gottes« seinerseits »Raum für ein Werden in Gott selbst« (Systematische Theologie Bd. 1, 473).
44. Eberhard Jüngel: Gottes ursprüngliches Anfangen als schöpferische Selbstbegrenzung. Ein Beitrag zum Gespräch mit Hans Jonas über den ›Gottesbegriff nach Auschwitz‹ (1986), in: Ders.: Wertlose Wahrheit. Zur Identität und Relevanz des christlichen Glaubens, München 1990, 151-162, hier 151 und 153.
45. Jüngel: Anfangen, 154. Erinnert sei auch an die Ausführungen zur Personhaftigkeit Gottes oben (II.2).

anzutreffen. Bereits um die Mitte des 19. Jahrhunderts hat der Theologe und Philosoph Sören A. Kierkegaard verdeutlicht, dass Gottes Allmacht hinsichtlich seiner Schöpfung logisch seine freie Selbstzurücknahme impliziere. Gegenüber der Vorstellung Hegels von der Weltgeschichte als »Lebenslauf« des göttlichen Weltgeistes hat er betont: »Alle endliche Macht macht abhängig. Allmacht allein vermag, unabhängig zu machen, aus Nichts hervorzubringen, was dadurch inneres Bestehen empfängt, dass die Allmacht sich zurücknimmt«[46]. Die Überlegung, dass die Selbstentäußerung, die Kenose von Gott schlechthin auszusagen sei, ist im 20. Jahrhundert zunächst von den evangelischen Theologen Alexander von Oettingen und Paul Althaus aufgegriffen worden[47]. 1950 erklärte dann Emil Brunner: Die Selbstentäußerung, die »im Kreuz Christi ihren – paradoxen – ›Höhepunkt‹ erreicht, beginnt schon mit der Weltschöpfung«[48].

Zuletzt hat Jürgen Moltmann in Anlehnung an Brunner die These von der Selbstbegrenzung des Schöpfers ausdrücklich auf die »Kenosis Gottes«[49] insgesamt bezogen. Das führt bei ihm zu der Jonas nahestehenden These, Gott verzichte infolge seiner Tätigkeit als Schöpfer nicht nur auf Allmacht, sondern auch auf Allgegenwart und Allwissenheit: »Gott weiß nicht alles im voraus, weil er nicht alles im voraus wissen will, sondern auf die Antworten seiner Geschöpfe wartet und ihre Zukunft kommen lässt.«[50]

Das ist allerdings eine biblisch denn doch nicht einmal mehr indirekt gedeckte Aussage[51]. Die berechtigte, ja kreuzestheologisch fällige Lehre von der göttlichen Selbstbegrenzung braucht ihrerseits eine Begrenzung, wenn sie nicht Gottes Erst- und Letztkontrolle über den Gang aller Dinge verleugnen und damit das Kind mit dem Bade ausschütten will. Denn sonst käme dabei heraus, dass »Gott der Dumme ist«: »Dem Leidenden ist damit frei-

46. Sören Kierkegaard: Eine literarische Anzeige. Anhang: Reflexionen über Christentum und Naturwissenschaft, in: Gesammelte Werke, 17. Abt., übersetzt von E. Hirsch, Düsseldorf 1954, 124. Vgl. auch Walter Dietz: Sören Kierkegaard. Existenz und Freiheit, Frankfurt/M. 1993, 74; ferner Tobias Trappe: Allmacht und Selbstbeschränung Gottes. Die Theologie der Liebe im Spannungsfeld von Philosophie und protestantischen Theologie im 19. Jahrhundert, Zürich 1997.
47. Vgl. Alexander von Oettingen: Lutherische Dogmatik, 1902, c. II/2; Paul Althaus: Die letzten Dinge. Entwurf einer christlichen Eschatologie, Gütersloh 1926³, 152.
48. Emil Brunner: Die christliche Lehre von Schöpfung und Erlösung. Dogmatik Bd. 2, Zürich 1972², 31.
49. Vgl. Moltmann: Trinität, 133 f., auch 126; ders.: Wissenschaft und Weisheit, 75 ff.
50. Moltmann: Wissenschaft, 79. Ferner s. u. Kap. XII.1.
51. Insofern kritisiert Hermanni Moltmann und andere Vertreter einer Lehre vom ohnmächtig leidenden Gott zurecht (Theodizee, 248 ff.).

lich kaum gedient.«[52] Der Trost göttlicher Einfühlung wäre »ein schwacher Trost«[53], wenn es die Empathie eines letztgültig Ohnmächtigen bliebe. Gegenüber Jonas bleibt festzuhalten: »Auch die Bestreitung der Allmacht Gottes führt letztlich zu keiner Lösung des Theodizeeproblems.«[54] Im Gegenteil: Sie führt – anders, als Jonas meinte und wollte – implizit zu einer Bestreitung auch der Güte im Wesen Gottes[55]!

Die Unterscheidungen trinitarischen Denkens erlauben indessen eine entsprechende Differenzierung[56], derzufolge der Vater in aller Erhabenheit im Himmel bleibt, von wo aus er den Sohn und den Geist sendet. Der Dreieine behält sein Gottsein also trotz seiner Kenose. Das Bekenntnis zum allmächtigen, gleichwohl mitleidenden[57] Vater steht keineswegs im Widerspruch zum Gedanken göttlicher Selbstentäußerung. Kraft seiner Allmacht wacht der Vater über den Abstieg des Sohnes; er lässt dessen Kreuzestod nicht das Ende sein, sondern bringt seine Allmacht zur Wirkung, indem er den Tod besiegt – zunächst an seinem Christus selbst, am Ende der Geschichte an allen Toten. So sehr die Selbstentäußerung zu Gottes Wesen der Liebe gehört, so wenig gefährdet sie Gott und damit die letztendliche Herrschaft der Liebe[58]. Sie erspart dem himmlischen Vater zwar nicht den

52. Bauke: Gerechtigkeit, 344. Vgl. auch Berger: Leid, 201 f.; Dietrich/Link: Die dunklen Seiten Gottes, Bd. 2, 301; Hailer: Gott, 49.
53. Hermanni: Theodizee, 250. Vgl. auch die Erörterungen bei Peter Koslowski: Der leidende Gott. Eine philosophische und theologische Kritik, München 2001.
54. Bauke: Gerechtigkeit, 345; ferner Dietrich/Link: Die dunklen Seiten Gottes, Bd. 2, 316. Entsprechende Argumentation im Rahmen der sogenannten Prozesstheologie ist für Walter Dietz »theologische(r) Reduktionismus« (Theodizee und Leidensthematik. Gottes Allmacht, seine ›Verantwortung‹ und das Leiden der Kreatur, in: Zeitschrift für medizinische Ethik 41 [1995], 93-103, hier 100).
55. »Musste dieser Gott nicht voraussehen, welche fürchterlichen Folgen sein Verzicht auf Allmacht haben würde? Lässt sich das mit seiner Güte vereinbaren?« Diese Kritik an Jonas formuliert Dietz Lange in seiner »Glaubenslehre« (531). Hier werde Gott »nach menschlichen Wünschen« konstruiert (532).
56. Zu undifferenziert ist es, wenn Odo Marquard alle Theodizeeversuche, die von einem ohnmächtigen Gott sprechen, als durch und durch unbefriedigend bezeichnet (Bemerkungen zur Theodizee, in: W. Oelmüller [Hg.]: Leiden, 1986, 213-218, hier 216).
57. Aus der Diskussion um den »ohnmächtigen« Gott haben namentlich katholische Theologen wie Hans Küng, Karl Rahner und Johann Baptist Metz die Konsequenz gezogen, am althergebrachten Axiom der Leidensunfähigkeit Gottes festzuhalten (vgl. Hermanni: Theodizee, 250). Doch das halte ich für einen theologischen Kurzschluss, der auf mangelnder Differenzierung beruht, wie sie die trinitarisch zu entfaltende Kenosisthese ermöglicht.
58. Das ist theo-*logisch* festzuhalten gegenüber philosophischer Skepsis, wie sie zuletzt wieder Theunissen geäußert hat (Monismus, 408).

Schmerz des Kreuzes und allen Kreuzes, wie ihn der Sohn und in Identifikation mit ihm auch der Vater und der Geist erleiden. Aber sie zielt auf Überwindung dieses Schmerzes, nämlich auf ewige Integration der geretteten Schöpfung[59].

Wo Moltmann zu weit geht, dort bleibt Jüngel auf halbem Wege stehen: Er sieht nicht, dass der Gedanke der göttlichen Selbstbegrenzung, ja Selbstentäußerung am Ende doch mehr als nur den Sohn umfassen muss. Der allmächtige Vater behält sich zwar heilsame Letztkontrolle vor, entäußert sich aber seiner Allmacht jedenfalls auch selber ein Stück weit insofern, als er die Schöpfung zunächst als wirklich Anderes werden und sein lässt, also sich mitnichten als ihr steter Regent betätigt[60]. Für Jüngel indessen, der Gott als den gewiss Mitleidenden noch allemal als »regierenden Gott zu denken« versucht, kann das »*Entstehen* des Bösen und die Faktizität der Übel nur als ein dunkles Rätsel«[61] stehen bleiben. Hätte Jüngel bedacht, dass die göttliche Selbstentäußerung notwendigerweise auch den Vater, ja – wie noch näher zu zeigen sein wird – auch den Geist betrifft, so hätte er angesichts des Mysteriums der Allmacht nicht kognitiv zu resignieren brauchen. Gegen ihn – wie übrigens auch gegen Falk Wagner[62] – ist festzuhalten: Das Bekenntnis zum Allmächtigen verträgt sich in trinitätstheologischer Perspektive mit der Wahrnehmung einer gottentfremdeten Schöpfung. Mag diese auch den liebenden Vater nicht erkennen, so ist sie doch nicht von ihm allein gelassen; denn er hat sich ihr durch seinen Sohn und seinen Geist in Akten der Selbstentäußerung so genähert, dass sie ihr Eigensein haben und bis zum Ende ihres Entfremdungsstatus behalten kann[63]. Seine Allmacht vermag das: Es ist alles ein Wirken und Zulassen[64] seiner Liebe.

59. Vgl. auch insgesamt: Schöpfung und Neuschöpfung. Jahrbuch für Biblische Theologie 5, Neukirchen/Vluyn 1990.
60. Vgl. Thiede: Christus, 415.
61. Jüngel: Anfangen, 161.
62. Vgl. Wagner: Protestantismus, 108 ff.
63. Wäre Christus »nicht erstanden, so wär die Welt vergangen«, heißt es im Osterlied »Christ ist erstanden« (EG 99); hierbei ist sein Gehen in die Erniedrigung vorausgesetzt.
64. Die Zulassung des Übels durch Gott erörtert differenziert Karl Barth: Die Kirchliche Dogmatik, Bd. II/1, Zollikon-Zürich 1940, 662-676; vgl. auch II/2, 154.

C. Die Selbstentäußerung Gottes des Sohnes

Ist Christus Traum, dann ist das Leben
Ein Gang durch Wüsten in der Nacht,
Wo niemand, Antwort uns zu geben,
Als eine Horde Bestien wacht!
Nikolaus Lenau (1837)

VII. Die Menschwerdung des Logos – neutestamentliche Perspektiven

Soll Theodizee gelingen, muss sie kreuzestheologisch auf die Einsicht in die göttliche Selbstentäußerung setzen. Der Schlüssel dazu ist Jesus Christus als der auferstandene Gekreuzigte, der im Neuen Testament bereits frühzeitig als der eine Sohn Gottes deklariert wird. »Das Wort wurde Fleisch«, heißt es schließlich kurz und bündig im 1. Kapitel des Johannesevangeliums. Modern könnte man übersetzen: »Der Sinn wurde Mensch.« Es geht hier um nicht weniger als um die erlösende Antwort auf die (Theodizee-)Frage nach dem *malum metaphysicum*, wie es einst Leibniz definiert hat. Das Übel, Geschöpf und damit wesenhaft nichtgöttlich und unvollkommen zu sein, wird solidarisch und befreiend getragen von Gott selbst in seinem Sohn, dem Logos, indem er Kreatur, nämlich Mensch wird. Aus dem von Gott trennenden Übel wird in Christus mit Gott verbindender Adel.

So ist in Christus nach ur-christlicher Überzeugung der göttliche Zielpunkt mit der Schöpfung, ja deren verborgener Sinn schlechthin verkörpert. Im 1. Kapitel des Kolosserbriefes liest man demgemäß: »Alles hat Gott durch ihn geschaffen, und alles findet in ihm sein letztes Ziel.« Jesus Christus ist das große Plus vor der Klammer: Der eine, der sich mitten in die Sinnlosigkeit unseres Daseins hineingestellt und sie bis zum bitteren Ende geteilt hat, bedeutet Gottes Wort an jeden Menschen, das den umfassenden Sinn nahebringt. Das Bewegende ist dabei, dass mit Jesus Christus keine »abstrakte« Antwort angeboten wird. Es wird nicht auf eine ausformulierte Lehre oder ein System, auf ein Buch oder die Regeln und Gesetzes eines bestimmten Kultes verwiesen. Sondern es heißt: Der Logos wurde Mensch.

Zu ihm darf jeder »Du« sagen. Christen dürfen glauben, dass er jeden Menschen kennt – und dass er jeden liebt, so sehr, dass er auch von ihm geliebt werden will. Der letzte Sinn – er ist Wort, und er will Antwort. Der Austausch mit ihm aber ist nur möglich, weil er, Gott der Sohn, sich entäußert, erniedrigt hat ins Menschsein hinein bis zur Kreuzespassion. Die Folge dieser Kenose: »Ihr seid nun worden Gotts Geschlecht« (Martin Luther)[1]. Wie glaubwürdig ist diese Christus-Botschaft eigentlich?

1. Der »historische« Jesus – wissenschaftliche Forschung um den Erniedrigten

Im Jahre 1835 hat der junge Tübinger Repetent David Friedrich Strauß die traditionelle Vorstellung aufs Korn genommen, derzufolge Jesus Christus nach seiner menschlichen Natur als Embryo im Mutterleib schlummerte und zugleich als Logos die Welt regierte: »Entweder musste sich der Gott in die menschliche Endlichkeit zusammenziehen und dem menschlichen Werden unterwerfen, so dass er wirklich im Mutterleibe mit dem Menschen bewusstlos geschlummert, nach der Geburt allmählig sich entwickelt, und zeitlebens der Theilnahme an der Weltregierung entsagt hätte: damit aber war seine Gottheit aufgehoben, und die Kirche mithin [...] konnte diesen Weg nicht gehen.«[2] Oder – so Strauß weiter – man trennt den Logos und die menschliche Natur so radikal, wie es in der bisherigen Christologie meist der Fall gewesen war, dass nämlich der Gedanke der Entäußerung Christi allein auf seine menschliche Natur bezogen wird.

In diesem Sinn hatte beispielsweise Martin Luther eine Kenose des göttlichen Logos selbst abgelehnt: Nach seiner Ansicht bedeutet die Selbstentäußerung Christi lediglich die Verbergung seiner göttlichen Natur *seit* der Inkarnation und insbesondere in deren Vollendung am Kreuz. Was Luther also nicht aussagen wollte, war der tatsächliche Verzicht Christi auf die

1. Martin Luther: »Vom Himmel kam der Engel Schar« (1543), in: Evangelisches Gesangbuch Nr. 25, Strophe 6.
2. David Friedrich Strauß: Die christliche Glaubenslehre in ihrer geschichtlichen Entwicklung und im Kampfe mit der modernen Wissenschaft, 2 Bände, Tübingen/Stuttgart 1840/41, Bd. 1, 142.

machtvollen Eigenschaften seiner göttlichen Natur[3]. Deshalb enthielt seine Entäußerungslehre das merkwürdige Moment einer stets aktiven Zurückhaltung jener göttlichen Eigenschaften mit ihrer »zeitjenseitige(n) Unveränderlichkeit«[4] durch Jesus – und zwar auch schon während seiner Kindheit[5].

Die mangelnde Evidenz dieser Vorstellung[6] liegt auf der Hand: Wer eine bestimmte Wirkung nicht haben will, der wird sie nach Möglichkeit nicht dauernd bremsen, sondern abschalten. Christologisch gesprochen: Will der Logos wirklich Mensch werden, so erreicht er das schwerlich dadurch, dass er seine göttlichen Eigenschaften ständig mühevoll unterdrückt und versteckt, sondern dadurch, dass er sich ihrer entledigt und damit die angepeilte Erniedrigung voll und ganz bejaht. Allein die Lehre einer nicht nur scheinbaren, sondern faktischen Entäußerung bewahrt die Christologie vor der Tendenz zum Doketismus[7].

Das hatte Strauß richtig erkannt. Doch zu rasch hat er diesen Denkweg einer konsequenten Kenosis-Lehre als für die Kirche ungangbar zur Seite gelegt. Denn die in der Dogmengeschichte verbreitete Ansicht, dass die von Paulus im Philipperbrief (2,6-7) erwähnte Entäußerung allein die *menschliche* Natur des Christus im Sinne der Verbergung der göttlichen Natur in ihr betreffe, entspricht keineswegs dem exegetischen Sinn dieser Stelle! Vielmehr ist in dem Philipperhymnus von der Kenose des *göttlichen* Subjekts die Rede. So betont der Neutestamentler Samuel Vollenweider: »Die Zumutung, vor der die theologische Auslegung bis in das 19. Jahrhundert hinein zurückschreckte, scheint den Ursprungssinn von Phil 2,7 in der Tat zu treffen: Der Präexistente vollzieht eine radikale Kenosis!«[8]

Wie sieht die diesbezügliche Lage der Dinge im Neuen Testament aus? Ist der Gedanke der Selbstentäußerung des Gottessohnes hier bereits früh-

3. Vgl. bes. Martin Luther: Kritische Gesamtausgabe, Weimar 1883 ff. (= Weimarer Ausgabe, kurz: WA) 2, 148, 2-16 und 17 II, 243, 2-11.
4. Carl-Heinz Ratschow: Jesus Christus (HST 5), Gütersloh 1982, 28.
5. Vgl. Paul Althaus: Die Theologie Martin Luthers, Gütersloh 1980[5], 173 f.
6. Noch der altprotestantische Dogmatiker Johann Gerhard betonte, das Subjekt der Kenosis sei der *logos incarnatus*, nicht der *logos incarnandus*, da dieser weder menschliche Gestalt noch Tod kenne (Loci theologici, Jena 1610-1622, Leipzig 1864-85[2], loc. 4, cap. XIV, 592).
7. Nach Bernhard Lohse: Luthers Theologie, Göttingen 1995, »dürfte Luther in der Gefahr gewesen sein, die menschliche Natur Jesu Christi zu verkürzen« (246).
8. Samuel Vollenweider: Die Metamorphose des Gottessohns. Zum epiphanialen Motivfeld in Phil 2,6-8, in: Ders.: Horizonte neutestamentlicher Christologie. Studien zu Paulus und zur frühchristlichen Theologie, Tübingen 2002, 285-306, hier 302.

zeitig anzutreffen oder eher eine späte Bildung? Adolf Harnack hat gegen Ende des 19. Jahrhunderts argumentiert, dass die Rede von »Gottes eingeborenem Sohn« um die Mitte des 2. Jahrhunderts noch nicht die Göttlichkeit des Logos, also noch keine ewige Sohnschaft im Blick gehabt haben konnte[9]. Sie habe vielmehr bloß in aller Schlichtheit besagen wollen: »Als der auf Erden Erschienene ist er der Sohn.« Von daher steht die Frage im Raum, ob die Lehre des I. Ökumenischen Konzils von Nicäa (325 n.Chr.), mit dem »Logos« sei kein göttliches Wesen unterhalb Gottes in die Schöpfung eingegangen, sondern Gott selbst, wenn auch nicht der Vater, im Ansatz bereits auf die Heilige Schrift selbst zurückgeht.

Zumal im Kontext der Theologie des 20. Jahrhunderts das reale *Menschsein* Jesu hochgehalten und gegebenenfalls gegen sein Gottsein ausgespielt wurde, ist der historisch-kritischen Exegese in hohem Maße daran gelegen gewesen, die Gestalt des Nazareners nach Möglichkeit zu »entmythologisieren«, also ihrer göttlichen Wesenseigenschaften zu »entblättern«. Tendenziell hat dabei die Erfassung des »historischen« Jesus auf Kosten des »geschichtlichen« Jesus funktioniert, dem nicht nur eine allzu kräftige Wundertätigkeit im Sinne seiner göttlichen Allmacht, sondern vor allem auch sein göttliches Personsein abgesprochen wurde. Da aber letzteres ein Stück weit von seiner Selbstentäußerung betroffen sein musste, nämlich im Blick auf die Einpassung in ein entwicklungspsychologisches Werden der Person im Menschen Jesus, schüttete man hier das Kind mit dem Bade aus. Die Interessenleitung exegetischer Forschung richtete sich ganz überwiegend auf die Bestreitung eines messianischen bzw. eines exklusiven Sohnes-Bewusstseins des irdischen Jesus; ungefähr alle seine Hoheitstitel suchte sie lange Zeit als »nachösterliche Gemeindebildung« früheren oder späteren Datums zu erweisen[10].

Nun sind entsprechende Tendenzen einer frühchristlichen Entwicklung auf dem Gebiet der Jesus zugesprochenen Titel zweifellos wahrscheinlich. Nicht weniger wahrscheinlich dürfte aber die Annahme sein, dass der urchristlich Verehrte und historisch erwiesenermaßen als »König der Juden« Hingerichtete seinen auffälligen Weg nicht ohne ein entsprechendes Selbstbewusstsein gegangen war, das zumindest eine *implizite* Christologie enthielt[11]. Der allemal indirekt zum Ausdruck gekommene Vollmachts-

9. Vgl. Adolf Harnack: Das Apostolische Glaubensbekenntnis. Ein geschichtlicher Bericht nebst einem Nachwort, Berlin 1892, 21.
10. Vgl. Ferdinand Hahn: Christologische Hoheitstitel. Ihre Geschichte im frühen Christentum, Göttingen 1995^{5}.
11. Vgl. Gerd Theißen/Annette Merz: Der historische Jesus, Göttingen 1996, 26f.; ferner

anspruch ist freilich als historisches Phänomen seinerseits zweideutig. Albert Schweitzer hat im Jahre 1913 seine medizinische Dissertation vorgelegt unter dem Titel »Die psychiatrische Beurteilung Jesu. Darstellung und Kritik der von medizinischer Seite veröffentlichten Pathographien über Jesus« (1933^2). Darin (wie auch in manchen späteren Arbeiten anderer Autoren) wird deutlich, dass man Jesu ungewöhnliches Selbstbewusstsein in Worten und Taten bis hin zu seiner Selbstaufopferung in Jerusalem gerade in ihrer Abnormität unter rein historischem Aspekt als Krankheit einstufen kann[12]. Der Theologe Johannes Naumann hatte es bereits 1910 auf den Punkt gebracht: »Entweder ist Jesus geisteskrank, oder es ist ein Geheimnis in ihm.«[13]

2. Jesu Titel als Botschaften

Wer sich hier für das Geheimnis entscheidet, der kann zu Gunsten seines Glaubens mittlerweile selbst von Seiten der historisch-kritischen Forschung her zunehmend Indizien in die Waagschale werfen. Das lässt sich zunächst am Begriff des »Menschensohnes« illustrieren: Dass der historische Jesus sich mit ihm tatsächlich identifiziert habe, wird mittlerweile eher anerkannt[14] als noch vor wenigen Jahrzehnten. Und obwohl die neueste Studie zu Jesu Selbstverständnis hier skeptisch bleibt, macht ihr Autor Matthias Kreplin darauf aufmerksam, dass es jedenfalls doch in der Konsequenz des rückblickend gedeuteten Wirkens des historischen Jesus gelegen habe, den Auferstandenen »auch zur Zentralgestalt der eschatologischen Vollendung zu machen.«[15] Er betont: »Hatte der historische Jesus noch um seines Selbstverständnisses willen ein Geheimnis um seine Person zu machen, so

G. Theißen: Jesus als historische Gestalt. Beiträge zur Jesusforschung, hg. A. Merz, Göttingen 2003; Walter Rebell: Jesus, Waltrop 1994; Jürgen Roloff: Jesus, München 2000.

12. Vgl. hierzu den Forschungsbericht bei W. Lange-Eichbaum/W. Kurth: Genie, Irrsinn und Ruhm, München/Basel 1967/1979, 416 ff.
13. Johannes Naumann: Die verschiedenen Auffassungen Jesu in der evangelischen Kirche, in: Zeitschrift für Religionspsychologie 3/1910, 295.
14. Vgl. Volker Hampel: Menschensohn und historischer Jesus. Ein Rätselwort als Schlüssel zum messianischen Selbstverständnis Jesu, Neukirchen-Vluyn 1990.
15. Matthias Kreplin: Das Selbstverständnis Jesu. Hermeneutische und christologische Reflexion (WUNT 2/141), Tübingen 2001, 345.

durfte dieses Geheimnis im nachösterlichen Rückblick nicht mehr gewahrt bleiben. Was dabei vordergründig als eine große Diskontinuität erscheint, erweist sich bei genauerer Betrachtung als sachliche Kontinuität.«[16] Das aber bedeutet auch: »Die Rede von der göttlichen Natur Jesu Christi liegt in einer christologischen Spur, die bis zum historischen Jesus zurückreicht, der sich als eschatologischer Repräsentant Gottes gegenüber den Menschen sah.«[17]

Dies bestätigt sich auch bei einer näheren Betrachtung des Begriffs »*Christus*«, zu deutsch: des (königlich) Gesalbten, also des »Messias«. Der Neutestamentler Ferdinand Hahn hat in seiner Studie über »Christologische Hoheitstitel« historisch plausibel zu machen versucht, dass dieser Titel gerade wegen seiner damals schillernden Farben und für Jesus eher abwegigen Erwartungen von ihm nicht benutzt oder in Anspruch genommen worden ist. Sein Kollege Gerd Theißen sieht die Dinge mehrere Jahrzehnte später differenzierter: Er schließt eine bereits vorösterliche Verwendung des Christus-Titels durch Jesus nicht mehr aus. Seiner Auffassung nach »konnte Jesus ein Messiasbekenntnis zurückweisen, ohne damit den Messias-Titel generell für sich abzulehnen; was er ablehnte, war die in einer spezifischen Messiaserwartung zum Ausdruck kommende Gesinnung (vgl. Mk 8,29 zusammen mit 8,33). Wahrscheinlich hatte Jesus ein messianisches Selbstverständnis im weitesten Sinne. … Der Messiastitel wurde aus nachösterlicher Perspektive noch enger mit Jesus verbunden als zuvor.«[18]

Eine interessante Spur verfolgt der Neutestamentler Klaus Berger, indem er den Messiastitel in Verbindung mit der frühjüdischen Weisheitsliteratur bringt: Er sei deshalb mit Vorliebe herangezogen worden, »weil das Gesalbtsein besonderer Ausdruck der singulären Bevollmächtigung durch Gott war«[19]. Besonders erhellend ist auf dieser Linie die Studie von Gottfried Schimanowski über die Voraussetzungen des urchristlichen Messiasbegriffs in der jüdischen und hellenistischen Weisheitsliteratur mit ihrer zum Teil apokalyptischen Prägung[20]. Schimanowski macht deutlich, dass

16. Kreplin: Selbstverständnis, 344f.
17. Kreplin: Selbstverständnis, 346.
18. Theißen/Merz: Jesus, 487f. Vgl. auch Friedrich-Wilhelm Marquardt: Was heißt: Sich zum Christus bekennen?, in: B. Klappert u. a. (Hg.): Jesusbekenntnis und Christusnachfolge, München 1992, 47-64, bes. 55.
19. Klaus Berger: Zum Problem der Messianität Jesu, in: ZThK 71 (1974), 1-30, hier 24. Vgl. ferner Martin Karrer: Der Gesalbte. Die Grundlagen des Christustitels, Göttingen 1991.
20. Vgl. Gottfried Schimanowski: Weisheit und Messias. Die jüdischen Voraussetzungen der urchristlichen Präexistenzchristologie, Tübingen 1985. Jürgen Habermann (Prä-

bereits vorchristlich die »Weisheit Gottes« – analog zum Logos – verschiedentlich als präexistente Größe mit personhaften Zügen gedacht worden war. Und zwar als eine geistige Wirklichkeit, die vor aller Zeit im Himmel verborgen war und auf den endzeitlichen Messias als den Weisheitsträger und -lehrer[21] schlechthin herabkommen sollte. Freilich wird sie im jüdischen Kontext gerade dort, wo sie personalisiert erscheint, als – wenngleich ursprünglichstes – Geschöpf Gottes betrachtet[22], also bei aller unterstellten Nähe zu Gott nicht mit ihm auf eine Seinsstufe gestellt, obwohl sie ihm ja direkt zugehört. Immerhin ist es nach Schimanowski nicht verwunderlich, dass »schon in der ältesten (hypothetischen) Sammlung der Logien Jesu gelegentlich Texte erscheinen, die nur auf diesem Hintergrund verstanden und ausgelegt werden können«, ja dass »die Vorstellung der präexistenten Weisheit in Palästina zur Zeit Jesu, wahrscheinlich sogar bei »Jesus selbst, bekannt war und rezipiert wurde.«[23]

Damit aber liegen Indizien dafür vor, dass Jesus im Rahmen seines messianischen Selbstbewusstseins diese präexistente Sophia in sich wirksam gesehen hat: »Hier ist mehr als Salomo« (Luk 11,31)[24]. Das neutestamentlich gezeichnete Bild von dem sich selbst in diesem Sinn als »Christus« verstehenden Jesus hat insofern an historischer Wahrscheinlichkeit gewonnen. Erst recht aber hat sich das Christus-Bekenntnis der nachösterlichen Gemeinde schon frühzeitig auf den auferstandenen Gekreuzigten als die

existenzaussagen im Neuen Testament, Frankfurt/M. 1990, 430) beklagt, dass die Präexistenzaussagen von ihrer jüdischen Heimat wegführen.

21. Vgl. auch Martin Hengel: Jesus als messianischer Lehrer der Weisheit und die Anfänge der Christologie, in: Ders./Anna Maria Schwemer: Der messianische Anspruch Jesu und die Anfänge der Christologie, Tübingen 2001, 81-131.
22. Vgl. Schimanowski: Weisheit, 106 und 303.
23. Schimanowski: Weisheit, 310 und 314; vgl. 313. Auch Hengel betont: Die Voraussetzungen für den Einfluss der Weisheits- und Geistlehre auf die Christologie »gehen auf die Wirksamkeit Jesu als messianischem Lehrer und Geistträger selbst zurück« (Jesus, 175). Schon »das Taufgeschehen offenbart, daß Jesus der Mensch ist, in dem/auf dem die Weisheit/der Geist Ruhe findet« (Silvia Schroer: Der Geist, die Weisheit und die Taube, in: Freiburger Zeitschrift für Philosophie und Theologie 33 [1986], 213).
24. Vgl. Felix Christ: Jesus Sophia. Die Sophia-Christologie bei den Synoptikern, Zürich 1970. Zu rasch werden m. E. Christs Thesen von den meisten Exegeten beiseite geschoben, weil Jesu messianisches Selbstbewusstsein nicht mutig genug in Rechnung gestellt wird (vgl. etwa Samuel Vollenweider: Christus als Weisheit [1993], in: Ders.: Horizonte neutestamentlicher Christologie. Studien zu Paulus und zur frühchristlichen Theologie, Tübingen 2002, 29-51, bes. 37 f., der aber schließlich (41) immerhin einräumen muss, dass die jüdische Weisheit eine ausschlaggebende Rolle für die Entwicklung der ›hypostatischen‹ Logos-Christologie im Neuen Testament gespielt hat).

Mensch gewordene, den Passionsweg durchlitten habende Weisheit gerichtet. Und so formuliert auch das chalcedonensische Christus-Bekenntnis im 5. Jahrhundert durchaus als verbindlichen Glaubensinhalt, was bereits von Anfang an in der Erscheinung des Mannes aus Nazareth angelegt war und in den neutestamentlichen Urkunden tradiert und reflektiert worden ist: Wer Jesus als den Christus bekennt, bekennt sich nicht nur zu einem von Gott besonders erwählten Menschen, sondern zu einem »Teil« Gottes selbst, der in diesem einen Menschen erschienen ist.

Das bestätigt sich auch im Blick auf den Begriff des »Sohnes Gottes«. Nicht nur die religiöse Vater-Sohn-Sprache ist ja »aus der Weisheitsliteratur abgeleitet«[25], wobei im fernen Hintergrund der tausendfache Gebrauch des »Gottessohn«-Titels in der ägyptischen Tradition[26], im näheren Hintergrund sein Vorkommen im adoptianischen Sinn im Alten Testament steht. Vielmehr ist auch speziell die Bezeichnung des leidenden Gerechten als »Gottessohn« bereits in der »Sapientia Salomonis« (2,18) zu finden. Überhaupt ist die Rede vom »Sohn Gottes« mit dem Messiastitel aufs Engste verwandt. So weiß Ferdinand Hahn, dass von »einer relativ festen Verbindung der *Präexistenzaussagen* mit der Sohnschaft bzw. Gottessohnschaft Jesu auszugehen« ist[27]. Und er betont gleichzeitig, wie wenig doch Jesu Menschsein gerade dank des Motivs der Selbstentäußerung im Philipperhymnus eingeschränkt wurde – obschon es ja die ursprüngliche »Partizipation an Gottes Wirklichkeit« voraussetzt[28]!

Hahns Kollege Martin Hengel zeigt exegetisch auf, dass bereits für die älteste christliche Gemeinde eine weithin abgeschlossene Konzeption der Gottessohnschaft Jesu vorausgesetzt werden kann[29]. Auch der Neutestamentler Gerd Theißen weiß um den bereits vorösterlichen Gebrauch des

25. Elisabeth Schüssler Fiorenza: Jesus – Miriams Kind, Sophias Prophet. Kritische Anfragen feministischer Christologie, Gütersloh 1997, 230. »Frühjüdische Sophia-Theologie liefert die Sprachwelt und den mythologischen Bezugsrahmen, die die frühesten Versuche, aus der Botschaft und der Hinrichtung Jesu Sinn zu machen, wie auch die spätere Sinn-Findung christologischer Entwicklungen in der frühen Kirche erklären können« (211).
26. Vgl. Manfred Görg: Mythos, Glaube und Geschichte. Die Bilder des christlichen Credo und ihre Wurzeln im alten Ägypten, Düsseldorf 1992,117 ff.
27. Hahn: Hoheitstitel, 478 (Kursivsetzung: W. T.).
28. Hahn: Hoheitstitel, 480. »Das uneingeschränkte Menschsein Jesu ist in den neutestamentlichen Texten durchweg festgehalten und wird nicht durch die Vorstellung von einem ›göttlichen Wesen‹ des Menschen Jesus eingeschränkt« (483).
29. Martin Hengel: Der Sohn Gottes. Die Entstehung der Christologie und die jüdisch-hellenistische Religionsgeschichte, Tübingen 1975.

Titels »Sohn Gottes«: Der knüpfte »an messianische Erwartungen an, betonte jedoch in einzigartiger Weise Jesu Verbindung mit Gott … Als ›Sohn‹ ist Jesus der Vertreter Gottes in dieser Welt – eine Chance, über ihn den Dialog mit dem verborgenen Gott aufzunehmen.«[30]

Bereits um das Ende des 1. Jahrhunderts ist terminologisch durch den dialektischen Gebrauch der Begriffe »Menschensohn« und »Gottessohn« bei Ignatius von Antiochien restlos klar, dass bei der Gestalt Jesu »das Miteinander von Menschsein und Göttlichkeit« im Blick ist[31]. Das altrömische Bekenntnis setzt diesen Stand der Dinge voraus. Auch das Apostolische Glaubensbekenntnis »versteht den Ausdruck ›Sohn Gottes‹ zweifellos in dieser Weise: als präexistentes, d.h. schon in der Ewigkeit Gottes vor Jesu irdischer Geburt existierendes Gottwesen, das bei Jesu Geburt menschliche Gestalt und menschliches Wesen angenommen hat.«[32]

Der Christus-Titel lädt ein zu solcher Meditation und Reflexion der Herabkunft des Göttlichen in unser Menschsein. Er will spirituelle Erfahrung erschließen und nicht »Glaubenshürde« sein. Das hat Helmut Thielicke schön zum Ausdruck gebracht: »Die Leute um Jesus haben alle und ausnahmslos etwas ganz anderes in ihm gesucht, als er wirklich war: einen Wundermann, einen Arzt, einen Weisheitslehrer oder auch nur einen gütigen Menschen. Die einen haben sein ratendes Wort gesucht, und andere haben mit abergläubischem Schauer nur sein Gewand berührt. Trotzdem hat er keinen von ihnen zurückgewiesen und ihm gesagt: Du suchst in einer falschen Richtung; ich bin dieses alles ja gar nicht; ich bin vielmehr – darf ich mich vorstellen –: der ›Sohn Gottes‹. … Jesus ließ es sich gefallen, dass man ihn mit den Wunschbildern der eigenen Sehnsucht verwechselte. Und wenn einer dann doch dahinterkam, dass der Sohn Gottes ihm gegenüberstand, dass die Hoheit des Ungeheuren ihn anwehte, dann gebot er ihm Schweigen.«[33] Auch das Schweigegebot Jesu gehörte zum Phänomen der göttlichen Selbsterniedrigung.

30. Theißen/Merz: Jesus, 488.
31. Hahn: Hoheitstitel, 483.
32. Pannenberg: Glaubensbekenntnis, 71.
33. Helmut Thielicke: Ich glaube. Das Bekenntnis der Christen, Stuttgart 1967², 126.

3. Jesus Christus – Gottes Weg ins Außen seiner selbst

In der Zeit nach seiner Auferstehung können durchaus vorchristliche Aussagen von der Weisheit als mit auf dem Thron Gottes sitzender Größe[34] die frühe christologische Entwicklung beeinflusst haben. So ist in dem Hymnus, der im 1. Kapitel des Kolosserbriefs zitiert wird, Christus das »Ebenbild des unsichtbaren Gottes« im Sinne der spiritualisierten Weisheit. Deshalb wird er als »der Erstgeborene der ganzen Schöpfung« (1,15) nicht etwa bloß als das erste Glied der Schöpfung verstanden, sondern als der »vor allem« existente Schöpfungsmittler, in dem »alles seinen Bestand hat« (1,17)[35] und in dem zumal seit der Auferstehung die göttliche »Fülle« wohnt (1,19). Dieser Hymnus »stellt Christus eindeutig auf die Seite des Schöpfers [...] dass er am Schöpfungsakt teilhat, unterscheidet Christus also vom Geschöpf«[36]. Manche Exegeten halten das Konzept von Christi Schöpfungsmittlertum für sehr alt und sehen in ihm »die schon in die ersten Anfänge des hellenistischen Kerygmas gehörende Vorstellung von der Göttlichkeit Jesu«[37] begründet. Andere[38] haben indessen die im Neuen Testament teils etwas unsichere Stellung des präexistenten Christus zwischen Schöpfer und Schöpfung dadurch im modernen Sinn zu fixieren versucht, dass sie Argumente für die alte, schon von dem Häretiker *Arius* im 4. Jahrhundert vertretene These beibrachten, der Logos sei als der höchste Engel gedacht worden und gehöre daher doch eindeutig auf die Seite der Kreatur. Doch passen die beigebrachten Indizien überhaupt nicht zu der Tatsache, dass sich nirgends in der Heiligen Schrift Anhaltspunkte für eine Engelverehrung finden, ja dass im Gegenteil Christus mehrfach[39] ausdrücklich über die Engel

34. Vgl. Schimanowski: Weisheit, 331 f.
35. Vgl. Schimanowski: Weisheit, 338; ferner Thiede, Christus, 91 ff.
36. Eduard Schweizer: Der Brief an die Kolosser (EKK, 1976), Lizenzausgabe Berlin 1979, 58.
37. Harald Hegermann: Die Vorstellung vom Schöpfungsmittler im hellenistischen Judentum und Urchristentum, Berlin 1961, 132. Laut Hegermann ist »die Schöpfungsmittlerschaft die wichtigste und älteste [...] inhaltliche Bestimmung der Gottheit des Christus« (137).
38. Zunächst äußerte sich in dieser Richtung der ehemalige Neutestamentler Martin Werner: Die Entstehung des christlichen Dogmas, Bern/Leipzig 1941, bes. 306 f. Zur neueren exegetischen Diskussion vgl. Samuel Vollenweider: Zwischen Monotheismus und Engelchristologie. Überlegungen zur Frühgeschichte des Christusglaubens, in: Ders.: Horizonte neutestamentlicher Christologie. Studien zu Paulus und zur frühchristlichen Theologie, Tübingen 2002, 3-27, bes. 9 ff.
39. Vgl. bes. Hebr 1,3 ff.; 1. Petr 3,22; Kol 2,8 (Kritik am Engel-Kult von Irrlehrern)! Dass

und »Mächte« gestellt und von ihnen kategorisch abgehoben wird. Gewiss kann man Engel selber geradezu kenologisch im Sinne einer »Selbstzurücknahme« und insofern »Selbstkonkretion Gottes« interpretieren[40] – und mag damit die Intention mancher biblischen Aussagen mehr oder weniger treffen. Aber Samuel Vollenweider resümiert in einer brillanten Studie zum Thema: Anders als die Engelfürsten gehört Jesus »auf die *Seite Gottes*, nicht auf die Seite der Kreaturen. ... Im frühen Christentum lässt sich ... nicht von einer eigentlichen Engelchristologie sprechen«[41]. Gerade von daher aber bestätigt sich von exegetischer Seite: Jesus stellt als der von Gott selbst Kommende kein Mischwesen dar, sondern eben die wunderbare Realisation der göttlichen Selbsttranszendenz ins Andere der Schöpfung hinein.

Zum Ausdruck kommt diese Wahrheit einprägsam bereits im ältesten Evangelium, wo der Hauptmann unterm Kreuz den Hingerichteten wahrhaftig als »Gottes Sohn« identifiziert (Mk 15,39), und ebenso im jüngsten Evangelium, wo der Jünger Thomas den Gekreuzigten als den Auferstandenen erkennt und ausruft: »Mein Herr und mein Gott« (Joh 20,28). Historisch-kritische Methodik mag die Geschichtlichkeit dieser Spontan-Bekenntnisse mit Gründen bestreiten und den »mythischen« Charakter neutestamentlicher Bezeugung der göttlichen Natur Jesu Christi behaupten[42]. Doch nochmals sei betont: Nicht jede über die Geschichte hinausweisende Ursprungserzählung verdient »mythisch« genannt und damit für »modernes« Denken als obsolet eingestuft zu werden! Differenziert betrachtet, handelt es sich bei der Botschaft vom Gekommensein des präexistenten Gottessohnes um Strukturen eines eigenartig »*gebrochenen* Mythos«, in dem Geschichtliches und Übergeschichtliches sinnstiftend verschränkt sind[43]. Solch »gebrochener Mythos« befindet sich namentlich im Zeitalter

der Schöpfungsmittler als solcher »eine unbestreitbare Überlegenheit über die Engelmächte« besitzt, unterstreicht Hegermann (Schöpfungsmittler, 177).

40. So Welker: Schöpfung, 72; ähnlich Lange: Glaubenslehre Bd. 1, 348.
41. Vollenweider: Engelchristologie, 16 und 20.
42. Zuletzt z. B. Vollenweider: Weisheit, 43.
43. Gerade diese Art der Verschränkung im Sinne »der Historisierung des Mythos bei Jesus« und der »Mythologisierung seiner Geschichte« (Gerd Theißen: Die Religion der ersten Christen. Eine Theorie des Urchristentums, Gütersloh 2000, 71) stellt in sich einen *gebrochenen* Mythos dar, was Theißen nicht hinreichend bedenkt. Gewiss wird auch dann noch mit Denkmöglichkeiten mythischer Art gearbeitet (52); doch es zeugt von unkritischem Denken, wenn jemand sein eigenes Denken als völlig frei von allen mythischen bzw. metaphysischen Strukturen betrachtet! Paul Tillich hat recht: »Eine wirklich unmythische Geisteslage gibt es nicht« (Art. Mythus und Mythologie: I. Mythus, begrifflich und religionsgeschichtlich, RGG^2 Bd. 4, Tübingen 1930, Sp. 370).

der Moderne in Konkurrenz zu allerlei anderen »gebrochenen Mythen«, die sich freilich großenteils – bar jeglicher Selbstkritik – für völlig »unmythisch« halten.

Nein, es ist legitim, ja unerlässlich, die Sinnfrage und damit die Theodizeefrage über den Horizont des empirisch Wahrnehmbaren hinausgehend zu formulieren – und auf diese Weise auf eine Antwort zu setzen, die dann notgedrungen auch »mythische« Farben enthalten muss, die aber gleichfalls, um von modernen Menschen ernst genommen werden zu können, mit geschichtlichem Denken vermittelt sein muss. Genau das leistet das christologische Dogma. In der Gestalt des Christus Jesus kann der glaubende Mensch darum den Inhalt entdecken, auf den er zuinnerst immer schon angelegt ist[44]: den real und konkret gekommenen Gottmenschen, der ihn end-gültig mit dem Schöpfer und Vollender versöhnt: »Der Urgrund allen Seins, der Schöpfer und Erhalter des Universums, der Gott, der Kosmos und Geschichte durchwaltet, trägt ein für allemal das ›Antlitz‹ eines konkreten Menschen.«[45] Und in diesem Antlitz begegnet ihm das erlösende Du, das dem Ich, ja dem Selbst einschließlich des eigenen Unbewussten[46] wahre Erhellung bringt – nämlich die weder durch Sünde noch durch den Tod, durch überhaupt nichts (Röm 8,38-39) zerstörbare Identität ewigen Lebens.

Darum leuchtet in der Begegnung mit Jesus Christus auch die Antwort auf die Theodizeefrage auf. Hier wird es dem Glaubenden möglich, den Gott der Liebe trotz des Leidens, der Ungerechtigkeiten und Sinnlosigkeiten in der Welt eindeutig zu identifizieren. Damit aber diese Begegnung sich ereignen kann, muss klar geworden sein, dass der gute, heilige Gott selbst den Schritt ins Außen unheiliger Wirklichkeit konkret, nämlich ein für allemal getan hat. Deshalb ist die christliche Lehre von der Selbstentäußerung

44. In diesem Sinn hat Karl Rahner in dem Aufsatz »Probleme der Christologie von heute« (1954) eine »transzendentale Christologie« gefordert (vgl. Karl Rahner: Beiträge zur Christologie, Leipzig 1974, 48 f.).

45. Karl-Josef Kuschel: Geboren vor aller Zeit? Der Streit um Christi Ursprung, München 1990, 642. Von daher ist das Wort Eugen Drewermanns zu bedenken: »Die Angst der menschlichen Existenz lässt sich nur im Gegenüber der Person eines anderen beruhigen« (Glauben, 511). Gründlich zu besiegen ist sie dementsprechend im Gegenüber der Person des Gottmenschen!

46. Vgl. Gerd Theißen: Psychologische Aspekte paulinischer Theologie, Göttingen 1983, 154: »Die Erleuchtung durch die Eikon Christi ist Erhellung des Unbewussten.« Christus entfaltet eine den Menschen verwandelnde archetypische Kraft (147). Nach Carl Gustav Jung ist Christus das »Selbst aller Selbste« (vgl. näherhin Raimar Keintzel: C. G. Jung, Mainz/Stuttgart 1991, 78).

Gottes des Sohnes bei genauer theologischer Reflexion unverzichtbarer Bestandteil des Evangeliums.

Inhaltlich muss sie, da es um die reale Menschwerdung des Gottessohnes gehen soll, eindeutig aussagen, dass der Logos sich seiner göttlichen Herrlichkeitseigenschaften tatsächlich entkleidet hat. Sonst wäre der göttliche Schritt ins Außen des geschöpflichen Seins kein überzeugender, nämlich kein wirklich solidarischer gewesen. Zugleich kommt es hierbei darauf an, eindeutig festzuhalten, dass in Jesus Christus der »Logos« ungeachtet seiner Selbstentäußerung sein göttliches Wesen behalten hat. Sonst wiederum wäre es ebenfalls nichts mit der göttlichen Solidarität, denn sie wäre dann schlicht keine göttliche mehr. Die Lehre von der *kenosis* darf also nicht soweit gehen, dass das Subjekt dieser Entäußerung darüber verlorenginge. Christus als die Person des ins Fleisch gekommenen Logos ist und bleibt substanziell der Sohn Gottes – darauf hat schon Martin Luther mit Recht bestanden. Seine göttliche Natur besteht *substanziell* in seinem personalen Wesen als Logos und vergleichsweise nachrangig in deren Herrlichkeitseigenschaften. Denn der Logos kann sich eben auch real mit den Eigenschaften der Niedrigkeit, des Leids, ja des Todes einkleiden. Das ist der Inhalt des Wortes vom Kreuz, und dieses Wort enthält in sich keimhaft die Antwort auf die Theodizeefrage.

Es ist eine theologische Tragik, dass gerade Luther, der große Theologe des Kreuzes, in dieser Hinsicht noch ein Kind des Mittelalters geblieben ist. Denn die Erkenntnis, dass der Logos seine Herrlichkeitseigenschaften potenziell ablegen kann und das auch getan hat, ist nur dann eine Denkmöglichkeit, wenn man nicht metaphysisch von der Unveränderlichkeit Gottes im substanziellen Sinn ausgeht. Luther aber dachte hier traditionell, und so blieb es ihm ein Rätsel, dass Gott überhaupt leiden konnte[47]. Dem theoretischen Einwand, dass Gott als absolute Substanz keine Akzidentien zulasse und dass also die Annahme der Menschheit durch den Logos akzidentell sei, Jesu Menschsein folglich als nichtgöttlich zu werten sei, hatte er einfach nur formal das Dogma von der Personeinheit der göttlichen und der menschlichen Natur in Jesus Christus entgegenzusetzen[48]. Dabei hätte seine eigene Umformung des Substanz- und des Personbegriffs durchaus eine andere Antwort möglich gemacht: Wenn nämlich der Kern der Person gerade darin

47. Vgl. WA 39 II, 279,26ff. Zurecht betont Althaus: Luthers »dogmatische Theorie des gottmenschlichen Seins Christi ist in sich nicht einheitlich, sondern zeigt Widersprüche. Die Theologie hat bei ihr nicht stehen bleiben können« (Luthers Theologie, 175).
48. Vgl. WA 39 II,111,1-16 (1539).

seine *Substanz* hat, dass sie *relational* verfasst ist, dann macht es ihr Wesen aus, sich um dieser Relation willen entsprechend zu verhalten und beispielsweise aus Liebe Verzicht zu üben, ohne dadurch in der Person, im ureigensten Wesen an Substanz zu verlieren. So gesehen dürfte eine konsequente Kenosis-Lehre durchaus auf der Linie lutherischer Christologie liegen, wie sie dann auch tatsächlich im 19. Jahrhundert namentlich in der Erlanger Theologie entwickelt worden ist.

VIII. Die »Entäußerung des Sohnes« – neu gedacht im 19. Jahrhundert

Auf die Frage nach der theologischen Denkbarkeit der göttlichen Selbstentäußerung in Jesus Christus haben sich im 19. Jahrhundert eine Reihe von Theologen vertieft eingelassen. Das ist damals in einer Weise geschehen, dass es sich noch heute lohnt, darüber nachzudenken. Trennt man im Erinnern die Spreu vom Weizen, dann lassen sich aus dem einstigen Diskurs wertvolle Anregungen für eine sowohl schriftgemäße als auch zeitgemäße Rede von der Selbstentäußerung des Logos aus seinem himmlischen Sein hinein in unsere leidvolle Wirklichkeit entnehmen.

Als David Friedrich Strauß 1835 sein »Leben Jesu« veröffentlicht hatte, waren in diesem Werk deutliche Tendenzen zur »Entmythologisierung« des Christus hervorgetreten. Was nicht ins Konzept der aufgeklärten Vernunft passe, müsse als Mythos betrachtet und uminterpretiert werden, hieß es darin. Es gelte, im mythischen Stoff den idealistischen Kern anzuerkennen und verbindlich zu machen: »Dieses allein ist der absolute Inhalt der Christologie: dass derselbe an die Person und Geschichte eines Einzelnen geknüpft erscheint, hat nur den subjektiven Grund, dass dieses Individuum durch seine Persönlichkeit und seine Schicksale Anlaß wurde, jenen Inhalt in das allgemeine Bewußtsein zu erheben [...] Die Gemeinde bezieht die kirchliche Christologie auf ein zu gewisser Zeit geschichtlich dagewesenes Individuum: der speculative Theolog auf eine Idee, die nur in der Gesamtheit der Individuen zum Dasein gelangt«[1]. Konsequent hatte Strauß von daher den Menschen Jesus der historischen Kritik preisgegeben. Gerade zum Schutz vor seiner radikalen Demontage der Christologie öffneten sich die Theologen seiner Zeit ganz neu Überlegungen, die Jesus realistisch als Gottessohn in kenotischer Selbsterniedrigung denken ließen.

Hilfreich war zu jener Zeit der Umstand, dass einige Jahre zuvor – näm-

1. David Friedrich Strauß: Das Leben Jesu, kritisch bearbeitet, 2 Bde., Tübingen 1835/36, hier Bd. II, 735 und 740. Zu Straußens Leben und Werk vgl. Helmut Thielicke: Glauben und Denken in der Neuzeit, Tübingen 1983, 456ff., bes. 466; Angelika Dörfler-Dierken/Jörg Dierken: Einleitung, in: David Friedrich Strauß: Der Christus des Glaubens und der Jesus der Geschichte (1865), neu herausgegeben von Angelika Dörfler-Dierken/Jörg Dierken, Waltrop 2000, 5-45.

lich seit 1831 – leise und doch unüberhörbar der Philosoph Friedrich Wilhelm Josef von Schelling (1775-1854)[2] mit seiner »Philosophie der Offenbarung« hervorgetreten war: Sein mutiger Vorschlag einer Christologie, die die Entäußerung des Logos entgegen der dogmengeschichtlichen und auch lutherischen Tradition bereits vor der Inkarnation ansetzt, wies im Grunde den Weg zur Lösung des Problems. Noch als in der altprotestantischen Orthodoxie der Kenosis-Streit zwischen Tübingen und Gießen (1616-1624) um die Frage entbrannt war, ob Christus im Stand der Erniedrigung auf den vollen Gebrauch seiner göttlich-majestätischen Wirkmacht willentlich verzichtet oder diese lediglich verborgen habe[3], war man sich doch in einem einig gewesen: Der Erlöser macht zumindest seit seiner Erhöhung uneingeschränkt von seinen göttlichen Eigenschaften Gebrauch. Aber der damals unentschiedene Streit hatte immerhin für Jesu irdisches Menschsein gegen die bis dahin geläufige dogmengeschichtliche Tradition den Gedanken einer wirklichen Entäußerung des Logos in die Welt der Vergänglichkeit und des Leidens hinein ernsthaft in die Diskussion gebracht.

Durch Schelling wurde nun dieser Denkweg im rechten Moment theologisch wieder aktuell, zumal er bei dem idealistischen Philosophen keineswegs zu der Konsequenz führte, dass ein sich in die menschliche Endlichkeit zusammenziehender Logos zwangsläufig seiner Gottheit verlustig gegangen sein müsste. Vielmehr machte Schelling deutlich, dass die Selbstentäußerung des Gottessohnes mitnichten die Aufhebung seiner innersten göttlichen Identität implizierte! Insofern verwundert es auch nicht, dass die unterschiedlichen Bemühungen theologischer Kenotiker, das christologische Dogma vor dem Angriff Straußens zu retten, allesamt mehr oder weniger gedankliche Einflüsse des späten Schelling verrieten[4]. Es gab in jenen Jahr-

2. Vgl. Arsenij Gulyga: Schelling – Leben und Werk, Stuttgart 1989.
3. Die *Gießener* Theologen sahen mehr auf den Willen der göttlichen Natur und lehrten, Christus habe im Stand der Erniedrigung auf den vollen Gebrauch seiner göttlichen Wirkmacht verzichtet; so habe er seine göttlichen Wesenseigentümlichkeiten wie etwa die leibliche Allgegenwart tatsächlich zurückgenommen. Die *Tübinger* schauten dagegen mehr auf die Substanz der göttlichen Natur und bestanden im Sinne Luthers darauf, Christus habe während seines irdischen Lebens und Leidens die göttliche Natur lediglich verborgen und in manchen Fällen – etwa bei Wundertaten – auch offen deren Macht gezeigt. Vgl. näherhin die gründliche, aber einseitige Darstellung bei Jörg Baur: Auf dem Wege zur klassischen Tübinger Christologie. Einführende Überlegungen zum sogenannten Kenosis-Krypsis-Streit, in: Ders.: Luther und seine klassischen Erben. Theologische Aufsätze und Forschungen, Tübingen 1993, 204-289.
4. »Bekannt ist der Einfluß Hegels wie auch Schellings auf die Erlanger Theologie«, schreibt Reinhard Slenczka: Geschichtlichkeit und Personsein Jesu Christi. Studien

zehnten nach dem »Erdrutsch«[5], den Strauß mit seinen Thesen in der theologischen Wissenschaft erzeugt hatte, eine ganze Reihe von Entwürfen ausgesprochen kenotischer Christologie[6]. Im folgenden kommen nur einige wichtige davon zur Darstellung, um an ihnen exemplarisch die wichtigsten Ausformungen des erneuerten Kenosis-Gedankens deutlich zu machen.

1. Dauerhafter Verzicht auf Allmacht?

Der Theologe *Johann Heinrich August Ebrard* (1818-1888), der 1847 erster Inhaber des Erlanger Lehrstuhls für Reformierte Theologie wurde[7], hatte 1842 eine gegen das »Leben Jesu« von Strauß gerichtete Untersuchung vorgelegt. Sie sollte zeigen, dass sich Jesu geschichtliches Leben durchaus mit der kirchlichen Christologie verträgt. Ebrard entfaltete in Anlehnung an den Philipperhymnus die These, Christus habe im Zuge seiner Selbstentäußerung keineswegs das göttliche Wesen aufgegeben, vielmehr nur die göttliche Existenzform[8]! Und zwar habe er seine göttlichen Logos-Eigenschaften wie Allmacht, Allgegenwart, Allwissenheit und Heiligkeit bei der Menschwerdung nicht hinter sich gelassen, sondern nur modifiziert[9].

zur christologischen Problematik der historischen Jesusfrage (Forschungen zur systematischen und ökumenischen Theologie 18), Göttingen 1967, 300. Vgl. näherhin Martin Breidert: Die kenotische Christologie des 19. Jahrhunderts, Gütersloh 1977, bes. 278ff. u.ö.; ferner Lucien Richard: Christ: the self-emptying of God, New York 1966.

5. So Emanuel Hirsch: Geschichte der neuern evangelischen Theologie im Zusammenhang mit den allgemeinen Bewegungen des Europäischen Denkens, Bd. 5, Gütersloh 1954, 499.
6. Vgl. Breidert: Christologie, 316f. Ferner Oscar Bensow: Die Lehre von der Kenose, Leipzig 1903; Tobias Trappe: Allmacht und Selbstbeschränkung Gottes. Die Theologie der Liebe im Spannungsfeld von Philosophie und protestantischer Theologie im 19. Jahrhundert, Zürich 1997.
7. Vgl. E. H. Pältz: Art. Ebrard, in: RGG[3], Bd. 2, 300f. Immerhin war kaum ein »Theologe des letzten Jahrhunderts so in allen empirischen Wissenschaften zu Hause wie Ebrard«, betont Werner Elert: Der Kampf um das Christentum, München 1921, 242f.
8. Vgl. J. H. A. Ebrard: Wissenschaftliche Kritik der evangelischen Geschichte. Ein Compendium der gesammten Evangelienkritik mit Berücksichtigung der neuesten Erscheinungen, Frankfurt/M. 1842, bes. 272.
9. Vgl. Ebrard: Kritik, 274f.

Damit meinte Ebrard eine bewusste Transformation dieser Eigenschaften im Sinne ihrer quantitativen Herabsetzung zwecks Angleichung an die menschliche Natur. So sei aus der göttlichen Allwissenheit Christi seine menschliche Irrtumslosigkeit geworden – und aus seiner göttlichen Allmacht die Fähigkeit zum Wundertun. Selbst seine Heiligkeit sei dahingehend eingeschränkt gewesen, dass er als »wahlfreier« Mensch ernsthaft versucht werden konnte[10].

Im Hintergrund von Ebrards Kenosis-Vorstellung steht zum einen die richtige Prämisse, dass Gottes Wesen nicht *per se* Zeitlichkeit und Räumlichkeit ausschließen muss, ja dass die christliche Rede von der Menschwerdung des Logos allemal ein positives Verhältnis Gottes zum Menschsein voraussetzt[11]. Doch nicht dieser Gedanke dominiert hier eigentlich, sondern es ist das von Schelling her wirksame Paradigma der monistischen Identitätsphilosophie, das sich maßgeblich auswirkt. In diesem Paradigma sind die Unterschiede zwischen göttlicher und menschlicher Natur keine gravierenden, sondern ontologisch nur von quantitativer Art. Zeitlichkeit und Räumlichkeit gelten von daher ebenso wie die konkrete Menschheit Christi als Erscheinungsformen des Göttlichen.

Christus ist in diesem Sinn selber nur der Anfänger der vom Wesen Gottes durchdrungenen Menschheit überhaupt[12]. Zwar ist es nicht der Vater, sondern nur der Logos, der nach Ebrards Überzeugung in die Zeitform eingeht, denn dem Vater ist die Ewigkeitsform als solche wesentlich. Aber es gibt doch zwischen Gott und Mensch eine grundsätzliche Verwandtschaft, die darin zum Ausdruck kommt, dass beide ein unendliches, ewiges Ich besitzen. Aus dieser Äußerung Ebrards, die sich zu Beginn seiner »Christlichen Dogmatik« findet[13], leuchtet eine monistische Tendenz hervor. Sie spricht auch aus der These: »Gott hätte nicht in *Menschen*gestalt erscheinen können, wenn nicht in ihr sich das Gotte mit dem Menschen gemeinsame Wesen ausgedrückt hätte.«[14] Diese Behauptung eines gemeinsamen Wesens zwischen Gott und Mensch illustriert zur Genüge, dass die dogmatisch gebotene Unterscheidung zwischen der göttlichen und der menschlichen Natur in Christus sich in solchem Denken relativiert. »Von dieser Voraussetzung aus wundert es natürlich nicht mehr, wie der ewige Logos sein Wesen

10. Diese These hat Ebrard erst später entwickelt (vgl. Breidert: Christologie, 226f.).
11. Vgl. Ebrard: Kritik, 276.
12. Vgl. Breidert: Christologie, 217f.
13. J. H. A. Ebrard: Christliche Dogmatik, Bd. 1, Königsberg 1851, 6f.
14. Dogmatik, 253.

beibehalten konnte und unter Vertauschung der Existenzform zur gleichsam menschlichen Seele wurde.«[15]

Tatsächlich hatte Ebrard die These entwickelt, der ewige Logos habe in der Zeitlichkeit die Form einer menschlichen Seele angenommen, ja er sei zu einer menschlichen Seele geworden. Das war von ihm keineswegs in jenem Sinn gemeint, wie ihn einst der Häretiker Apollinaris von Laodicea († um 390) vertreten hatte, indem er die göttliche und die menschliche Natur Jesu Christi vermischte. Denn Apollinaris hatte sich den in Jesus einwohnenden Logos eben nicht kenotisch gedacht – und darum Jesu wahres Menschsein gerade verfehlt. Nach Ebrard indessen wusste der irdische Jesus sich nicht einmal mehr als den ewigen Logos, wenngleich noch als Sohn Gottes[16].

Der Erlanger Theologe nahm den Gedanken der Kenosis des Logos so radikal, dass er betonte, der Mensch gewordene Christus habe die weltregierende Ewigkeitsform der göttlichen Eigenschaften sogar mit seiner Erhöhung, also mit Auferstehung und Himmelfahrt, nicht zurückerhalten. Vielmehr habe er die Ewigkeitsform für immer aufgegeben, nämlich willentlich aus seiner ursprünglichen Allmacht heraus auf eben diese dauerhaft verzichtet, um wahrhaft Mensch sein zu können. Dieser tiefsinnige Gedanke hatte freilich zwei Nachteile. Zum ersten ist die so gedachte »Entäußerung« unter dem Einfluss des Paradigmas monistischer Identitätsphilosophie kein wirklich radikaler Gedanke; denn ein echtes »Außen« gibt es in diesem Denkrahmen ja gar nicht! Die Idee, die menschliche Natur Christi sei eine Existenzform seiner göttlichen Natur, setzt eine zu spannungslose Identität, in der der Schmerz des Kreuzes nicht mehr angemessen zum Ausdruck kommen kann. Auch jede christliche Theodizee müsste an solch christologischem Monismus Schaden nehmen. Zum zweiten widerspricht dieses Kenosis-Konzept eindeutigen Aussagen des Neuen Testaments – beispielsweise am Ende des Matthäusevangeliums (28,18), wo der Auferstandene sehr wohl von der ihm gegebenen Allmacht spricht. Die Frage ist, ob und wie sich Gebrards Bemühen um eine klare, realistische Auffassung des Menschseins Christi mit den biblischen Vorgaben vermitteln lässt.

15. Breidert: Christologie, 224.
16. Vgl. Breidert: Christologie, 225.

2. Christi göttliche Natur als natürlicher Gehalt seiner menschlichen Natur?

Ähnlich und noch radikaler als Ebrard hat *Wolfgang Friedrich Geß* (1819-1891) die Kenose des Gottessohnes gelehrt: Christus sei Gott aus freier Liebe heraus ungleich geworden, indem er sich sämtlicher göttlicher Eigenschaften entäußert habe[17]. Selbst sein Gezeugtwerden in der Ewigkeit sei während seiner Erdenzeit suspendiert gewesen[18]. So sei der Logos substanziell selbst zum menschlichen Geist in Christus geworden. Diese Aussage hat Geß den Vorwurf des Apollinarismus eingetragen; doch Apollinaris hatte einst bei seiner Behauptung, der Logos sei an die Stelle des menschlichen Geistes getreten, anders als nun Geß gerade seine Unwandelbarkeit vorausgesetzt – und damit die Wirklichkeit von Jesu Menschsein gesprengt. Was Geß indessen tatsächlich vorzuwerfen ist, ist die Radikalität der These vom Verzicht auf *sämtliche* göttliche Eigenschaften: Sie hat ihn dazu gebracht, sich in der Konsequenz von der christologischen Zweinaturenlehre, wie sie 451 n. Chr. vom IV. Ökumenischen Konzil in Chalcedon formuliert worden war, überhaupt zu distanzieren.

Aber Geß konnte in einer Hinsicht dann doch von der göttlichen Natur reden, und zwar von der der menschlichen Seele: Sie sei »ein Funke des göttlichen Feuers«[19]. Auch hier tritt wieder Schellings Einfluss zu Tage. Diese von monistischer Identitätsphilosophie durchdrungene Anthropologie lässt an das Modell der Emanation des Ewigen ins Zeitliche denken; sie dürfte auch der These von der Selbstverwandlung des Logos in eine menschliche Seele zugrunde gelegen haben. Das aber »setzt voraus, dass Logos und menschliche Seele denselben Ursprung haben und nur quantitativ verschieden sind«[20].

Noch eindeutiger im Paradigma der monistischen Identitätsphilosophie ist die kenotische Christologie von *Karl Theodor August Liebner* (1806-1871) anzusiedeln. Die Bezüge zu Schelling und zur theosophischen

17. Vgl. Wolfgang Friedrich Geß: Die Lehre von der Person Christi, entwickelt aus dem Selbstbewußtsein Christi und aus dem Zeugnisse der Apostel, Basel 1856, bes. 296. In solcher Kenosis kommt nach Geß die *Unveränderlichkeit* der göttlichen Liebe zum Ausdruck, die ihr Wirken je nach den Bedingungen und Verhältnissen *verändert* (319 und 404 f.).
18. Vgl. Geß: Lehre, 301 und 307.
19. Geß: Lehre, 189.
20. Breidert: Christologie, 131.

Tradition liegen hier noch klarer zu Tage[21]. Für Liebner ist die Zeit sozusagen »auseinander gewordene Ewigkeit«. Schon der ewige trinitarische Liebesprozess ist demnach als absolutes Werden zu begreifen: Er erfolgt in gegenseitiger Hingabe, die selbst eine Art Kenose der drei göttlichen Personen aufeinander hin bedeutet. Der Umschlag dieser ewig-gleichzeitigen Bewegung in der immanenten Trinität nach außen in die ökonomische Trinität setzt die innere Dynamik wiederholend in Gestalt der Menschwerdung fort und transformiert sie in die irdisch-zeitliche Abfolge von Momenten. Liebner spricht hier vom Prozess der gottmenschlichen Entwicklung, der auf die absolute Wiederherstellung des ewigen Sohnes, und zwar nun des realen *Gottmenschen* als des Hauptes seiner Gemeinde ziele[22]. Die »Entäußerung« erfolge beim irdischen Jesus wie beim göttlichen Logos nicht an die Welt, sondern an den Vater hin; immanente und ökonomische Trinität bildeten insofern eine Kontinuität[23]. Die Welt selbst sei bei alledem von sekundärer Bedeutung; die Trinität funktioniere zunächst ohne sie[24]. Erst auf Grund eines göttlichen Ratschlusses komme es zur Schöpfung. Der aber entspreche der innertrinitarischen Gegebenheit, dass der Sohn als zweite Person zugleich die »ewige göttliche, gottimmanente Menschheit« und den Archetyp der »Weltidee«[25] darstelle. Es ist bezeichnend, dass das Menschsein Jesu bzw. die Menschheit hier als bereits innergöttlich vorhanden vorgestellt wird. Das Andere Gottes ist also nicht wirklich sein *Anderes*. Man merkt das bei Liebner daran, dass er sagen kann, Liebe sei Selbstmitteilung ans »Andere Seiner«, und Gottes Liebe finde ihr adäquates Objekt nur in etwas, das ihm wesensgleich sei[26]. Welt und Mensch bilden in der Folge nur niedrigerschwingende, zeitlich auseinandergezogene Wiederholungen des ewigen Spiels. Sie sind insgesamt die Verwirklichungen des Logos in der Geschichte[27], damit aber selbst »göttliche Geschichte«[28].

Jesus Christus gilt in diesem monistisch geprägten Denkhorizont als das

21. Vgl. Breidert: Christologie, 185 und 197.
22. Vgl. Karl Theodor August Liebner: Die christliche Dogmatik aus dem christologischen Prinzip, Bd. I/1: Christologie oder die christologische Einheit des dogmatischen Systems, Göttingen 1849, 150.
23. Vgl. Liebner: Dogmatik, 160 und 348.
24. Vgl. Liebner: Dogmatik, 107 f.
25. Vgl. Liebner: Dogmatik, 153 f., 163, 180, 276, 283 f. und 290.
26. Vgl. Liebner: Dogmatik, 110 und 128. Dazu Breidert: Christologie, 188 und 211. »Die Liebe des Schöpfers zu seinem Geschöpf scheint Liebner nicht zu kennen« (Breidert: Christologie, 211).
27. Breidert: Christologie, 204.
28. Liebner: Dogmatik, 290.

»Zentralindividuum« der Menschheit. Liebner möchte mit dieser These gegenüber Strauß beweisen, dass sich sehr wohl in einem einzigen Individuum die Fülle der Idee der Menschheit realisieren könne. Gleichwohl will er diese Realisierung nicht in exklusivem Sinn verstanden wissen. Der ewige, ideale Gottmensch legt sich im Prozess der zeitlichen Schöpfung in eine Vielheit relativer, endlicher Persönlichkeiten oder Gefäße für den göttlichen Inhalt auseinander[29]. Die gesamte Menschheit ist in der Idee des Logos geschaffen und daher wesenseins mit ihm[30]. Doch während die vielen Menschen nur einzelne Abstraktionen des Logos sind, finden sie in Jesus Christus ihre vollkommene, organische Darstellung.

Der Gottessohn ist in seiner historischen Erscheinung nicht mehr als Schöpfungsmittler, sondern als Erlöser tätig. Sein Selbstbewusstsein ist ein gottmenschliches; genau gesprochen: Er weiß sich mit zunehmendem Erwachen seines menschlichen Bewusstseins dank der erweckenden Vermittlung des Heiligen Geistes als Gottmensch. Damit kann er die in ihm verwirklichte, urbildliche Idee der Gottmenschheit dem Menschheitsorganismus mitteilen. Kein Wunder, dass der Kreuzestod Jesu hier keine Rolle spielt[31], statt selbst im biblischen Sinne Wurzel der kenotischen Überlegungen zu sein!

3. Wurde der Logos für immer Mensch?

Eine doch etwas andere Sicht hat der Erlanger Theologe *Gottfried Thomasius* (1802-1875) entwickelt, der nicht von ungefähr zum wohl bekanntesten Vertreter der kenotischen Christologie im 19. Jahrhundert geworden ist. Seine Absicht war es ausdrücklich, das lutherische Bekenntnis weiterzubilden; denn die Lehrbildung war mit dem Reformationszeitalter, wie der Streit um die Kenosis zwischen Tübingen und Gießen gezeigt hatte, noch nicht abgeschlossen gewesen. Mit Luther stimmte er darin überein, dass die Lehre von Christus einen gegenseitigen Austausch, eine wechselseitige Mitteilung[32] der beiden Naturen im Gottmenschen einschließen sollte. Aber er

29. Liebner: Dogmatik, 284; vgl. 276.
30. Liebner: Dogmatik, 319 f. und 347.
31. Liebner erwähnt ihn nur beiläufig ein einziges Mal (Dogmatik, 346).
32. Theologischer Fachausdruck: *communicatio idiomatum*.

setzte den Akzent neu, indem er betonte: Lutherische Christologie darf nicht bei der Aussage stehen bleiben, die menschliche Natur Christi habe an den Eigenschaften der göttlichen Anteil[33], sondern umgekehrt ist auch zu lehren, dass die göttliche Natur des Logos selbst im Zuge der Inkarnation an den Eigenschaften der menschlichen Natur Anteil gewinnt: »Scheuen wir den kühnen Schritt nicht; die ganze geschichtliche Entwicklung des Dogma drängt dazu [...]. Wir nehmen also eine Selbstbeschränkung des Logos in der Menschwerdung an. So weit der Eine, ungetheilte Christus die Gottheit besitzt, so weit hat er sich ihrer auch als Gott begeben.«[34]

Und wie weit genau, darüber hat Thomasius noch weiter nachgedacht. Er lehrte keine quantitative Verminderung der göttlichen Natur zwecks Angleichung an die menschliche, wie das die anderen Vertreter kenotischer Christologie in geistiger Nachbarschaft zu Schelling getan hatten. Ihm ging es vielmehr um eine qualitative Selbstbeschränkung des Logos im Zuge seiner Menschwerdung, also des realen Überstiegs ins Andere der kreatürlichen, schmerzvollen Welt[35]. Das Fleisch-Werden war nach seinem Verständnis ein wirkliches Leiden und Ausdruck des Mitleidens Gottes selbst. Diese Erklärung liegt in der Tat auf der Linie lutherischer Kreuzestheologie. Martin Breidert kommentiert: »Die Kenotik hat den Sinn, Christus in seinem Leiden und Sterben als den stellvertretenden Repräsentanten der Menschheit erscheinen zu lassen.«[36]

Die Entäußerung des Logos, seine Selbstbeschränkung zwecks Fleischwerdung kann dabei nicht bedeuten: Der Logos identifiziert sich mit einem bestimmten Individuum, hier eben mit dem Menschen Jesus von Nazareth. Vielmehr muss das Annehmen der menschlichen Natur Vereinigung mit ihr besagen. Und diese *unio* darf in der Tat nicht bloß nach dem althergebrachten christologischen Schema die Aufnahme des Menschlichen ins Göttliche

33. Nach Luther bedeutet die Union von Logos und Fleisch keine Substanzveränderung der beiden Naturen (vgl. Tuomo Mannermaa: Theosis als Thema der finnischen Lutherforschung, in: Luther und Theosis. Veröffentlichungen der Luther-Akademie Ratzeburg 16, hg. von J. Heubach, Erlangen 1990, 11-26, bes. 19).
34. Gottfried Thomasius: Ein Beitrag zur kirchlichen Christologie, in: Zeitschrift für Protestantismus und Kirche, Erlangen 9/1845, 1-30, 65-110 und 218-258 (auch separat erschienen unter dem Titel: Beiträge zur kirchlichen Christologie, Erlangen 1845), hier 107-109.
35. Dabei wusste Thomasius positiv um eine »natürliche Verwandtschaft des menschlichen Geistes mit dem göttlichen« (Beitrag, 85) in dem Sinne, dass der menschliche Geist nicht ohne den göttlichen sein könnte (nicht etwa im Sinne substanzieller Identität) – vgl. Joh 1,9.
36. Breidert: Christologie, 101.

meinen. Thomasius fasst den Kenosis-Gedanken mit Recht so, dass er die ein für alle Mal geschehene Abstiegsbewegung des göttlichen Logos ins Fleisch hinein aussagt[37] – gemäß Joh 1,14, wo es wörtlich heißt: »Das Wort *wurde* Fleisch«. Von daher erklärt er: Mit der bloßen Aufnahme der menschlichen Natur Jesu ins Göttliche »bringen wir es noch nicht zum vollen Begriff eines Gottmenschen, d. h. eines Menschen, welcher Gott *ist*, sondern immer nur zu einem Verhältniß der Gegenseitigkeit und Gemeinschaft, von dem sich eine gewisse Duplicität nicht entfernen läßt.«[38] Inkarnation muss vielmehr bedeuten, dass der Logos von der göttlichen Existenzform wirklich in die einer menschlichen Persönlichkeit[39] übergegangen ist – ohne dabei freilich sein göttliches Wesen aufzugeben. Sonst ist die Brücke zwischen Gott und leidvoller Welt nicht wirklich geschlagen – und eine tragfähige Antwort auf die Theodizeefrage bleibt außer Reichweite.

Allerdings wird für diese Lösung nun eine Unterscheidung der Eigenschaften innerhalb des göttlichen Wesens unerlässlich. Dieser Unterscheidung entspricht eine Scheidung, die in sich bereits Schmerz, Verzicht impliziert. Im Ursprung nämlich eignen dem Logos zweifellos alle göttlichen Herrlichkeitseigenschaften uneingeschränkt, während er zum Zweck der Menschwerdung einen Teil von ihnen in freier Entscheidung zurücklässt. Diese Entscheidung beruht auf seinem innersten Wesen der Liebe[40] – und steht in vollem Einklang mit den anderen beiden Personen der Trinität, also auch tatsächlich mit dem göttlichen Wesen schlechthin. Sie geht lediglich zu Lasten vergleichsweise nachrangiger Eigenschaften des Göttlichen. Hierunter versteht Thomasius jene Eigenschaften, die das Verhältnis des Schöpfers

37. Konsequent lehnte er in seinem Hauptwerk »Christi Person und Werk. Darstellung der evangelisch-lutherischen Dogmatik vom Mittelpunkte der Christologie aus« (3 Bände, Erlangen 1853-61) die Vorstellung von einer ewigen gottmenschlichen Einheit ab, denn damit würde etwas voraus-gesetzt, was sich erst geschichtlich realisieren soll (Bd. II, 144). Der Gedanke des Überstiegs ins Geschichtlich-Kreatürliche darf nicht verflacht werden durch die Behauptung der ewigen Gegebenheit solcher Verknüpftheit.
38. Thomasius: Beitrag, 234. Die Duplizität, gegen die sich Thomasius wendet, ist die einer Trennungschristologie; er will eine konsequente Einigungschristologie entwerfen, die freilich nicht die Zweiheit der Naturen beseitigen soll (das wäre gegen die Einwände von Breidert: Christologie, 65 und 90, geltend zu machen).
39. Thomasius verbindet das Dogma von der Enhypostasie mit dem modernen Persönlichkeitsbegriff (vgl. Bensow: Kenose, 28 ff.).
40. Das Wesen der Liebe ist es, »daß sie Alles, nur nicht sich selbst, aufzugeben, daß sie jede, auch die äußerste Beschränkung auf sich zu nehmen […] vermag« (Christi Person und Werk, Bd. II, 205).

nach außen, zur Schöpfung hin charakterisieren – also Allmacht, Allwissenheit und Allgegenwart[41]. Nur durch den Verzicht auf sie lässt sich die Menschwerdung des Logos stringent denken – schließt sie doch Zustände bis hin zur Bewusstlosigkeit des Menschgewordenen ein[42]!

Die von dem Erlanger Theologen in Anlehnung an Schelling versuchte Abstraktion in der Eigenschaftslehre ist allerdings nicht restlos gelungen: Sie benennt die relationalen Eigenschaften des Schöpfungsmittlers als verzichtbare und übersieht dabei, dass doch gerade die innerste, von ihm ja beibehaltene Eigenschaft der Liebe ihrerseits eine relationale darstellt[43]! Problematischerweise geht Thomasius davon aus, dass die Relation zur Welt für Gott nicht wesentlich sei. Zu »gespalten« sind Schöpfer und Schöpfung hier trotz des intensiven Bemühens um wirkliche Fleischwerdung des Logos gedacht! Richtiger hätte Thomasius überlegen müssen: Die Eigenschaften, auf die der Logos auf dem Weg zur Fleischwerdung verzichtet, sind genau diejenigen, die der göttlichen Natur insofern angehören, als diese der menschlichen Natur definitiv *gegenüber*steht. Solches Gegenüberstehen ist freilich wiederum nur ein Teilmoment des göttlichen Wesens, zu dem es gleichzeitig gehört, dieses Gegenüber zu transzendieren. Es ist gerade diese Dialektik in der göttlichen Natur selbst, die im christologischen Dogma von Chalcedon zum Ausdruck kommt: »Unvermischt« steht Gottes Natur der menschlichen bzw. kreatürlichen gegenüber; und dennoch ist das nur eine Teilwahrheit, der die andere Wahrheit korrespondiert, dass beide Naturen »ungetrennt« sind[44].

Die faktische Menschwerdung des Logos akzentuiert das Moment des

41. Vgl. Thomasius: Beitrag, 248. Thomasius ist sich bewusst, hiermit die orthodoxe Lehre von den Eigenschaften Gottes preisgegeben zu haben (90). Auch Sören Kierkegaard übrigens gab zu jener Zeit der schon erwähnten Überzeugung Ausdruck, dass eine freie Selbstbeschränkung Gottes im Sinne einer Selbstzurücknahme seiner Allmacht angenommen werden müsse, damit die menschliche Freiheit gedacht werden könne (vgl. Dietz: Kierkegaard, 74).
42. Thomasius kann unbedenklich von einer Bewusstlosigkeit des Logos reden, weil er (Unter-)Bewusstsein und Person (bzw. Hypostase) als das Umgreifendere zu unterscheiden weiß (vgl. Breidert: Christologie, 60f. und 98). Alois Grillmeier hat gleichwohl Recht mit dem Befund, dass bis heute keine allgemein angenommene und widerspruchslos durchdachte Lehre vom menschlichen Wissen Jesu, nämlich seiner irdischen Beschränktheit erarbeitet ist (Jesus der Christus, Freiburg i. Br. 1989, Bd. 2/2, 533).
43. So mit Recht Breidert: Christologie, 105f.
44. »Das Dogma von Chalcedon steht hier durchaus in der Kontinuität der apostolischen Tradition, auch wenn die Einflüsse der hellenistischen Kultur und ihrer Denkungsart sicher bedeutend stärker geworden sind«, betont Gunther Wenz: Wahrer Gott und

Ungetrenntseins der beiden Naturen. Das Moment ihres Unvermischtseins hingegen ist auf andere Weise gesichert – nämlich durch die Wahrung der innersten Identität des Logos hinsichtlich seines personalen, durch reine Liebe charakterisierten Wesens einerseits und durch die eben damit gegebene Verbundenheit mit dem Vater und dem Geist andererseits, in denen die die Naturen differenzierenden Eigenschaften lebendig geblieben sind. Eine solche Unterscheidung innerhalb der göttlichen Eigenschaften ist durchaus schriftgemäß: Sie entspricht der kenotischen Aussage des Philipperhymnus, wonach Christus seine göttliche Gestalt[45] zugunsten der Menschengestalt aufgegeben hat, ohne deshalb auf sein Gottsein verzichtet zu haben.

Dass bei Thomasius der Brückenschlag durch die Selbstentäußerung des Logos nicht gänzlich gelingt, zeigt sich auch an seiner Lehre von der doppelten Herrlichkeit Christi. Demnach hat der Gottessohn zwar im Zuge der Kenose auf seine ursprüngliche Herrlichkeit beim Vater verzichtet, sie aber bei seiner Erhöhung wieder zurückerhalten[46]. Thomasius beruft sich hierfür auf das hohepriesterliche Gebet Jesu, wo dessen Bitte um erneute Verherrlichung in Analogie zur ursprünglichen, vorweltlichen Klarheit auftaucht (Joh 17,5). Doch diese Aussage besagt keineswegs das, was Thomasius aus ihr herauslesen will, nämlich eine Art Rückgängigmachung der *Menschwerdung*. Das Neue Testament bezeugt eindeutig, dass der Erhöhte in Menschengestalt erschienen ist und auch als der »Menschensohn« wiederkommen wird. An diesem Punkt hat Geß klarer gesehen und gelehrt, dass bei der Erhöhung ein Mensch in die Trinität aufgenommen worden ist und das Menschsein Christi nie wieder verlorengeht[47]. Dafür hat Thomasius ansatzweise erkannt, dass es gerade die Verbindung des Sohnes mit dem Vater und dem Heiligen Geist[48] ist, durch die dem irdischen Christus

wahrer Mensch. 1550 Jahre Konzil von Chalcedon, in: Nachrichten der Evang.-Luth. Kirche in Bayern 56 (2001), 281-283, hier 283.

45. Die altprotestantische, z. B. von Johann Gerhard im vierten seiner »Loci theologici« vertretene Lehre, der *logos incarnatus* sei das Subjekt der Kenose, scheitert am Text des Philipperhymnus, der die Menschengestalt erst als Ergebnis der Entäußerung setzt.
46. Vgl. Thomasius: Christi Person und Werk, Bd. III/1, 358.
47. Vgl. Geß: Lehre, 389.
48. Von einer »Kenosis des Geistes« (Lyle Dabney) zu reden, ist nur dann sinnvoll, wenn man zwischen der Kenose des Sohnes im Sinne seiner Fleischwerdung und der Kenose des Geistes im Sinne seines Einwohnens im Fleisch unterscheidet. Während Christus sich kenotisch entleert hat, ist der Heilige Geist in seiner Kenosis kryptisch (hier greift die alte Tübinger These!), denn er wird er nicht Mensch, sondern nimmt die Mensch-

göttliche Allmacht und Allgegenwart zukommt[49]. Und diese Erkenntnis lässt sich – im Gegensatz zu Thomasius – durchaus auch auf den als *Mensch* erhöhten Christus übertragen. Erst mit diesem Transfer vollendet sich eine konsequent durchreflektierte kenotische Christologie.

Weil aber eine derartige Vollendung im 19. Jahrhundert fehlte[50], konnte es im 20. Jahrhundert zu einem umgekehrten Transfer von der Kenosis Christi auf die trinitarische Gottheit in dem Sinne kommen, dass man überhaupt nicht mehr von göttlicher Allmacht und Allgegenwart zu reden gewagt und gemeint hat, mit Christi Kreuzestod auch den »Tod Gottes« insgesamt aussagen zu müssen[51].

heit »nur« an. Seine Hingabe ist seine Kenosis, die wiederum identisch ist mit seiner Verborgenheit im Bewusstsein des Menschen.

49. Vgl. Thomasius: Christi Person und Werk, Bd. II, 300.
50. Der Ansatz der Kenotiker des 19. Jahrhunderts war im Prinzip richtig, wurde aber – wie dargelegt – auf der problematischen Grundlage eines idealistischen Menschenbildes durchgeführt. Die Bemühungen um die Berücksichtigung eines realistischen Menschenbildes mündeten im 20. Jahrhundert in die Konzeptionen einer sogenannten, hier nicht näher dazustellenden »Relations-« oder »Geist-Christologie«, vergaßen aber dabei die Legitimität des kenotischen Anliegens. Sie kamen daher zu einer (unausgesprochenen) Vorstellung von den zwei in lebendiger Relation zueinander stehenden Naturen, ohne deren seinsmäßige Vereinigung hinreichend zu berücksichtigen. Das »Ungetrennt« über dem »Unvermischt« keinesfalls zu vergessen, ist eine theologische Kunst, die das Chalcedonense ungebrochen anmahnt. Doch überzeugend gelingen kann das nur, wenn das kenotische Moment angemessen zur Geltung kommt: Es bedeutet, dass in dem geschichtlichen Jesus der göttliche Logos in seiner Selbstentäußerung präsent gedacht wird – nämlich in voller Gottheit, was die personale Identität betrifft, aber in entleerter Gottheit hinsichtlich der Eigenschaften der Allmacht und Allwissenheit. Nur wo Jesus in diesem durchaus biblischen Sinn als der Christus bekannt wird, wird er sowohl in seinem Menschsein als auch in seinem Gottsein ernstgenommen. Und nur auf dieser Basis wird das in dem Gottessohn und Menschensohn erschienene Heil ganzheitlich erfasst.
51. Vgl. Daniel Mourkojannis: Ethik der Lebenskunst. Zur Nietzsche-Rezeption in der evangelischen Theologie, Münster 2000, 191-194. Am Rande sei auf die besondere Attraktivität kenotischer Christologie im Dialog mit dem Buddhismus hingewiesen (vgl. Armin Münch: Dimensionen der Leere. Gott als Nichts und Nichts als Gott im christlich buddhistischen Dialog, Münster 1998).

IX. Kreuz und Auferstehung: Gottes gelebte Solidarität mit dem Leid der Welt

Nach Leibniz – so wurde bereits dargelegt – muss sich die Theodizeefrage im Blick auf drei Aspekte des Übels beantworten lassen: hinsichtlich des *malum metaphysicum* (Geschöpflichkeit als wesenhafte Unvollkommenheit), des *malum naturale* (naturhafte Widrigkeiten) und des *malum morale* (Untaten, Sünde und Schuld). Feiert die Christenheit mit Weihnachten, also der Botschaft von der Menschwerdung des göttlichen Logos, sozusagen die Antwort auf die Frage nach dem *malum metaphysicum*, so enthalten Karfreitag und Ostern im Grunde die Antwort auf die Fragen nach dem *malum naturale* und dem *malum morale*. In Kreuz und Auferstehung Jesu Christi kommt Gottes gelebte Solidarität mit allem Leid der Welt zum Ausdruck – seien es die Widrigkeiten der unvollendeten Schöpfung, der Leben *und* Tod in sich tragenden Natur, seien es die inneren und äußeren Belastungen durch menschliche Schuld vor den Mitmenschen und insbesondere vor Gott selbst. Keines dieser Übel kann den Glaubenden mehr von Gott trennen; inmitten aller nur denkbaren Entfremdung darf er sich für immer geborgen, auf eine ewige Zukunft hin gerettet wissen. Die bedingungslose Zusage solcher Liebe ist im Kern Gottes befreiende Antwort auf die Theodizeefrage oder -klage des Menschen.

1. Gottes Leiden am Kreuz

Auch wenn mit der Passion Jesu in der Regel seine letzten Tage und sein Sterben in Jerusalem gemeint sein mögen, kann man sie mit Recht in einem weiteren Sinn auf das gesamte Wirken Jesu beziehen. So gewiss man davon auszugehen hat, dass Jesus keineswegs unablässig mit Leidensmiene durch die Lande gezogen ist, sondern *frohe* Botschaft verkündet, gefeiert, getröstet und bei alledem auch gelacht[1] hat, war sein Weg doch sicherlich insgesamt

1. Vgl. dazu mein Buch »Das verheißene Lachen. Humor in theologischer Perspektive« (Göttingen 1986).

von äußerem und innerem Leiden durchtränkt. Er hatte »nichts, wo er sein Haupt hinlege« (Mt 8,20), war bedrängt, beleidigt, verleumdet, mehrfach vom Tode bedroht (z. B. Luk 4,29; Joh 8,59) und am Ende verraten. Er weinte über die Vergeblichkeit seiner Verkündigung (Luk 19,41) und zürnte angesichts der ihm begegnenden Glaubenszweifel (Mk 3,5). Und ganz tief in seinem Innern war er sich offenkundig bewusst, dass sein Leben als ganzes wie auch sein längst wahrscheinlicher Gewalttod[2] eine Entsagung darstellte, eine *kenosis*, in der ihm göttliches Allwissen (Mt 24,36) und Herrlichkeit (16,27; Joh 17,5) vorenthalten waren. Sein Leiden war also ein doppeltes – nach der menschlichen Natur und nach der eingeschränkten göttlichen. Und doch war es das Leiden einer einzigen Person, eben des Gottmenschen Jesus Christus, um dessentwillen alle Dinge sind und durch den alle Dinge sind: Für ihn ziemte es sich, dass er »durch Leiden vollendet würde« (Hebr 2,10).

Als solches aber war es das Leiden Gottes selbst. Und zwar nicht nur das der zweiten Person der Trinität; denn wenn eine Person der Dreieinigkeit leidet, leiden die anderen mit. Darum sollte theologisch nicht länger bezweifelt werden: Der Gott der Christenheit ist ein leidensfähiger Gott. Das muss klar sein gegenüber mancherlei metaphysischen oder religiösen, ab und an auch innerhalb des Christentums anzutreffenden Auffassungen, die Gottes Natur als wesenhaft leidensfrei, ja leidensunfähig definieren, also als vollkommen erhaben gegenüber der endlichen, vergänglichen Welt. Richtig daran ist im Grunde das Gespür dafür, dass der Begriff Gottes den der Vollkommenheit einschließen muss. Übersehen wird hier indessen völlig, dass es zur Vollkommenheit der Liebe, die Gott ist, gehört, sich selbst zu transzendieren aufs Nichtgöttliche, Unvollkommene hin – mit allen schmerzlichen Konsequenzen des Sich-Einlassens auf dieses Andere.

In der christlichen Tradition ist das Leiden Christi oft auf seine menschliche Natur beschränkt worden; erst in der Theologie der Moderne hat man in breiterem Umfang entdeckt, dass Gott selbst, also gerade auch die göttliche Natur Christi leidensfähig gedacht werden muss. Doch der Gedanke der Leidensfähigkeit Gottes selbst stellt keineswegs einen »Exklusivbesitz« des Christentums dar. Vielmehr hat er auch überall dort im Rahmen von Metaphysik und Religion einen Platz, wo Gott in irgendeiner Weise pantheistisch oder panentheistisch gedacht wird – also als transzendente Grö-

2. Vgl. Heinz Schürmann: Jesu ureigenes Todesverständnis. Bemerkungen zur »impliziten Soteriologie« Jesu, in: J. Zmijewski/E. Nellessen (Hg.): Begegnung mit dem Wort. Festschrift für Heinrich Zimmermann, Bonn 1980, 273-309.

ße, die in ihrer Dynamik alles Immanente umschließt und so in sich selbst enthält. Großenteils handelt es sich hierbei allerdings um monistische bzw. nicht-dualistische Konzepte jenseits der Botschaft vom Leiden Christi. Das hat seinen inneren Grund darin, dass der Pantheismus Gott und Welt derartig vermischt, dass der Gedanke unmöglich wird, Gott könne heilend auf die Welt zugehen. Umso mehr gilt es wachsam zu sein gegenüber theologischen Versuchen, die Botschaft vom Leiden Christi in solche ihr doch fremden Konzepte einzuzeichnen oder sich ihrer zur Deutung des Passionsgeschehens zu bedienen. Es droht sonst die Gefahr einer Verflachung des eigentlichen Mysteriums.

Ein zeitgenössisches Beispiel für diese Gefahr bietet – zumindest hinsichtlich einiger theologischer Aspekte – Jürgen Moltmann. Eindrucksvoll hat der Tübinger Systematiker in seinem Buch »Der gekreuzigte Gott« (1972) und in seiner Christologie (1989) herausgearbeitet, wie Leiden und Kreuzestod Jesu im Herzen Gottes selbst und damit trinitarisch[3] verankert sind. Und doch ist die von ihm entfaltete Kreuzestheologie keineswegs das, was man unter dieser Bezeichnung traditionell verstehen würde. Moltmanns Gotteslehre erweist sich als ein dezidierter Panentheismus: Das Paulus-Wort »Gott wird sein alles in allem« (1. Kor 15,28) wird von ihm enthusiastisch in ein »Gott ist alles in allem« umgemünzt. Für Moltmann ist die Welt einfach ein »Spiel des Ganz-Anderen«, das zeitliche Leben »ein Vorspiel« des ewigen und die neue Schöpfung »ein neues Spiel«[4]. »Gott spielt auf der Bühne der Welt sein Spiel, das Spiel seiner unerschöpflichen, erfinderischen Liebe … In allen Geschöpfen und durch alle seine Rollen will er sich selbst darstellen.«[5] Dieser Sichtweise liegt relativ wenig an einer sauberen Differenzierung zwischen Gott und dem Anderen: »Nicht mehr die *Un-*

3. »Der Sohn erleidet an seiner Liebe die Verlassenheit vom Vater in seinem Sterben. Der Vater erleidet an seiner Liebe den Schmerz des Todes des Sohnes. Was aus dem Geschehen zwischen dem Vater und dem Sohn hervorgeht, muß dann als der Geist der Hingabe des Vaters und des Sohnes verstanden werden, als der Geist, der den verlassenen Menschen Liebe schafft, als der Geist, der das Tote lebendig macht« (Jürgen Moltmann: Der gekreuzigte Gott. Das Kreuz Christi als Grund und Kritik christlicher Theologie, München 1972, 232).
4. Moltmann: Die ersten Freigelassenen, 23, 41 und 33.
5. Moltmann: Schöpfung, 311. Diese »Spiel-Theorie« kritisiert Ulrich H. J. Körtner theologisch mit Recht als gerade im Blick auf das Theodizeeproblem unangemessen: »Der mit sich selbst spielende Gott ist ein mythischer Narziß. Mag er auch ein kummervoller Gott sein, so gehört er doch in den Bereich einer neuen Mythologie, nicht in denjenigen der Geschichte, in der tagtäglich gelitten und gestorben wird« (Der verborgene Gott, 160).

terscheidung von Gott und Welt steht in ihrem Zentrum ...«[6] Das wirkt sich darin aus, dass Moltmann der Ausdruck »Schöpfung« für die Welt zu schwach vorkommt: Er spricht stattdessen von einer »mittleren Lage zwischen Schöpfung und Zeugung«[7]!

Spielt aber so Gott selbst »auf der Bühne der Welt sein Spiel«, dann ist es konsequent, dass auch die Leidensgeschichte Christi solch eine Selbstbewegung des göttlichen Geistes darstellt. Moltmann sieht tatsächlich nicht eigentlich den Sohn leiden, sondern kommt zu der These: »Wie der Geist das göttliche Subjekt der Lebensgeschichte Jesu ist, so ist der Geist auch das göttliche Subjekt der Passionsgeschichte Jesu.«[8] Damit aber ist Christi Passion ebenso wie das Leiden der ganzen Welt eine Angelegenheit des Gottesgeistes. Im Rahmen von Moltmanns Panentheismus durchweht dieser Geist alles, zumal das All schon halbwegs von ihm »gezeugt« ist. Wenn aber alles von Alpha bis Omega nur ein »Spiel« ist, büßt schließlich das Leiden selbst seinen Ernst ein. Zwar sieht sich Moltmann veranlasst, ausdrücklich zu versichern: »Jesu Tod war kein Spaß.«[9] Aber Spiele – so könnte man sinnieren – machen ja keineswegs nur Spaß...

Wird demgegenüber Leiden nicht panentheistisch verwässert oder monistisch romantisiert, sondern auf der Basis klarer Unterscheidung von Schöpfer und Schöpfung in seinem Ernst erfasst, dann zeigt sich: An ihrer Anderheit leiden Gott und Welt, und zwar beide zutiefst. Der Nichtgöttlichkeit der Welt entspricht ihre Vergänglichkeit, die Hinfälligkeit und Sterblichkeit der Lebewesen sowie die moralische Verderbtheit der Menschen in ihr; die Göttlichkeit der Trinität verwirklicht sich ihrerseits in der liebenden Partizipation an der entfremdeten Schöpfung. Das aber tut sie zentral in der Passion des Gottmenschen, in der göttliches und kreatürliches Leiden zusammentreffen.

Was Leiden heißt, weiß der dreieine Gott von jeher in seinem Sinnen auf Anderes. Indes – was auf kreatürlicher Seite Leiden bedeutet, diese subjektive Erfahrung des Anderen im Fleisch kennen der himmlische Vater und der Geist nicht aus ihrem himmlischen Sein heraus, sondern dank der Fleischwerdung des Sohnes in ihrer wesenhaften Verbundenheit mit ihm. Nicht bloß durch Empathie, durch eine innere Haltung der Identifikation,

6. Moltmann: Schöpfung, 27.
7. Moltmann: Trinität, 128. Nächstes Zitat ebd. (128 f.).
8. Jürgen Moltmann: Der Weg Jesu Christi. Christologie in messianischen Dimensionen, München 1989, 196.
9. Moltmann: Die ersten Freigelassenen, 35.

sondern durch reales Identisch-Werden leidet die ganze Gottheit mit. Das ist die unüberbietbar tiefe Botschaft von der Passion des Christus.

Kommt in seiner Passion zum Ausdruck, dass Gott selbst sich auf die Seite seiner leidenden Kreatur gestellt hat, so ist das mehr als ein verbaler Trost im Blick auf die gegenwärtige Liebe des ja doch verborgenen Gottes. Es ist darin vielmehr auch die Verheißung enthalten, dass die Schöpfung auf eine gemeinsame Zukunft mit Gott zugeht, wie sie in der Auferstehung Jesu Christi bereits angebrochen ist. Das abgrundtiefe Mitleiden Gottes impliziert die Zusage der Verherrlichung des jetzt noch Entfremdeten. Und so ermöglicht es den hier und heute real leiblich oder psychisch Leidenden über die Gewissheit, in göttlicher Liebe wahrgenommen zu sein, hinaus die Hoffnung auf persönliche wie universale Erlösung. Daraus aber können Christen die Kraft schöpfen, Schmerzen und Krisen ihrerseits wahrzunehmen und auszuhalten, statt sie um jeden Preis zu verdrängen bzw. mit Pillen oder Rauschmitteln zu betäuben. Ist doch – so dürfen sie in ihrer Glaubensweisheit erhoffen und auch mystisch erfahren – Gott in seiner Liebe gerade dort schwerpunktmäßig präsent, wo gelitten wird[10]! Nicht zuletzt der Schmerz eigener Schulderfahrung vermag nun sinnvoll integriert, ja geheilt zu werden[11]. Denn Christi Leiden bedeutet, wie schon eingangs vermerkt, Gottes Identifikation nicht allein mit dem *malum naturale*, sondern auch mit dem *malum morale*.

Leiden ist ein zentrales Thema christlichen Glaubens – dank des Leidens Christi selbst. Karl Barth hat sogar gemeint, dass alles Leiden im geschöpflichen Kosmos seinen Sinn erhalte »in der Teilnahme an dem Leiden, das Er gelitten hat«[12]. Ob damit aber nicht der Sachverhalt der Passionsbedeutung auf den Kopf gestellt ist? Alles Leiden in der Welt in der Partizi-

10. Vgl. insgesamt Bernd Jaspert (Hg.): Leiden und Weisheit in der Mystik, Paderborn 1992.
11. Dietrich Bonhoeffer erklärt: »Gott aber nimmt den Menschen ernst in seiner Schuld, darum kann nur Strafe und Überwindung der Sünde Abhilfe schaffen. Beides muss sich in der konkreten Zeit vollziehen, und es geschieht in einer für alle Zeiten gültigen Weise in Jesus Christus« (Sanctorum Communio [1930], München 1986, 133). Die Frage, ob wegen des von Gott zugelassenen, umgreifenden *malum metaphysicum* menschliche Schuld von ihm womöglich gar nicht erst angerechnet werden dürfte, ist nicht von der Hand zu weisen (vgl. Lange: Glaubenslehre, 533f.), ist aber gerade so zu beantworten, dass Gott sie ja im Endeffekt tatsächlich nicht anrechnet, obwohl sie faktisch geschieht und erfahren wird: Er solidarisiert sich in Jesus Christus mit all denen, die ihm gegenüber etwas, ja Entscheidendes schuldig geblieben sind.
12. Karl Barth: Dogmatik im Grundriß im Anschluß an das apostolische Glaubensbekenntnis, München 1947, 121.

pation am Drama der Passion des Gottmenschen begründet zu sehen, heißt ja, diesem Drama einen Eigenwert zuzumessen, demgegenüber jeder sonstige Schmerz nur von abgeleiteter Bedeutung sein kann. Auf den ersten Blick gibt man mit dieser Deutung Christus allein die Ehre, und das mag theologisch sofort überzeugen. Doch bei näherem Zusehen zeigt sich: Christus zu ehren muss heißen, seine Liebe herauszustellen. Welchen Wert sollte seine Passion haben, wenn nicht den, dass in ihr Gottes vollkommene Identifikation mit dem Leiden der Menschheit, ja der Schöpfung zum Ausdruck kommt? Gottes Bereitschaft zum Leiden – nämlich am Anderen des Kreatürlichen – ist gewiss das Allererste gewesen, sie ist dem Werden der Schöpfung vorausgegangen; aber sie war von Anfang an mit dem Gedanken an Anderes in der Hinsicht verknüpft, dass dieses Andere seiner vorläufigen Konstitution nach in sich leiddurchtränkt sein musste. Das Wissen des liebenden Dreieinen um den eigenen Schmerz war also immer schon verbunden mit dem wiederum aus Liebe heraus schmerzvollen Bewusstsein der Unvermeidlichkeit fremden Schmerzes. Und zweifellos war Gottes Ja zum eigenen Schmerz Voraussetzung für die Zumutung an die Schöpfung, in eine nicht nur erfreuliche, sondern schmerzdurchwobene Existenz zu treten. Gleichwohl liegt der Sinn der Schöpfung, wie bereits dargelegt, in Gottes internem Willen zu Selbsttranszendierung auf Anderes hin, dem als extern Anderem zunächst ein Eigensein und – wenn auch relativer – Eigensinn zugebilligt werden musste. Die Liebe zu diesem Anderen bildete also des Schöpfers Leitmotiv, aus dem heraus er den Gedanken an eigenes Leiden hintanstellte. In erster Linie aber bedeutete sie Gottes Identifikation mit der Schöpfung – sowohl mit ihrem positiv-kreatürlichen Werden als auch mit allem damit einhergehenden Schmerz. Wer demnach Gott die Ehre geben will, der zentriere nicht den Sinn der Schmerzen der Welt im Schmerz Gottes selbst und folglich auch nicht in der Partizipation am Leiden Christi, sondern in der inneren Bewegung der göttlichen Liebe, die eigenen wie fremden Schmerz in Kauf nimmt!

Analog dazu verdient Barths Unterfangen Kritik, in der Passion Christi den »Angriff des Menschen auf ihn, auf Gott selber« zu erblicken: Die Juden, die Jesus an Pontius Pilatus ausgeliefert haben[13], und in dessen Gestalt die Heiden, in ihnen aber wir alle seien es gewesen, die mit der Verurteilung

13. Gegen zumindest einseitige Behauptungen von der Schuld der Juden wendet sich z. B. J. C. Crossan: Wer tötete Jesus? München 1999. Über die weitläufige Diskussion zu dieser Frage informiert der Neutestamentler Friedrich Avemarie: Die Juden oder die Römer?, in: Zeitzeichen 4/2004, 8-10.

des Gottmenschen sich »an diesem Aufruhr gegen Gott« beteiligt und seiner Gnade »ein haßerfülltes Nein« entgegengeschleudert hätten[14]. Barth übersieht hier jedoch schlicht Jesu Wort aus der Passionsgeschichte: »… denn sie wissen nicht, was sie tun« (Luk 23,34). Dass der Christus von Menschen bedrückt, gepeinigt und umgebracht worden ist, das ist Glaubenswissen, aber abgesehen davon nie bewusster, rebellischer Vorsatz gegen Gott bzw. seinen Sohn oder seine Gnade gewesen. Ist nicht gerade Barth immer für die augustinische These von der *gratia irresistibilis*, also der Unwiderstehlichkeit der *erkannten* Gnade eingetreten? Insofern leuchtet es nicht ein, wenn er rät, wir sollten »uns im Leiden Christi angeklagt sehen«[15]. Das Gegenteil ist der Fall: Wir haben allen Anlass zu dem Bekenntnis, dass wir uns kraft des Leidens Christi – eben des Gottessohnes, der für seine Peiniger bittet: »Vater, vergib ihnen …« – befreit von jeder göttlichen Anklage erkennen! Weil Gott sich in seinem gemarterten Sohn mit unserem Leiden, gerade auch mit dem Leiden unter der Schuld vor ihm, heilvoll identifiziert hat, ist Frieden zwischen ihm und den daran Glaubenden geworden (Röm 5,1): »Die Strafe liegt auf ihm, auf dass wir Frieden hätten, und durch seine Wunden sind wir geheilt« (Jes 53,5; vgl. 1. Petr 2,24)[16]. Allenfalls indirekt ist der leidende Christus Ausdruck göttlicher Verurteilung, ganz erstrangig aber Ausdruck der uns göttlich gewährten Versöhnung!

Und zwar ist er dies in einem so unüberbietbar tiefen Sinn, dass sein Passionsbild von geradezu archetypischem Charakter ist. Man frage sich, warum gerade der *leidende* Gottmensch solch ein Mysterium darstellt! Das hat zweifellos damit zu tun, dass jeder Mensch in dieser vergänglichen, leiddurchwobenen Welt unbewusst oder bewusst Ausschau hält nach jener Erlösergestalt, die es schafft, den ewigen Gott in einen sinnvollen, anschaubaren und damit heilserschließenden Zusammenhang mit dem eigenen und dem universalen Leid zu bringen. Angesichts der unbewussten oder bewussten Theodizeefrage zeigt sich Jesus sowohl als der Schmerzensmann, in dem sich Gott mit all unserem *malum naturale* identifiziert, als auch als der »um unserer Missetat willen verwundete und um unserer Sünde willen zerschla-

14. Barth: Dogmatik, 121. »Dieses Nein betrifft Gott selber« (ebd.).
15. Barth: Dogmatik, 122. »Wir können nur die unendliche Schuld sehen, in der wir Gott gegenüber stehen: aber dem Gott, der *Mensch* geworden ist« (ebd.). In dessen »Einheit von Gott und Mensch kann es nicht anders sein, als dass der Mensch dieser Verdammte und Geschlagene ist« (123).
16. Vgl. Bernd Janowski: Er trug unsere Sünden. Jesaja 53 und die Dramatik der Stellvertretung, in: Ders.: Gottes Gegenwart in Israel. Beiträge zur Theologie des Alten Testaments, Neukirchen/Vluyn 1993, 303-326.

gene« Gottesknecht, in dem wir das gern verdrängte und doch mehr oder weniger latente Bewusstsein unseres *malum morale* von Gott her aufbrechen lassen dürfen.

Das Konkret-Geschichtliche dieses Leidens birgt in sich die Möglichkeit, es im einzelnen meditativ zu betrachten. Eine tabulose Veranschaulichung versucht der ebenso eindrucksvolle wie umstrittene Film des Katholiken Mel Gibson »Die Passion Christi« (2004)[17]. Historisch ist Jesu Leidensweg weitestgehend verifizierbar[18]. Dass der Mann aus Nazareth die Marter der Kreuzigung unter Pontius Pilatus erlitten hat, steht als Faktum außer Frage; lediglich über Einzelheiten seines Prozesses geht der Streit der Fachleute[19]. In gnostischen Kreisen und dann vor allem im Laufe der Neuzeit wurde allerdings verschiedentlich bestritten, dass Jesus am Kreuz tatsächlich gestorben sei. Aus mancherlei durchsichtigen Interessen heraus, zu denen religiös-sektierische[20] ebenso zählen wie rationalistische, wurde die Scheintod-These mit einer Negation der Auferstehung verknüpft. Man begegnet derartigen Versuchen innerhalb der modernen theologischen Diskussion seit Heinrich Eberhard Gottlob Paulus (1761-1851), dessen Buch »Das Leben Jesu als Grundlage einer reinen Geschichte des Urchristentums« (1828) etliche Nachahmer gefunden hat – bis hin zu Franz Alts so erfolgreichem Jesus-Buch von 1989. Immerhin kann die These als widerlegt gelten, Jesus sei nach dem Ereignis von Golgatha nach Indien ausgewandert[21].

17. Dazu R. Zwick/Th. Lentes (Hg.): Die Passion Christi. Der Film von Mel Gibson und seine theologischen und kunstgeschichtlichen Kontexte, Paderborn 2004.
18. Vgl. Martin Hengel: »Mors turpissima crucis«. Die Kreuzigung in der antiken Welt und die »Torheit« des »Wortes vom Kreuz«, in: Rechtfertigung. Festschrift für E. Käsemann, Tübingen 1976, 25-84. Ob übrigens das Leintuch von Turin authentisch ist oder nicht (Werner Thiede: Das Grabtuch ist echt, in: Evangelisches Sonntagsblatt aus Bayern 11/2005, 3), es veranschaulicht jedenfalls auf seine Weise eindrücklich die Leiden Christi; dazu Michael Hesemann: Die stummen Zeugen von Golgatha. Die faszinierende Geschichte der Passionsreliquien Christi, Kreuzlingen/München 2000, 210 ff.
19. Vgl. bes. Josef Blinzler: Der Prozeß Jesu, Regensburg 1969[4]; Willibald Bösen: Der letzte Tag des Jesus von Nazaret. Was wirklich geschah, Freiburg i. Br./Basel/Wien 1994[2].
20. Der Koran bestreitet den Tod Jesu und behauptet, nur ein Zwillingsbruder von ihm sei am Kreuz gestorben. Auf dieser Basis lehrt die islamische Ahmadiyya-Bewegung den Scheintod Jesu (vgl. z. B. Hazrat Mirza Nasir Ahmad: Die Wahrheit über die Kreuzigung Jesu, o. O. 1978). Auf dem Hintergrund indischer Religiosität finden sich ähnliche Aussagen z. B. bei Soami Divynand: Jesus überlebte die Kreuzigung, Herrischried o. J.
21. Vgl. Günter Grönbold: Jesus in Indien. Das Ende einer Legende, München 1985; Norbert Klatt: Lebte Jesus in Indien? Eine religionsgeschichtliche Klärung, Göttingen 1988; Salcia Landmann: Jesus starb nicht in Kaschmir, München 1996; Roman Heiligenthal: Der verfälschte Jesus. Eine Kritik moderner Jesusbilder, Darmstadt 1997;

Mit dem von den ältesten Quellen überlieferten Befund des Todes Jesu am Kreuz korrespondiert jedenfalls das Apostolische Glaubensbekenntnis, wenn es ausdrücklich vermerkt: »gestorben und begraben«. Das heißt eindeutig: Jesus war wirklich tot.

Weil Christen in der Marter ihres Herrn die Offenbarung der Liebe Gottes erblicken, die sich mit allem Leiden in der Welt erbarmend identifiziert, deshalb geht von dieser Passion mehr noch als von Jesu Wortverkündigung seit bald 2000 Jahren ein breiter, nicht zu messender Strom christlicher Nächstenliebe aus. Was Jesus in der Rede vom Weltgericht (Mt 25,31-46) verdeutlicht, dass nämlich gelebtes Erbarmen ein entscheidender Maßstab des Weltenrichters sein werde, wie er selbst sich in solcher Haltung verborgen immer schon mit den Leidtragenden identifiziert hat, das kommt in seinem eigenen Leidensweg anschaulich zum Ausdruck. Darum sind die an ihn Glaubenden motiviert, eigenes Leiden in Geduld zu tragen und andere Leidende nach Möglichkeit mit Hilfe und Trost zu bedenken. Sogar Jesu Gebot der Feindesliebe[22] finden sie innerlich darin begründet, dass er selbst sich zu ihrer Versöhnung dahingegeben hat, als sie selbst noch Gottes Feinde waren (Röm 5,10).

Diese neue Ethik gehört freilich einem Reich an, das – wie Jesus vor Pontius Pilatus beteuert – nicht von dieser Welt ist (Joh 18,36), das aber gleichwohl in dieser Welt präsent geworden ist und dereinst als universale Herrschaft den Kosmos regieren wird. Bis zum öffentlichen Durchbruch der Gottesherrschaft haben in der Öffentlichkeit die politischen Regierungen das Heft in der Hand – und zwar genau in der kreatürlichen Verfassung, die unser Menschsein insgesamt charakterisiert: von Gott positiv gewollt und doch von ihm entfremdet zu sein. Pontius Pilatus steht für diesen doppelten Aspekt: Seine Macht ist ihm Jesu eigenen Worten zufolge von Gott gegeben (Joh 19,11), und hätte er sie angemessen gebraucht, hätte er ihn freigeben müssen – was er vielleicht auch beabsichtigte. Doch wie Politik nun einmal oft genug funktioniert, richtete sich der römische Provinzverwalter nach eher zweifelhaften, keineswegs gerechten Kriterien. Dass der

Heinzpeter Hempelmann: Das Jesusgrab in Shrinagar und andere Blüten der Scheintodtheorie. Ockhams Rasiermesser an die Wurzel wuchernder Hypothesenbildung gelegt, in: theologische beiträge 34 (2003), 88-104.

22. Auch Gautama Buddha hat Feindesliebe gelehrt; doch seine Nächsten- und Feindesliebe ist affektlos. Bei Jesus hingegen handelt es sich um jene Güte, die aus der Gewissheit um die Liebe Gottes fließt – jenes Schöpfergottes, der von daher in seinem Wesen nicht als leidenstranszendent, als »a-pathisch« verstanden werden kann (vgl. näherhin meinen Aufsatz »Buddha und Jesus« in: Kerygma und Dogma 51 [2005], 33-51).

Gottessohn sich in seiner Kenosis dem korrupten Machtgefüge dieser Welt ausliefert, ist ein Teil seiner Fleischwerdung. Wer je unter Politik zu leiden hatte, darf wissen: Auch das ist ein Gott nicht fremdes Leiden! Wie aber Jesus die politischen Mächte seinerzeit anerkannt hat und dennoch konsequent seinen Weg im Geist der Gottesliebe gegangen ist, so sind auch Christen aufgerufen und in seinem Geist ermächtigt, einerseits dem Kaiser zu geben, was des Kaisers ist, und andererseits es dabei nicht zu belassen, sondern auch Gott zu geben, was Gottes ist – also seinem Liebeswillen zu entsprechen, selbst wenn das Leiden mit sich bringt.

2. Jesu Tod – ein Sühnopfer?

Der Tod stellt als Ende, als Abbruch des Lebens die denkbar größte Krise dar. Den Tod zu schmecken, hat Gott selbst sich nicht vorenthalten: In Jesus Christus hat er sich ganz und gar auf die Seite der Sterblichen gestellt. Wer fragt, wie Gott und Übel zusammenpassen sollen, wird ganz konkret aufs Kreuz Jesu verwiesen. Auf Golgatha findet sich die Antwort auf die Theodizeefrage: Gott und tiefstes Leid auf einem Nenner!

Der Tod macht ein menschliches Leben »ganz« im Sinne einer oft gar nicht glatten »Abrundung«, von der her rückwärts seine Gesamtgestalt sichtbar und deutbar wird. Auch mit dem Sterben Jesu tritt sein irdischer Lebensabschluss ins Blickfeld – und zwar als Lebenshingabe[23], die sein gesamtes Leben als Hingabe aufleuchten lässt. Jesu Anhänger dürften allerdings nach dem schmachvollen Tod ihres Meisters am Kreuzesgalgen schwerlich eine erhebende Deutung dieses Lebens zur Hand gehabt haben. Sie werden noch unter Schock gestanden haben, als die Auferstehungsbotschaft und die Begegnungen mit dem Auferweckten sie erreichten. In diesem Geschehen hatte Gott selbst die Sinndeutung des Lebens und Sterbens seines Sohnes unter den Blickwinkel seiner eigenen, noch keineswegs abgeschlossenen Geschichte mit der werdenden Schöpfung gerückt.

Die Christologie der Kirche ist demnach keineswegs aus dem verzweifelten, bewussten oder unbewussten Ringen der Urchristen um eine Sinn-

23. Diese Hingabe als Suizid zu deuten (so Jack Miles: Jesus. Der Selbstmord des Gottessohns, München/Wien 2001), ist bereits im Johannesevangelium (8,22) als Missverständnis gekennzeichnet worden.

gebung des Kreuzesweges Jesu geboren, sondern aus dieser bahnbrechenden Erfahrung seiner Auferweckung vom Tod. Gerade sie hat freilich – nun mit bemerkenswerter Konsequenz und Dynamik – nach dem Sinn seines Todes am Kreuz fragen lassen. Wie die Auferstehungserfahrung musste auch die Deutung des Kreuzes vom Sinn des Ganzen, vom Ziel der Schöpfung her geprägt sein. Das aber heißt: Das Wort vom Kreuz will den Glaubenden mit der Bedeutung des Todes Jesu die Wirklichkeit Gottes wie auch die ihres eigenen Lebens in einer unüberholbaren, letztgültigen Weise erschließen. Es eröffnet damit Einblick in jenes Mysterium, dass der Schöpfer aller Dinge es hautnah zu tun bekommt mit seiner entfremdeten Schöpfung: mit ihrer Vergänglichkeit, Schmerzlichkeit und Ruchlosigkeit – und dass er aus dieser Begegnung als Sieger hervorgeht, dessen Sieg die Schöpfung ihrer Vollendung entscheidend näherbringt. Der Sinn des Kreuzesmysteriums lässt sich nicht anders erfassen als von diesem Sieg her, der das Geschehen von Golgatha keineswegs durchstreicht, sondern erst recht zum Leuchten bringt.

In solcher Weise vom Mysterium des Kreuzes zu reden, könnte den Verdacht erregen, dass man an der Absurdität des Geschehens vorbeiredet, es unangemessen schönredet. Und doch ist diese Botschaft nicht zu schön, um wahr zu sein. Aus der Perspektive christlichen Glaubens bedeutet das Kreuzesereignis keineswegs Sinnlosigkeit und Torheit; nur aus der Außenperspektive des Unglaubens würde so geurteilt. Christen erblicken im Gekreuzigten vielmehr »Gottes Kraft und Gottes Weisheit« (1. Kor 1,24), kurz: Gottes Antwort auf die Theodizeefrage.

Allerdings gibt es auch nichtchristliche Versuche, dem Kreuzessymbol als solchem den einen oder andern Sinn abzugewinnen – und es fehlt nicht an Christen, die auf entsprechenden (Ab-)Wegen wandeln[24]. Zu denken wäre hier etwa an esoterische Entwürfe, die sich an der Geometrie des Kreuzeszeichens ergötzen und diese schwergewichtig ausdeuten[25], aber auch an C. G. Jungs Versuch, dieses Zeichen mit seinen vier Enden im Sinne der von ihm propagierten Quaternität zu interpretieren, derzufolge die Trinität –

24. Vgl. z. B. Georg Baudler: Das Kreuz. Geschichte und Bedeutung, Düsseldorf 1997.
25. Der senkrechte Kreuzesstamm sei das Sinnbild für die ins Dasein einstrahlende geistige Energie, meint z. B. die Esoterikerin Silvia Wallimann. Und der »waagrechte Balken symbolisiert den leidvollen Irrweg in der dichten Materie, der dich in die Illusion der linearen Zeit geführt hat. Der linke Teil des Querbalkens steht für den Minuspol der Zeit, die Vergangenheit, der rechte für den Pluspol, das Zukünftige. Nur dort, wo das göttliche Bewußtsein durchdringt, im Kreuzpunkt beider Balken, […] findest du das ewige Jetzt« (Erwache in Gott, Freiburg i. Br. 1994^4, 26).

gut monistisch gedacht – um das Element des Bösen in Gott selbst ergänzt werden müsse[26]. Solche »symbolische Verharmlosung« des Kreuzes liegt – wie Ingolf U. Dalferth treffend bemerkt – »im religiösen Trend der Zeit, der das Unspezifische liebt und alles hinzunehmen bereit zu sein scheint, was das Gefühl anspricht und die Einbildungskraft befriedigt.« Sie ignoriert, dass zum Wort vom Kreuz unaufhebbar das harte historische Faktum der Hinrichtung Jesu unter Pontius Pilatus gehört. »So wenig sich dieses Faktum in eine notwendige Vernunftwahrheit umdeuten oder aufheben läßt, so wenig kann man es durch seine Transformation in ein allgemein verfügbares Symbol entschärfen, ohne seine Pointe zu verlieren.«[27] Auch mancherlei sektiererische Sinngebungen des Golgatha-Geschehens machen auf dem religiösen Markt der Möglichkeiten von sich reden: Mit ihren Betonungen der menschlichen Empfängerrolle im Licht der neutestamentlichen Gnadenbotschaft erweisen sie sich als Ausgeburten allzu menschlicher Weisheit. Von all diesen Dingen habe ich andernorts gehandelt[28], so dass ich sie hier mit Schweigen bedenken kann – wodurch sie eigentlich am angemessensten gewürdigt werden.

Wichtiger ist es, dem Mysterium des Kreuzes auf den im Neuen Testament gelegten Fährten positiv nachzuspüren. Dessen göttliche Weisheit zeigt sich in der von ihm ausgehenden Befreiungskraft. Diese Kraft kommt aus demselben Geist, aus dem heraus »wir wissen können, was uns von Gott geschenkt ist« (1. Kor 2,12). Um Gottes end-gültiges Geschenk geht es, und das ist das ewige Leben in der Gemeinschaft mit dem auferweckten Gekreuzigten selbst. Darum macht das Kreuz Jesu nur Sinn in der Perspektive seiner Auferstehung: Was sein Tod zueignet, ist keine Sache, sondern als das Personopfer des Gottmenschen die Liebeshingabe dieser gottmenschlichen Person selbst. Und weil diese Person ewig lebt, lädt sie dazu ein, auf die

26. Vgl. Carl Gustav Jung: Versuch einer psychologischen Deutung des Trinitätsdogmas, in: Gesammelte Werke Bd. 11, Olten 1971, 119ff., bes. 186f. und 212f. Vgl. auch Jungs missverstehenden Umgang mit der Sühnetodtheorie: »Was soll mit diesem grausamen und archaischen Sohnesopfer demonstriert werden? Etwa die Liebe Gottes? Oder seine Unversöhnlichkeit?« (Antwort auf Hiob [1952], München 2001, 63f.).
27. Ingolf U. Dalferth: Der auferweckte Gekreuzigte. Zur Grammatik der Christologie, Tübingen 1994, 49f. Ebenso ders.: Gedeutete Gegenwart, Tübingen 1997, 77. Mit Recht weist Paul Schütz hin auf die »Tendenz der natürlichen Religion, das Kreuz für sich in Anspruch zu nehmen und über diesen Anspruch auch den Kern des Glaubens« (Freiheit – Hoffnung – Prophetie. Von der Gegenwärtigkeit des Zukünftigen, Hamburg 1964, 348).
28. Vgl. Werner Thiede: Jesus als Esoteriker. Analysen zum neognostischen Entwurf Paul Schwarzenaus, in: Materialdienst der EZW 54 (1991), 65-78; ders.: Christus (2001).

Hingabe ihres Lebens, das durch die Auferweckung ein unvergängliches geworden ist, in der Haltung des Glaubens, also des Vertrauens mit der Liebeshingabe des eigenen Lebens zu antworten.

Man könnte das nun dahingehend missverstehen, dass die Glaubensantwort der Akt eines Subjekts wäre, das hierüber frei abwägen und entscheiden könnte. In Wahrheit verhält es sich aber so, dass das zum Glauben an den sich selbst schenkenden Gekreuzigten fähige Subjekt überhaupt erst durch die Erkenntnis dieses lebendigen Glaubensinhaltes konstituiert, »wiedergeboren« wird. Seine Entscheidung für die Gemeinschaft mit Christus beruht also auf einer neuen, ganzheitlichen, weil ewigkeitsträchtigen Identität, deren Gewinnung es als Geschenk wahrer Freiheit erfährt[29]. Und aus solcher Freiheit heraus kann das dankbare Ja zu Christus nur ein positiver Reflex, eine Selbstverständlichkeit sein, die nichts mit Heteronomie oder Autonomie, aber sehr viel mit Theonomie, nämlich mit der im betreffenden Subjekt zum Zuge gekommenen Gottesherrschaft zu tun hat.

Diesen hier abstrakt geschilderten Sachverhalt hat das Neue Testament in Bildern und Begriffen ausgedrückt, die im Laufe der Christentumsgeschichte bis zum heutigen Tag ihrerseits oft in heteronomem Sinn missverstanden worden sind. Gemeint sind vor allem die drei Bildreden vom *Freikauf*, vom *Sühneopfer* und von der *Stellvertretung*, die alle mit der Erwähnung des am Kreuz vergossenen »Blutes Christi« zusammenhängen. Dieses Blut, auf dessen Vergießung sich laut Jesu Vermächtnis der neue, endgültige Bund Gottes gründet und sich dementsprechend die kirchliche Abendmahlsfeier bezieht, steht als *pars pro toto* für die Lebenshingabe Jesu – denn Blut gilt von Alters her als Sitz des Lebens. So resümiert der Epheserbrief: In Christus »haben wir die Erlösung durch sein Blut, die Vergebung der Sünden, nach dem Reichtum seiner Gnade« (1,7). Verdinglichende Deutungen des Blutes Christi wie zum Beispiel in der Gralslegende[30], in Rudolf Steiners Anthroposophie[31] oder gar wie in Lewis Wallace's historischem Roman »Ben Hur«, wonach das vom Kreuz fließende Blut magisch anmutende Heilungswirkung bei Leprakranken entfaltet hat, liegen nicht auf der Ebene des neutestamentlichen Verständnisses. Dieses sieht im einzelnen vielmehr folgendermaßen aus.

Wenn es in der Johannes-Offenbarung heißt, Christus als das ge-

29. Vgl. exegetisch Samuel Vollenweider: Freiheit als neue Schöpfung. Eine Untersuchung zur Eleutheria bei Paulus und in seiner Umwelt, Göttingen 1989.
30. Vgl. Konrad Burdach: Der Gral, Stuttgart 1974; Emma Jung/Marie-Louise von Franz: Die Graalslegende in psychologischer Sicht (1960), Zürich/Stuttgart 1991[5].
31. Vgl. Rudolf Steiner: Das Lukas-Evangelium [1909], Dornach 1985 (GA 114), 211.

schlachtete Lamm habe mit seinem Blut Menschen für Gott *erkauft* (5,9), oder wenn der Apostel Paulus[32] – offenkundig ebenso im Blick auf Christi Blut (Röm 3,24[33]; 5,9; 1. Kor 11,25) – wiederholt betont: »Ihr seid teuer erkauft« (1. Kor 6,20; 7,23), so ist damit ausgedrückt, dass die Lebenshingabe Christi den Preis für die gewonnene Freiheit der Glaubenden darstellt. An wen dieser »Blutpreis« gezahlt wurde, ist nirgends gesagt; es dürfte gegebenenfalls an den Teufel gedacht sein, der damit als abgegolten, ja besiegt gelten kann[34] – aber in der Richtung wird das Bild nicht ausgemalt. Worauf es ankommt, das ist allein der Faktor, dass Christen ihre neue Existenz der aufopfernden Lebenshingabe ihres Herrn, seiner unüberbietbaren Liebesäußerung verdanken[35]. Heteronom ist das Symbolwort vom Blut Christi dort missverstanden, wo es dinglich aufgefasst wird als eine Gabe, die zwecks Bezahlung entrichtet worden ist – etwa im Sinne eines gedeckten Schecks, der nun auch missbräuchlich in Anspruch genommen werden kann. Die Gefahr einer entsprechenden Verkennung wird indirekt aus der Mahnung des Apostels selbst ersichtlich: »Ihr seid teuer erkauft; werdet nicht der Menschen Knechte!« (1. Kor 7,23).

Namentlich die *Sühnopfer*-Vorstellung, die vor allem bei Paulus und im Hebräerbrief anklingt (Röm 3,25; 1. Kor 5,7; Hebr 9,28), bezieht die Hingabe des Blutes Christi am Kreuz auf die neue, eschatologische Freiheit der Christen: »Denn mit *einem* Opfer hat er für immer die vollendet, die geheiligt werden« (Hebr 10,14)[36]. Die üblichen Opfervorstellungen der Reli-

32. Vgl. Franz-Josef Ortkemper: Das Kreuz in der Verkündigung des Apostels Paulus, Stuttgart 1967; Hans Weder: Das Kreuz Jesu bei Paulus. Ein Versuch, über den Geschichtsbezug des christlichen Glaubens nachzudenken, Göttingen 1981.
33. Vgl. Wolfgang Kraus: Der Tod Jesu als Heiligtumsweihe. Eine Untersuchung zum Umfeld der Sühnevorstellung in Römer 3,25-26a, Neukirchen/Vluyn 1991.
34. Vgl. Gustaf Aulén: Die drei Haupttypen des christlichen Versöhnungsgedankens, in: Zeitschrift für Systematische Theologie 8, 1930/31, 501 ff. Der schwedische Dogmatiker unterscheidet hier den »klassischen« Typus, der die Versöhnung als Kampf- und Siegestat auffasst, vom »lateinischen« mit seinen juridischen Akzenten und vom »ethizistischen« mit der Betonung des Liebesmotivs.
35. Vgl. Eberhard Jüngel: Das Opfer Jesu Christi als sacramentum et exemplum. Was bedeutet das Opfer Christi für den Beitrag der Kirchen zur Lebensbewältigung und Lebensgestaltung? (1982), in: Ders.: Wertlose Wahrheit. Theologische Erörterungen III, München 1990, 261-282; ders.: Das Evangelium von der Rechtfertigung des Gottlosen als Zentrum des christlichen Glaubens, Tübingen 1999[3], 131 ff.
36. Vgl. Klaus Berger: Wozu ist Jesus am Kreuz gestorben? Stuttgart 1998, 96 ff.; Eduard Lohse: Märtyrer und Gottesknecht. Untersuchungen zur urchristlichen Verkündigung vom Sühntod Jesu Christi, Göttingen 1955, 147 ff.

gionsgeschichte[37] und auch des Alten Testaments[38] sind demgegenüber meist im Schema der Heteronomie gedacht: Sie basieren auf den stetig neu zu erfüllenden, kultischen Regelungen mit der Gottheit, um von Mal zu Mal das Gleichgewicht, die Harmonie mit ihr wiederherzustellen. Dabei können Gedanken einer Gott besänftigenden Leistung von menschlicher Seite leitend sein; verbreiteter aber ist das Modell einer gnädigen Vorgabe der Gottheit, die in der Eröffnung der Möglichkeit des kultischen Opfers überhaupt besteht[39] – und zwar auf dem Hintergrund eines ursprünglichen Opfergangs dieser Gottheit selbst[40]. Im ausdrücklichen Unterschied zu diesem heteronomen Gnadenbegriff, der von Mal zu Mal die Aktualisierung des Opfers verlangt, eben weil es sich um kein *eschatologisch* gültiges Opfer handelt, ist im Neuen Testament von Christi ein für allemal gebrachtem Opfer die Rede[41], das in seiner Geschichtlichkeit eschatologische Dimension besitzt, nämlich Endgültigkeit im Kontext seiner Auferstehung.

Die religionsgeschichtlich verbreiteten Blutopfer sind damit überholt. Als der lebendige Gottessohn ist Christus »Hoherpriester der zukünftigen Güter« (Hebr 9,11): Er »sitzt zur Rechten des Thrones der Majestät im Himmel« (8,1) und tritt stets für uns ein. »Er ist auch nicht durch das Blut von Böcken oder Kälbern, sondern durch sein eigenes Blut ein für allemal in

37. Vgl. z. B. Peter Gerlitz: Art. Opfer I., in: TRE 25, 1995, 253-258; Ingeborg Clarus: Opfer, Ritus, Wandlung. Eine Wanderung durch Kulturen und Mythen, Düsseldorf 2000; Joachim Negel: Ambivalentes Opfer. Studien zur Symbolik, Dialektik und Aporetik eines theologischen Fundamentalbegriffs, Paderborn 2003; U. Dehn (Hg.): Wo aber ist das Opferlamm? Opfer und Opferkritik in den drei abrahamitischen Religionen (EZW-Text Nr. 168), Berlin 2003; Ulrich Berner/Christoph Bochinger/Rainer Flasche (Hg.): Opfer und Gebet in den Religionen, Gütersloh 2005.
38. Seit der Spätzeit Israels wurden alle kultischen Opfer als Sühneopfer dargebracht. Auf die Sündenbock-Theorie im Alten Testament (Lev 16,20-22) und in der neueren kultur- und religionswissenschaftlichen (vgl. z. B. René Girard: Das Heilige und die Gewalt, Zürich 1987, bes. 367 ff.) sowie theologischen (Raymund Schwager: Jesus im Heilsdrama. Entwurf einer biblischen Erlösungslehre, Innsbruck/Wien 1990) Diskussion kann hier nicht eingegangen werden. Vgl. insgesamt R. Weth (Hg.): Das Kreuz Jesu. Gewalt – Opfer – Sühne, Neukirchen/Vluyn 2001; bes. die Aufsätze von Bernd Janowski (»Hingabe« oder »Opfer«?) und von Michael Wolter (»Dumm und skandalös«) sind hier von Relevanz (13-63). Ferner: R. Schenk (Hg.): Zur Theorie des Opfers. Ein interdisziplinäres Gespräch, Stuttgart 1998.
39. Vgl. Berger: Kreuz, 28.
40. »Im Opfer haben wir ein numinoses Geschehen ersten Ranges vor uns; denn der Opferritus wiederholt den Mythos, in dem sich die Gottheit einst opfernd hingab« (Gerlitz: Opfer, 254).
41. Vgl. Theo Sorg/Peter Stuhlmacher: Das Wort vom Kreuz. Zur Predigt am Karfreitag, Stuttgart 1996; W. H. Ritter (Hg.): Erlösung ohne Opfer? Göttingen 2003.

das Heiligtum eingegangen und hat eine ewige Erlösung erworben« (9,12). So reinigt er das Gewissen der Glaubenden von aller Schuld (9,14; 10,22; 13,18) und erlaubt ihnen immer wieder neu die Rückbesinnung auf das ihnen eröffnete Bewusstsein, auf ewig mit der Gemeinschaft des Himmels beschenkt zu sein.

Sofern sich theologisches Denken von monistisch geprägten Denkweisen hat beeinflussen lassen, hat es den Sühnopfer-Gedanken konsequent abgelehnt, ja ablehnen müssen – denn die Botschaft von Gottes bedingungsloser Gnade in Jesus Christus passt nicht ins Konzept autonomer Rationalität. Was Autonomie ohnehin entschieden ablehnen wird, sind heteronome Deutungsmuster[42]. Modellhaft angelegt ist die heteronom akzentuierte Deutung des Kreuzes Jesu etwa bei Anselm von Canterbury, der gegen Ende des 11. Jahrhunderts in seinem frühscholastischen Werk *Cur deus homo* den Kreuzestod als ein der Ehre Gottes geschuldetes Sühnopfer erklärt hat. Seine Satisfaktionstheorie verrechnet das Sterben des Gottmenschen in dinglicher Weise als Leistung. Diese wird von Seiten der menschlichen Natur Christi dargebracht, welche dank seiner göttlichen, leidensunfähigen Natur hierzu instandgesetzt gesetzt sein soll. Der so erbrachte »überschüssige« Verdienst wird den Glaubenden aus Gnade zugerechnet. »Christus hat die guten Werke erschlossen, die der Mensch Gott vorhalten kann, und die Kirche ist die Heilsanstalt geworden, die dem Sünder die von Christus erworbenen guten Werke vermittelt [...] Christus wurde instrumentalisiert, und der fromme Mensch ist im Grunde noch immer bei seinem Ich.«[43] Massive Kritik wurde der Satisfaktionstheorie vor allem seit 1578 zuteil, und zwar durch die Sozzinianer (so genannt nach Lelio und Fausto Sozzini), die zu jener Zeit einen methodologischen Rationalismus begründeten: Sie setzten einfach auf die Güte Gottes, welche nicht an starrer, auf Ausgleich bedachter Gerechtigkeit, sondern an seiner freien Vergebung orientiert war. Dadurch gerieten sie in Widerspruch zu den biblischen Deutungen des Kreuzes Christi; zugleich fielen sie in einen Moralismus zurück, der seinerseits jene frohe Heilsgewissheit nicht erreichen konnte, die das Neue Testament begründet.

Die Mängel von Anselms Modell lagen noch für Adolf von Harnack »so an der Oberfläche und beleidigen in gleicher Weise die Vernunft und die

42. Vgl. z.B. Herbert Schnädelbach: Der Fluch des Christentums, in: Die Zeit 20/2000; Klaus-Peter Jörns: Notwendige Abschiede, Gütersloh 2006[3].
43. Bernhard Maurer: »Die personale Dimension« – Merkmale christlicher Spiritualität, in: Glaube und Denken. Jahrbuch der Karl-Heim-Gesellschaft 6 (1993), 187-209, 206.

Moral … so sehr, dass, wenn die heutige Theologie unter normalen Bedingungen stände, kein Wort über sie zu verlieren wäre.«[44] 700 Jahre nach Anselm ordnete Kant in seiner Religionsphilosophie die Sühnopfer-Vorstellung abwägend als etwas ein, das die Vernunft transzendiere. Dem autonomen Subjekt bleibe demnach nur die Maßgabe der »praktischen Vernunft«, sich am Bemühen um gute Werke zu orientieren und von da aus (eventuell)[45] auf die göttliche Gnade zu hoffen[46]. Ähnlich verhält es sich beim »Kirchenvater« der modernen Theologie, Friedrich Daniel Ernst Schleiermacher (1768-1834): Gegen den Sühnopfer-Gedanken polemisiert er; unter »Erlösung« versteht er nichts speziell mit dem Kreuz Christi Zusammenhängendes[47], sondern die Wirksamkeit des Bildes, das der geschichtliche Christus einschließlich seines Passionsweges als spirituellen Impuls hinterlassen habe.

Bis in unsere Zeit findet Anselms Theorie freilich auch ihre theologischen Fürsprecher[48]. Indessen bieten drei neuere Beispiele[49] für das autonom beabsichtigte Missdeuten des Sühnopfer-Gedankens im heteronomen

44. Adolf von Harnack: Lehrbuch der Dogmengeschichte, Bd. 3 (1989), Darmstadt 1964, 403 f.
45. Kant ist »autonom« genug, um zu wissen, dass die Gnade gerade als Hilfe zur Selbsthilfe aus der Perspektive der Vernunft allenfalls als Zugeständnis an den Kirchenglauben im Spiel bleiben kann (vgl. Karl Vorländer: Immanuel Kant. Der Mann und das Werk, Sonderausgabe nach der 3. Auflage von 1992, Wiesbaden 2003, 2. Teilband, 176); sie ist und wird hier eigentlich überflüssig.
46. »In geradem Gegensatz zu Luthers bekanntem Katechismussatz lehrt unser Denker, daß der Mensch aus eigener Vernunft und Kraft dem Schlechten entgegenwirken und zum Guten gelangen kann, daß die ›völlige Revolution der Denkungsart‹ durch ihn selbst erfolgen muß …« (Vorländer: Kant, 176). Vgl. näherhin Thiede: Gnade, 2004.
47. Erlösung bedeutet bei Schleiermacher letztlich das Wegfallen der sinnlichen Hemmung, das Freiwerden von der materialistischen Bindung des Bewusstseins und so seine Erhebung zum »Gottesbewusstsein«. Vgl. Horst Stephan: Die Lehre Schleiermachers von der Erlösung, Tübingen/Leipzig 1901; Hans Graß: Die durch Jesum von Nazareth vollbrachte Erlösung. Ein Beitrag zur Erlösungslehre Schleiermachers, in: Denkender Glaube. Festschrift Carl Heinz Ratschow, Berlin/New York 1976, 152-169.
48. Peter Hünermann z. B. lobt: »Anselm entfaltet eine wahrhafte Kreuzestheologie« (Jesus Christus – Gottes Wort in der Zeit. Eine systematische Christologie, Münster 1997, 202). Und: Anselm denkt »Ehre« in »einer solchen Radikalität, daß das Niveau der neuzeitlichen – etwa kantischen – Rechtsphilosophie und ihrer Prinzipien durchaus erreicht ist« (203). Vgl. auch Rudolf Herrmann: Anselms Lehre vom Werke Christi in ihrer bleibenden Bedeutung, in: Zeitschrift für systematische Theologie 1 (1923), 376-396.
49. Weitere ließen sich aufführen; vgl. etwa Jörg-Dieter Reuß: Jesus und der Sühnegedanke – Überlegungen zur heutigen Problematik der Kreuzestheologie, Stuttgart 1991; Werner Zager: Der Sühnetod Jesu in der neutestamentlichen Überlieferung, in:

Sinn Uta Ranke-Heinemann, Heiko Rohrbach und Matthew Fox. Ranke-Heinemann meint: »Wir sollten Jesus, was an uns liegt, vom Kreuz herabsteigen und weiterleben lassen, weil auf solche Weise das Bild eines schrecklichen Gottes, wie es christlicher Gedankenleere entspricht, ... verblaßt ... Denn Gott ist kein Henker.«[50] Rohrbach klagt seinerseits: »Was für ein blutliebender Gott! Und im wichtigsten Sakrament der Kirche soll man ja Brot als Fleisch essen und Wein als Blut trinken. Nur die religiöse Höflichkeit und die Angst vor Gotteslästerung hält einen doch noch davon ab, dies als kultischen Kannibalismus zu bezeichnen.«[51] Die dingliche Fehlinterpretation des urchristlich Gemeinten spiegelt sich auch in folgender Äußerung Rohrbachs: Das Konzept, »das Blut Jesu habe fließen müssen, um einen zornigen Gott mit der Welt zu versöhnen – diese Konstruktion finde ich schlichtweg grauenhaft ... Diese Opferideologie macht aus einem liebevollen Gott, der verlorengegangene Menschen sucht wie ein Hirte ein verlorenes Schaf, einen blutgierigen Moloch.«[52] Wie leichtfertig wird hier der frommen Tradition der Abschied gegeben, für die es beim heilvollen Sühneblut um ein »wundervoll hochheiliges Geschäfte« (Christian Fürchtegott Gellert, 1757) gegangen war! Dabei erweist sich der christlich tradierte Versöhnungsgedanke bei genauerem Hinsehen als keineswegs rational veraltet[53].

Auch Matthew Fox macht sich kritisch über die heteronom verstandene »Sündenfall/Erlösungs-Spiritualität« her und fragt: Sollte der Nazarener wirklich sein Blut für die Sünden der Menschheit vergossen haben? Mit »autonomer« Emphase erinnert er seine Leser daran, dass »göttliches Blut« in ihren eigenen Adern fließe und sie nicht »bloß Kreaturen« seien, vielmehr Gottes Mitschöpfer und Werkzeuge des »neuen Zeitalters«[54]. Das Kreuz wird reduziert auf ein meditatives Symbol des »Loslassens«[55]. Ein

A. Wagner (Hg.): Sühne – Opfer – Abendmahl. Vier Zugänge zum Verständnis des Abendmahls, Neukirchen/Vluyn 1999, 37-62. Jörns: Abschiede, 286 ff.

50. Uta Ranke-Heinemann: Nein und Amen. Anleitung zum Glaubenszweifel, Hamburg 1992, 332.
51. Heiko Rohrbach: Befreiung von biblischen Alpträumen. Wider Sintflut und Höllenangst, Stuttgart 1994, 129 f. Abwegig ist Rohrbachs Behauptung, die Sühnopfertheorie sei urchristlich erst aufgekommen, als der Tempel in Jerusalem mit seinen realen Sühnopfern bereits zerstört war (136 f.).
52. Rohrbach: Befreiung, 140; vgl. z. B. auch Jörns: Abschiede, 319 ff.
53. Vgl. Colin E. Gunton: The Actuality of Atonement. A Study of Metaphor, Rationality and the Christian Tradition, London 1988.
54. Matthew Fox: Der Große Segen. Umarmt von der Schöpfung, München 1991, 268 und 284.
55. Fox: Segen, 190.

Symbol der von Gott geschenkten Gnade brauche es eigentlich nicht zu sein, denn alle Menschen »leben im Fruchtwasser der kosmischen Gnade!«[56] Fox plädiert vom Begriff des »kosmischen Christus«[57] her schließlich für eine »kosmologische Kreuzesmystik«[58]. Das »Lamm« der Johannes-Apokalypse wird für ihn zum Symbol des »unschuldig geopferten Kosmischen Lamms«, welches Visionen von der Möglichkeit anregt, »das Unrecht aufzuheben, durch das so viele Menschen auf der Erde verletzt werden.«[59] Dieses spirituelle Programm mündet in einen bezeichnenden Imperativ: Dem »göttlichen Anteil« in der menschlichen Seele wird die Herbeiführung einer »kosmischen Heilung« zugemutet – wobei Fox das »Werk der Heilung des Leidens aneinander« gar als das »Werk der Erlösung der Leiden Christi« rühmt[60]! Mit seiner Position steht er übrigens feministischer Theologie nahe, die ihrerseits dem Interpretament des Sühnetods in der Regel nur polemisch zu begegnen weiß[61].

Hätten Ranke-Heinemann, Rohrbach und Fox gründlichere exegetische Studien betrieben, so müsste ihnen deutlich geworden sein: Die von ihnen abgelehnte Sühnopfer-Vorstellung lebt im Neuen Testament vom Hingabe-Gedanken, und zwar dergestalt, dass nicht nur Jesus sich als Sühnopfer hingibt, sondern dass primär in ihm sich der himmlische Vater selbst als der seinen Sohn Hingebende erweist. Kurz: Gott ist das eigentliche Subjekt des sühnenden Opfergangs Jesu (Röm 3,25; vgl. 2. Kor 5,18 f.; Kol 1,20.22); allenfalls sekundär erscheint er als dessen Objekt (Hebr 9,14). Und selbst wenn Letzteres im Hebräerbrief der Fall ist, steht dort im Hintergrund ansatzweise die Präexistenz-Vorstellung, derzufolge derselbe Sohn, der mit seinem Blut den ewigen Bund besiegelt hat (Hebr 13,20), der Schöpfungs-

56. Fox: Segen, 53.
57. Über die Tiefen und Untiefen dieses Begriffs informiert meine Habilitationsschrift (2001). Andreas Rössler etwa vertritt in seinem Buch über den kosmischen Christus die doketisch anmutende Sicht, dass dieser im Sterben Jesu zwar mitleide, doch in seiner Göttlichkeit nicht selber mitsterbe (Steht Gottes Himmel allen offen? Zum Symbol des kosmischen Christus, Stuttgart 1990).
58. Matthew Fox: Vision vom kosmischen Christus. Aufbruch ins dritte Jahrtausend, Stuttgart 1991, 134 f.
59. Fox: Vision, 148 und 150.
60. Fox: Vision, 183 f. und 226; vgl. 224.
61. Vgl. Christian Neddens: Kreuzestheologie in der Kritik. Zum feminstisch-theologischen Verdacht gegenüber Kreuzestheologien, in: R. Kolb/ders. (Hg.): Gottes Wort vom Kreuz. Lutherische Theologie als kritische Theologie, Oberursel 2001, 67-74; esemplarisch: Elisabeth Schüssler Fiorenza: Jesus – Miriams Kind, Sophias Prophet. Kritische Anfragen feministischer Christologie, Gütersloh 1997, 142 ff.

mittler ist, durch den Gott die Welt gemacht hat! In Hebr 10,28, wonach »Christus einmal geopfert worden ist, die Sünden vieler wegzunehmen«, dürfte dementsprechend wiederum der himmlische Vater selbst als der Handelnde gedacht sein. Das die »Sühne« bewerkstelligende Opfer wird im Neuen Testament also bei näherer Betrachtung kaum je im heteronomen Sinn als eine Gabe aufgefasst, die den zornigen Gott beschwichtigen soll; vielmehr wird genau diese verbreitete, geradezu archetypische Vorstellung theonom aufgesprengt durch den merkwürdigen Subjektwechsel, demzufolge Gott selbst die ihm eigentlich geschuldete Sühne im Tod seines Sohnes ein für allemal auf sich nimmt. Nicht der Mensch muss oder darf ein Opfer leisten; auch braucht er nicht ein ursprünglich dargebrachtes Selbstopfer der Gottheit mit seinen eigenen Mitteln zu wiederholen, um wieder in ein Verhältnis der Harmonie mit dem Heiligen zu kommen[62]. Vielmehr soll und darf er dankbar anerkennen, dass Gott ihm in seiner Liebe längst zuvorgekommen ist.

Das ahnungsvolle, gern verdrängte oder kultisch-religiös bewältigte Bewusstsein des Menschen, dass er in seiner gelebten Entfremdung von Gott im Grunde sein Leben verwirkt hat und es nur durch sühnende[63] Opferleistungen erhalten kann, wird in der Christusbotschaft im doppelten Sinn aufgehoben: Es wird durchgestrichen, weil es hinaufgehoben wird auf die theonome Ebene, auf der der heteronom geahnten Gerechtigkeit Genüge getan wird, indem Gott selbst in seinem Sohn das fällige Opfer bringt. Das bedeutet Gottes Gerechtigkeit in einem neuen, beglückenden Sinn: Rechtfertigung wird als Geschenk jedem zuteil, der sie erfasst[64]. Das gemeinreligiöse

62. Dieser Aspekt kehrt in der römisch-katholischen Messopferlehre wieder: Nach tridentinischer Lehre bewirkt die Messe selbst als »ein wirkliches Sühneopfer«, daß der schuldig gewordene Christ wieder Gnade findet (vgl. Regin Prenter: Das Augsburgische Bekenntnis und die römische Meßopferlehre, in: KuD 1 [1955], 42-48). Insofern kann das Tridentinum das Messopfer in den heidnischen Opferkulten vorgebildet sehen (Neuner-Roos: Der Glaube der Kirche in den Urkunden der Lehrverkündigung, Regensburg 1979[10], Nr. 598).
63. Sühne verlangt nicht ein Teilopfer, sondern den Tod. Ein Teilopfer – das ist das, was der Mensch sich im Paradigma der Heteronomie vorstellt und erhofft. Doch das Lebensrecht des Sünders ist völlig verwirkt; nur durch Theonomie ist es wiederherstellbar – durch die sich schenkende, nicht hin-, sondern aufrichtende Gerechtigkeit Gottes. Indem Christus solidarisch an unsere Stelle tritt, an die Stelle unseres alten Ich, konstituiert er unser neues Ich in seinem Geist.
64. Gottes Gerechtigkeit im tiefsten, ultimativen Sinn ist erkennbar, glaub-würdig, greifbar geworden in Jesus Christus. Davon handelt das Neue Testament; davon spricht die Reformation kraft ihrer Wiederentdeckung der Bedeutung der Rede von »Gottes Gerechtigkeit« als einer Größe, die sich rechtem, glaubenden Verstehen erschließt als ra-

Opferwesen ist somit durchgestrichen[65]. Hier hat in keiner Weise mehr der Mensch selbst etwas zu seiner Erlösung beizutragen; alles, was ihm zu tun bleibt, ist das Einstimmen in die ihm damit offenbar werdende, radikale Liebe Gottes durch den Glauben – in der frohen Gewissheit: »Der auch seinen eigenen Sohn nicht verschont hat, sondern hat ihn für uns alle dahingegeben – wie sollte er uns mit ihm nicht alles schenken?« (Röm 8,32). In diesem theonomen Geist darf er dann dankbar seinerseits bereit sein, Opfer zu bringen[66].

3. Stellvertretung

Mit der – wie dargelegt, im theonomen Sinn zu deutenden – Sühnopfer-Vorstellung verbindet sich im Neuen Testament teilweise, aber nicht ausschließlich der Gedanke heilvoller *Stellvertretung*[67]: Am Kreuz hat Jesus Christus an Stelle der schuldigen Menschheit gelitten, das ganzheitliche Opfer des Lebens für immer dargebracht, den eigentlich fälligen Zorn Gottes für alle anderen auf sich genommen. Der Gottmensch repräsentiert in sich sowohl den Menschen vor Gott als auch Gottes Liebe für den Menschen. Durch den Gehorsam des Einen bis zum bitteren Kreuzestod werden die Vielen zu Gerechten (Röm 5,19). Mit seiner Lebenshingabe bezahlt er das

dikal schenkend (und gerade so auch vereinnahmend). Es ist dies die Botschaft von der Rechtfertigung bzw. Gerechtsprechung, die der Glaubende von Gott geschenkweise im Namen Jesu Christi erfährt (vgl. insgesamt Jüngel: Evangelium).

65. So exetisch Samuel Vollenweider: Zum Verständnis des Kreuzes Todes Jesu als Sühnopfer, in: Ders.: Horizonte neutestamentlicher Christologie. Studien zu Paulus und zur frühchristlichen Theologie, Tübingen 2002, 89-104, bes. 101; systematisch-theologisch: Ingolf U. Dalferth: Der auferweckte Gekreuzigte. Zur Grammatik der Christologie, Tübingen 1994, 306 ff.
66. Vgl. Kurt Koch: Überwundenes Opfer im Leben der Christen? Theologische Einwände gegen einen modischen Trend, in: Stimmen der Zeit 214 (1996), 337-346.
67. Vgl. Eberhard Jüngel: Das Geheimnis der Stellvertretung (1983), in: Ders.: Wertlose Wahrheit, München 1990, 243-260; Karl-Heinz Menke: Stellvertretung, Freiburg i. Br. 1991; K. Berger, Kreuz, 27 ff.; Christof Gestrich: Christentum und Stellvertretung. Religionsphilosophische Untersuchungen zum Heilsverständnis und zur Grundlegung der Theologie, Tübingen 2001; Stephan Schaede: Stellvertretung. Begriffsgeschichtliche Studien zur Soteriologie, Tübingen 2004; J. Chr. Janowski/B. Janowski/H. P. Lichtenberger (Hg.): Stellvertretung. Theologische, philosophische und kulturelle Aspekte, Bd. 1, Neukirchen-Vluyn 2006.

Lösegeld für die Vielen (Mk 10,45). »Wenn einer für alle gestorben ist, so sind sie alle gestorben. Und er ist darum für alle gestorben, damit, die da leben, hinfort nicht sich selbst leben, sondern dem, der für sie gestorben und auferstanden ist« (2. Kor 5,14f.).

Für Luther bildet der Heil schaffende Übertragungsvorgang der Sünde der Welt auf den unschuldigen Christus am Kreuz einen im wörtlichen Sinn »meta-phorischen« Vorgang, eine reale *translatio*, so dass man mit Joachim Ringleben den gekreuzigten Christus als »absolute Metapher« bezeichnen kann[68]. Unter »Metapher« wird bekanntlich eine Wortverbindung verstanden, welche »Bedeutung schafft durch die syntaktische und semantische Verbindung ungewöhnlicher Referenten, die sich mit Hilfe semantischer Spannung« deuten lässt[69]. Anders ausgedrückt: In der Metapher leuchtet ein bizarres Entsprechungsverhältnis zwischen zwei Größen auf, dem ein neuer Sinn entspringt[70]. Im Falle Christi bilden der Gottessohn und der für ihn bestimmte Kreuzesgalgen ein solch bizarres Entsprechungsverhältnis, dessen neuer Sinn genau auf die Stellvertretungsaussage hinausläuft. Damit wird ein eschatologisch neuer Sinn gestiftet, nämlich theonomer Sinn: An die Stelle der Sünder, der vor Gott Schuldigen tritt in Gottes Auftrag mit seinem Lebenseinsatz der einzige nichtschuldige Mensch, so dass vor Gott für immer bestehen kann, wer mit diesem Einen durch Glaube und Taufe auf ewig verbunden wird. Der Gedanke der Stellvertretung durch den Gottmenschen ermöglicht das soteriologische Konzept des Identitätswandels: Nimmt Christus heilvoll meine Stelle ein, so existiere ich im Erkennen dieses Sachverhalts hinfort als ein Mensch, der ihm in Dankbarkeit derart verbunden ist, dass er mit ihm eine Einheit, »*ein* Geist« (1. Kor 6,17) und dadurch eschatologisch neu geworden ist. Paulus formuliert dementsprechend: »Ich bin mit Christus gekreuzigt. Ich lebe, doch nun nicht ich, sondern Christus lebt in mir. Denn was ich jetzt lebe im Fleisch, das lebe ich im Glauben an den Sohn Gottes, der mich geliebt und sich selbst für mich dahingegeben hat« (Gal 2,19f.).

68. Vgl. Joachim Ringleben: Luther zur Metapher, in: ZThK 94 (1997), 336-369, bes. 351-353. Ferner Wilfried Härle: ›Christus factus est peccatum metaphorice‹. Zur Heilsbedeutung des Kreuzestodes Jesu Christi, in: NZSTh 36 (1994), 302-315.
69. Earl R. MacCormac: Die semantische und syntaktische Bedeutung von religiösen Metaphern, in: J.-P. van Noppen (Hg.): Erinnern, um Neues zu sagen. Die Bedeutung der Metapher für die religiöse Sprache, Frankfurt/M. 1988, 84-107, hier 106.
70. Vgl. Eberhard Jüngel: Metaphorische Wahrheit. Erwägungen zur theologischen Relevanz der Metapher als Beitrag zur Hermeneutik einer narrativen Theologie (1974), in: Ders., Entsprechungen: Gott – Wahrheit – Mensch, München 1980, 103-157, bes. 146f. und 153; Paul Ricoeur: Die lebendige Metapher, München 1986, 252ff.

Diese theonome Christusmystik seligen (Aus-)Tausches heteronom misszuverstehen, ist anstrengend und verquer, aber offensichtlich der einzige Ausweg für die, die hier nicht folgen wollen bzw. können. Die 2003 verstorbene Systematikerin Dorothee Sölle hat in ihrem Aufsehen erregenden Buch »Stellvertretung« von 1965 gewissermaßen eine Interpretation dieses Begriffs im Paradigma spiritueller Autonomie versucht. Das heteronome Missverständnis fördert sie mit den Worten, Jesus komme die Stellvertretung nicht zu »als eine Leistung, die er aufgrund einer bestimmten übernatürlichen Beschaffenheit vollbringt«[71]. Für sie tritt Jesus überhaupt nicht stellvertretend für uns vor Gott ein; vielmehr tritt er an die Stelle des abwesenden, vielleicht toten Gottes vor dem Forum des modernen Menschen. Dieser anmaßenden Umkehrung der Perspektiven zufolge hat Jesus einzustehen für das, »wofür einst Gott einstand«[72]. Sölle wird damit zwar den Vorgaben des modernen Paradigmas gerecht, insbesondere dem verbreiteten Empfinden der Abwesenheit oder Nichtexistenz des zu früheren Zeiten gern geglaubten Gottes und Sinnstifters. Aber diesen Vorteil, der sich mit der Kritik heteronomen Denkens verbindet, erkauft sie mit dem Verlust des theonomen Inhalts der christlichen Botschaft – und damit mit deren Verzerrung. Helmut Gollwitzer hat das in seinem Antwort-Buch »Von der Stellvertretung Gottes« (1967) im Einzelnen nachgewiesen – vor allem, indem er herausgearbeitet hat, dass mit der Streichung Gottes und damit auch der göttlichen Natur Christi der Mensch Jesus als ein natürliches, also seinerseits sündhaftes Wesen übrig bleibt, das zu irgendeiner heilbringenden »Stellvertretung« gar nicht mehr in der Lage ist[73]. »Christus« wird von Sölle auf eine »Chiffre« reduziert, in der Jesus überall gegenwärtig sei, wo Gott »vertreten« werde[74]. Der historische Jesus ist und bleibt für sie tot; aber wie er Gottes Rolle in der Welt gespielt habe, so könnten und sollten nun auch wir »Gott füreinander spielen«, indem wir für einander da seien[75].

71. Dorothee Sölle: Stellvertretung. Ein Kapitel Theologie nach dem »Tode Gottes«, Stuttgart 1965, 91.
72. Sölle: Stellvertretung, 46.
73. Vgl. Helmut Gollwitzer: Von der Stellvertretung Gottes. Christlicher Glaube in der Erfahrung der Verborgenheit Gottes, München 1967, 104f.: »In der Schuld gibt es keine Stellvertretung von Mensch zu Mensch, bestenfalls nur ein Sich-Solidarisch-Erklären … Wirksame Stellvertretung kann nur leisten, wer nicht mit uns in der gleichen Lage ist, wer also von dem Ort der Unbetroffenheit an den der Betroffenheit tritt.«
74. Sölle: Stellvertretung, 184 und 200.
75. Vgl. Sölle: Stellvertretung, 191f. und 173. Man bedenke dabei: »Durch die Isolierung des Gebotes vom Gebietenden wird die sittliche Forderung zur Angelegenheit des einsamen Ich« (96), eben des autonomen Selbst.

Gollwitzer kommentiert Sölles ethisches Resultat mit den Worten: »Das ist eine schöne, wichtige und nötige Lehre. Was hat sie mit Theologie zu tun?« Denn hier gibt es »keine Identifikation Christi mit uns – oder eben nur eine durch das Symbol des Kreuzes veranschaulichte Moral, die uns anzuspornen versucht, uns ein bißchen mehr als bisher um die Nebenmenschen zu kümmern.«[76]

In Sölles humanistischer Botschaft spiegelt sich letztlich das Scheitern spiritueller Autonomie, die den Menschen monistisch auf das stellt, was er selber immer schon ist – und das ist ja doch bei realistischer Betrachtung sein Fragment-Sein, sein Endlich-Sein, das ihn die Theodizeefrage verzweifelt stellen und gegebenenfalls verdrängen lässt. Durch den angeblichen »Tod Gottes«[77] auf sich allein gestellt, muss er sich selbst zum Erlöser werden, indem er seinen Nächsten erlöst. Die Selbsttranszendenz des Glaubenden wird auf ihren horizontalen Aspekt reduziert – und verkümmert dadurch zu einer flachen Mystik, deren spirituellem Imperativ der tragende Indikativ insofern fehlt, als das Selbst seiner mystischen Möglichkeiten im Blick auf den himmlischen Vater und die von ihm eröffnete Zukunft beraubt ist. Für Sölle hängt Christus »davon ab, was wir aus ihm machen«[78] – das ist die heillose Verkehrung der Heilsbotschaft im Schema der Autonomie, die sich einbildet, mit einer solchen Reduktion noch Menschen zu wie auch immer verstandenen und sich selbst verstehenden »Christen« machen und sie trösten zu können.

4. Erlösung vom Übel des Todes

Was heißt es eigentlich, wenn gesagt wird: Am Kreuz stirbt der Gottmensch? Kann man wirklich annehmen, dass die zweite Person der Trinität auf Golgatha gestorben sei? Nach Wolfhart Pannenberg ist zwar davon auszugehen, dass Jesus »in der Person des ewigen Sohnes durch das Leiden und Sterben

76. Gollwitzer: Stellvertretung, 70 und 93. Vgl. ferner ders.: Jesu Tod und Auferstehung nach dem Bericht des Lukas, München 1941.
77. Vgl. Otto Reidinger: Gottes Tod und Hegels Auferstehung. Antwort an Dorothee Sölle, Berlin/Hamburg 1969.
78. Sölle: Stellvertretung, 166. Entsprechend lädt Sölle zu einer Kirche ein, die Gott Mut machen (!) soll zu seiner Welt (150). Denn »Gott ist angewiesen auf uns« (so im Nachwort zur 2. Auflage, Stuttgart 1982, 180).

am Kreuz betroffen wurde«, dass jedoch dieser Gottessohn bei aller Partizipation am menschlichen Geschick »gerade nicht hinsichtlich seiner Gottheit« gestorben ist. Die göttliche Natur »erreichte vielmehr im Tode Jesu den äußersten Punkt ihrer Selbstunterscheidung vom Vater, durch die der ewige Sohn zugleich mit dem Vater verbunden ist, so dass auch seine Menschheit nicht im Tode bleiben konnte.«[79] Pannenberg vertritt diese Auffassung in Übereinstimmung mit der traditionellen Lehre vom lebendigen Austausch der Eigenschaften beider Naturen in Jesus Christus. Auch Luther hatte dementsprechend gelehrt, Christi Gottheit selbst leide nicht, wohl aber die gottmenschliche Person als ganze hinsichtlich ihrer menschlichen Natur[80]. Hierbei wird jedoch – wie oben dargelegt – verkannt, dass neutestamentlich sehr wohl die Kenosis des präexistenten Gottessohnes ausgesagt, also eine Veränderlichkeit in der göttlichen Natur selbst für möglich und wirklich gehalten wird. Auch die göttliche Natur als solche ist leidensfähig! Und Gott der Sohn aktiviert diese Fähigkeit für sich, indem er den Weg der Selbstentäußerung bis zur bitteren Neige geht, eben bis »zum Tode am Kreuz« (Phil 2,8). Folglich ist tatsächlich die zweite Person der Trinität Subjekt im Sterben auf Golgatha. Insofern aber trifft die Aussage vom »Tod Gottes«[81] zumindest annähernd zu – man hat nur zu differenzieren: Es geht um den Tod Gottes des Sohnes, der auf Grund der Wesenseinheit der drei Personen jedenfalls tief in die Trinität selbst hineingreift – so tief, dass Moltmanns Rede vom »gekreuzigten Gott« keineswegs als theologisch illegitim abgetan werden kann. Hatte schon Luther seine Kreuzestheologie darauf abgestellt, dass Gott nicht abgesehen vom Gekreuzigten, sondern nur im Aufblicken zu ihm recht erkannt werden kann, dann gilt dies umso mehr, wenn nicht nur Christi menschliche, sondern auch seine göttliche Natur von Kreuzestod betroffen gewesen ist. Niemand kennt den Vater, der nicht den Sohn kennt – und den Sohn kennt nicht, wer seinen Tod, wer dessen vom Vater und vom Sohn gewollte Bedeutung verkennt.

Diese Bedeutung umfasst das göttlich-heilvolle *Pro*, das Für-Sein der Selbsthingabe, kurz: die Botschaft der radikalen Liebe Gottes in ihrem Zu-

79. Vgl. Pannenberg: Systematische Theologie, Bd. 1, 341, und Bd. 2, 432 f. Dazu passt die Auffassung Pannenbergs, die Vereinigung des Logos mit Jesus setze sich prozessual in der irdischen Biographie Jesu fort (Bd. 2, 427).

80. Vgl. Martin Luther: WA 26, 321. Pannenberg formuliert demgemäß, es sei »am Kreuz der Sohn Gottes selbst gestorben, nicht nur die von ihm angenommene Menschheit« (Bd. 2, 432).

81. Vgl. dazu auch Notger Slenczka: Der Tod Gottes und das Leben des Menschen. Glaubensbekenntnis und Lebensvollzug, Göttingen 2003.

spruch und Anspruch. Welch ein Gottesbild auch immer sich der natürliche Mensch in seinem heteronomen oder autonomen Dafürhalten zurechtlegen mag, das Wort vom Kreuz wird es durchkreuzen, aufheben und hinaufheben in die theonome Gestalt des genahten, sich offenbarenden Gottes. Das Ich wird hier vor das Antlitz des Gekreuzigten geführt – nicht hin zu einem Prinzip, zu einer abstrakten Wahrheit, sondern zur Person des Gottmenschen, deren offenkundige Liebe die Person des Glaubenden zu ihrer Wahrheit bringen will. Im Tod Jesu Christi hat sich Gott selbst ganz auf die Seite der dem Tod Preisgegebenen gestellt.

Wer das Kreuz meditiert, entdeckt seinen eigenen Tod darin. Und das ist die Antwort auf die spekulative Frage, ob Gott die Erlösung auch anders als durch den grausamen Tod seines Sohnes hätte bewirken können[82]. Das Lebensende des Gottmenschen am Kreuzesgalgen ist Einladung an jedermann, das irgendwann sicher bevorstehende eigene Lebensende als von Gott, dem Lebensspender schlechthin, trennendes Geschehen neu zu betrachten. Man kann ja den Tod unter dem Doppelaspekt des *malum naturale*, also als naturgegebenes Geschick einerseits sehen – und unter dem Aspekt des *malum morale*, nämlich der Konsequenz bzw. Strafe für ein Leben in unheiliger Gottesferne andererseits. Beide Aspekte verlieren ihren bedrohlichen Charakter, wenn der Tod Christi als solidarisches Heilsereignis entdeckt wird. Denn dann muss der eigene Tod nicht mehr als der Schlusspunkt endlicher Kreatur und auch nicht als das Ende des von Gott Verlassenen, als Gericht über den vom Schöpfer eigentlich zu Verwerfenden aufgefasst und womöglich furchtsam verdrängt werden. Vielmehr lässt er sich nun als ein Ende verstehen, dem ein neuer, heilvoller Anfang innewohnt – nämlich Gemeinschaft mit dem sich schenkenden Gott selbst.

Gewiss macht jeder Tod eine Biographie ganz, und wer die Ganzheitlichkeit seines Selbsts sucht, wird innerlich irgendwie seinen Tod vorwegzunehmen versuchen. Bleibt das ein »autonomes« Unterfangen, so kann es nicht zu wahrer Ganzheitlichkeit führen, weil der Tod selbst ein Mysterium darstellt, von dem nicht klar ist, ob es in sich bereits das Letzte ist oder nur eine Station auf dem unbekannten, verändernden und insofern irgendwie bedrohlichen Weg zum wahrhaft Letztgültigen. Das Kreuz Christi aber bietet beides: die Antizipation des Todes und die des göttlichen Gerichtes, weil der Gekreuzigte sowohl vom *malum naturale* als auch vom *malum morale* erlöst. Wer an ihn, den stellvertretend für alle Gerichteten glaubt, der »hat

82. Vgl. John McIntyre: The Shape of Soteriology. Studies in the Doctrine of the Death of Christ, London 1985.

das ewige Leben und kommt nicht in das Gericht, sondern er ist vom Tod zum Leben hindurchgedrungen« (Joh 5,24). So führt das Wort vom Kreuz den Hörenden zum letzten Punkt des eigenen irdischen Lebens und zugleich in die entscheidende Begegnung mit dem, der selbst der Erste und der Letzte ist. Es konstituiert das neue, ewige Ich in der Gemeinschaft mit dem Du des gekreuzigten und auferstandenen Christus. Ist es doch als Zeichen seines für uns heilvollen Todes indirekt auch Zeichen der Haltung liebender Hingabe, wie sie der Auferstandene bleibend einnimmt!

Und so ist es insgesamt Zeichen dafür, dass alles Leiden, das bevorstehende Sterben eingeschlossen, nicht mehr von Gott trennen kann: Er selbst ist in Jesus Christus schon dort gewesen, vorausgegangen an die Orte der Finsternis, der Verzweiflung, der letzten Einsamkeit. Im Aufschauen zur Gestalt des Gekreuzigten wird darum die scheinbar so aussichtslose Frage nach dem letzten Sinn in einer Weise beantwortet, die den Glaubenden ebenso befreit wie radikal in Beschlag nimmt. Unter Berücksichtigung der Theodizeefrage hat Nikolaus Lenau 1837 solch christliche Kreuzeserkenntnis in die Worte gefasst:

In dieses Lebens Kampfgewühlen
Bis an des Friedens Morgenrot
Ist Schmerz noch unser tiefstes Fühlen,
Der innerste Gedanke – Tod.
Drum ließ in Schmerz und Tod die Armen,
Der treue Gott uns nicht allein;
Am Kreuz voll Liebe und Erbarmen
Ging Gott in *unsre* Weise ein.
Gelöst sind nun die bangen Fragen,
Nun ist dem Herzen alles kund:
Der Liebe Blütenwelt zu tragen
Sind Schmerz und Tod der schwarze Grund.

D. Die Selbstentäußerung Gottes des Geistes

Geist über dem Chaosmeer
Der du das Nichts bezwingst
Totes zum Leben bringst
Danke dass du auch in mich dringst

Geist über stürmischer See
Der du den Zweifler hältst
Füße auf Wasser stellst
Danke dass du dich zu mir gesellst

Geist über stillen Wassern
Der du mir Frieden schenkst
Und mich gen Himmel lenkst
Danke dass du mich ewig umfängst

Werner Thiede

X. Der entäußerte Geist als philosophische und theosophische Idee

Trotz aller Unvollkommenheit dieser Welt an den Gott der Liebe glauben zu können, dazu will christliche Theodizee überzeugend und nachhaltig helfen. Ihr liegt daran, dass solcher Glaube sich als verstehender und nicht bloß »blinder«, in kognitiver Hinsicht »heteronomer« Glaube erfahren kann. Das damit verbundene Drängen nach Erkenntnis ist gerade nicht Ausfluss einer hochmütigen, enthusiastischen Herrlichkeitstheologie, sondern gehorsame, nämlich hörfähige Kreuzestheologie. Am Kreuz des Sohnes liest sie Gottes Weisheit ab (1. Kor 1,24.30; 2,6-8), so dass sie dank der »Erweisung des Geistes« im Apostel Paulus (2,4) von einer Erhellung herkommt, die sie als Geschenk des heiligen Geistes zu deuten weiß: »Uns aber hat es Gott offenbart durch seinen Geist; denn der Geist erforscht alle Dinge, auch die Tiefen der Gottheit« (2,10).

Allein der Umstand, dass Erhellung durch den göttlichen Geist keineswegs etwas Allgemeines, Selbstverständliches, ja dass »Theodizee« überhaupt ein Problem ist, zeugt freilich davon, dass dieser Geist selbst unsere Welt im Allgemeinen nur im Modus der Selbstentäußerung umfängt. Eigentlich müsste er als Geist des Absoluten sie allenthalben durchdringen und erhellen. Doch er tut das – seine »Existenz« einmal vorausgesetzt – augenscheinlich in eingeschränkter Weise; es bedarf erst der Offenbarung im Kontext der Kreuzesbotschaft, um in die Tiefe dieses Geistes einzudringen oder besser: um von seiner Tiefe richtig durchdrungen zu werden. Dabei läuft es bei der Frage, ob sich der Geist ansonsten lediglich verborgen oder sich in seinem Wirken real zurückgenommen habe, letztlich aufs Selbe hinaus, weil auch schon ein Sich-Verbergen eine effektive Selbstzurücknahme bedeutet[1].

Dass sich der göttliche Geist tatsächlich im trinitarischen Gesamtvollzug, nämlich in Korrelation mit dem Sohn seinerseits entäußert, ist bereits angeklungen und muss weiter vertieft werden – zumal die theologische Tradition in dieser Richtung noch erstaunlich wenig nachgedacht hat. Zunächst aber gilt es Ahnungen und Mutmaßungen im Blick auf diesen Sachverhalt aufzuspüren, die jenseits christlicher Theologie liegen. Das kann freilich nur exemplarisch geschehen, denn derlei Ahnungen und Spekulationen gibt es in so vielfältiger Weise, dass allein die Breite ihres Vorkommens ein Indiz für die erfahrbare Richtigkeit jenes Sachverhalts darstellt.

1. Das entäußerte Pneuma im Gnostizismus

»Gnosis« ist im Griechischen der Begriff für »Erkenntnis«. Religionswissenschaftlich bezeichnet er eine Grundrichtung in Religion und Philosophie, die zumindest in Ansätzen von so universaler Verbreitung ist, dass einige ausgewiesene Gnosis-Forscher wie Gilles Quispel und Alexander Böhlig sich überzeugt zeigen, es hier mit einem Humanum oder jedenfalls mit einer allgemeinmenschlichen Anlage in dieser Richtung zu tun zu haben. Bereits um die Mitte des 20. Jahrhunderts, also nur wenige Jahre, nachdem die Gnosisforschung durch umfangreiche Schriftenfunde neuen Auftrieb bekommen hatte, hat Quispel die These aufgestellt, als »Weltreligion an

1. Diese Unterscheidung ist im Zusammenhang des christologischen Kenosis-Streits im 17. Jahrhundert diskutiert (s. o.), aber damals nicht abschließend als hinfällig durchschaut worden.

und für sich« sei die Gnosis zu allen Zeiten dieselbe[2]. Im spätantiken Zeitalter freilich, in unmittelbarer, ja konkurrierender Nachbarschaft zum frühen Christentum hatte es eine besondere Blüte der »Gnosis« gegeben, deren religiöse bzw. philosophische[3] Gesamterscheinung man religionswissenschaftlich als »Gnostizismus« zusammenzufassen pflegt. Diese historische Größe des Gnostizismus stelle lediglich eine Entfaltung der allgemein menschlichen Erscheinung »Gnosis« dar, meint Böhlig[4]. Die ausufernde Diskussion um den geschichtlichen Ursprung des Gnostizismus lässt er damit hinter sich: Weder eine iranische Herkunft noch eine aus der hellenistischen Philosophie[5] erklärt für ihn das gnostizistische Phänomen; auch keine jüdischen oder gar christlichen Wurzeln möchte er namhaft machen – geschweige denn sich der These eines irgendwie gemischten Ursprungs verschreiben: »Ich fürchte, der Kampf der Meinungen ist bereits zu einem Circulus vitiosus geworden.«[6]

Tatsächlich macht es Sinn, ganz grundsätzlich beim Gnosisbegriff als solchem anzusetzen. Religiös oder philosophisch verstanden, meint er die Erkenntnis des Wesens von Gott bzw. Göttlichem, Welt und Mensch in einem – das erkennende Subjekt eingeschlossen. Diese Gesamterkenntnis hat monistische Tendenz, und zwar gerade im Blick auf den göttlichen Geist. Immer bedeutet Gnosis auch die Erkenntnis, dass der innere Kern des erkennenden Subjekts selbst substantiell von göttlicher Art sei. Bezeichnend und grundlegend ist insofern das Verständnis von Gnosis als »Selbsterkenntnis«. Diese identitätsmystische Perspektive auf substanztheoretischer Basis bildet die Voraussetzung für das spirituelle Selbstverständnis des Gnostikers gegenüber der Welt, die als mehr oder weniger nichtgöttlich empfunden wird.

Das Theodizeeproblem pflegen Gnostiker daher auf geistmonistischer Basis mehr oder weniger dualistisch zu lösen: Die Wirklichkeit des Geistes, des *pneuma*, wie es griechisch heißt, steht der vergänglichen, leidvollen Ma-

2. Gilles Quispel: Gnosis als Weltreligion, Zürich 1972[2], 80.
3. Von der »philosophischen Reflektiertheit« der Gnosis spricht Wolfgang Ullmann: Apokalyptik und Magie im gnostischen Mythos, in: K.-W. Tröger (Hg.): Altes Testament – Frühjudentum – Gnosis. Neue Studien zu »Gnosis und Bibel«, Berlin 1980, 169-194, hier 174.
4. Alexander Böhlig: Zur Struktur gnostischen Denkens (1978), in: Ders.: Gnosis und Synkretismus. Gesammelte Aufsätze zur spätantiken Religionsgeschichte, 1. Teil, Tübingen 1989, 3-24, hier 8.
5. So insbes. Hans Leisegang: Die Gnosis, Stuttgart 1985[5].
6. Böhlig: Struktur, 7.

teriewelt seinsmäßig gegenüber. In der materiellen Substanz der diesseitigen Welt und Körperlichkeit befindet sich das wahre Selbst daher im Zustand der Entfremdung, der Entäußerung, des Gefallenseins, ja verhängnisvoller Gefangenschaft. Dabei besteht eine Möglichkeit der Erlösung bzw. Befreiung eben durch Gnosis[7], die sich in manchen Modellen einem Offenbarungsruf verdankt.

Der im Grunde monistische Ansatz kann den typisch gnostischen Dualismus in manchen Modellen stark relativieren, so dass Materie bloß noch als eine Art gefrorener Geist erscheint. Viele Gnosisforscher haben lediglich die dualistischen Strukturen des Gnostizismus wahrgenommen und darüber die geistmonistische Basis kaum angemessen in den Blick bekommen. Anders Hans Jonas, der die Entwicklung des Gnostizismus »von der Mythologie zur mystischen Philosophie« 1954 kongenial nachgezeichnet und vor allem für die Variante der valentinianischen Gnosis herausgearbeitet hat: »Als nach außen getretene Verdichtung innerer Zuständlichkeit bezeichnet so die Materie den tiefsten Punkt des Abfalls des Geistes von sich selbst, der in ihr sozusagen seine Fixierung gefunden hat.«[8]

Um den Abfall des Geistes von sich selbst geht es in der Gnosis allemal. Seine Selbstentäußerung wird dabei im mythologischen Gnostizismus meist als Resultat eines himmlischen Unglücksfalls bzw. eines innergöttlichen Irrtums dargestellt. Dass und wie es zu solch einem Abstieg innerhalb des göttlichen Bereichs überhaupt kommen konnte, dies plausibel zu machen ist gewissermaßen der Wettstreit der unterschiedlichen, zunehmend auch philosophisch reflektierten Gnosis-Modelle. Dabei zeigt sich, dass sich bei letztlich monistischem Ansatz die Konsequenz schwerlich vermeiden lässt, die Entstehung von Leid und Bösem ursächlich im göttlichen Geist selbst zu beheimaten. Aber das doch wiederum so, dass es als ein schlussendlich zu Überwindendes gilt – etwa in Gestalt eines vorübergehenden, wenn auch folgenreichen, so doch nicht endgültigen Irrtums in der pneumatischen Welt. Die Entäußerung des Geistes kann unmöglich das Letzte sein[9].

7. Im Kontext gnostisierender Mythologie bedeutet »Gnosis« anfänglich eher Erkenntnis im Sinne geistiger Verwirklichung »wahren« Lebens, späterhin mehr Erleuchtung sowie den Weg zu ihr, damit auch den Inhalt des Erlösungsrufs. Vgl. Hans Jonas: Gnosis und spätantiker Geist, Teil 2.1: Von der Mythologie zur mystischen Philosophie, Göttingen 1954, 149 ff.
8. Hans Jonas: Gnosis und spätantiker Geist. Erster Teil: Die mythologische Gnosis, Göttingen 1988[4], 417 (diese Ausführungen sind ein späterer Nachtrag zum 1. Band).
9. Daher konstatiert Jonas mit Recht, der »gnostische Mythos« sei »sowohl seinem Inhalt als auch seiner Formstruktur nach eschatologisch« (Untersuchungen, 261).

Die Entstehung einer von Übeln geplagten Welt kann gnostisch nicht unmittelbar auf einen durch und durch »gut« zu nennenden Schöpfer zurückgeführt werden. Darum schon muss hier Abfall, Entäußerung im Göttlichen gedacht werden: Der böse oder verblendete Schöpfergott ist ein nicht vertrauenswürdiger »Demiurg«[10] – und als solcher das Resultat einer qualitativ absteigenden Göttergenealogie oder einer vorübergehenden Verwirrung, eines relativ kurzfristigen Mangels an Gnosis im obersten göttlichen Bereich.

Gegenüber solchen Ansätzen hat das junge Christentum entschieden am Schöpferglauben festgehalten. Den musste es sogar mit noch mehr Entschiedenheit als das Judentum betonen, weil es vom Glauben an die in Jesus Christus geschehene Inkarnation getragen war: Der Gedanke der Fleischwerdung des göttlichen Logos, der in sein Eigentum kam, erforderte in der Lehre notwendig sowohl die Differenz als auch die positive Spannung im Verhältnis von Gott und Welt, wie sie in der Schöpfungslehre zum Ausdruck kommt und noch die eschatologische Heilsverheißung bestimmt[11]. So hat denn auch erstmals der christliche Apologet Tatian explizit die Lehre von der Schöpfung aus dem Nichts formuliert[12] – gegenüber der monistischen Idee einer »Schöpfung aus Gott«, wie er in der Gnosis nicht auf niedrigere Götter transferiert wurde. Konkret war Tatians Zielscheibe der Gnostiker Marcion (ca. 100-160) gewesen, der dem obersten Gott der Liebe jedes Schöpfertum abgesprochen hatte. Marcion versuchte sein Theodizee-Modell vollends – bekanntlich ohne Erfolg – damit durchzusetzen, dass er einen neuen Kanon heiliger Schriften aufstellte, aus dem das gesamte Alte Testament und einige ihm nicht ins Konzept passenden Teile des Neuen Testaments getilgt waren. Bezeichnenderweise hat Marcion zufolge der in Jesus gegenwärtige Logos nur scheinbar[13] am Kreuzestod teilgenommen;

10. Es ist interessant zu sehen, dass in der jüdischen Grundschicht der gnostischen Texte von Nag Hammadi der Demiurg (ein von Platon her geläufiger Ausruck) noch keineswegs mit dem Gott der Juden, sondern nur mit dessen »Sophia« (Weisheit) identifiziert wird. Erst späterhin wird er als »Judengott« zu einem Archonten in der Funktion eines tief gesunkenen Engels.
11. Vgl. Johann E. Hafner: Selbstdefinition des Christentums. Ein systemtheoretischer Zugang zur frühchristlichen Ausgrenzung der Gnosis, Freiburg i. Br. 2002.
12. Bis dahin war die (mythologisch verwurzelte) Vorstellung üblich, Gottes Schöpfungshandeln vollziehe sich an so etwas wie einer Urmaterie. Siehe näherhin die Ausführungen zur Schöpfungslehre bei Wolfhart Pannenberg: Systematische Theologie Bd. II, Göttingen 1990, 96 ff.
13. Man bezeichnet diese gnostische Deutung des Kreuzestodes Jesu theologisch als »Doketismus«.

in Wirklichkeit sei er als eine ätherische, unsterbliche Wesenheit dabei gewesen. Ein leibliche Auferstehung hat in solchem Konzept keinen Platz – weder im Blick auf Jesus noch als universale Auferstehung der Toten[14] im Zuge der Schöpfungsvollendung lässt sie sich gnostisch behaupten.

Doch um die schmerzliche Unvollkommenheit der Welt und folglich auch die konsequente Partizipation Christi daran bis hin zu seiner Auferweckung zu erklären, ist es theologisch abwegig, wie einst etwa Marcion dem Gott der Liebe vorsorglich jegliches Schöpfertum abzusprechen. Allerdings verdient jener Gnostiker samt vielen seiner Sympathisanten bis in unsere Zeit hinein[15] nicht bloß reine Ablehnung; sein Anliegen ist ja ein Stück weit legitim und muss als Anfrage an die mangelnde Konsequenz der christlichen Rede von Gott als Liebe gewürdigt werden. Diese kritische Anfrage lautet sinngemäß: Wie passt die Vorstellung vom guten Gott, der neutestamentlich auch als »Geist« definiert wird (Joh 4,24), zusammen mit dem Befund, dass dieser reine, heilige Geist eine unvollkommene, offenkundig nicht von ihm regierte Schöpfung setzt und trägt, hält und damit ja berührt? Wie sollte beides gedanklich anders auf einen Nenner zu bringen sein als in der Tat durch die Annahme einer gewissen Selbstentäußerung des göttlichen Geistes? Nur darf diese höchst logische Annahme gerade nicht für eine monistische Sichtweise funktionalisiert werden, die ja die Theodizeefrage im Grunde keineswegs beantwortet – eben weil dann Gott nicht mehr der liebende Schöpfer einer ihm gegenüber wirklichen anderen Seinsform ist. Das gilt zum einen im Blick auf das gnostische Modell minderer Formen des dann kaum noch göttlichen, eher auf Engel- bzw. Teufelsstufe gefallenen Geistes, dessen eigentlich göttliche Substanz sich innerweltlich nur im pneumatischen Geistesfunken des Gnostikers selbst erhalten hat. Und es gilt zum andern auch für das neuplatonisch-idealistische Modell, das die Existenz der so üblen Welt aus einem der Gottnatur gemäßen Abstiegsprozess des absoluten Geistes zu erklären trachtet.

14. Dazu insgesamt Thiede: Auferstehung, bes. 1. Hauptteil (Lit.!).
15. Auch heutzutage sind die gnostischen Systeme »drauf und dran, mit Hilfe der sie belebenden Prinzipien die Hauptpfeiler des Christentums auseinanderzuschlagen; sie drohen das christliche Gebäude zum Einsturz zubringen. Man könnte ohne größere Mühe beweisen, daß die gnostischen Systeme der Gegenwart die sakramentalen, geschichtlichen und dogmatischen Grundlagen, die den christlichen Typen wesentlich bestimmen und seine Spiritualität sowie seine Hermeneutik kennzeichnen, in Mißkredit bringen« (Richard Bergeron: Zu einer theologischen Interpretation der neuen Religionen, in: Concilium 19 [1983], 75-81, hier 80).

2. Der entäußerte Geist in den idealistischen Modellen Plotins und Hegels

Ein bis in die gegenwärtige Philosophie und Theologie ausstrahlender Denker der Spätantike war *Plotin* (204-270)[16]: Er hat eine immer philosophischer werdende Gnosis mit der Ideenlehre Platons verknüpft und damit das erste große System des Neuplatonismus geschaffen. Den Dualismus, der auf je eigene Art sowohl dem Platonismus als auch dem Gnostizismus innewohnt, hat er mit Blick auf den gnostischen Geistmonismus[17] überwunden zugunsten einer radikal monistischen Metaphysik. An der gnostischen Denkweise kritisiert er vor allem eben das dualistische Element; Materiewelt und göttlichen Geist sieht er weniger gegensätzlich. Beide entspringen nach seinen Darlegungen dem unterschiedslos Einen, das aus seiner Fülle heraus nicht etwa schöpferisch tätig wird, sondern überfließt und so herabfallende »Stufen« des Alls werden lässt.

Genauer betrachtet, nimmt Plotin den Gedanken des Absoluten dahingehend ernst, dass er das Eine nicht einfach sich selbst prozessual in Anderes hinein fortsetzen sieht. Dieses Eine kann als solches nur es selbst sein[18]. Gleichwohl strahlt es in seiner überpolaren Unveränderlichkeit aus wie die Sonne. Wird dadurch »alles« sein Prädikat, so handelt es sich hierbei bereits um »etwas« in Richtung der Vielheit des Seins, und das kann dann nur eine erste Emanation des Einen, eine erste Abstrahlung sein. Bei dieser ersten Emanation geht es um den Geist, der als göttliche Einheit von Sein und Reflexivität zu denken ist[19]. Jürgen Habermas erläutert: »Im diskursiven Geist war das Eine schon aus sich herausgetreten.«[20]

Dem ersten Schritt dieser monistisch gedachten Selbstentäußerung folgt als weitere Emanationsstufe die »Seele«, platonisch gemeint als Weltseele[21].

16. Vgl. z.B. Klaus Kremer: Plotin (204-270), in: F. Niewöhner (Hg.): Klassiker der Religionsphilosophie, München 1995, 56-68.
17. Plotin ist laut Jakob Taubes »der heidnische Ausläufer der Gnosis« (Abendländische Eschatologie, Bern 1947, 74).
18. Vgl. Werner Beierwaltes: Denken des Einen. Studien zur neuplatonischen Philosophie und ihrer Wirkungsgeschichte, Frankfurt/M. 1985, 12.
19. Vgl. Beierwaltes: Denken, 40.
20. Jürgen Habermas: Die Einheit der Vernunft in der Vielheit ihrer Stimmen, in: Ders.: Nachmetaphysisches Denken. Philosophische Aufsätze, Frankfurt/M. 1988, 153-186, hier 168.
21. Siehe Heinz Robert Schlette: Weltseele. Geschichte und Hermeneutik, Frankfurt/M. 1993, bes. 105ff. zu Plotin; ferner s.u. (Kap. XI).

Sie ist es, die in die sinnliche Welt übergeht, indem sie diese bildet – und zwar indem eine unruhige, egozentrische Kraft in ihr das ideell Geschaute immerfort auf Anderes übertragen will und somit in Nachahmung der geistigen, ewigen Welt die sinnenfällige, zeitliche schafft, statt damit zufrieden zu sein, dass das Ganze versammelt in ihr gegenwärtig ist[22]. Ein der Gnosis sehr verwandter Gedanke: Entäußerung des göttlichen Geistes führt zu ungöttlichen Abirrungen, zur Schöpfung der materiellen Welt[23]. Diese gilt gleichwohl nicht im gnostisch-dualistischen Sinn als finster und böse, sondern eben als unterste Emanation im Gesamtsystem eines spirituellen Monismus[24].

Dieser neuplatonische Entwurf wirkt seinerseits wie ein philosophischer Lösungsversuch des Theodizeeproblems. Den Gnostikern kann Plotin vorwerfen, sie sähen eine Tragödie von Schrecken in den Sphären des Universums[25]. Für ihn aber sind sinnliche und intelligible Welt nicht dualistisch auseinanderzureißen, sondern gerade im Akt des Erkennens auf die sie konstituierende Einheit zurückzuführen. Das Eine, Übergute, absolut Transzendente hat die Vielheit nicht sich gegenüber, sondern eher schon in sich. Es hat weder die höheren noch die niederen Wirklichkeitsstufen geschaffen, vielmehr stellen sie Emanationen seiner überfließenden Güte dar. Die Materiewelt ist freilich die unterste, wirklichkeitsärmste, ja verkehrt-böse Stufe der Entfaltung des Einen[26]. Das Böse und das Leiden sind als *privatio boni*, also als emanatorisch bedingter Mangel an Gutem auf niedrigeren Wirklichkeitsstufen unterhalb des Geistig-Göttlichen zu betrachten. So sind die Idee der Güte im Absoluten und die Erfahrung unserer leidvollen Wirklichkeit in philosophischen Einklang gebracht.

Ob das aber ein wirklich harmonischer, das Ohr des leidenden Menschen hinreichend befriedigender Einklang ist, darf gefragt werden. Der letzte Sinn aller Dinge, aller schönen, leidvollen und chaotischen Weltwirklichkeit soll im unterschiedslos Einen zu finden sein – und bleibt damit selbst indifferent. Ist die »Güte« dieses Einen nicht ein leerer Formalbegiff,

22. Vgl. Enneaden III 7,11,21-28.
23. Erst Proklos, der nächste große Denker des Neuplatonismus, überwindet die mythologische Rede vom Fall der (Welt-)Seele(n) und denkt konsequent emanatorisch.
24. Vgl. insgesamt Werner Beierwaltes: Das wahre Selbst. Studien zu Plotins Begriff des Geistes und des Einen, Frankfurt a. M. 2001.
25. Enneaden II 9,13.
26. Vgl. Beierwaltes: Denken, 184. Jonas (Gnosis I, 375) sieht hier mit Recht Züge valentinianischer Gnosis bei Plotin, dessen praktizierte Leibesverachtung asketische Züge trägt.

den man zwar mystisch feiern mag[27], den man aber besser nicht mit dem Kreuz dieser Welt konfrontieren sollte? Der Gedanke des zur Weltseele entäußerten Geistes bleibt in seiner monistischen Funktion wenig hilfreich[28].

Dieser Befund gilt analog für *Georg Wilhelm Friedrich Hegel* (1770-1831), den bekanntesten Philosophen des Deutschen Idealismus, der stark von Plotin beeinflusst wurde[29]. Hegel möchte mit seinem System bekanntlich die scharfe Abgrenzung Kants zwischen dem von der Vernunft Erfassbaren und dem ihr Jenseitigen überwinden. Er deutet darum die Logik als das oberste Prinzip jenes Geistes, dessen Bewegung alle Wirklichkeit bestimmt. Hatte Plotin den göttlichen Geist in seiner reflexiven Bewegung, wie dargelegt, als erste Emanation des Absoluten verstanden, so setzt Hegel ihn nun selber absolut – als »die Selbstbeziehung eines aus seiner Substanz zum Selbstbewußtsein sich emporarbeitenden Geistes, der die Einheit wie die Differenz des Endlichen und Unendlichen in sich trägt«[30]. Der göttliche Geist wird damit als prozessuale Lebendigkeit interpretiert, deren dialektisches Fortschreiten gesetzmäßig funktioniert[31]. Dabei soll »das absolute Subjekt eben nicht dem Weltprozeß vorausgehen, sondern einzig in der Beziehung des Endlichen und Unendlichen aufeinander, in der verzehrenden Tätigkeit der Reflexion selbst bestehen.«[32]

27. Für den neuplatonischen Mystiker vollzieht sich die Rückkehr der Seele ins »übergute« Eine als Gegenbewegung zur Emanation auf dem Weg der philosophisch-spirituellen Einkehr der Seele in sich. Menschlicher Geist erhebt sich so in das erste Abbild des Einen, den ewigen Geist.
28. Vgl. auch Henning Ziebritzki: Heiliger Geist und Weltseele. Das Problem der dritten Hypostase bei Origenes, Plotin und ihren Vorläufern, Tübingen 1994.
29. Vgl. Jonas: Gnosis I, 260 f.; Beierwaltes: Denken, 223.
30. Habermas: Vernunft, 168. Vgl. auch Werner Beierwaltes: Differenz, Negation, Identität. Die reflexive Bewegung der Hegelschen Dialektik, in: Ders.: Identität und Differenz, Frankfurt/M. 1980, 241-268.
31. Hegel erklärt: »Der Geist ist dieser Prozeß, ist Bewegung, Leben; dies ist, sich zu unterscheiden, zu bestimmen, und die erste Unterscheidung ist, daß er ist als diese allgemeine Idee selbst. [...] In dem Urteil ist das Andere, das dem Allgemeinen Gegenüberstehende, das Besondere, Gott als das *von ihm Unterschiedene*, aber so, daß dieses Unterschiedene seine *ganze Idee* ist an und für sich, so daß diese zwei Bestimmungen auch für einander dasselbe, diese Identität, das eine sind ...« (Vorlesungen über die Philosophie der Religion, Bd. I und II, in: G. W. F. Hegel, Werke in zwanzig Bänden [neu edierte Theorie Werkausgabe], Bände 16 und 17, Frankfurt/M. 1969, hier Bd. II, 221).
32. Habermas: Einheit, 168. Dagegen geht noch bei Schelling das Absolute dem Weltprozess voraus. Zu Schellings freilich ebenfalls monistisch angelegter Theodizee vgl. Friedrich Hermanni: Die letzte Entlastung. Vollendung und Scheitern des abendländischen Theodizeeprojektes in Schellings Philosophie, Wien 1994.

Die in dieser göttlichen Reflexion sich vollziehende und von ihr ausgehende, alles dialektisch durchwaltende und übergreifende Selbstbewegung des göttlichen Geistes umfasst dabei auch die menschliche Subjektivität[33]. Es ist das höchste Ziel seiner Bewegtheit in der geschichtlichen Zeit[34], sich selbst als das Allgemeine im Anderen seiner selbst, nämlich im individuellen Subjekt zu erkennen – und so nach seiner Entäußerung in tiefster Weise wieder zu sich selbst zu finden. Dabei umgreift seine Dialektik sowohl das Konstituieren des monistisch verstandenen »Anderen seiner selbst« als auch dessen Aufhebung im doppelten Sinne einer Negation und Hinaufhebung.

Gott ist für Hegel nicht das Andere, Jenseitige der Vernunft, nicht die von ihr unfassbare Seite der Wirklichkeit. Vielmehr ist die Wirklichkeit von Welt und Mensch selbst das dialektisch Andere der göttlichen Vernunft – und zwar so, dass eine unterschwellige Identität von Identität und Differenz anzunehmen ist. Das aber bedeutet, dass das Andere des Geistes letztendlich selbst entäußerter Geist ist und schließlich wieder in die Wirklichkeit des Geistes zurückgeholt[35] und aufgehoben werden muss. Das Andere ist bei Hegel kein wirklich Anderes, sondern nur ein dialektisch Anderes des Selben. Der idealistische Philosoph stellt klar, »dass die Natur, das Anderssein an sich göttlich ist«[36], dass also »dieses Anderssein, Sichunterscheiden, die Endlichkeit, wie es ausgedrückt wird, ein Moment an ihm selbst ist, aber allerdings ein verschwindendes.«[37] In der absoluten Idee, im Element des Denkens setzt Gott sich zwar als Anderes, aber so, dass »dies Andere unmit-

33. Vgl. Vorlesungen II, 190. Siehe auch Michael Theunissen: Hegels Lehre vom absoluten Geist als theologisch-politischer Traktat, Berlin 1970; Ernstpeter Maurer: Der Mensch im Geist. Untersuchungen zur Anthropologie bei Hegel und Luther, Gütersloh 1996.

34. Die philosophisch begriffene Geschichte bildet »die Erinnerung und die Schädelstätte des absoluten Geistes, die Wirklichkeit, Wahrheit und Gewißheit seines Throns, ohne den er das leblose Einsame wäre« – so Georg Wilhelm Friedrich Hegel: Phänomenologie des Geistes (1807). Mit einem Nachwort von G. Lukács, Texte-Auswahl und Kommentar zur Rezeptionsgeschichte von G. Göhler, Frankfurt/M. 1980³, 446f.

35. »Der Geist ist die unendliche Rückkehr in sich, die unendliche Subjektivität, nicht als vorgestellte, sondern als die wirkliche, *gegenwärtige Göttlichkeit*« – und so »die Vereinigung des *unendlichen Gegensatzes* – Gott und die Welt« (Vorlesungen II, 305).

36. Vorlesungen II, 342. Für Hegel gehört es zur Bestimmung Gottes, dass »er *an ihm* dies ist, *das Andere seiner selbst* zu sein, und dass dies Andere eine Bestimmung an ihm selbst ist, so daß er darin zu sich selbst zurückkehrt und dies Menschliche mit ihm versöhnt ist« (94).

37. Vorlesungen II, 298. Vgl. auch Otto Reidinger: Gottes Tod und Hegels Auferstehung. Antwort an Dorothee Sölle, Berlin/Hamburg 1969, 37ff.

telbar sogleich bestimmt ist als Gott selbst, dass der Unterschied nur ideell, unmittelbar aufgehoben ist«[38].

Dieses monistische Verständnis des Andersseins begründet Hegel christologisch[39]: Er bezeichnet das Andere des Absoluten in seiner Hinfälligkeit als Resultat der dialektischen Versöhnung Gottes mit sich selbst. Man höre: Hier hat Gott nicht nur die Welt mit sich versöhnt, sondern darin eigentlich *sich* mit sich selbst! Ist doch die Welt letztendlich nichts anderes als das Gegenüber-Spiel Gottes mit sich selbst! »Die Versöhnung, an die geglaubt wird in Christo, hat keinen Sinn, wird Gott nicht als der Dreieinige gewußt, wird nicht erkannt, dass er *ist*, aber auch *als das Andere*, als das sich Unterscheidende [ist,] so dass dieses Andere *Gott selbst* ist, an sich die göttliche Natur an ihm hat, und dass das Aufheben dieses Unterschieds, Andersseins, diese Rückkehr, diese Liebe der Geist ist.«[40]

Den Vorgang der Versöhnung liest Hegel am Geschehnis von Golgatha ab[41] – freilich im Zuge monistischer Uminterpretation des biblisch tradierten Wortes vom Kreuz. Er ist überzeugt, dass »das Endliche, Gebrechliche, die Schwäche, das Negative göttliches Moment selbst ist, in Gott selbst ist; dass das Anderssein, das Endliche, das Negative nichts außer Gott ist [...]. Es ist gewußt das Anderssein, die Negation als Moment der göttlichen Natur selbst. Die höchste Erkenntnis von der Natur der Idee des Geistes ist darin enthalten.« Gott habe durch den Tod Jesu die Welt versöhnt und versöhne sie ewig mit sich selbst: »Dies Zurückkommen aus der Entfremdung ist seine Rückkehr zu sich selbst, und dadurch ist er Geist.«[42]

Hegel betont in diesem Zusammenhang, im Tod Jesu Christi sei mit dem Endlichen dessen Spitze, nämlich das Böse »an sich« vernichtet worden: »Der Welt ist durch diesen Tod ihr Böses *an sich* abgenommen worden.«[43] Das ist freilich nur im dialektischen Sinn gemeint: Das Böse ist nicht mehr das Böse in einem absoluten Sinn, sondern als Moment in der Selbstbewegung des Absoluten erkennbar. Eigentlich stellen die Übel dieser Welt

38. Vorlesungen II, 226. »Die wahre Auflösung des Widerspruchs ist in der Idee enthalten, die das Sichbestimmen Gottes zum Unterschiedenen seiner von sich selbst, aber das ewige Aufheben des Unterschiedes ist« (225).
39. Vgl. Wolfhart Pannenberg: Die Bedeutung des Christentums in der Philosophie Hegels, in: Ders.: Gottesgedanke und menschliche Freiheit, Göttingen 1978², 78-113.
40. Vorlesungen II, 298.
41. Dietrich Korsch lobt Hegel überschwänglich: Es sei dessen großes Verdienst, den Gedanken »einer Selbstentäußerung Gottes, eines Weges Gottes in den Tod« gedacht zu haben (Dogmatik im Grundriß, Tübingen 2000, 153).
42. Vorlesungen II, 295.
43. Ebd.

als das Andere des Gottesgeistes nur Aspekte von dessen »entäußerter« Gestalt dar.

Mit dieser Lehre vom entäußerten Geist tut sich freilich die tiefe Problematik der monistischen Philosophie Hegels auf: Sie hebt die Abgrundhaftigkeit des Bösen triumphalistisch in einen »Panlogismus« auf[44], setzt es also letztlich identisch mit dem Göttlichen. Die begriffliche Bestimmung des Absoluten als des dialektisch Allumfassenden läuft notwendig darauf hinaus, alles in der Wirklichkeit, also auch alles Üble und Böse, mit dem Leben Gottes zu identifizieren. Das mag eine philosophisch tiefsinnige und interessante Theodizee sein – oder auch nicht[45]. Trotz aller Orientierung am Kreuz Jesu Christi stellt sie eine massive, konsequent monistische Umdeutung der christlichen Grundlehren von Schöpfung, Versöhnung und Erlösung in ihrem Zusammenhang dar. Doch immerhin zeugt sie von einem auch theologisch anregenden Gespür dafür, dass der Gedanke der göttlichen Selbstentäußerung nicht auf die zweite Person der Trinität beschränkt werden sollte.

3. »Entäußerter Geist« im Denken der modernen Theosophie

Die geistige Mutter der modernen Theosophie, *Helena Petrovna Blavatsky* (1831-1891)[46], im Jahre 1875 Mitbegründerin der »Theosophischen Gesellschaft«, gibt vor zu wissen, dass ohne die Erläuterungen ihrer »Geheimlehre« (188) »das Vorhandensein des Bösen auf Erden für immer ein verschlossenes Geheimnis für das Verständnis wahrer Philosophie bleiben müßte«[47].

44. So Bernhardt: Handeln Gottes, 232f.
45. Dazu ist in Kap. V.2 bereits einiges ausgeführt worden.
46. Unter den zahlreichen Biographien ragt eine als umfangreichste heraus: Sylvia Cranston: H. P. B. Leben und Werk der Helena Blavatsky, Begründerin der Modernen Theosophie, Satteldorf 1995. Freilich schreibt sie ganz aus der Anhängerperspektive. Aus evangelikaler Sicht ist die zweite in deutscher Sprache vorliegende Biographie verfasst: Stephan Holthaus: Madame Blavatsky und die Theosophische Gesellschaft. Die Sphinx des Okkultismus, Bad Berneck 1990. Gut orientieren Hans-Jürgen Ruppert: Helena Blavatsky – Stammutter der Esoterik, in: EZW-Texte 155/2000, 1-28; Linus Hauser: Kritik der neomythischen Vernunft, Bd. 1: Menschen als Götter der Erde, Paderborn 2003. Zur modernen Theosophie siehe meine Habilitationsschrift »Wer ist der kosmische Christus?« (Göttingen 2001), Kap. III–V.
47. Helena Petrovna Blavatsky: Die Geheimlehre. Die Vereinigung von Wissenschaft, Re-

Ihre Antwort auf die Theodizeefrage ist allerdings nur bedingt originell, nachdem immer wieder deutliche Elemente neuplatonischer Philosophie[48] durchschimmern. So geht ihre okkult geprägte Weisheitslehre aus von dem einen Absoluten, dessen Begriff die Frage aufwirft: Wie kann jenes welttranszendente Absolute doch in Relation zum Relativen treten, ohne dabei seiner Absolutheit verlustig zu gehen? Wie ist der Gedanke der Einheit von zeitlosem Stand und zeitlicher Bewegung, kurz: von Identität und Differenz zu fassen?

Blavatsky postuliert ein zweites Eines als erste, nämlich zwischen Absolutem und Relativem vermittelnde Emanation. Demzufolge »sind in der occulten Metaphysik genau gesprochen zwei ›Eins‹ – die Eins auf der unerreichbaren Ebene der Absolutheit und Unendlichkeit, über die keine Spekulation möglich ist; und die zweite Eins auf der Ebene der Emanationen. Erstere kann niemals emanieren noch geteilt werden, da sie ewig, absolut und unveränderlich ist; aber die zweite, sozusagen die Reflexion der ersten Einen (denn sie ist der Logos ...), kann es.«[49] Diese untere Eins, für Blavatsky der göttliche »Logos«, stellt den »Geist des Weltalls«[50] dar, die höchste, den Kosmos bewegende Intelligenz. Die Polarität von Selbigkeit und Andersheit wird von diesem Geist umfangen[51]. In ihm treffen absolute Einheit und relative Vielheit aufeinander.

Der Theosophin gilt dieser Reflex des Absoluten als »Aggregat der universellen Weisheit«, das in sich die sieben »schöpferischen Heerscharen« enthält[52]. So nimmt der Logos, aus dem sieben Logoi emanieren[53], demiur-

ligion und Philosophie, Den Haag 1900-1906 (diverse unveränderte Auflagen), 4 Bände, Bd. II, 542.

48. Vgl. z. B. Helena P. Blavatsky: Der Schlüssel zur Theosophie. Eine Darstellung der ethischen, wissenschaftlichen und philosophischen Lehren der Theosophie, für deren Studium die Theosophische Gesellschaft gegründet wurde (1889), Satteldorf 1995³, 23. Den Neuplatonismus lernte Blavatsky vertieft kennen durch den Archäologen und Philosophen Prof. Alexander Wilder, dessen Werk »New Platonism and Alchemy« sie gern zitierte.
49. Geheimlehre, Bd. I, 154 f. Vgl. auch 38, 92; ferner Geheimlehre Bd. II, 514.516; Schlüssel, 92.119.
50. Geheimlehre II, 27. Das »Weltall ist der Spiegel des Logos, obwohl der letztere das *Sein* dieses Weltalls ist« (28).
51. Vgl. Blavatsky: Geheimlehre I, 105; II, 27. Bei Plotin ist der Logos »trotz der Vielheit und Differenz in ihm die ›außerhalb‹ des Einen höchstmögliche Form von Einheit« (Beierwaltes: Denken, 55).
52. Vgl. Geheimlehre I, 100 f., ferner 92.
53. Von ihnen aus verzweigt sich die Emanationsreihe weiter nach unten. An anderer Stelle denkt Blavatsky an drei statt an sieben Logoi.

gische Züge an. In ihm sind bereits die »wirklichen Schöpfer des Weltalls«[54] präsent, die sich allerdings am ursprünglich formlosen, ewigen Weltstoff[55] nur als Gestalter bzw. »Bauleute«, nicht etwa als dessen Hervorbringer betätigen. Der in gnostischem Sinn verstandene »Fall« der »Logoi und Demiurgen« ist gleichbedeutend mit dem Schritt zur »Schöpfung«, welche »eine unvermeidliche Sprosse auf der Leiter der kosmischen Entwicklung«[56] in Richtung auf »den Hafen des himmlischen göttlichen Friedens«[57] darstellt. Die nach unten führende Leiter führt – gut neuplatonisch – auch wieder nach oben. Doch wohin? Der sich entäußernde »Geist des Weltalls« kehrt schlussendlich mitsamt allen Dingen nach einem kosmischen Gesamtzyklus wieder in seinen Ursprung zurück: Es kommt zur Absorption aller Dinge in die unbewusste Absolutheit[58], aus der gemäß hinduistisch-buddhistischer Zeitauffassung[59] wieder und wieder ein neues Weltwerden und -vergehen hervorgeht. Doch das östliche Paradigma des rein Zyklischen wird von Blavatsky dahingehend transformiert, dass jede Neugeburt des Kosmos auf der Basis des Früheren, das keineswegs absolut vergessen oder untergegangen sei, vielmehr im »Unbewußten« des Einen »schlafe«, einen Fortschritt erbringt. Mit diesem spiralförmigen Modell des Weltengangs entspricht Blavatsky dem neuzeitlichen Autonomiegedanken bestens, indem sie das ihm inhärente Fortschrittsprinzip spiritualisiert. Die Worte »zyklisch« und »vorwärts« gehören hier zusammen: Das Weltall offenbart »sich periodisch zum Zwecke des gemeinschaftlichen Fortschrittes der zahllosen Lebewesen, der

54. Geheimlehre I, 83. Nur »von unten betrachtet« seien die »Schöpfer« als »Gott« misszuverstehen (157). Emanatorisch verzweigen sie sich in zahllose Scharen schöpferischer Kräfte (Geheimlehre II, 511).
55. Im geformten Kosmos sind Stoff und Geist untrennbar geworden (Geheimlehre I, 701). In Ablehnung des Schöpfungsgedankens setzt Blavatsky den Weltstoff als ewigen voraus: Er ist eins mit Geist, insofern Stoff und Bewusstsein im Absoluten wurzeln und nur in diskursiver Reflexion als Dualität erscheinen (vgl. Geheimlehre I, 42 f., 49, 90 und 448; Schlüssel, 138).
56. Vgl. Geheimlehre II, 247 f. und 542.
57. Geheimlehre II, 256.
58. Vgl. Geheimlehre II, 743 (unter Bezug auf die pluralische Formulierung Hebr 1,2, wonach der Sohn Welten bzw. »Äonen« gemacht hat, wobei Blavatsky textwidrig exegesiert: »Dies bezieht sich auf den Logos einer jeden Kosmogonie«). Wie sie zu erläutern weiß, währt das Versunkensein in Brahman jeweils 311 040 000 000 000 Jahre (Geheimlehre I, 159).
59. Michael von Brück erklärt: »Durch Expansion und Kontraktion wird in zyklischer Oszillation über lange Zeiträume hinweg ein Universum nach dem anderen hervorgebracht und wieder zerstört« (Zeitlichkeit und mystische Einheitserfahrung, in: EvTh 49 [1989], 142-160, hier 146).

Ausatmungen des Einen Lebens«[60]; das Gesetz des Absoluten ist »in seinen Manifestationsperioden das *Immer-Werdende*«[61]. So hat der Gesamtwirklichkeitsprozess positiven Sinn: »Jeder Zyklus bringt den Erwerb neuer Herrlichkeit, neuen Wissens und neuer Macht. Dies ist die Bestimmung jedes Egos, das so in jeder Welt und jeder Inkarnation sein eigener Erlöser wird.«[62]

Die Frage, warum die Universen so leidvoll, so wenig »gottgemäß« geschaffen seien, beantwortet Blavatsky unter Hinweis auf den emanatorischen Abstieg des kosmischen Geistes, der im Zuge zunehmender Entäußerung an göttlicher Qualität verliere. Das erinnert an die Tradition des Gnostizismus, dem sie natürlich viele Anregungen verdankt. Sie behauptet ausdrücklich »einen Logos, oder einen kollektiven ›Schöpfer‹ des Weltalls«, dessen Misserfolge und Mangel an Vollkommenheit die Nichtabsolutheit dieses »Baumeisters« beweisen: »So sind weder die gesamte Schar (der Demiurg), noch irgend eine von den wirksamen Kräften individuell, geeignete Gegenstände für göttliche Ehren oder Anbetung«[63]. Eine problematische Theodizee tut sich damit auf: Die Güte des Absoluten wird reingehalten um den Preis seiner Abtrennung vom Schöpfertum, das emanierten und damit niedrigeren Geistesgestalten zugewiesen wird.

Ihre Schülerin *Annie Besant* (1847-1933)[64], seit 1907 Präsidentin der international agierenden »Theosophischen Gesellschaft« (Adyar), hat das esoterische System auf Grund ihrer christlichen Herkunft stark vermittelnd ausgebaut, um es angesichts seiner östlichen Färbung für den abendländischen Menschen attraktiver zu machen. So wurde der »Logos« bei ihr zum »kosmischen Christus« *(»kosmic Christ«)* – den Begriff in dieser Form hat sie selbst erstmals geprägt[65], aber eben weniger auf dem Hintergrund christlich-theologischer, sondern eher im Kontext okkult-theosophischer Begründungszusammenhänge! Entsprechend deutet sie die christlich geglaubte Trinität als die drei Logoi, die ja im Schema jener modernen Theo-

60. Geheimlehre I, 288; vgl. 703. Cranston spricht in diesem Zusammenhang von einer Reinkarnation ganzer Universen (HPB, 531).
61. Schlüssel, 96 (kursiv bei Blavatsky); vgl. Geheimlehre I, 288.
62. Schlüssel, 202. Vgl. auch Cranston, HPB, 422.
63. Geheimlehre I, 300.
64. Vgl. Johannes Frohnmeyer: Die theosophische Bewegung. Ihre Geschichte, Darstellung und Beurteilung, Stuttgart 1923², 16 ff.; Theodore Besterman: Mrs Annie Besant. A Modern Prophet, London 1934; Arthur H. Nethercot: The First Five Lives of Annie Besant, Chicago 1960; Livia Lucchini: Blavatsky e Besant. Il Fulmine e il Tuono, Turin 1991, 93 ff.
65. Näheres dazu und zu Besants Denken bei Thiede: Christus, 129 ff.

sophie – Blavatsky hatte von drei oder sieben gesprochen – als Emanation des Geistes gelten. Diese tritheistischen Logoi sieht sie astralsymbolisch am Firmament wirken[66]. So steht dem Logos als der »zweiten Person der Dreieinigkeit, welche in die Materie hinabsteigt«[67], der Logos des Heiligen Geistes zu Seite – entäußerter, sich entäußernder Geist! »Wenn die Materie, welche unser Sonnensystem bilden soll, von dem unendlichen, den Raum erfüllenden Ozean der Materie getrennt wird, ergießt die dritte Person der Dreieinigkeit, der Heilige Geist, sein Leben in diese Materie, um sie zu beleben, damit sie nun Gestalt annehmen kann. Dann wird sie zusammengezogen und ihr Form erteilt durch das Leben des Logos, der zweiten Person der Dreieinigkeit, der Sich opfert, indem Er sich den Schranken der Materie unterwirft und ›der himmlische Mensch‹ wird, in dessen Körper alle Formen existieren, von dessen Körper alle Formen einen Teil bilden.«[68] Als der Heilige Geist – Besant denkt hier an Genesis 1 – über der noch ungeformten, »jungfräulichen« Materie schwebte, flößte er ihr Leben ein und bereitete sie so vor, »das Leben des zweiten Logos zu empfangen, der diese Materie als Trägerin seiner Kräfte benutzte.«[69] Der »Heilige Geist« als belebende Kraft der Materie wird hier als sich er- bzw. ausgießende Bewegung beschrieben, die in Korrelation mit den Entäußerungsvorgängen um den zweiten Logos steht. Auch insofern fällt auf den »Heiligen Geist« ein zartes kenotisches Licht in diesem monistischen Theosophie-System[70].

Und noch auf eine andere Weise kommt Besant dem Gedanken göttlicher Selbstentäußerung nahe, nämlich durch Rückbezug auf die jüdische »Theosophie«, die kabbalistische Tradition. In der Lurianischen Kabbalah, die auf Isaac Luria (1534-1572) zurückgeht, wird nicht nur gefragt, wie eine

66. Besant weiß: Schon der Kirchenvater Justin hatte unter Bezugnahme auf eine Stelle in Platons »Timaios« (36 BC), die von dem ans Firmament gezeichneten griechischen Buchstaben Chi, also einer Kreuzesform am Himmel handelt, von einer »ersten kosmischen Ausspannung des Logos auf das Weltenkreuz« gesprochen – und in solcher Ausspannung »eine erste Opfertat des Logos« entdecken zu können gemeint.
67. Vgl. Annie Besant: Esoterisches Christentum, oder Die kleinen Mysterien (1903), Leipzig 1911², 104.
68. Christentum, 121; ferner 183. Als erste Person der Logos-Dreieinigkeit als des geoffenbarten Gottes gilt natürlich der »Vater«, der folglich selbst emanativ verstanden wird (vgl. 177 und 179). Und Besant kennt obendrein als vierte ›Person‹ die Materie, welche ja theosophisch als ewig angesehen wird: Trotz ihres Andersseins ist sie »göttlicher Natur« und wiederum in sich dreifaltig (vgl. 179)!
69. Christentum, 122.
70. Vgl. auch meinen Aufsatz »Heiliger Geist und esoterisches Geistverständnis. Anleitung zu pneumatologischer Unterscheidung«, in: Materialdienst der EZW 67 (2004), 323-335.

unvollkommene Welt neben Gott sein könne, sondern radikaler, wie überhaupt eine Welt neben Gott sein könne, da doch Gott selbst überall ist. Ja wie soll Gott aus dem Nichts schaffen, wenn es doch gar kein Nichts geben kann, da sein Wesen alles durchdringt[71]? Luria meint, um die Möglichkeit der Welt zu gewährleisten, musste Gott in seinem Wesen einen Bezirk freigeben, aus dem er sich zurückzog, eine Art mystischen Urraum, in den er in der Schöpfung und Offenbarung hinaustreten konnte. Der erste aller Akte des unendlichen Wesens war also nicht ein Schritt nach außen, sondern ein Schritt nach innen, ein Wandern in sich selbst hinein, eine Selbstverschränkung Gottes. Es war dies eine göttliche Selbstbegrenzung, um extern Anderes in einem echten »Außen« zu ermöglichen. Insofern kann man dieses Motiv zumindest indirekt doch als Variante des Selbstentäußerungsgedankens deuten, denn es impliziert einen Aspekt von Selbstzurücknahme zu Gunsten eines »Außen«, auf das hin der »Rückzug« eigentlich zielt. Die Idee des Anderen musste jüdische Mystik deutlich formulieren auf Grund des unaufgebbaren Schöpfungsglaubens. Doch das Monistische blieb auch hier gewahrt, indem betont wurde: Gott schuf Raum für echt Anderes nicht »neben«, sondern *in* sich.

Besant knüpft an diese Überlegungen um den Beginn des 20. Jahrhunderts an: Soll angesichts des Einen überhaupt eine Welt, ein Kosmos existieren, kann dies nur durch eine Selbstbegrenzung des Absoluten möglich werden. Auf dieser Basis lehrt die Theosophin, »dass der Logos in Wahrheit der Selbst-begrenzte Gott ist; begrenzt, um offenbar zu werden; offenbar werdend, um ein Weltall ins Sein zu rufen. Solch eine Selbstbeschränkung und Manifestation können nur ein erhabenster Akt des Opfers sein; sollte es deshalb wundernehmen, dass auf allen Seiten die Welt das Zeichen ihrer Entstehung aufweist, und dass das Gesetz des Opfers auch das Gesetz des Seins und das Gesetz der aus dem Sein entspringenden einzelnen Leben ist?«[72]

Der selbstbegrenzte Gott – ein tiefsinniger Theodizee-Gedanke, der in der späteren Theosophie kaum mehr aufgegriffen wurde und erst wieder in

71. Vgl. Gershom Scholem: Die Jüdische Mystik in ihren Hauptströmungen, Frankfurt a.M. 1957, 286.
72. Christentum, 138 (Selbstzitat aus einem Beitrag Besants von 1895). Das Gesetz des Opfers gehört zur »eigensten Natur des Logos«, wurzelt also »in der göttlichen Natur selbst« (ebd). Der Logos beschränkt sich »selbst durch Seinen eigenen Willen, indem Er sozusagen einen Kreis formt, der für das göttliche Leben eine Grenze bildet, hervortretend als eine leuchtende, göttliche Sphäre, die göttliche Substanz, innen Geist und außen Begrenzung oder Materie« (139).

der zweiten Hälfte des 20. Jahrhunderts, nach Auschwitz und Hiroshima, in Philosophie und Theologie Beachtung finden sollte! Geist muss es laut Hans Jonas gewesen sein, der diese Welt gesetzt hat, und er hat sich in sie hinein entäußert[73]. Auch der jüdische Philosoph Jonas bezieht sich mit derlei »Mutmaßungen« zurück auf die jüdische Kabbala.

Zusammenfassend bleibt festzustellen: Wo in Philosophie und Theosopie eine Selbstentäußerung des göttlichen Geistes gedacht wird, dient dieser Gedanke in der Regel einem geistmonistischen Konzept. Theodizee leistet in solchen Zusammenhängen zwar die »Gerechtsprechung« des Absoluten, jenes Einen, dem alles Sein letztlich entspringt. Aber ihr gelingt das nur um den Preis der Behauptung entweder einer letzten Indifferenz in diesem Einen oder einer »Güte« in ihm, die zumindest im Verhältnis zum konkreten Leidenden und Fragenden derart transzendent bleibt, dass auch dann Indifferenz die Antwort durchfärbt. Der Sinn des Lebens wird in der Folge tautologisch bestimmt: Das Leben ist der Sinn, denn der Geist ist darin. Damit bleibt diese Art von Theodizee insgesamt zu indifferent, um wirklich trösten zu können. Das lässt sich zumindest sagen, seit ein Trost in die Welt gekommen ist, der Gott als Geist der Liebe erkennbar und erfahrbar werden lässt.

73. S. o. Kap. IV.3 und VI.3.

XI. Die Wiederkehr des Weltseele-Gedankens bei modernen Naturwissenschaftlern

Gottlos und finster sei die Welt, vermerken die biblischen Schriften auf der einen Seite[1]. »Der Erdkreis ist erfüllt vom Geist des Herrn«, formuliert auf der anderen Seite die »Weisheit Salomonis« (1,7)[2]. Dass Gottes Geist die Welt gesetzt, gut gemacht[3] haben und sie erhalten soll, dass sie aber nicht unbedingt danach aussieht – das ist eine gültige Formulierung des Theodizeeproblems. Liegt die Problemlösung auf der Linie, den christologischen Gedanken der göttlichen Selbstentäußerung im Sinne trinitarischer Analogie[4] auf den Geist zu übertragen, dann zeichnet sich jedenfalls ein Bild mit einkalkulierter »Unschärferelation« ab: Gottes Geist kann so stringent als anwesend und doch gänzlich verborgen, als wirksam und doch nicht greifbar, als erahnbar und doch nicht beweisbar gedacht werden.

Bevor theologische Überlegungen hierzu Näheres ausführen werden, soll dieses vorletzte Kapitel sich der Frage widmen: Sind geisteswissenschaftliche Spekulationen über jenen Geist, der die Welt im Innersten zusammenhält, über die rätselhafte »Weltseele«, wie ihn die Philosophie seit Plato und Plotin nennt, bloß phantasiereiche Metaphysik, leeres Hirngespinst ohne jeden empirischen Anhalt an der Wirklichkeit? Sind sie »natürliche Theologie« ohne Anhalt an den Naturwissenschaften? Oder sollte es zu denken geben, dass sich Denkmodelle in dieser Richtung gerade auch manchen Naturwissenschaftlern aufdrängen, dass also derlei Annahmen keineswegs einfach als mehr oder weniger irrational abgetan werden können? Tatsächlich sind es einige der namhaftesten Vertreter empirischer Wis-

1. Vgl. z. B. 1. Joh 2,15-17; 5,19.
2. Hierzu vermerkt Welker: »Dass diese Aussage aber nicht im Sinne einer abstrakten und uneingeschränkten Allgegenwart des Geistes aufgefasst werden darf, wird zwei Verse vorher in demselben Kapitel ganz deutlich« (Gott glauben, 122).
3. Vgl. Lange: Glaubenslehre, 408 f.
4. Das ist nicht nur formal gemeint! Die Analogie hat viel mehr ihre inhaltlichen Gründe: Der Geist ist wie der Sohn – wenngleich mit anderer Aufgabenstellung – in die unvollendete Welt gesandt und muss sich im Handeln an ihr notgedrungen selbst entäußern.

senschaften gewesen, die sich zum Gedanken eines Weltgeistes[5] bzw. einer Weltseele positiv geäußert haben.

1. Teilhard de Chardin: Kosmisches Bewusstsein als »dritte Natur« Christi?

Der französische Paläontologe und Evolutionstheoretiker Pierre Teilhard de Chardin (1881-1955)[6] war nicht nur als Naturwissenschaftler, sondern auch als Theologe und Priester ausgebildet. Kraft dieser natur- und geisteswissenschaftlichen Doppelqualifikation rang er zeitlebens um die Fragen einer ganzheitlichen Erfassung der kosmischen Entwicklungsprozesse. Dabei sah er »Physik und Biologie bei ihrem Suchen nach dem Ewigen und dem letzten Beständigen trotz einer halben Bekehrung zum Geistigen« noch immer zu sehr im materialistischen Denken befangen[7]. Alles naturwissenschaftliche Forschen und Denken suchte er vermittelnd in die christliche Gotteslehre zu integrieren, in der sich gemäß der kirchlichen Tradition im Zeichen Jesu Christi die Wesensoffenbarung des dreieinen Gottes kundtut. Und so bildet die Reflexion des Mysteriums Christi geradezu das Zentrum seiner Denkbemühungen über mehr als vier Jahrzehnte hinweg.

Innerhalb dieses Zentrums ist wiederum die Rede vom »kosmischen Christus« bzw. lateinisch ausgedrückt: vom *Christus universalis* angesiedelt. Denn es geht ihm weniger um den geschichtlichen Jesus als vielmehr um den kosmischen Logos, der in Christus Menschsein und damit Materie angenommen hat. So möchte er die Perspektive aufs Universum, auf kosmische Prozesse mit der Perspektive auf Gottes Selbstoffenbarung in Jesus

5. Vgl. Horst Georg Pöhlmann: Heiliger Geist – Gottesgeist, Zeitgeist oder Weltgeist?, Neukirchen/Vluyn 1998. »Und doch ist der Bau eines aus Millionen von Atomen gefügten Gens ebenso bestürzend wie der des Alls. Tatsache ist der Geist«, resümiert Reinhold Schneider: Verhüllter Tag, Köln 1956[4], 221.
6. Vgl. Claude Cuénot: Pierre Teilhard de Chardin. Leben und Werk, Olten/Freiburg i. Br. 1966; Günther Schiwy: Teilhard de Chardin. Sein Leben und seine Zeit, 2 Bde., München 1981; ders.: Ein Gott im Wandel. Teilhard de Chardin und sein Bild der Evolution, Düsseldorf 2001; Karl Schmitz-Moormann: Pierre Teilhard de Chardin. Evolution – die Schöpfung Gottes, Mainz 1996.
7. Vgl. Pierre Teilhard de Chardin: Der Mensch im Kosmos, München 1959[6], 262.

Christus verknüpfen[8]. Die ausdrückliche Rede vom »kosmischen Christus« ist bei Teilhard so pointiert und gehäuft anzutreffen wie bei keinem Denker zuvor[9]. Allerdings hat er keineswegs – wie manchmal irrtümlich unterstellt wird – den Begriff als solchen geprägt. Vielmehr ist der Terminus, wie bereits erwähnt, eine Kreation der modernen Theosophie, von der her er wahrscheinlich zu dem jungen Franzosen gelangt war[10].

Christus habe einen »kosmischen Leib, der sich über das ganze Universum erstreckt« – so lautete für Teilhard von Anfang an das »Evangelium vom kosmischen Christus«[11]. Aber was bedeutet diese Aussage? Dass Christus einen menschlichen Leib und gleichwohl göttliche Natur habe, ist der kirchlichen Überlieferung stets klar gewesen. Neu ist bei Teilhard jedoch die These von dem in *Entwicklung* befindlichen »kosmischen Leib Christi«. Den Gehalt dieser offenbar intuitiv erfassten These eingehend zu reflektieren, bleibt seine Lebensaufgabe. Klar ist ihm von Anfang an: Dieser kosmische Christus-Leib ist nicht etwa als zwar lebendig-organisches, aber dabei zeitloses und in diesem Sinne statisches Gebilde aufzufassen, wie man sich eine göttliche Weltseele wohl in der Antike vorgestellt hatte. Für den modernen Denker verbindet sich damit vielmehr eine außerordentlich dynamische Idee: »Der mystische Christus hat seinen vollen Wuchs noch nicht erreicht – so denn auch nicht der kosmische Christus. Der eine wie der andere, in einem, sie sind und sie werden [...] Christus ist das Endziel selbst der natürlichen Evolution der Wesen; die Evolution ist heilig.«[12] In diesen wenigen Sätzen ist das jahrzehntelange Reflexionsprogramm Teilhard de Chardins enthalten.

Der kosmische Christus ist für ihn jener Geist, »der im bewußten Zen-

8. Zu Teilhards Konzeption des »kosmischen Christus« siehe Thiede: Christus, 316ff.; Schiwy: Gott, 66ff.
9. James A. Lyons bemerkt: »The term ›cosmic Christ‹ itself, with which his name more than any other is associated, [...] appears over thirty times in his writings. [...] Teilhard developed cosmic-Christ terminology as no other author has done« (The Cosmic Christ in Origen and Teilhard de Chardin. A Comparative Study, Oxford 1982, 38 und 46).
10. Vgl. Werner Thiede: Der kosmische Christus als Weltseele? Überlegungen zur Christologie Teilhard de Chardins, in: Martin Leiner u. a. (Hg.): Teilhard de Chardin. Naturwissenschaftliche und theologische Perspektiven seines Werks, Göttingen 2005, 69-90.
11. Vgl. Pierre Teilhard de Chardin: Das kosmische Leben (»La Vie cosmique«), in: Frühe Schriften, Freiburg/München 1968, 9-82, hier 66f.
12. Ebd. 67. »Der kosmische Christus, Er ist und Er wird«, heißt es auch in Teilhards Schrift »Das All-Element« von 1919 (Frühe Schriften, 351-363, hier 362).

trum seiner Person und seines Herzens alle Bewegungen der Atome, der Zellen, der Seelen verknüpft«[13]. Durch das Wirken des kosmischen Christusgeistes erklärt sich für den katholischen Naturwissenschaftler die Dynamik der planetarischen wie der kosmischen Entwicklung, die sonst nicht ganzheitlich erfasst werden könnte: »Die kosmische Theorie [...] stellt *einen* Geist dar, eine Weise, alles in Funktion des ganzen Absoluten zu bewerten.« Dieser eine Geist – spiegelt sich in ihm nicht die überkommene Vorstellung vom Weltgeist, von der Weltseele, die den Kosmos und alle Einzelseelen umfängt? Tatsächlich erklärt Teilhard drei Jahre später in der kleinen Schrift »Das universelle Element«, ihm schwebe hypothetisch vor, dass Christus mit Hilfe einer Weltseele, deren Platz er einnähme, Lebenskräfte auf das Universum ausstrahlen würde[14].

Obgleich sich Teilhard den überkommenen, metaphysisch belasteten Begriff der »Weltseele« nicht aneignet, ist dessen dynamisierte Vorstellung unübersehbar bereits in seinem frühen Werk präsent. So spricht er 1919 einmal vom »wirklich ›kosmischen‹ Geist« und erklärt: »In Wirklichkeit ist das kosmische Bewußtsein eine psychologische Tatsache, die sehr viel ursprünglicher und gesicherter ist als jedes System. [...]. Mein Ehrgeiz wäre, zu zeigen, wie ich es fühle, dass es im Christentum seine *legitime* und volle Entfaltung findet.«[15]

Sein Hauptwerk »Der Mensch im Kosmos«, im Kern bis 1940 abgeschlossen, legt seine Weltsicht vor allem aus naturwissenschaftlicher Perspektive dar. Erst am Ende zeigt es deren Übereinstimmung mit der »Tatsache des Christentums«[16] auf. Umso deutlicher treten hier nun Aspekte einer »Weltseele« hervor, obwohl Teilhard den Begriff nach wie vor meidet. Er denkt sich diese Weltseele offenkundig wachsend, wie er das bereits vom »kosmischen Christus« gesagt hatte. Beispielsweise hält er es für unleugbar, »dass sich das äußere Spiel der kosmischen Kräfte mit der überaus stark zu Verbindungen neigenden Natur unserer denkenden Seelen kombiniert und

13. Pierre Teilhard de Chardin: Tagebücher I. Notizen und Entwürfe, 26. August 1915 bis 22. September 1916, hg. und übersetzt von N. und K. Schmitz-Moormann, Olten/Freiburg i.Br. 1974, Bd. I, 99 (Hervorhebung im Original). Später, nämlich am 17. Oktober 1919, notierte Teilhard ins Tagebuch, für ihn habe sich »im Herzen Jesu die Verbindung des Göttlichen und des Kosmischen – des Geistes und der Materie – verwirklicht.« Die Weltseele – »Deine Seele ist es, Jesus« (zit. nach Schiwy: Gott, 227).
14. Pierre Teilhard de Chardin: Das All-Element« von 1919 (Frühe Schriften, Freiburg/München 1968, 351-363, hier 363).
15. All-Element, 357.
16. Vgl. Teilhard: Mensch, 288 passim.

im Sinn einer Konzentration der Bewußtseinsenergien arbeitet …«[17] Diese Konzentration versteht er als »eine organische Super-Aggregation der Seelen«[18]. Damit verbindet sich für ihn die »Entdeckung der siderischen Welt, ein Objekt von so weiten Ausmaßen, dass zwischen unserem Sein und den Dimensionen des Kosmos um uns jedes Verhältnis aufgehoben erscheint.«[19] Eine dynamisch wachsende Weltseele ist im Blick, wenn Teilhard formuliert: »Die Evolution muß am Ende in irgendeinem höchsten Bewußtsein gipfeln.«[20] Seine Vorstellung ist, »es bereite sich auf der Höhe der Welt eine *Seele* der Seelen vor«[21]. Dieses höchste Bewusstsein deutet er keineswegs als unpersönliches Geistelement, sondern als »Super-Personalisation«[22]. Es handelt sich in seiner Terminologie um den kosmischen Zielpunkt »Omega«, in dem alle bewussten Wesen, alle Seelen bei Erhalt ihrer je eigenen Personalität sich schlussendlich sammeln[23].

Doch dieses *Omega* kann – das ist gut neuplatonisch gedacht – nicht nur künftiger Zielpunkt sein[24]. Als Einfluss ausübende Kraft der Liebe muss es sich vielmehr um eine bereits allgegenwärtige, ja präexistente, über Zeit und Raum erhabene Energie handeln – eben um einen »göttlichen Brennpunkt des Geistes«, der alles nach oben zieht[25]. Genauer gesagt – und wiederum gut neuplatonisch gedacht: Alle Dinge kehren per Evolution zu »Gott-Omega« zurück[26]. Letztlich aber setzt Teilhard diesen Omega-Punkt als »Prinzip universeller Lebenskraft« mit Christus gleich, der hier unausgesprochen als »kosmischer« verstanden ist: Er sei »seit je dabei, den allgemeinen Aufstieg des Bewußtseins, in den er sich hineingestellt hat, unter sich zu beugen, zu reinigen, zu leiten und aufs höchste zu beseelen.«[27]

Bald nach Abschluss des Hauptwerks greift Teilhard de Chardin schließ-

17. Teilhard: Mensch, 233.
18. Teilhard: Mensch, 241.
19. Teilhard: Mensch, 251.
20. Teilhard: Mensch, 252.
21. Teilhard: Mensch, 263.
22. Vgl. Teilhard: Mensch, 252 f.
23. Vgl. Teilhard: Mensch, 255 f. »Omega« ist das geheimnisvolle Zentrum unserer Zentren (262).
24. Vgl. Armin Müller: Das naturphilosophische Werk Teilhard de Chardins. Seine naturwissenschaftlichen Grundlagen und seine Bedeutung für eine natürliche Offenbarung, Freiburg i. Br. 1964, 293 ff.
25. Vgl. Teilhard: Mensch, 263 ff.
26. Teilhard: Mensch, 284 und 286.
27. Teilhard: Mensch, 290. »Durch eine immerwährende Aktion von Kommunion und Sublimation sammelt er die gesamte Seelenkraft der Erde in sich. Und wenn er so alles versammelt und alles umgeformt hat, wird seine letzte Tat die Rückkehr zu dem gött-

lich wieder den Begiff des »kosmischen Christus« auf, den er jahrelang gemieden hatte; hatten doch seine Ordensoberen ihm unter anderem wegen seiner spiritualistischen Konzeption des »kosmischen Christus« seit 1924 jede Lehrtätigkeit entzogen! Er schlägt nun vor: »Identifizieren wir doch einmal (zumindest seiner ›natürlichen‹ Seite nach) den kosmischen Christus des Glaubens mit dem Punkt Omega der Wissenschaft«[28]. Hilfreich erschien ihm dabei seit 1945 die Idee, die problematische Rede von der »dritten Natur Christi« einzuführen[29]. Mit ihr suchte er seine kosmische Christologie in ein konstruktives Verhältnis zur Zweinaturenlehre der Alten Kirche zu bringen. Dieser Versuch aber konnte und kann gerade nicht als eine unproblematische Weiterentwicklung der altkirchlichen Christologie gewertet werden. Er benutzte die Rede von der »dritten Natur Christi« gewiss vorsichtig, indem er Anführungszeichen und Warnungen vor Missverständnissen dazusetzte. Das schützte ihn aber nicht vor dem Häresie-Verdacht, er lehre eine gnostisierende Unterordnung Christi innerhalb der göttlichen Natur. So mussten selbst seine Sympathisanten und Verteidiger einräumen, hier seien »ungeschickte Wendungen« im Spiel[30].

In seinem letzten Lebensjahr suchte er daher seine Ausdrucksweise so zu präzisieren, dass die traditionelle Lehre von den beiden Naturen Christi dabei unberührt bestehen bleiben konnte: Er fand eine Lösung in der Überlegung, die Rede von der »kosmischen Natur Christi« eindeutig der *menschlichen* Natur Christi zuzuordnen, innerhalb derer er sie von der *»irdischen* Natur« Christi unterschied[31]. Insofern wurde die Rede von der *»dritten«* Natur Christi gewissermaßen wieder eingeklammert. Doch was sollte es bei näherem Hinsehen eigentlich bedeuten, von der menschlichen Natur

lichen Herd sein, den er nie verlassen hat, und er wird sich mit dem von ihm Errungenen wieder auf sich selbst zurückziehen« (ebd.).

28. Pierre Teilhard de Chardin: ›Mein Glaube‹. 10. Band der Werke, Olten 1972, 215. Philosophisch müsse eingeräumt werden, dass »alle als ein Ganzes begriffenen Bewußtheiten von einer Art höherem Bewußtsein beherrscht, beeinflußt und gelenkt werden, das die verschiedenen, von jeder Monade isoliert verwirklichten Besitztümer des Universums beseelt ...« (77).
29. Vgl. näherhin Lyons: Cosmic Christ, 5, 37 und 183 ff. (zurecht vermisst Lyons [217] hier eine Definition des Natur-Begriffs).
30. »Diese Ausdrucksweise wurde ihm mit Recht zum Vorwurf gemacht« (Henri de Lubac: Der Glaube des Teilhard de Chardin, Wien/Münster 1968, 48). Vgl. ferner Lyons (Cosmic Christ, 68 und 187), der auch auf die mangelnde biblische Legitimation der Rede von einer »kosmischen Natur« Christi hinweist (196).
31. Vgl. de Lubac: Glaube, 49 f. Teilhard forderte für diese Aufstellung ein »neues Konzil von Nicäa«!

Christi so zu sprechen, dass sie neben ihrem irdischen Aspekt auch eine kosmische, die Evolution beeinflussende Seite habe? Zwar unterstrich Teilhard, er spreche von der menschlichen Natur des *Auferstandenen*. Aber konnte man von dieser menschlichen Natur theologisch legitim so reden, dass sie Jesu echtes Menschsein eben doch wieder kassierte[32]? Tatsächlich hatte es Teilhard durch seine Vorstellungen vom Christus-Evolutor bzw. von der »Christogenese« ja keineswegs nahegelegt, die »kosmische Natur Christi« als Teil der menschlichen Natur Jesu Christi aufzufassen[33].

Einer wirklich tragfähigen Lösung des Problems wäre Teilhard vielleicht näher gekommen, wenn er den überkommenen Begriff der »Weltseele« nicht gescheut, sondern ähnlich mutig aufgegriffen hätte wie manche heutigen Naturwissenschaftler. Damit wäre er freilich von der Christologie in die Pneumatologie übergewechselt, und die war weniger sein Thema. Doch hätte das nicht seinem Anliegen durchaus entsprochen? Sind nicht Schöpfung und Neuschöpfung in der biblischen Tradition oft genug als Sache des göttlichen Geistes anvisiert worden? Durch diese Erkenntnis hätte Teilhard den Blick freibekommen können für den Sachverhalt, dass die *Mensch*werdung des göttlichen Logos als solche ernstgenommen werden darf und muss. Die Selbstentäußerung der zweiten göttlichen Person bedeutet in trinitätstheologischer Konsequenz die Übernahme kosmischer Funktionen durch die dritte Person der Gottheit, den Geist. Die kosmische Sinnstiftung durch den Logos bzw. durch Christus, wie das Neue Testament sie an verschiedenen Stellen zur Geltung bringt, wäre damit in keiner Weise aufgehoben. Nur die Ausübungsgewalt wäre dem göttlich gesandten Geist zugewie-

32. Auch die Idee der »communicatio idiomatum« hilft hier nicht weiter: »Wie können Eigenschaften der einen Natur an die andere mitgeteilt werden, ohne daß diese sich ändert, also aufhört, menschliche Natur zu sein? Das genus majestaticum vergottet die wahre Menschheit Jesu. Ein Mensch mit den göttlichen Eigenschaften der Allmacht und Allwissenheit ist kein Mensch mehr. Das Geheimnis der Person Jesu wird rationalisiert in einer metaphysischen Konstruktion, welche die wahre Menschheit zerstört« (Paul Althaus: Die christliche Wahrheit, Bd. 2, Gütersloh 1948, 227).
33. Noch 1953 hatte Teilhard seine Idee der dritten, kosmischen Natur Christi auch als Lösungsmodell angesichts des seit Kopernikus in seinen Weiten erfassten Kosmos und der damit sich ergebenden Möglichkeit von menschenähnlichen Wesen auf anderen Planeten angesehen, die nach pluralen Inkarnationen des kosmischen Christus fragen lässt (Glaube, 280). Er schätzte dabei richtig ein, dass jedenfalls mit unerreichbaren Entfernungen im Universum, also mit keinen Kontaktmöglichkeiten auf natürlicher Ebene zu rechnen sei. Doch er korrigierte schließlich bisherige Spekulationen durch den tiefsinnigen Gedanken: Das »Universum ist so vollkommen eins, daß ein einziges Eintauchen des Sohnes Gottes in seinen Schoß es ganz überflutet und durchdringt mit seiner Gnade der Sohnschaft« (ebd.).

sen. Aus diesem innertrinitarischen Zusammenhang ergäbe sich im Übrigen, dass auch der Heilige Geist als solcher etwas zu tun hat mit der Bewegung der göttlichen Selbstentäußerung zu Gunsten einer eigenständigen Schöpfungswelt. Immerhin konnte Teilhard bereits in einem frühen Gebet formulieren, es gehe »um das Weiterleben und die Entfaltung des universalen Geistes – dieses Geistes, der noch nicht vollendet, auch noch nicht seines vollen Gelingens sicher ist, der aber in seiner Bewegung nach immer mehr Geistigkeit auslangt …«[34] Der dieser Formulierung nach irgendwie entäußert zu denkende Geist – für den ausgezeichneten Naturforscher Teilhard de Chardin ein ernstzunehmendes Konzept, das Fragen beantwortet, angesichts derer die Naturwissenschaft mit ihren Methoden notgedrungen passen muss und will. Doch der Naturwissenschaftler ist nicht nur Empiriker, sondern ganzheitlich Mensch, der in seinem Bewusstsein empirische Forschung und Transzendenzfrage kognitiv in Einklang gebracht haben möchte. Wer solches Anliegen nicht kantianisch oder mit sprachphilosophischen Gründen[35] abwehrt, steht erstaunlich rasch vor der Frage nach dem Geist bzw. der »Seele« der Welt.

2. Psychologen zur »Weltseele«

Der Gedanke einer Art »Weltseele«[36] war bereits aus der alten und neueren idealistischen Metaphysik geläufig gewesen. In der Neuzeit hatte er seine Wiederentdeckung unter anderem der Bewegung des Mesmerismus[37] und

34. Zit. nach Schiwy: Gott, 233. Hier ist bereits so etwas wie eine Kenose des Geistes impliziert.
35. Ludwig Wittgenstein selbst hatte bereits erkannt: »Der Anspruch, mit Hilfe einer Sprachkritik die philosophischen Probleme zu lösen, indem man ihre weltanschauliche Komponente beseitigt, erwies sich als Trugschluß« (zit. nach: Günter Schenk: Art. Wittgenstein, Ludwig, in: Philosophenlexikon, hg. von E. Lange und D. Alexander, Berlin 1987[4], 942-946, hier 946).
36. Vgl. Michael Stadler: Renaissance: Weltseele und Kosmos, Seele und Körper, in: G. Jüttemann u. a. (Hg.): Die Seele. Ihre Geschichte im Abendland, Weinheim 1991, 180-197; Ziebritzki: Heiliger Geist und Weltseele, 1994.
37. Vgl. H. Schott (Hg.): F. A. Mesmer und die Geschichte des Mesmerismus, Stuttgart 1985; Anneliese Ego: Die Revolutionierung eines Heilkonzepts: politische Implikationen des Mesmerismus, in: M. Neugebauer-Wölk (Hg.): Aufklärung und Esoterik, Hamburg 1999, 442-454.

dann insbesondere Gustav Theodor Fechtner[38] zu verdanken. Kein Wunder, dass ihn im 20. Jahrhundert Psychologen und Parapsychologen aufgriffen, denn nur das holistische Prinzip einer Weltseele bzw. eines Weltgeistes machte Phänomene wie das »Kollektive Unbewusste« (C. G. Jung) und allerlei paranormale Vorkommnisse in irgendeiner Weise plausibel.

C. G. Jung, der 1902 über das Thema »Zur Psychologie und Pathologie sogenannter okkulter Phänomene« promoviert hatte, brachte sein Reden von der »Weltseele« direkt mit dem Theodizeeproblem in Verbindung. Er erklärte nämlich, dass es ohne das Böse, ohne den »Widersacher« gar »keine Ganzheit der Weltseele gibt«[39] – ein konsequent monistischer Gedanke! Auch Hermetik und Alchemie zog der berühmte Tiefenpsychologe heran, um den Begriff der »Weltseele« zu beschreiben. Kein wacher »Weltgeist« ist bei ihm im Blick, sondern das kosmische Unbewusste, das auch alles Individuelle Unbewusste einschließt: »Das Unbewußte ist das allgemein Vermittelnde unter den Menschen. Es ist in gewisser Hinsicht der Eine, der alle umfaßt, oder das eine Psychische, das allen gemeinsam ist.«[40]

Der berühmte Religionspsychologe William James war als zeitweiliger Präsident der britischen »Society for Psychical Research« (S.P.R.) mit dem Gebiet der Parapsychologie bestens vertraut. Er gab zu bedenken: »Die wirkliche Welt ist sicher von einem anderen Schlag – viel raffinierter gebaut, als es die Naturwissenschaft erlaubt.«[41] Sektiererisch nennt er gerade jene materialistisch eingestellten Wissenschaftler, die glauben, dass »die Welt der Wahrnehmungen und der wissenschaftlichen Gesetze und Objekte alles sei.« Solchen Positivismus kommentiert er mit den Worten: »Humbug ist Humbug, auch wenn er im Namen der Wissenschaft daherkommt. Die objektiv betrachtete Gesamterfahrung des Menschen zwingt mich unweigerlich über die engen Grenzen der ›Wissenschaft‹ hinaus.« Schon vor Jung sprach er vom unterbewussten Selbst, das ins absolute Selbst hineinrage und somit der »Seele der Welt« verbunden sei[42].

Unter Rückbezug auf William James hat der Leipziger Biologe, Philo-

38. Vgl. Kurt M. Lehner: Von der Anschauung der Welt als beseeltes Wesen. Mensch und Natur in der Sicht Gustav Theodor Fechtners (1801-1887), in: GW 51 (2002), 119-132.
39. Carl Gustav Jung: Versuch einer psychologischen Deutung des Trinitätsdogmas, in: Werke Bd. 11: Zur Psychologie westlicher und östlicher Religion, Olten 1971, 213.
40. Carl Gustav Jung: Psychologie und Religion, hg. v. L. Jung, dtv-Ausgabe: München 1994³, 210f.
41. William James: Die Vielfalt religiöser Erfahrung (1902), übersetzt von E. Herms und Ch. Stahlhut, Frankfurt/M. 1997, 496. Nächste Zitate ebd.
42. James: Vielfalt, 491f.

soph und Parapsychologe Hans Driesch seine Reflexionen über das »plantragende Weltbewußtsein« ausgearbeitet[43]. Driesch macht auf Grund seines Kenntnissreichtums deutlich, dass angesichts des breiten Spektrums der Paraphänomene die so genannte *animistische* Erklärungsthese »offenbar *nicht* überall genügt«, insofern sie »nur mit personalen, zum unmittelbaren Wissensaustausch befähigten Seelen arbeitet«[44]. Weiter führen dagegen seines Ermessens »die Lehre vom plantragenden Weltbewußtsein ... und der eigentliche Spiritismus«[45]. Beide diskutiert er eingehend: »Eine von beiden Lehren nämlich brauchen wir ... Gerade angesichts gesicherten parapsychologischen Gutes brauchen wir sie.«[46] Schließlich resümiert er: »Die letzte Entscheidung zwischen den beiden ... Theorien wollen wir der Zukunft überlassen, wobei wir aber noch einmal ausdrücklich sagen wollen, dass beide ... ernsthaftester Erwägung würdig sind ... Wahrhaft ›aufgeklärt‹ sein heißt offenen Geistes sein der Tatsächlichkeit der Welt gegenüber.«[47] Die These von der »Weltgeistüberperson« bzw. dem »Weltsubjekt«[48] verbindet Driesch ebenso wie das parapsychologische Modell von Spiritismus und Animismus[49] mit dem Begriff des Unterbewusstseins: Von da aus schwindet die strenge Alternative von animistischem und spiritistischem Modell[50].

Heutzutage denkt in dieselbe Richtung der Systemtheoretiker Ervin Laszlo. Unter dem Begriff des »Psi-Feldes« versteht der naturwissenschaftlich ausgewiesene Philosoph ein Raum und Zeit verbindendes Feld, das »als verallgemeinerte ›Psyche‹ angesehen werden« muss und »im Schoß der Natur wirkt«[51]. Der Begriff der Weltseele liegt ihm gewissermaßen auf der Zunge; mit dem von ihm Gemeinten versucht er eine Größe zu benennen, die den von der Parapsychologie studierten Phänomenen zu Grunde liegt, sich aber keineswegs auf sie beschränkt.

43. Vgl. Hans Driesch: Parapsychologie. Die Wissenschaft von den ›okkulten‹ Erscheinungen, München 1932 (Zürich 1952[3]), 120 f.
44. Driesch: Parapsychologie, 111 f.
45. Driesch: Parapsychologie, 119.
46. Driesch: Parapsychologie, 125.
47. Driesch: Parapsychologie, 135.
48. Driesch: Parapsychologie, 124 f.
49. Zur Begrifflichkeit vgl. näher Werner Thiede: Parapsychologie und Theologie. Reflexion einer gemeinsamen Geschichte, in: Grenzgebiete der Wissenschaft 52 (2003), 57-81.
50. Zu diesem Ergebnis kommt – seinerseits von »einer übergeordneten qualitativen Weltganzheit« ausgehend – der Physiker Burkhard Heim: Postmortale Zustände? Die televariante Area integraler Weltstrukturen, Innsbruck 2000[4], 60 und 116.
51. Ervin Laszlo: Kosmische Kreativität. Neue Grundlagen einer einheitlichen Wissenschaft von Materie, Geist und Leben, Frankfurt a. M./Leipzig 1995, 196; vgl. 273 f.

3. »Weltseele« als interdisziplinärer Modellbegriff

Paul Davies hält in seinem Buch »Gott und die moderne Physik« die überkommene theistische Gottesvorstellung für nicht mehr denknotwendig. Die Vorstellung vom Schöpfergott sei überflüssig, schließe aber keinen »allumfassenden Geist aus, der als Teil jenes einzigartigen physikalischen Universums existiert: ein natürlicher Gott statt eines übernatürlichen.«[52] Der allumfassende Geist, der »Weltgeist« als natürlicher Gott – eine freilich nur unter monistischer Prämisse einleuchtende These!

Tatsächlich ist die Rolle des Geistes in der Physik seit Ausbildung der Quantentheorie neu interessant geworden, weil das Subjekt des Beobachters im Experiment eine Rolle spielt. Dabei ist es allerdings zu einem verbreiteten »semantischen Missverständnis« hinsichtlich der Differenz von Beobachter und Beobachtung gekommen. Gewiss, »Beobachtung« ist im quantentheoretischen Kontext ein Akt der Registration eines Ereignisses, der durch eine physikalische Apparatur erfolgen kann, so dass Fragen des »Bewusstseins« völlig ausgeklammert bleiben mögen[53]. Lebendiger Geist spielt insofern im Rahmen des gegenwärtigen Standes der Quantentheoriebildung bei der Beobachtung von Quantensystemen keine wesentlichere Rolle als bei der Beobachtung von klassischen Systemen. Und doch ist es die Quantentheorie selbst, die auf Grund ihrer holistischen[54] Struktur den Einbezug lebendigen Geistes in die Wirklichkeitserklärung durchaus möglich macht. Der Physik-Nobelpreisträger Wolfgang Pauli, Mitbegründer der Quantentheorie, hat auf dem Hintergrund eigener parapsychischer Erfahrungen zusammen mit C. G. Jung 1952 das epochemachende Buch »Naturerklärung und Psyche« publiziert. Darin fordert er die Entwicklung einer Sprache zur gemeinsamen Beschreibung von Physischem und Psychischem. In einem Brief von 1954 überlegt er: »Es könnte doch sein, dass wir die Materie, z. B. im Sinne des Lebens betrachtet, nicht ›richtig‹ behandeln,

52. Paul Davies: Gott und die moderne Physik, München 1986, 286.
53. Vgl. Hans Reichenbach: Die philosophische Bedeutung der Relativitätstheorie, in: P. A. Schilpp (Hg.): Albert Einstein als Philosoph und Naturforscher, Braunschweig/Wiesbaden 1979, 142-161, hier 147; ferner ders.: Philosophie der Raum-Zeit-Lehre, Berlin 1928; ders.: Philosophische Grundlagen der Quantenmechanik, Basel 1949.
54. Vgl. David Bohm: Quantum Theory, New York 1951; Klaus Michael Meyer-Abich: Der Holismus im 20. Jahrhundert, in: G. Böhme (Hg.): Klassiker der Naturphilosophie, München 1989, 313-329; Ken Wilber (Hg.): Das holographische Weltbild, Bern/München/Wien 1988[2].

wenn wir sie so beobachten, wie wir es in der Quantenmechanik tun, nämlich vom inneren Zustand des ›Beobachters‹ dabei ganz absehend.«[55] Im Problem der Beobachtung in der Quantenmechanik sieht Pauli also eine »Unvollständigkeit« – und zwar nicht eine der Quantenmechanik innerhalb der Physik, sondern eine der Physik innerhalb des *gesamten* Lebens! Vollständig würde die Physik demnach erst mit der konsequenten Berücksichtigung des Subjektiven im Objektiven, also der Rolle des Geistigen im Kosmischen – und zwar so, dass nicht am Ende Geisteswissenschaft sich in Physik aufzulösen hätte, sondern die Physik an das Gespräch mit den Geisteswissenschaften gewiesen wäre.

1958 gab auch der Naturwissenschaftler und Nobelpreisträger Erwin Schrödinger zu bedenken, dass »der Beobachter niemals vollständig durch das Meßgerät ersetzt wird; denn wäre er es, so könnte er offensichtlich keinerlei Wissen irgendwelcher Art erlangen. Er muß das Meßgerät entworfen und gebaut haben, und er muß [...] sorgfältige Messungen seiner Abmessungen und Kontrollen [...] vorgenommen haben. [...] Die sorgfältigste Registrierung sagt uns gar nichts, wenn sie nicht abgelesen wird.«[56] Mittlerweile wird das psychophysische Problem von Physikern und Parapsychologen unter ausdrücklicher Berücksichtigung der Erkenntnis diskutiert, dass die gesamte Realität neben der physikalisch erfassbaren Dimension auch Psyche, Bewusstsein bzw. Geist umfasst[57].

Von daher haben sich einige namhafte Physiker für eine Art »spirituellen Monismus« ausgesprochen, nämlich für eine Einheitslehre, die Raum, Materie und Kräfte auf quantentheoretischer Basis als Erscheinungsweisen geistiger Information bzw. Vorgänge denken lässt. An erster Stelle wäre hier Carl Friedrich von Weizsäcker zu nennen, dem selbstverständlich bewusst ist: Der Beobachter »wird in der Beschreibung der Experimente nicht mitbeschrieben. Er ist vielmehr derjenige, der es beschreibt. Dabei kommt es aber auf ihn als diese individuelle Person gerade nicht an.«[58] Dass der berühmte Physiker und Philosoph trotz des Ausschlusses dieses Missverständ-

55. Vgl. C. A. Meier (Hg.): Wolfgang Pauli und C. G. Jung. Ein Briefwechsel, Berlin 1992.
56. Erwin Schrödinger: Geist und Materie (1958), Zürich 1989, 143 f.
57. Vgl. bereits Ernst Anrich: Die Einheit der Wirklichkeit. Moderne Physik und Tiefenpsychologie, Fellbach 1980²; Mathias Bröckers: Nachrichten aus dem Untergrund des Übernatürlichen, in: E. Sens (Hg.): Am Fluß des Heraklit. Neue kosmologische Perspektiven, Frankfurt/Leipzig 1993, 279-297, bes. 287 ff.; Rolf Stühmer: Körper & Geist. Der naturwissenschaftliche Beweis, Tübingen 1997; Colin McGinn: Wie kommt der Geist in die Materie? Das Rätsel des Bewusstseins, München 2003.
58. Carl Friedrich von Weizsäcker: Aufbau der Physik, München 1985, 530.

nisses an einen »spirituellen Monismus« denkt[59], hängt mit seiner These zusammen, die Quantentheorie sei eine »Zurückführung der Ontologie der klassischen Physik auf den Begriff der Information.«[60] Diese Betonung des Geistigen geht einher mit der Überlegung, dass »es keinen der Quantentheorie immanenten Grund gibt, sie von der Geltung für *psychische* Vorgänge auszuschließen ...«[61] Damit aber ergeben sich ernstzunehmende Möglichkeiten, para-psychische Vorgänge im Kontext der Quantentheorie so zu deuten, dass sich die Frage nach der Transzendenz des Geistigen aufdrängt. Von Weizsäcker fragt mit monistischer Intention: »Ist die Natur, so auch das physische wahrnehmbare Gehirn, vielleicht nur der Geist, der sich noch nicht als Geist kennt?«[62] Von daher wird ihm deutlich, dass der Beitrag der Quantentheorie »zum Begriff der Ganzheit sehr wohl eine Weltseele, einen wissenden Weltgeist« zulässt, ja fordert[63]!

Ähnlich denken Physiker wie David Bohm[64], Fritjof Capra[65], Ilya Prigogine[66] und andere[67]. Dadurch hat auch die moderne Naturphilosophie neue

59. Vgl. Carl Friedrich von Weizsäcker: Zeit und Wissen, München/Wien 1992, 345 und 357f. »Alles ist in Gott, Gott ist in Allem. Dem braucht die heutige Physik nicht zu widersprechen« (987).
60. Von Weizsäcker: Zeit, 342. »Letzten Endes wird sich Materie als Energie und Energie als Information erweisen« (ders.: Die Wissenschaft als ethisches Problem, in: Physikalische Blätter 10/1968).
61. Von Weizsäcker: Zeit, 338f. Vgl. ferner Hoimar von Ditfurth: Wir sind nicht nur von dieser Welt, Hamburg 1981.
62. Carl Friedrich von Weizsäcker: Geist und Natur, in: H.-P. Dürr/W. Ch. Zimmerli (Hg.): Geist und Natur, Bern/München/Wien 1989, 17-27, hier 23. Die »neue Physik des Bewußtseins«, die sich um die Schaltstelle zwischen Geist und Gehirn bemüht, erläutert Günter Ewald: Die Physik und das Jenseits. Spurensuche zwischen Philosophie und Naturwissenschaft, Augsburg 1998, 215ff.
63. C. F. von Weizsäcker: Zeit, 353 und 406.
64. David Bohm: Die implizite Ordnung. Grundlagen eines dynamischen Holismus, München 1985.
65. Fritjof Capra: Wendezeit. Bausteine für ein neues Weltbild, Tb München 1988, 77ff. (vgl. 421). Zu Capra siehe Christoph Bochinger: »New Age« und moderne Religion. Religionswissenschaftliche Analysen, Gütersloh 1995², 421ff., bes. 526f.
66. Ilya Prigogine/Isabelle Stengers: Dialog mit der Natur. Neue Wege naturwissenschaftlichen Denkens, München 1986⁵.
67. Vgl. z.B. Pascual Jordan: Schöpfung und Geheimnis. Antworten aus naturwissenschaftlicher Sicht, Oldenburg/Hamburg 1970, bes. 159 und 168. Informativ auch Lynne McTaggart: Das Nullpunkt-Feld. Auf der Suche nach der kosmischen Ur-Energie, München 2003. Der Physiker und Parapsychologe Milan Ryzl unterstreicht: »Tatsächlich stützen zahlreiche Beobachtungen und Experimente die Behauptung, daß eine Art Prägung, eine nichtphysikalische Spur eines Gedankens, außerhalb des Gehirns objektiv existiert. Sie trägt den semantischen Inhalt des Gedankens, wird durch wiederholte

Impulse zur Besinnung auf alte spiritualistische Denkmuster erhalten[68]. Die bereits erwähnten Überlegungen von Wolfgang Pauli zu Gunsten einer gemeinsamen Beschreibung von Physischem und Psychischem, also auch von Physischem und Geistigem, kulminieren in der These des Münchener Physikers Hans-Peter Dürr, Materie sei als »geronnener Geist«[69] bzw. als »Kruste des Geistes«[70] aufzufassen. Der Nachfolger Werner Heisenbergs am Max-Planck-Institut für Physik unterstreicht: »Natur ist praktisch per se mit dem Geistigen versehen.« Auch ihm drängt sich das Konzept einer »Weltseele«[71] auf.

Hat unsere Wirklichkeit quantenmechanisch als offenes System zu gelten[72], innerhalb dessen paranormale Phänomene wie Gedankenlesen, Hellsehen und dergleichen mitnichten cartesianisch aus-, sondern potentiell durchaus eingeschlossen sind? Der zur Zeit des Aufkommens der Quanten-

identische Gedanken verstärkt, und ihr Informationsinhalt ist durch ASW aufspürbar« (Der Tod ist nicht das Ende. Von der Unsterblichkeit geistiger Energie [1981], Augsburg 2002, 45).

68. Vgl. Bernulf Kanitschneider (Hg.): Moderne Naturphilosophie, Würzburg 1983; Gregory Bateson: Geist und Natur. Eine notwendige Einheit, Frankfurt/M. 1984[4].

69. Hans-Peter Dürr: Materie ist geronnener Geist. Interview, in: Luth. Monatshefte 35, 1/1996, 8-13, 8. Nächstes Zitat ebd. 12. Vgl. im Übrigen ders. (Hg.): Physik und Transzendenz. Die großen Physiker unseres Jahrhunderts über ihre Begegnung mit dem Wunderbaren, Bern/München/Wien 1986.

70. Hans-Peter Dürr/Marianne Oesterreicher: Wir erleben mehr als wir begreifen. Quantenphysik und Lebensfragen, Freiburg i. Br. 2001, 129.

71. H.-P. Dürr u.a.: Gott, der Mensch und die Wissenschaft, Augsburg 1997, 132. Dürrs Vorstellung von dem einen Selbst oder Geist ist unverkennbar durch neuplatonischen Monismus beeinflusst (vgl. Dürr/Oesterreicher, Wir erleben, 132). – Zu nennen ist hier auch der Biochemiker und Biologe Rupert Sheldrake, demzufolge die naturwissenschaftlichen Entwicklungen »vielen Aspekten einer lebendigen und beseelten Natur Geltung verschafft haben« (Die Wiedergeburt der Natur. Eine neue Weltsicht, Reinbek 1994, 114). »Der Kosmos ist wie ein großer sich entwickelnder Organismus« (ebd.). In der modernen Physik sei zwar an die Stelle der Weltseele das einheitliche Ur-Feld getreten (186), doch dieses könnte ein Aspekt des Geistes Gottes sein, der der Natur sowohl immanent als auch transzendent sei (230). Vgl. auch ders.: Der siebte Sinn des Menschen. Gedankenübertragung, Vorahnungen und andere unerklärliche Fähigkeiten, Bern 2003.

72. Vgl. Hans-Peter Dürr: Wissenschaft und Wirklichkeit, in: Ders./W. Ch. Zimmerli (Hg.): Geist und Natur, Bern/München/Wien 1989, 28-46, bes. 35, 38 und 45. Der Physiker Bernhard Philbert erklärt: »Die Quantenphysik ist [...] eine Physik der plötzlichen, unvermittelten Reaktionen. [...] In der Quantenphysik ist primär das energetische Geschehen und dessen Wirkungen, wogegen Raum und Zeit gleichsam erst sekundär als Zuordnungsgeschehen für dieses Geschehen in Erscheinung treten« (Der Dreieine. Anfang und Sein. Die Struktur der Schöpfung, Stein am Rhein 1976[4], 440f.).

physik von Christiaan Smuts geprägte Begriff des »Holismus« lässt sich sowohl immanentistisch als auch spiritualistisch fassen, je nachdem, ob man das kosmische Ganze unter materialistischem oder geistigem Vorzeichen betrachten möchte. Dass die Quantentheorie Letzteres zumindest ermöglicht, dürfte deutlich geworden sein. David Bohm resümiert: Man entdeckt »sowohl aus der Interpretation der Bedeutung mathematischer Gleichungen als auch aus den Ergebnissen tatsächlicher Experimente, dass die verschiedenen Partikel buchstäblich als Projektionen einer ›höherdimensionalen Realität‹ genommen werden müssen, bei denen nicht von Kraft oder Interaktion zwischen ihnen gesprochen werden kann. Wir können jeden der ›Partikel‹, die ein System bilden, als Projektionen einer ›höherdimensionalen Realität‹ ansehen und nicht so sehr als einen separaten Partikel.«[73] Diese höherdimensionale Wirklichkeit deutet Bohm als den gemeinsamen Urgrund von Geistigem und Körperlichem.

Die englische Bewusstseinsforscherin Serena Roney-Dougal schlussfolgert hieraus für das Gebiet der Parapsychologie: »Telepathie, Hellsichtigkeit, Präkognition und die verschiedenen Formen von ›Geist über Materie‹ stammen aus dieser Vorstellung vom Bewußtsein als den expliziten Handlungen und Wahrnehmungen auf dem impliziten höherdimensionalen Wesensgrund. Darum sind für sie keine Formen der Energieübertragung bekannt, weil sie aus einem Reich stammen, das immer und überall vorhanden ist – außerhalb unserer Zeit und unseres Raumes.«[74] Analog zu dieser Perspektive überlegt der parapsychologisch forschende Physiker Harald Atmanspacher: »Psychophysische Beziehungen werden in der zeitgenössischen Literatur meist so beschrieben, dass man von direkten Korrelationen zwischen mentalen und materiellen Systemen ausgeht. Alternativ dazu gibt es jedoch die Möglichkeit, eine (verborgene) Hintergrundrealität anzunehmen, aus der mentale und materielle Domänen (etwa qua Symmetriebrechung) hervorgehen, die jedoch selbst psychophysisch neutral ist.«[75] Dieser Äußerung liegt C. G. Jungs Ansicht zugrunde, vermutlich seien die hinter den physika-

73. David Bohm: Die implizite Ordnung. Grundlagen eines dynamischen Holismus, München 1985 (zit. nach Serena Roney-Dougal: Wissenschaft und Magie, Frankfurt/M. 1993, 113).
74. Roney-Dougal: Wissenschaft, 118.
75. Harald Atmanspacher u. a.: Verallgemeinerte Quantentheorie, in: Tätigkeitsbericht 2000/2001 des Instituts für Grenzgebiete der Psychologie und Psychohygiene e. V. Freiburg, Freiburg i. Br. 2002, 11 f. Vgl. ders.: Physikalische Ansätze zum psychophysischen Problem, in: ZPGP 38 (1996), 1-5. Einen »psycho-physischen Monismus« bejahte auch Werner Heisenberg: Schritte über Grenzen. Gesammelte Reden und Aufsätze, München 1971, 49.

lischen Erscheinungen stehende, unbeobachtbare Realität einerseits und die hinter dem Bewusstsein liegende archetypische Realität andererseits ein und dasselbe – in sich weder physisch noch psychisch, sondern ein Drittes. Geht man gleichermaßen mit David Bohm von der integralen Natur der hier angesprochenen Realität aus, dann zeichnet sich ein Denkmodell ab, das sich im Begriff der Weltseele wiederfinden kann. So plädiert der Naturphilosoph Klaus Michael Meyer-Abich ähnlich wie von Weizsäcker und Dürr dafür, »dass wir die Welt als beseelt anerkennen«[76].

Die gegenwärtige parapsychologische Forschung in Deutschland hat für solche Überlegungen erstaunlich wenig Interesse. Das dürfte zu tun haben mit dem Versuch der parapsychologischen Wissenschaft, sich an den üblichen, vom Paradigma der Säkularisierung beherrschten Wissenschaftsbetrieb anzupassen[77]. Der Preis für diese Selbstbeschränkung auf rein empirische Methodik und entsprechende Wissenschaftszweige ist freilich hoch: Gefunden werden kann so nur, was die betreffenden Methoden zu finden erlauben. Mit Recht nennt es John R. Searle schlimm, »dass wir uns von unseren Forschungsmethoden den Gegenstand diktieren lassen, anstatt es umgekehrt zu tun. Damit gleichen wir dem Betrunkenen, der seine Autoschlüssel im dunklen Gebüsch verloren hat, nach ihnen aber deshalb bei der Straßenlaterne sucht, ›weil das Licht hier besser ist‹«[78]. Ob so einer Annäherung an die rätselhaften Phänomene des Paranormalen[79] und damit an das Geheimnis der Wirklichkeit überhaupt hinreichend gedient sein kann, bleibt von vornherein zweifelhaft[80].

Das alte Denkmodell der »Weltseele«, dessen sich berühmte Psychologen und Physiker nicht schämen, könnte sich als diskussionswürdiges und dialogfähiges Modell erweisen, das sich gleichermaßen natur-, human- und geisteswissenschaftlich erörtern lässt. Auch die Theologie wäre dann mit einzubeziehen. Der Tübinger Systematiker Jürgen Moltmann hat sich

76. K. M. Meyer-Abich: Holismus, 323.
77. Walter von Lucadou betont: »Gerade die Parapsychologie ist in puncto wissenschaftlicher Methodik ›päpstlicher als der Papst‹, und sie muß es sein, da sie die ›Beweislast‹ ungewöhnlicher Behauptungen zu tragen hat« (Psi-Phänomene. Neue Ergebnisse der Psychokinese-Forschung, Frankfurt/Leipzig [1995], Tb-Ausgabe 1997, 13 f.).
78. John R. Searle: Die Wiederentdeckung des Geistes, Frankfurt a. M. 1996, 276.
79. Vgl. Robert Jahn/Brenda Dunne: An den Rändern des Realen, Frankfurt/M. 1999.
80. Nachgerade die Eigenschaft der Flüchtigkeit paranormaler Ereignisse angesichts objektivierender Zugriffsversuche könnte hier nachdenklich stimmen: Ist der streng-empirische Ansatz der modernen Parapsychologie ihrem Gegenstand überhaupt hinreichend angemessen? Müsste ihr nicht bei aller Empirik um ihres Fortschritts willen an einem verstärkten Austausch mit den Geisteswissenschaften gelegen sein?

der Frage wenigstens im Vorübergehen zugewandt: Führt die von ihm propagierte »Vorstellung vom einwohnenden Schöpfergeist zum Pantheismus der alles durchdringenden ›Weltseele‹?«[81] Doch schon der Erlanger Systematiker Philipp Bachmann hatte ein dreiviertel Jahrhundert zuvor solchen Pantheismus mit den Worten getadelt: »An die Stelle des christlichen Gottesglaubens tritt der Glaube an eine überall webende und wogende, alle Einzelseelen in sich zu einer großen Einheit, zu einem Seelenreich zusammenschließende Weltseele.«[82] Moltmann selbst ist sich bewusst, dass er einen entsprechenden Verdacht abzuwehren hat. Differenzierend markiert er seine Position: »Ist der kosmische Geist der Geist *Gottes*, dann kann das Universum nicht als ein geschlossenes System angesehen werden. Es muß als ein für Gott und seine Zukunft *offenes System* verstanden werden.«[83] Aber was soll das näherhin heißen: der kosmische Geist, der Weltgeist also sei Gottes Geist? Denkt auch der Theologe hier monistisch? Oder lässt sich die Unterscheidung von Gott und Welt gerade dadurch theologisch sauber denken, dass man den Schöpfergeist in der Kategorie der göttlichen Selbstentäußerung betrachtet? Moltmann selber hat in dieser Richtung vorangearbeitet.

81. Moltmann, Schöpfung, 113.
82. Philipp Bachmann: Spiritismus und Okkultismus im Lichte der Bibel, Nürnberg 1922, 52.
83. Vgl. Moltmann: Schöpfung, 114 f.

XII. Die Selbstentäußerung des Heiligen Geistes im Blick neuerer Theologie

Der Gedanke der Selbstentäußerung des Heiligen Geistes klingt spekulativ und ist es auch. Aber »spekulativ« in diesem Sinn ist theologisch-dogmatisches Denken im Grunde allemal, wenn es über die inneren Zusammenhänge und Konsequenzen der christlichen Glaubenssätze reflektiert. Die zu diskutierende Frage ist immer nur, was jeweils der Wahrheitsfindung eher dient und der Wahrheit näher kommt. Manche Dogmen brauchten Jahrhunderte, um Implikationen tradierter Glaubenssätze explizit ausformulieren zu können. Die grundsätzliche Einsicht in die Dynamik der Selbstentäußerung Gottes ist verstärkt erst in der späten Neuzeit gewachsen. Und ein Spätausläufer dieser Diskussion ist das Ringen um den Gedanken der Selbstentäußerung aller drei göttlichen Personen[1]. Namentlich der ungewohnte Gedanke, dass der von Gott zwecks Schöpfung und Erlösung gesandte Geist gerade auch in entäußerter Gestalt wirkt, kann dabei fruchtbar sein für eine gelingende Theodizee. Das soll im Folgenden wenigstens ansatzweise[2] aufgezeigt werden.

1. Die Kenose des Geistes bei Jürgen Moltmann

Im Rahmen einer »trinitarischen Schöpfungslehre« hatte Jürgen Moltmann 1980 die Rede von der »Kenosis Gottes« nur auf Vater und Sohn und noch kaum explizit auf den Geist angewandt, den er dafür glorios im Zeichen

1. Ob und inwiefern der Heilige Geist als »Person« bezeichnet werden kann, erörtert Christian Henning: Die evangelische Lehre vom Heiligen Geist und seiner Person. Studien zur Architektur protestantischer Pneumatologie im 20. Jahrhundert, Gütersloh 2000.
2. Eine ausgearbeitete Pneumatologie kann hier natürlich nicht geboten werden; hingewiesen sei auf meinen Aufsatz »Heiliger Geist und esoterisches Geistverständnis. Anleitung zu pneumatologischer Unterscheidung«, in: Materialdienst der EZW 67 (2004), 323-335.

seiner »Verklärung« thematisierte. Immerhin formulierte er damals schon den Satz: »Durch seine *Herablassung* … nimmt der Geist auf seine Weise an der Selbstbeschränkung des Vaters und der Selbstentäußerung des Sohnes teil.«[3]

Explizit sprach Moltmann von der »Kenosis des Geistes« erstmals 1985 in seiner Schöpfungslehre und erläuterte: »Läßt Gott selbst sich auf seine begrenzte Schöpfung ein und wohnt er selbst ihr als ›Geber des Lebens‹ ein, dann setzt dies eine Selbstbeschränkung, eine Selbsterniedrigung und eine Selbsthingabe des Geistes voraus. Mit der *Leidensgeschichte der Schöpfung*, die der Vergänglichkeit unterworfen ist, entsteht dann auch eine Leidensgeschichte des ihr einwohnenden Geistes.«[4]

Dabei kommt Moltmann mit seinem Konzept der Kenosis des Heiligen Geistes der Vorstellung einer »Weltseele« durchaus nahe. Und das nicht nur, weil er es gleich im Zuge seiner Ersterwähnung explizit mit dem Gedanken der »immanenten Weltpräsenz Gottes« verbindet, sondern vor allem, weil er es sogar ausdrücklich in die Nähe neuplatonischer Emanationslehre rückt, welche ja eine ausgesprochene Lehre von der Weltseele enthält[5]. Er spricht diesbezüglich von einer »mittlere(n) Lage zwischen Schöpfung und Zeugung«: Die Welt sei nicht von Gott »gezeugt«, also nicht einfach von seiner Substanz; und doch existiere sie in einer engeren Beziehung zum Schöpfer als sonst ein Werk zu seinem Meister. Moltmanns Rede von einer »mittleren Lage« zwischen Emanation und Kreation dürfte den Sachverhalt trefflich beschreiben, insofern in Schöpfung und Erhaltung zwar einerseits keine Substanzausgießung des Gottesgeistes vorliegt, andererseits aber doch eine so enge Relation, dass deren Verlässlichkeit einem substanziellen Bestehen gleichkommt[6]. Ein solches Verständnis von weltbezogenem Gottesgeist steht dem Gedanken einer »Weltseele« zweifellos nahe, wobei namentlich die Rede von der Kenosis des Geistes strukturell der neuplatonischen Idee der Emanation der Weltseele entspricht. Wie groß diese Analogie bei Moltmann ist, zeigt sich 1991, als der Tübinger Theologe sich in seiner Pneumatologie erneut zur »Kenosis des Heiligen Geistes«[7] äußert: »Die Erfahrung des lebendigmachenden Geistes im Glauben des Herzens und in der Ge-

3. Moltmann: Trinität, 229.
4. Moltmann: Schöpfung, 113; vgl. 108.
5. Vgl. Moltmann: Trinität, 128.
6. In diesem Sinne könnte der gewagte Satz zu verstehen sein: »Alle Geschöpfe sind … Manifestationen des göttlichen Geistes« (Moltmann: Schöpfung, 112).
7. Jürgen Moltmann: Der Geist des Lebens. Eine ganzheitliche Pneumatologie, München 1991, 64.

meinschaft der Liebe führt darum von selbst über die Grenzen der Kirche hinaus zur Wiederentdeckung desselben Geistes in der Natur, in den Pflanzen, in den Tieren und in den Ökosystemen der Erde.«[8]

Diese theologische Rede klingt romantisch – und monistisch. Das Reich der Natur ist bei all seinen Herrlichkeiten ja oft auch ein chaotisches und bedrohliches, grausames »Reich«. Nach welchen Kriterien sollte darin der Geist Gottes als leidend und/oder leitend wiederentdeckt werden? Könnten da nicht fatale Verwechslungen drohen? Die theologische Rede von der Kenosis des Heiligen Geistes bedarf weiterer Präzision – zumal auch die Dissertation von Moltmanns Schüler Lyle Dabney zu diesem Thema[9] sich im wesentlichen auf die christologischen Aspekte der Entäußerung des Geistes beschränkt, also auf die Frage, wie der Geist den Weg Jesu begleitet hat, während die nicht minder spannenden kosmologischen Implikate des Themas weithin unbehandelt bleiben.

Zunächst ist mit Moltmann und Dabney festzuhalten: Der Grundgedanke, dass der Kenosis des Sohnes eine solche des Geistes korrespondiert, ist theologisch legitim und aufschlussreich. Werden doch der Sohn wie der Geist beide vom Vater gesandt – nämlich hin zur entfremdeten Kreatur, und das hat für beider Sein einschränkende Konsequenzen. Hingegen wird der Vater nie »gesendet«, so dass von ihm allenfalls eine indirekte Selbstentäußerung auszusagen ist, insofern er wiederum mit den beiden »Gesandten« in ihrem Draußen-Sein empathisch mitleidet, ja durch die innere Verbundenheit mit ihnen insofern mit »draußen« ist. Aber er selbst geht nicht »hinaus«; vielmehr ist er diejenige trinitarische Person, die in ihrer Transzendenz die göttlichen Eigenschaften der Allmacht und Allwis-

8. Moltmann: Geist, 23. Seine Rede von der »immanenten Transzendenz« mündet in die These: »Die Möglichkeit, Gott in allen Dingen und alle Dinge in Gott zu erkennen, gründet theologisch im Verständnis des Geistes Gottes als der Kraft der Schöpfung und der Quelle des Lebens« (47 f.).

9. Vgl. Lyle Dabney: Die Kenosis des Geistes. Kontinuität zwischen Schöpfung und Erlösung im Werk des Heiligen Geistes, Neukirchen/Vluyn 1997. Dabney setzt zur Gewinnung seiner Einsichten kreuzestheologisch an, indem er das von Jürgen Moltmann in »Der gekreuzigte Gott« (1972) analysierte Beziehungsgeflecht der Personen der Trinität gewissermaßen verstärkt unter die Lupe nimmt. Hatte Moltmann zunächst die Rolle des Heiligen Geistes noch unterbelichtet, so wird sie hier scharf herausgearbeitet: Sie erfüllt sich in der Gewährung von Kontinuität inmitten der Diskontinuität, die der Kreuzestod für den Gottessohn bedeutet. Bei der Kontinuitätsfrage geht es einerseits um den Sinn des Kreuzes, damit aber auch um den des Lebens Gottes selbst, und schließlich um den des geschöpflichen Lebens und Handelns. Die trinitätstheologischen Überlegungen betreffen von daher auch die Frage nach einem angemessenen anthropologischen Geistverständnis.

senheit behält und von daher imstande bleibt, für die eschatologische Aufhebung der Kenosis von Sohn und Geist zu sorgen[10]. Diese Korrekturen an Moltmanns Konzept eingerechnet, lässt sich die von ihm im Ansatz entfaltete Lehre von der Kenosis des Heiligen Geistes folgendermaßen weiterentwickeln.

2. Der Geist in Knechtsgestalt

Der innere Grund für die Entäußerung des Geistes im Schöpfungszusammenhang muss mit der Kenosis des Logos, der zweiten Person der Gottheit zu tun haben. Diese Selbstentäußerung des Sohnes impliziert eine weitestgehende Entkleidung von den göttlichen Herrlichkeitseigenschaften im Zuge der Menschwerdung[11]. Da nun die Menschwerdung auch in der Erhöhung Jesu Christi nicht zurückgenommen wird, ist jene Entkleidung als eine endgültige für die zweite Person der Trinität aufzufassen[12]. Und hierin gründet überhaupt die Konstitution des Heiligen Geistes innerhalb der Trinität selbst, welche als ganze sich nach innen wie nach außen auseinanderfaltet im steten Bezug auf die Schöpfung[13]. Der Heilige Geist übernimmt mithin jene kosmischen Aufgaben, die zwar einerseits dem Sohn als Schöpfungsmittler zugedacht sind, andererseits aber von diesem zum Zweck seiner Menschwerdung grundsätzlich – insofern schon überzeitlich – an den Geist delegiert werden, mit dem er freilich wie mit dem Vater verbunden bleibt.

Der Kenosis des Sohnes in der Hingabe an das entfremdete Andere entspricht in der Folge die Kenosis des Geistes im schöpferischen Setzen und Erhalten des entfremdeten Kosmos insgesamt. Gemeint ist damit der Sachverhalt, dass der *Heilige* Geist diese Aufgaben nicht vollführen kann ohne eine Selbstzurücknahme der Fülle seiner Offenbarungsmacht und Heiligkeit. Gerade um die Schöpfung als wirklich *Anderes* Gottes zu konstituieren, muss diese bis zu ihrer Erlösung in einer Selbstständigkeit existieren, die ein ontologisches Ausgegliedertsein aus der absoluten Gottesherrschaft impli-

10. S. o. Kap. VI.3.
11. Hierzu s. o., bes. Kap. VIII.
12. Vgl. Thiede: Christus, 420 passim.
13. Vgl. Thiede: Christus, 414 ff.

ziert. Es handelt sich notwendig um einen Entfremdungsstatus der Welt, die gleichwohl nicht von Gott preisgegeben, sondern von Anfang an auf Versöhnung und Erlösung hin gehalten und erhalten wird. Im Vergleich mit den bereits diskutierten monistischen Modellen geht es hier um ein »dualistisches«[14] Verhältnis von Gott und Welt – nur dass diese Bestimmung nicht statisch missverstanden werden darf: Der ganze Sinn der Heilsgeschichte, all dessen also, was theologisch in der Soteriologie verhandelt wird, besteht gerade darin, den Dualismus von Schöpfer und Schöpfung zu überwinden in Richtung vorläufiger und endgültiger Integration in die ewige Gottesherrschaft. Nicht monistisch oder dualistisch, sondern trinitarisch wird theologisch richtig gedacht[15]. Heteronomie und Autonomie müssen in Theonomie, ins Reich Gottes münden.

Vorbedingung hierfür aber ist wie gesagt der Entfremdungsstatus der Welt, die freilich nicht absolut selbständig existiert, sondern in – obschon vielfach verkannter – relativer Abhängigkeit vom Schöpfer, der wiederum vorläufig ihre Unabhängigkeit im Sinne der Konstition von echtem Eigen-Sein will[16]. So muss die Schöpfung als entfremdete gesetzt und »gehalten« werden: »Und der Geist Gottes schwebte auf dem Wasser« (Gen 1,2)[17]. Dieses Halten in Nähe und Distanz vollbringt der Geist, indem er seine Herrlichkeit vor ihr nicht nur verbirgt, sondern sich ihrer auch ein Stück weit entledigt, um ihr im Halten *berührend* nahe sein zu können, ohne dass sie dabei gewissermaßen von seinem Licht »verbrannt« wird. Das gilt im Blick auf die Welt insgesamt wie auf alle Menschen: »Fürwahr, er ist nicht ferne von einem jeden unter uns« (Apg 17,27). Sind die Menschen »göttlichen Geschlechts« (17,28 f.), so sind sie es freilich in »Unwissenheit« (17,30).

Im Zuge seiner Kenosis nimmt der Geist »Knechtsgestalt« an: In Abwesenheit ist er anwesend, kosmisch wie in der menschlichen Subjektivität. In

14. Nicht gemeint ist hier ein Widerstreit zwischen göttlichen und widergöttlichen Prinzipien oder Mächten; es geht mir vielmehr um die Beschreibung echter Alternität von Schöpfer und Schöpfung.
15. So zwar richtig Moltmann: Trinität, 40. Doch bei dieser formelhaften Aussage gilt es systematisch zu beachten, dass nicht eine monistische Trinitätslehre geboten, die rechte Lösung also doch wieder insgeheim kassiert wird – eine Gefahr, die bei Moltmann droht.
16. Vgl. nochmals Theunissen: Monismus, bes. 406; Pannenberg: Systematische Theologie, Bd. 3, 690.
17. Die hier und im folgenden des öfteren angeführten Bibelstellen sollen zeigen, dass der exegetische Befund im Blick auf die hier vorgebrachten Thesen keineswegs »ruinös« ist, wie das Hermanni (Theodizee, 249) jedenfalls gegenüber dem Konzept vom »leidenden Gott« behaupen zu müssen meint.

seiner entäußerten Gestalt, die durch seine »Herablassung« zur entfremdeten Schöpfung bedingt ist, wird er in der Konsequenz ein (entscheidendes) Stück weit unkenntlich, unscharf-vielgestaltig[18], auf sein Wesen hin weniger durchsichtig und damit missdeutbar[19]. Sein Dienen bringt es mit sich, dass er sogar ein Stück weit missbrauchbar wird. Er behält zwar seine Gestalt als kosmische Träger- und als schlechthinnige Lebensmacht, doch erscheint er gewissermaßen in einer weithin anonymen Rolle. Man weiß weder, »woher er kommt und wohin er fährt« (Joh 3,8), noch wer er ist. Anders wird das erst dort, wo der Glaube an Jesus Christus das Wesen Gottes trinitarisch erschließt und damit auch den »Weltgeist« als den – seinem verborgenen, innersten Wesen nach – Heiligen Geist des Gottes der Liebe kenntlich macht: »Der natürliche Mensch vernimmt nichts vom Geist Gottes; es ist ihm eine Torheit, und er kann es nicht erkennen; denn es muss geistlich verstanden sein. Der geistliche Mensch aber ergründet alles …« (1. Kor 2,14 f.).

Im Christusglauben findet der Mensch gleichermaßen zu Gott und sich selbst, indem er erkennt, dass sein Geist, sein Subjekt relational im Heiligen Geist als dem Geist Christi[20] gründet und von Anfang an auf die Liebe Got-

18. Vgl. Henri Boulad: Die tausend Gesichter des Geistes, hg. und übersetzt von H. Westenberger, Salzburg/Wien 2001.
19. In der Diskussion um das (Un-)Recht »natürlicher Theologie« zwischen Emil Brunner und Karl Barth hat Brunner explizit behauptet, dass es »zweierlei Offenbarung« gebe (Natur und Gnade, Tübingen 1935², 13). Diese Aussage lässt sich klärend auf die Unterscheidung von entäußertem und Christus offenbarendem Gottesgeist beziehen. Dann wird auch deutlich, inwiefern Brunner mit Recht unterstrichen hat: »Zur wahren Erkenntnis der ersten Offenbarung kommt man also nur durch die zweite« (46). Denn die erste »Offenbarung« ist nun einmal missdeutbar – und insofern eigentlich keine richtige »Offenbarung« im engeren Sinn des Wortes. Natürliche Theologie hat ihr Recht – und ihre Grenzen! Barth hat mit feinem Gespür wahrgenommen, hinter Brunners »natürlicher Theologie« scheine »eine ›neue‹ Lehre vom Heiligen Geist nur zu folgerichtig hervorbrechen zu wollen« (Karl Barth: Nein! Antwort an Emil Brunner, 1934, 31). Nur fehlten damals die Voraussetzungen, eine in der Tat neue, differenzierte Lehre vom *entäußerten* Heiligen Geist zu entfalten. Hätte es sie schon gegeben, wäre der Fehler in Satz Barths gut gemeintem Satz deutlich geworden: »Der Heilige Geist, der vom Vater und vom Sohne ausgeht und also als Gott geoffenbart und geglaubt ist, bedarf keines Anknüpfungspunktes als dessen, den er selber setzt« (56) – als wäre der selbst gesetzte Anknüpfungspunkt nicht in der Tat er selber, aber eben als kenotischer heiliger Geist!
20. Hierzu eine fachtheologische Überlegung: Soll unser menschliches Subjekt untrennbar mit göttlicher Natur verbunden werden, so ist an eine Art »Enhypostasie« von unten nach oben zu denken – und dementsprechend an eine Art »Anhypostasie« des Heiligen Geistes. Luther hat aber bereits pneumatologisch zwischen dem Heiligen

tes hin angelegt, zum Hineinfinden in sie bestimmt ist. Im Gewissen[21] hat er diesen Geist von jeher erfahren und gespürt: »Eine Leuchte des Herrn ist des Menschen Geist; er durchforscht alle Kammern des Innern« (Spr 20,27). Aber von Natur aus musste er diese Erfahrung heteronom missdeuten. Erst im Glauben an Jesus Christus hat er den Geist bewusst »empfangen« als den, der ihm immer schon gütig voraus war. Dieses Gefundenhaben und Wissen ums Erkanntsein durch den stets entäußert im eigenen Geist anwesenden Gottesgeist bedeutet bereits ein Stück Aufhebung der Entäußerung des Geistes, die es erlaubt, »stark zu werden durch seinen Geist an dem inwendigen Menschen« (Eph 3,16) und dem »Gesetz des Geistes« (Röm 8,2) zu entsprechen. Das meint ein Wechseln-Dürfen in die helle Region göttlichen Vollbewusstseins der Liebe (Röm 5,5), der göttlichen Kindschaft (8,16). Und dieser Heilige Geist, durch den der Christenmensch »wiedergeboren«[22], ja mit dem er *ein* Geist wurde (1. Kor 6,17), bleibt der Stellvertreter seines Selbsts vor dem Vater (Röm 8,26)[23], bis dieses »Selbst« einst im

Geist als Person und als Gabe unterschieden. Das entspricht dem Befund im Neuen Testament, in dem der Geist häufig nichtpersonal im Sinne einer Wirkkraft verstanden wird – und eher selten in einem personalen Sinn als »Tröster« bzw. Stellvertreter Christi in uns, wie das im Johannesevangelium der Fall ist. Paulus kann den Geist nicht nur mit dem Herrn identifizieren (2. Kor 3,17), der in unserem Geist wirkt (Röm 8,16) und uns mit Christus ein Geist sein lässt (1. Kor 6,17), sondern ihn auch – in umgekehrter Perspektive wie bei Johannes – als unseren Stellvertreter vor dem Thron Gottes schildern (Röm 8,26f.). Dieser Geist, der uns den eschatologischen Glauben und somit wahre Identität in der Relation zur Person Jesu Christi schenkt, bewahrt unsere wahre Identität, repräsentiert das wahre Selbst in uns stellvertretend vor Gott, sobald wir es nicht bewahren und uns als Sünder erfahren. Indem er uns einwohnt, ermöglicht er unsere Enhypostasie in Gott, das Hineinwachsen unserer Person in die göttliche Natur. Zu diesem Zweck ist gewissermaßen seine eigene Anhypostasie vorauszusetzen. Sie meint die wesenhafte personale Zurückgenommenheit des Geistes, dessen »Rolle« – dies ist ja der ganz ursprüngliche Sinn des Wortes »Person« – gerade darin besteht, den Glaubenden mit der Person Christi zu verbinden, und der darum oft einfach als »Geist Christi« charakterisiert wird.

21. Gewissen ist hier im weiten Sinn als *conscientia*, als Gesamtbewusstsein um Selbst, Welt und Gott verstanden (vgl. Gerhard Ebeling: Theologische Erwägungen über das Gewissen, in: Ders.: Wort und Glaube I, Tübingen 1960, 429-446), in dem Gottes Geist sich spiegelt.
22. Vgl. Werner Thiede: Art. Wiedergeburt. III. Christentum, 3. Praktisch-theologisch, in: RGG[4], Bd. 8, Tübingen 2005, 1531f.
23. Tatsächlich kommt dem Heiligen Geist neutestamentlich im doppelten Sinne eine Stellvertreterfunktion zu. Auf der einen Seite vertritt er den himmlischen Vater und den Sohn beim Menschen. Deshalb wird von ihm auch deutlich gesagt, dass der Vater bzw. der Sohn ihn senden. Ausdrücklich nennt ihn Jesus in den johanneischen Abschiedsreden mehrfach den Helfer bzw. Tröster (14,18; 16,7); die moderne Überset-

Tod vollkommen in ihn eingehen und damit vollends erlöst werden wird. So erweist sich der Geist Gottes als der Erhalter, Erneuerer und Vollender der Kreaturen wie der Kreatur im Ganzen.

Die Kenose des Geistes sollte keinesfalls monistisch missdeutet werden. Sie gründet in der Weltliebe Gottes, wie sie in Kreuz und Auferstehung Jesu am deutlichsten zum Ausdruck kommt[24]. Die Dialektik von Kreuz und Auferstehung aber spiegelt sich in der zweifachen Ausprägung des Wirkens, in dem der Heilige Geist begegnet. Im Setzen und Erhalten der Schöpfung einerseits und im Erleuchten und Erlösen der »neuen Kreatur« andererseits hat er sein doppeltes Amt. In Analogie zu Luthers Zwei-Regimenten-Lehre könnte man so von der rechten und der linken Hand des Geistes sprechen: Mit der linken Hand setzt und begleitet er, mit der rechten Hand offenbart und befreit er; mit der linken Hand treibt er sein kenotisches Werk, mit der rechten sein vollendendes. Beide arbeiten – um im Bild zu bleiben – teleologisch Hand in Hand, wobei die Reihenfolge heilsgeschichtlich klar ist: »Der geistliche Leib ist nicht der erste, sondern der natürliche; danach der geistliche« (1. Kor 15,46); das heißt: erst die Entäußerung, dann das erlösende Werk. Das Bildwort von den beiden Händen schließt übrigens implizit das Missverständnis aus, als bedürfe der Heilige Geist im Prozess der Heilsgeschichte selbst der »Erlösung«: Seine Hingabe als »linkshändiger« kenotischer Geist (der noch in der Kenose für sich heilig bleibt!) erfolgt als bewusster Akt. Als entäußerter Geist verliert er ebenso wenig wie der inkarnierte Christus seine innerste Verbindung zum Vater[25]. Und es ist derselbe Heilige Geist, der den Sieg der Erlösung »rechtshändig« herbeiführt – futu-

zung »Die Gute Nachricht« spricht hier gemäß der Funktion, die Jesus ihm zuweist, explizit vom »Stellvertreter«. Auf der anderen Seite vertritt der Heilige Geist nach paulinischer Darstellung auch umgekehrt den Menschen vor Gott, wie Röm 8,26 f. besagt, weil der Mensch selbst bei bestem Willen vor dem Höchsten noch nicht angemessen auftreten kann.

24. Alles hier zur Entäußerung Gesagte gilt also insgesamt als Versuch, die Liebe Gottes angesichts der Theodizeefrage theologisch plausibel zu machen.

25. Dass der Sohn mit dem Vater auch im Stand seiner Entäußerung derart verbunden bleibt, dass er zugleich immer noch »im Himmel ist« *(Extra Calvinisticum)*, besagt die in der Textüberlieferung unsichere, von einigen Exegeten (z. B. Paul Feine: Theologie des Neuen Testaments, Leipzig 1934^{6}, 67; Albrecht Oepke, in: ThWNT II, Stuttgart 1935, 534) gegen die Mehrheit für echt erachtete zweite Hälfte von Joh 3,13. Zumal in diesem Vers zuvor der irdische Jesus im Perfekt bereits aussagt, er sei wieder in den Himmel hinaufgestiegen, ist es laut Feine unerheblich, ob der zweite Satzteil echt oder Glosse ist (329). Entsprechend darf man m. E. auch vom entäußerten Heiligen Geist sagen, dass er während seiner Kenosis Teil der immanenten Trinität geblieben sei.

risch- und schon präsentisch-eschatologisch. Auch die längst erlösten Toten in Christus lässt er an der Freude des Himmels partizipieren.

3. Gottes »Maskenspiel«

Die Frage liegt indessen nahe, wie man sich einen in dieser Weise doppelt agierenden Heiligen Geist vorstellen soll. Schon von Weizsäcker hat das analoge Problem gesehen, dass ja die »Weltseele« sowohl Bewusstes als auch Unbewusstes umfasse[26]. Eine Antwort könnte im Hinweis auf das doppelseitige Gehirn des Menschen bestehen: Ein- und derselbe Geist kann sehr wohl zugleich meditativ und diskursiv, bewusst und unbewusst arbeiten[27]. Was in einer menschlichen Person möglich ist, wie sollte das nicht erst recht in einer göttlichen möglich sein? Ja rückt nicht die biblische Lehre von der Gottebenbildlichkeit des Menschen hier in ein neues Licht?

Das kenotische Werk ist für den Heiligen Geist nichts »Uneigentliches« – also »in seiner Weise nicht weniger ernst zu nehmen wie sein positives«[28]. Unterscheidet man diese beiden Regimente Gottes des Geistes, so kann eben im Blick auf das Regiment linker Hand sogar die ansonsten problematische Formulierung Moltmanns akzeptiert werden: »Die Evolutionen und die Katastrophen des Universums sind auch die Bewegungen und Erfahrungen des Geistes der Schöpfung.«[29] Damit aber ist deutlich, dass sich unter der Prämisse der Kenose des Heiligen Geistes das Theodizeeproblem aufhellt. Namentlich das Konzept einer »Weltseele« oder eines »Weltgeistes« wird nun evidenter. Man muss keineswegs in Anlehnung an Nietzsche oder Jung die traurige, weil letztendlich Grunde hoffnungslos stimmende Annahme verfechten, Gott sei bewusstlos, blind oder irrational. Die philosophischen

26. Vgl. von Weizsäcker: Zeit, 1112.
27. Vgl. Mathias Wais: Neuropsychologie der rechten Hemisphäre, Frankfurt/M. 1982; ders.: Auf der Suche nach einer Theorie des Anarchischen – oder: Was verbindet Parapsychologie und Neuropsychologie?, in: ZPGP 27 (1985), 55-64. Dass paranormale Phänomene »wie vorläufige, tentative Ordnungsversuche wirken, die per se nur flüchtig und labil sein können« (Suche, 61), könnte durchaus für ihre Interpretation im Kontext des Wirkens des kenotischen Heiligen Geistes sprechen.
28. So Karl Barth in seinen Ausführungen zum doppelten Wollen Gottes (Die Kirchliche Dogmatik, Bd. II/1, Zollikon 1940, 671). Ich unterstreiche nochmals: Der Heilige Geist bleibt auch während der Kenosis mit der immanenten Trinität verbunden.
29. Moltmann: Schöpfung, 30.

bzw. psychologischen Analysen in dieser Richtung haben aber etwas Zutreffendes gesehen: Sie gewahren die Selbstzurücknahme des göttlichen Geistes inmitten seiner Anwesenheit, kurz: seine kenotische Präsenz. Diese lässt sich zweifellos auch atheistisch (analog übrigens auch buddhistisch) als seine »Abwesenheit« missdeuten. Doch überwiegend wird sie in der Welt – wegen seiner Kenose notwendig in vielfältiger Weise[30] – (poly-)theistisch oder (pan-)religiös interpretiert. Auf der Linie solch religiöser Empfindungen liegt nicht zuletzt die Aussage Moltmanns: »Gott der Geist ist auch der Geist, die Gesamtübereinstimmung, die Struktur, die Information, die Energie des Universums.«[31]

Damit aber erweist sich das theologische Modell einer Kenose des Heiligen Geistes durchaus als anknüpfungsfähig für Theorien einer Weltseele, wie sie als »holistisches Prinzip«[32] durch die moderne Physik und Parapsychologie ein Stück weit nahegelegt wird – ohne dass gleichzeitig die atheistische Alternative ausgeschlossen wäre, welche methodisch bevorzugen zu müssen viele Naturwissenschaftler immer noch meinen. Erwin Nickel gehört zu jenen Naturwissenschaftlern, die in der Freiheit des christlichen Glaubens über jenen methodischen Atheismus hinaus sind. Er betont: »Nach unseren Erfahrungen ist Welt ein offenes System, in welchem die Geistkomponente das Materielle so weit übersteigt, dass es sinnvoll wird, nach einem absoluten Geist zu fragen.«[33] Der absolute Geist aber darf dann nicht in einem direkten, pantheistischen Verhältnis zur Welt gedacht werden, was zu einem naturwissenschaftlich heute unhaltbaren Determinismus führen würde. Deshalb entwirft Nickel folgendes Denkmodell zur vereinfachenden Veranschaulichung: »Gott wäre der Magnet, um sich das dazugehörende Kraftfeld. Bei diesem Modell besteht der Weltinhalt aus lauter magnetischen Teilchen. Da diese vom Magneten angezogen werden, müss-

30. Religiöser Pluralismus ist demnach eine Konsequenz der Kenosis des Heiligen Geistes und insofern theologisch weder zu verteufeln noch zu glorifizieren. Siehe auch insbes. zur Frage des Synkretismus die Ausführungen in meinem Buch »Esoterik« (1995), 124ff.
31. Moltmann: Schöpfung, 30.
32. Bereits 1985 konnte Moltmann den Geist Gottes als »das holistische Prinzip« in der Schöpfung bezeichnen (Schöpfung, 111).
33. Erwin Nickel: Der Sinn des Ganzen. Erfahrungen zwischen Wissen und Glauben, CH-Freiburg 1998, 91. »Ich gehe davon aus, dass auch Materie nur etwas Sekundäres ist, und zwar die Äusserung eines Immateriellen, welches mit anderen Immmaterialitäten koexistiert, z.B. jener der Informationswelt« (102). »Es spricht alles für einen Primat des Geistes« (137). Freilich sind Gottes Möglichkeiten gegenüber der Welt immer noch größer, als die offenen Weltstrukturen für sich das denkbar erscheinen lassen.

ten sie sich mit Gott vereinigen. Aber da gibt es eine Art ›Scheibe‹ zwischen Endlichem und Unendlichem. Diese Scheibe verhindert, dass die Teilchen bis zum Magneten gelangen. Im Modell sind die endlichen Objekte Eisenpartikel: sie fliegen bis zur Scheibe und bleiben an ihr kleben. Dabei ordnen sie sich gemäss der Kraftlinien eines Magnetfeldes und gestalten auf diese Weise die ›Struktur Welt‹.«[34] Die von Nickel als »undurchsichtig« gekennzeichnete Scheibe versinnbildlicht in gewisser Hinsicht die vom göttlichen Herrschaftsbereich trennende und doch nicht völlig isolierende Funktion des kenotischen Heiligen Geistes im Ganzen des irdischen Kosmos, welches ohne diesen Geist kein Ganzes wäre.

Dass Nickel dessen eigenartige Natur beschäftigt, zeigt auch seine Frage: »Was für eine Wirklichkeit rühren wir hier an, die uns unabhängig von Gut und Böse aufscheint?«[35] Völlig »unabhängig« davon dürfte sie zwar nicht sein, wie ihre Strahlkraft für die Konstitution des Gewissens im Menschen deutlich macht[36]. Doch in der Tat zeigen spirituelle, enthusiastische und paranormale Phänomene mitunter keine Präferenzen in moralischer Hinsicht: Magie etwa funktioniert als »weiße« *und* als »schwarze«; es gibt auch – moralisch geurteilt – ausgesprochen »böse« Religionen. Namentlich der um sich greifende *nichtchristliche* Spiritualitätsbegriff[37] im Kontext einer Renaissance der *philosophia perennis*[38] stellt eine einschlägige Herausforderung dar, der sich nur durch eine entsprechend differenzierende Pneumatologie begegnen lässt.

Der kenotische Heilige Geist hat sich in seiner Knechtsgestalt missbrauchbar gemacht. Er leidet darunter wie Jesus unter den Schlägen während seiner Passion, nimmt aber dieses Leiden um seiner erhaltenden und soteriologisch ausgerichteten Präsenz inmitten der Entfremdungswelt willen auf sich. Das notwendigerweise schillernde Erscheinungsbild des kenotischen Heiligen Geistes erklärt die breite Palette sowohl des religiösen und

34. Nickel: Sinn, 29.
35. Nickel: Sinn, 127. Es gibt »noch Ungeklärtes [...] zwischen Transpersonalem und Weltpsyche« (Erwin Nickel: Die zweite Hälfte der Schöpfung. Konzepte einer geistigen Welt zwischen Immanenz und Transzendenz, Pittenhart-Oberbrunn 1991, 52).
36. Vgl. Joh 1,9, wobei an das oben zur Übernahme der kosmischen Funktion des Logos durch den Geist Gesagte zu erinnern ist.
37. Dazu Werner Thiede: Der Spiritualitätsbegriff. Konsequenzen für eine enzyklopädische Theologie, in: Werner H. Ritter/Martin Rothgangel (Hg.): Religionspädagogik und Theologie. Enzyklopädische Aspekte. Festschrift für Wilhelm Sturm zum 65. Geburtstag, Stuttgart 1998, 184-205.
38. Vgl. Wilhelm Schmidt-Biggemann: Philosophia perennis. Historische Umrisse abendländischer Spiritualität in Antike, Mittelalter und Früher Neuzeit, Frankfurt/M. 1998.

mystischen Empfindens als auch der paranormalen Phänomenwelt. Dass Gott in seinem Handeln ein merkwürdiges »Maskenspiel« betreibt, hat schon Martin Luther beobachtet[39]. Theologisch entscheidend bleibt die Deutung des entäußerten Heiligen Geistes von Jesus Christus her, zu dessen Selbstentäußerung sie in direkter Beziehung steht. Dann nämlich kann im Wirken göttlichen Geistes der dreieine Gott in seiner ganzen Liebe entdeckt werden – sowohl in seinem kosmischen Wirken wie auch im individuellen, und zwar eben trotz aller Übel und Leiden. Der glaubende Christ darf um die Allgegenwart des Heiligen Geistes in der Welt[40] und in seinem Selbst wissen – wobei er diese Gegenwart dadurch rein erfahren kann, dass er sie identifiziert im befreienden Aufschauen zum gekreuzigten Auferstandenen: »Der Herr ist der Geist« (2. Kor 3,17).

In dieses Bewusstsein kann er gerade auch negative Erfahrungen mit sich und seiner Lebenswirklichkeit integrieren. Wenn im Neuen Testament gemahnt wird: »Werdet voll Geistes« (Eph 5,18), dann wird damit unterstellt, dass der Geist keineswegs immer in seiner Fülle im Christen wirksam und erfahrbar, sondern oft genug »gedämpft« (1. Thess 5,19), sprich: in entäußerter, geradezu unbewusster (1. Kor 3,16) Gestalt präsent ist. Insofern kann er etwa heteronom als »knechtender« Geist (Röm 8,15) missdeutet werden, ja man kann ihm auch widerstehen (Apg 7,51). Damit aber tut sich das theologische und philosophische Problem der Willensfreiheit auf, dem im Kontext des Theodizee-Diskurses ein großes Gewicht zukommt und das hier nun unter dem Aspekt der Kenose des Geistes zur Sprache gebracht werden soll.

39. Über die »Larven und Masken Gottes« nach Luther informiert Rudolf Hermann: Luthers Theologie. Gesammelte und nachgelassene Werke I, Göttingen 1967, 169 ff. Dass diese »Larvenlehre ... nicht auf der Höhe des Glaubens an den Schöpfer, der seinen Sohn Fleisch werden läßt«, stehe, kann Hermann nur deswegen kritisch bemerken (178), weil er die Differenz des Kenotischen nicht im Blick hat.

40. Michael Welker betont zwar mit Recht, Gott sei keineswegs in jeder Raum-Zeit-Stelle handelnd und schöpferisch gegenwärtig (Schöpfung, 25). Aber das traditionale, »abstrakte« Allgegenwartsverständnis, das biblisch und theologisch durchaus nicht illegitim ist, lässt sich dank des Denkmodells vom entäußerten Heiligen Geist mit Welkers Anliegen vermitteln. Wo der allgegenwärtige Geist in besonderer Weise wirkend hervortritt, tut er es in seiner Freiheit. Der Glaube an die göttliche Allgegenwart auch im Leiden »beendet nicht das Leiden, aber seine Erfahrung als Böses«, erkläft Ingolf U. Dalferth: Leiden und Böses. Vom schwierigen Umgang mit den Widersinnigen, Leipzig 2006, 180.

4. Zum Problem der Willensfreiheit im Theodizee-Diskurs

Zusammenfassend sei hier zunächst noch einmal formuliert, was bereits verschiedentlich[41] als das hier vorgeschlagene Theodizee-Modell skizziert worden ist: Die Kreatur stellt ein positiv zu verstehendes, von Gott gesetztes Gegenüber seines Liebeswillens dar. Dass sie nicht von Anfang an seinsmäßig vom Liebeswillen des Schöpfers durchdrungen und regiert, sondern zunächst »der Vergänglichkeit unterworfen« (Röm 8,20) und insofern geknechtet (8,21) ist, bedeutet dabei keineswegs, dass dieser Liebeswille nicht in Kraft sei. Im Gegenteil: Bei näherem Hinsehen lässt sich erkennen, dass Gott in seiner Liebe sein freies Gegenüber um dessen ontologischer Freiheit willen erst einmal in die Seinsstrukturen der Heteronomie und Autonomie setzen musste, um es von da heraus in seine vollendende Gemeinschaft unter theonomem Vorzeichen einzuholen[42]. Deshalb auch besteht der noch nicht mit dem Gottesreich identische Weltzustand »auf Hoffnung« hin (Röm 8,20). Diese Hoffnung[43] richtet sich auf die Auferstehung der Toten im Rahmen der universalen Neuschöpfung durch den heiligenden Geist, in der »Gott sein wird alles in allem« (1. Kor 15,28), seine Liebe also alles restlos durchdringen und von allen Seiten frei erwidert werden wird. Interessanterweise steht für Paulus diese zukünftige, vollendete Freiheit in direktem Gegensatz zur Vergänglichkeit der Geschöpfe, die er als »Knechtschaft« ansieht (Röm 8,21). Das bedeutet, dass die Vergänglichkeit als zeitliche Endlichkeit keineswegs als »gut« oder gar »sehr gut«, nämlich als angemessene Eigenschaft der Geschöpfe gegenüber Gott hinzunehmen ist. Viele moderne Theologen vertreten eine solche Auffassung[44] – einerseits im Gefolge

41. Vgl. insbes. Kap. VI.2.
42. Röm 11,32 f. darf m. E. auch in diesem grundsätzlichen Sinn gelesen werden.
43. Dass sie in ihrer Grundausrichtung auch unter modernen Bedingungen intellektuell redlich durchgehalten werden kann, ist bereits oben (II.3) dargelegt worden. »Erst wer hoffen oder doch zumindest denken kann, dass der jetzige Zustand der Welt nicht ihr einziger bleiben wird, sondern dass sie – wie auch immer, wann auch immer – ihrer Bestimmung gemäß, menschengerecht, lebensgerecht sein wird, der enteilt dieser alltäglichen Deformation«, nämlich dem hoffnungslosen, korrupten Ja zur Ist-Welt, einer Deformation, »die ja nicht nur die Deformation der Welt, sondern auch Deformation unseres Denkens ist« (Hailer: Glauben, 107).
44. Pannenberg zum Beispiel erblickt im »Aufstand gegen die Schranke der Endlichkeit« geradezu die Wurzel des Bösen (Systematische Theologie, Bd. 2, 199). Er meint: »Indem aber das Geschöpf für sein Dasein Gott dankt, noch im eigenen Vergehen, ist es über seine Endlichkeit hinaus dem ewigen Schöpferwillen Gottes verbunden und hat

Leibnizens[45], der ja die Vergänglichkeit als notwendiges *malum metaphysicum* definiert und von daher die Schöpfung als bestmögliche aller Welten ausgegeben hatte, und andererseits in grober Vernachlässigung der von Paulus vertretenen Hoffnung auf Erlösung der Schöpfung von *allem* Übel, also auch vom *malum metaphysicum*! Wie anders sollte den Glaubenden ewiges (!) Leben (!) verheißen sein, als im Gedanken an die eschatologische Überwindung zeitlicher Endlichkeit! Solche Vergöttlichung der Geschöpfe ist der christlichen Tradition im Anschluss an 2. Petr 1,4 unter dem griechischen Stichwort *theosis* geläufig. Sie erst bringt den Kreaturen jenseits des Todes wahre, umfassende Freiheit[46], wie sie der Glaube an den auferstandenen Christus bereits ansatzweise spüren und verwirklichen darf.

Das bedeutet freilich: es gibt auch eine unvollkommene Freiheit – noch diesseits der Theonomie. Der Umstand, dass Gott überhaupt extern Anderes schaffen will und dafür auch eigenen Schmerz in Kauf zu nehmen bereit ist, gründet in seiner Liebe, die auf Erwiderung aus ist. Solche Erwiderung hat natürlich nur einen Wert, wenn sie in Freiheit geschieht. Darum bedeutet das Setzen von echt Anderem notwendig das Ermöglichen von personaler Freiheit, aus der heraus Liebe gelebt werden kann. Dass diese Freiheit dann auch die Möglichkeit und Wirklichkeit von Entscheidungen umfassen muss, die Gottes Willen nicht entsprechen, liegt auf der Hand. Gerade als eine solche Freiheit zum Bösen erweist sie sich als unvollkommen, als höchst vorläufige Gestalt von Freiheit.

darin Anteil an Gottes unvergänglicher Herrlichkeit« (201). Das ist Zeit-Ewigkeits-Dialektik, die dem Sinn biblischer Verheißung nicht gerecht wird (vgl. auch Pannenberg: Systematische Theologie, Bd. 3, 681). Ein weiteres Beispiel liefert Dorothee Sölle: Sie plädiert in ihrem letzten, posthum veröffentlichten Buch »Mystik des Todes« (Stuttgart 2003) für eine fromme Akzeptanz der Endlichkeit der Geschöpfe und wendet sich gegen die Annahme einer personalen Fortexistenz nach dem Tod.

45. Und natürlich im Gefolge Hegels – zu der von daher florienden Zeit-Ewigkeits-Dialektik habe ich meine Dissertation »Auferstehung der Toten« (1991) die notwendigen Analysen durchgeführt.

46. Sie bleibt als Selbstständigkeit des Geschöpfes »noch in der eschatologischen Vollendung erhalten und wird sogar erst durch dieses Geschehen in ihrem eigentlichen Sinne, nämlich als Realisierung der wahren Freiheit des Geschöpfes vollendet. Ist sie doch Bedingung der Gegenseitigkeit der eschatologischen Verwirklichung, in der das Geschöpf nicht nur verherrlicht *wird*, sondern auch seinerseits Jesus Christus und den Vater verherrlicht. Von solcher Gegenseitigkeit kann nur gesprochen werden, weil das Geschöpf ein in sich selber zentriertes Dasein hat, das durch Spontaneität im Verhältnis zu Gott wie zu den Menschen ausgezeichnet ist. Daher kann die ihm widerfahrende Verherrlichung nicht seine Absorption in das Leben Gottes bedeuten« (Wolfhart Pannenberg: Systematische Theologie, Bd. 3, Göttingen 1993, 690 f.).

An diesem Punkt aber machen viele Theodizee-Modelle ihre Hauptargumentation fest: Weil Gott der Schöpfer die Freiheit des Menschen aus den genannten Gründen notwendigerweise bejahen muss, ist er auch genötigt, dem Bösen in der Welt Raum zu geben. Gott hat dieser freiheitstheoretischen Begründung zufolge »einen moralischen hinreichenden Grund, moralisch Böses und Leiden zuzulassen. Die von Gott geschaffene Welt ist demnach zwar besser als eine Welt ohne freie Geschöpfe, aber sie ist nicht unübertrefflich gut, weil sie ohne die Fehlentscheidungen der Geschöpfe und ihre schlimmen Folgen besser wäre. Die Verwirklichung einer besseren und unübertrefflich guten Welt kann Gott indes trotz seiner Allmacht nicht gewährleisten.«[47] Insbesondere im angloamerikanischen Raum wird diese Theorie, dort »Free-Will-Defense« genannt, seit langem ausführlich diskutiert. Hierzulande spielt sie in der katholischen Theologie[48], aber auch im evangelikalen Lager[49] und in der christlichen Esoterik[50] eine gewichtige Rolle.

Richtig an der Betonung der Freiheit des Menschen ist zweifelsohne, dass sie vom Schöpfer mit allen Konsequenzen gewollt ist – aus Liebe und auf Liebe hin[51]. Doch in mehrfacher Hinsicht ist die freiheitstheoretische Grundlegung der Theodizee problematisch[52]. Zum ersten greift sie überall dort zu kurz, wo mit der Freiheit zum Bösen allein das moralisch Böse in der Welt erklärt werden soll[53]. Wenn schon, dann muss sie so ausformuliert

47. Hermanni: Theodizee, 293.
48. Vgl. z. B. Papst Johannes Paul II.: Über den christlichen Sinn des menschlichen Leidens (Apostolisches Schreiben ›Salvifici Doloris‹), Leutesdorf 1987, 62 f., wo – allerdings im Kontext kreuzestheologischer Leidensfrömmgkeit – vom »Kampf zwischen den geistigen Kräften von Gut und Böse« die Rede ist. Katholischer Logik zufolge führt der restaurierte freie Wille sogar dazu, dass »die Kirche das Erlösungswerk Christi ergänzt« (51).
49. Vgl. z. B. Arthur Ernest Wilder-Smith: Warum lässt Gott es zu? Neuhausen-Stuttgart 1973, 42.
50. Für Rudolf Steiner z. B. erweist sich der »Geisteskampf regulärer und unregulärer Wesenheiten« als ursachenreiches, die menschliche Freiheit ermöglichendes Rollenspiel in höheren Welten – das zeigt Erhard Fucke: Im Spannungsfeld des Bösen. Erkenntnisse und Perspektiven aus der Anthroposophie Rudolf Steiners, Stuttgart 2002.
51. Das hatte philosophisch insbes. Schelling herauszuarbeiten versucht (dazu Dietrich/Link: Die dunklen Seiten Gottes, Bd. 2, 304 f.).
52. Zur biblischen Nichtbegründbarkeit dieser Theorie vgl. K. Berger: Leid, 205 ff.
53. Die Freiheit dient insofern – gemäß der korrekt verstandenen Rechtfertigungslehre – mitnichten der Prüfung oder Bewährung des Menschen durch Gott; nur im Kontext einer missverstandenen Rechtfertigungslehre könnte menschliche Leistung und Bewährung zum Angelpunkt einer Theodizee gemacht werden (eine populär allerdings häufig anzutreffende Perspektive).

sein, dass der Wert der Freiheit des Menschen nicht nur das *malum morale*, sondern ebenso das *malum naturale*, also die Verfasstheit der Welt insgesamt als Raum der Gottesferne zu begründen hat. In mythologischer Sprache ausgedrückt: Der Sündenfall bedeutet das Ende des Paradieseszustands; doch der Mythos denkt schon darin nicht streng vernünftig, dass er den Sündenfall *innerhalb* des Paradieses, also im hellen Licht himmlisch-offenbarer Gotteswirklichkeit geschehen lässt. Korrekt darf die Freiheit, um der es dem Gott der Liebe zweifellos zu tun ist, nicht protologisch, nicht ursprungshaft, sondern sie muss teleologisch, zielbezogen verstanden werden. Mit Paulus formuliert: »Gott hat alle in den Ungehorsam hineingebannt« – von Anfang an! – »auf dass er sich aller erbarme« (Röm 11,32). Die Freiheit, auf die es Gott ankommt, ist allemal diejenige, die ihren Sinn in der unendlich dankbaren Anerkennung seiner Gnade findet[54] – weder heteronome noch autonome, sondern theonome Freiheit!

Zum zweiten wird der freiheitstheoretischen Begründung der Theodizee entgegengehalten, dass sie nicht einleuchtend machen könne, warum die Welt derart verfasst sei, dass gar so viele und harte Übel – etwa der unschuldige Tod von Kindern[55] – in ihr vorkommen, also von Gott zugelassen sind. Könnten es nicht auch weniger sein? Und ist es überhaupt unabdingbar, dass menschliche Freiheit mit der Möglichkeit des Schuldigwerdens einhergehen muss[56]? Wäre sie nicht ohne das *malum morale*, womöglich sogar ohne allzuviel *malum naturale* zu haben gewesen?[57] Nach

54. Dies gewiss nicht im Widerspruch zur Vernunft, sondern in voller Übereinstimmung mit ihr! Diese Einsicht deutet sich bereits bei Kant an (vgl. Thiede: Gnade, 2004) und wird auch heutzutage in der Theodizee-Diskussion mit bedacht (z. B. Neuhaus: Frömmigkeit, 39).
55. Zur Argumentation mit solchen – bekanntlich von F. M. Dostojewski in seinem Roman »Die Brüder Karamasow« angeführten – Opfern menschlicher Freiheit vgl. Neuhaus: Frömmigkeit, 43.
56. So argumentiert Karl Rahner: »Was heißt: ›Zulassung‹, wenn gerade nach der Theologie der klassischen Schulen über das Verhältnis göttlicher und menschlicher Freiheit kein Zweifel darüber sein kann, daß Gott, ohne irgendwie die Freiheit der Kreatur anzutasten oder zu verringern, dennoch in seiner Prädestination der kreatürlichen Freiheit verhindern könnte, daß sich in der Welt faktisch Schuld als Nein zu seinem heiligen Willen ereignet, wenn es letztlich gegen die klassische theologische Metaphysik ist, mit einer weit verbreiteten vulgären Apologetik zu behaupten, Gott müsse auch Schuld in seiner Welt ›zulassen‹, wenn er, was ihm doch zustehe, kreatürliche Freiheit in seiner Welt haben wolle« (»Warum lässt Gott uns leiden?«, in: K. Rahner: Schriften zur Theologie Bd. 14, Zürich/Einsiedeln/Köln 1980, 450-466, hier 451 f.).
57. Hier könnte auch die Frage eingebracht werden, warum Gott den Lauf der Weltgeschichte nicht abgekürzt und beispielsweise noch all die Leiden des 20. Jahrhunderts

Friedrich Hermanni ist diese Frage weder zu bejahen noch zu verneinen, »weil ihre Beantwortung unsere empirischen Erkenntnismöglichkeiten überschreitet.«[58] Das ist freilich kantianisch richtig, nicht aber theologisch.

In theologischer Hinsicht kommt es darauf an, gerade auch das *malum metaphysicum* im Blick zu behalten, und zwar in zweierlei Hinsicht. Zum ersten beantwortet sich damit die Frage von selbst, ob nicht eine Reduktion von Leid oder Schuld in dieser Welt um ein gewisses Maß möglich gewesen wäre. Der prinzipielle Unterschied zwischen Gottes wesenhafter Vollkommenheit und der ebenso wesenhaften Unvollkommenheit der Welt, also ihr grundsätzliches Anderssein gegenüber Gott im Sinne einer vom Schöpfer gewollten *eigenständigen* Wirklichkeit der Schöpfung fordert ein gewisses, wenngleich kein absolutes Losgelassensein, welches das Chaos-Element[59] in unserem Universum erklärt. Hier geht es um die entsprechenden Rahmenbedingungen, die Welt so werden ließen, dass sie in besagtem Losgelassensein ihren eigenständigen Weg nimmt. Dieser seinsmäßige Freiheitsrahmen lässt schwerlich Verhandlungen darüber zu, ob nicht in quantitativer Hinsicht Leid und Schuld hätten weniger Raum in der Schöpfung haben können oder sollen. Was er nahelegt, ist vielmehr die spannende Frage, ob und in welcher Weise Gott innerhalb dieser relativ »losgelassenen«, eigenständigen Welt in einzelnen Fällen wunderbar eingreift und rettend oder eventuell auch strafend handelt. Diese Frage ist unter biblischen Prämissen, zu denen nicht zuletzt Jesu Aufforderung zum Bittgebet zählt, ohne Zögern in positiver Richtung zu beantworten[60]. Die eben nicht »absolut« losgelassene Welt

zugelassen hat. Neuhaus unterstreicht: »Die Frage nach dem Warum und dem Wielange-noch der Parusieverzögerung ist die christliche Gestalt der Theodizeefrage« (Frömmigkeit, 121). In diese Karten Gottes blicken wir freilich nicht, aber zweierlei darf der so Fragende zu hören bekommen: Erstens wollte Gott offensichtlich eben diesen Fragenden mit unter seinen Geschöpfen haben; zweitens könnte es sehr wohl sein, dass Gott die Welt in ihrer Eigenständigkeit so lange laufen und sich entwickeln lässt, bis sich die Schlechtigkeit ihrer Entfremdungsexistenz selbst als global vernichtend erweist …

58. Hermanni: Theodizee, 26; näherhin 315 ff.

59. Durchaus hier gemeint im Sinne der neueren Chaos-Theorien, die auch das kreativordnende Element in Chaos-Strukturen beinhalten. »Es ist in der Tat merkwürdig, daß sich bestimmte Formen und Muster in allen Größenordnungen wiederholen, von den submikroskopischen bis zu den astronomischen Strukturen. Der Schluß liegt nahe, daß möglicherweise zwischen verschiedenen Größen- und Abstandsebenen direkte Verbindungen existieren«, bemerkt F. David Peat: Der Stein der Weisen. Chaos und verborgene Weltordnung, Hamburg 1992, 176.

60. Hier sei noch einmal Kitty Ferguson zitiert, die in ihrem Buch »Gottes Freiheit und die Gesetze der Schöpfung« (Düsseldorf 1996², 409) »einen personalen Gott, der ins

ist durchaus Gegenstand göttlichen Bekümmerns: Im Sohn und im Geist lässt sich Gott auf die »gottlose« Welt schmerzvoll ein – mit dem Ziel der Erlösung zum gemeinsamen ewigen Leben. Mit dieser heilsgeschichtlichen Grundaussage verbindet sich pneumatologisch die erlaubte Annahme einer individuellen Fürsorge bzw. Führung durch Gott, obschon hier durchaus im Zeichen des Kreuzes gelten kann: »... und führen, wohin du nicht willst« (Joh 21,18). Sinnlosigkeit, gekreuzigten Sinn im Leben zu erfahren, macht gerade im Christusglauben Sinn[61].

Zum zweiten ergibt sich vom Gedanken des *malum metaphysicum* her, dass mit der Freiheit als menschlicher Willensfreiheit nicht einfach rein formal argumentiert werden sollte. Denn die allgemeine, abstrakte These von der Notwendigkeit solcher Freiheit öffnet in der Tat dem Einwand Tor und Tür: »Ein theistischer Gott wäre in der Lage, Wesen zu schaffen, die immer frei das Gute tun, und müßte daher das moralisch Böse nicht als Preis kreatürlicher Freiheit in Kauf nehmen.«[62] Auch im Himmel gebe es Freiheit, könnte man spekulieren, etwa die Freiheit der Engel oder dereinst die Freiheit der Erlösten, so dass die schmerzliche Unvollkommenheit der Welt sich mit diesem Argument nicht rechtfertigen lasse. Doch die Freiheit des Menschen muss inhaltlich in den Zusammenhang der von Gott gewollten Schöpfung als dem ihm gegenüber real Anderem gestellt und entsprechend interpretiert werden. Dann wird deutlich, dass sie eben nicht ohne Berücksichtigung des *malum metaphysicum* in den Blick genommen werden darf. Und das heißt, dass sie zunächst wesenhaft an der prinzipiellen Unvollkommenheit der Schöpfung im Unterschied zum Schöpfer teilhat. Als solch unvollkommene Freiheit aber kann sie keinesfalls der Dreh- und Angelpunkt gelingender Theodizee sein. Vielmehr ist sie, wie bereits dargelegt, eschatologisch als vollkommene Freiheit Zielpunkt des schmerzensreichen Weges Gottes mit seiner Schöpfung.

Hier nun tritt die theologische Wahrheit ins Licht, dass die menschliche Freiheit bei aller formalen Unbestreitbarkeit eigentlich sehr viel mit Unfrei-

menschliche Leben eingreift«, für durchaus denkbar hält, selbst angesichts der naturwissenschaftlichen Wissens von heute. Vgl. auch meine Studie »Heilungswunder in der Sicht neuerer Dogmatik. Ein Beitrag zur Vorsehungslehre und Pneumatologie«, in: ZThK 100 (2003), 90-117.

61. Sparn betont mit Recht: »Die wünschbare Annahme leidvoller Erfahrungen als ›gute‹ Führung Gottes ist, wenn überhaupt, immer das Ergebnis eigenen Sprechens und Streitens mit Gott« (›Trug‹, 50).

62. So Hermanni: Theodizee, 25. Vgl. zum Thema auch ders. (Hg.): Der freie und der unfreie Wille. Philosophische und theologische Perspektiven, München 2004.

heit, mit Entfremdung[63] zu tun hat, ja dass sie namentlich im Blick auf Gott selbst sich als Willensunfreiheit erweist[64]. Gerade Martin Luther, der die Erkenntnis der Rechtfertigung des Gottlosen so klar erfasst hat, hat auch – wenngleich mit teilweise unglücklichen Argumenten – den Grundsachverhalt vom *servum arbitrium*[65], vom geknechteten Willen im Gottesverhältnis (weniger im Weltverhältnis)[66] entsprechend deutlich formuliert. Mag diese theologische Einsicht im neuzeitlichen Kontext nicht eben attraktiv klingen[67], so ist sie doch unverzichtbar für das Gesamtverständnis des Gott-Mensch- und des Gott-Welt-Verhältnisses.

Die Theorie vom entäußerten Gottesgeist entspricht ihr jedenfalls: In der heteronomen Bindung an den »anonymen«, unbekannten Heiligen Geist ist der Mensch frei und doch nicht wahrhaft frei[68], denn er hat noch nicht wirklich zu sich selbst gefunden. Seine Identität findet er erst dort, wo

63. »Wer die logischen Widersprüche behandelt, in die sich der Gottesglaube angesichts der geschichtlichen Realität des Leidens verstrickt, behandelt damit stellvertretend die Geltungsprobleme, in denen genau jenes sittliche Bewußtsein verstrickt ist, das da über Gott zu Gericht sitzt« (Neuhaus: Frömmigkeit, 23).
64. Dem Mythos einer Willensfreiheit gegenüber Gott außerhalb des Christusglaubens »widerspricht paulinische Theologie auf jeder Seite. Der im Zwiespalt mit sich selbst verstrickte, faktisch stets dem Bösen unterliegende Mensch ist nicht frei« (Ernst Käsemann: Paulinische Perspektiven, Tübingen 1972², 47).
65. Vgl. Wolfgang Behnk: Contra Liberum Arbitrium – Pro Gratia Dei. Willenslehre und Christuszeugnis bei Luther und ihre Interpretation durch die neuere Lutherforschung, Frankfurt/Bern 1982. Anbei sei an das römisch-katholische Insistieren auf die Willensfreiheit erinnert: Demnach ist, was die Rechtfertigung leistet, nur die Wiederherstellung der geschöpflichen, durch die Erbsünde bis dahin beschädigten Willensfreiheit, deren Restauration nun Verdienstlichkeit ermöglicht, aber wiederum Heilsgewissheit ausschließt. Gegenüber diesem heteronom gefärbten Verständnis führt reformatorisch gesehen die Rechtfertigung zu eschatologischer Freiheit, nämlich zur freimachenden Erkenntnis des für uns gestorbenen und auferstandenen Gottessohnes, die uns unter seine eschatologische Herrschaft bringt. Vgl. auch Martin Bogdahn: Die Rechtfertigungslehre Luthers im Urteil der neueren katholischen Theologie. Möglichkeiten und Tendenzen der katholischen Lutherdeutung in evangelischer Sicht, Göttingen 1971, bes. 101; ferner Lange: Glaubenslehre, 529.
66. Vgl. Michael Plathow: Das cooperatio-Verständnis M. Luthers im Gnaden- und Schöpfungsbereich. Zur Frage nach dem Verhältnis von Mensch und Schöpfung, in: Ders.: Ich will mit dir sein. Kreuzestheologische Vorsehungslehre. Aufsätze zu Gottes Mitsein im Kreuz, Berlin 1995, 67-86.
67. Doch selbst Kant hat sie in Gestalt seiner Lehre vom »radikalen Bösen« (publiziert erstmals im April 1792 in der Berlinischen Monatsschrift) bejaht; vgl. dazu Thiede: Gnade, 68 ff.
68. Vollenweider hat Recht, wenn er betont, die menschliche Entscheidungsfreiheit könne nur im Kontext der Heteronomie angepriesen werden (Freiheit, 402).

er im Blick auf Gott das Stadium des Wählen-Könnens überwunden hat und zu endgültiger Wahl gekommen ist, nachdem er erkannt hat, dass er sich ganz und gar in die Liebe Gottes bergen darf. Wahre, rechte (Joh 8,32) Freiheit ist erst da, wo der Geist des Herrn insofern offenbar geworden ist, als er als Geist Jesu Christi (2. Kor 3,17) geglaubt wird[69]. Dort ist entäußerter heiliger Geist sich sozusagen ein entscheidendes Stück weit durchsichtig geworden, so dass der Glaubende kraft der »Erneuerung im heiligen Geist« (Tit 3,5) im Ansatz zu seiner eigentlichen, ewigen Identität findet und aus weiteren Entfremdungs- und Entäußerungserfahrungen heraus immer neu finden darf. Dieses letztgültige Finden vollzieht sich nicht unter gewaltsamem Zwang und erst recht nicht als bloßer Reflex, der das Subjekt als Entscheidungsinstanz umgeht, sondern als Verstehens- und Erkenntnisakt, der angesichts des Erkenntnisgegenstands – der Liebe Gottes in ihrer herrlichen Bedingungslosigkeit und ewigen Treue – im besten Sinn, also unter Beibehaltung geistig-formaler Freiheit, nur als überwältigende[70] Erfahrung zu beschreiben ist.

5. Die Allgegenwart des Geistes

Wenn dereinst die Selbstentäußerung des Geistes restlos aufgehoben werden wird, werden Welt und Selbst auf ewig vollendet sein. Das wird dann auch das Ende trinitarischen Kenose insgesamt bedeuten: Gott wird am Ziel seines Weges mit der Schöpfung sein, das zugleich der Anfang ewigen Glücks in der Gemeinschaft unendlicher Liebe sein wird[71]. Und die universale Offenbarung seiner Liebe als seiner göttlichen Gerechtigkeit wird für immer als die Theodizee in Geltung stehen, die allen denkenden Geschöpfen evident sein wird. Denn dann werden im Rückblick alle dankbar erkennen, was

69. Vollenweiders Buchtitel »Freiheit als neue Schöpfung« von 1989 verdeutlicht, worum es geht. Vgl. auch Hans Schwarz: Die christliche Hoffnung, Göttingen 2002.
70. Die gnädige Durchsetzungskraft (vgl. etwa 2. Kor 4,6; Gal 1,12f.) im Individuum ist die des Gottesgeistes im kreatürlichen Geist, wenn die Christusbotschaft zur Wirkung kommt: »So liegt es nun nicht an jemandes Wollen oder Laufen, sondern an Gottes Erbarmen« (Röm 9,16).
71. Aufs Aufstrahlen der göttlichen Liebe in der herrlichen Vollendung aller Dinge zielt alles Wirken des Heiligen Geistes, betont Pannenberg: Systematische Theologie, Bd. 3, 13ff.

jetzt nur den Glaubenden bewusst ist: »dass dieser Zeit Leiden nicht ins Gewicht fallen gegenüber der Herrlichkeit, die an uns offenbart werden soll« (Röm 8,18).

Scharf widersprochen hat diesem Ausblick auf das künftig-universale, geisterfüllte Verstandenhaben und Getröstetsein Fjodor M. Dostojewski in seinem Roman »Die Brüder Karamasoff«, und zwar in der Gestalt Iwans, des ältesten der besagten Brüder[72]. Es sind demnach vor allem die teilweise schrecklichen Leiden unschuldiger Kinder, die eine Empörung gegen eine eschatologische begründete Theodizee zu rechtfertigen scheinen. Freilich beruht die ausdrucksstark dargestellte Empörung Iwans auf einem Denken unter den Prämissen der Heteronomie, wie nicht zuletzt die Rede von den »ungesühnten Kindertränchen« beweist. Seine Argumentation zeigt lediglich auf, dass der beliebte Hinweis auf das *malum morale* allein das Theodizeeproblem nicht lösen kann, ja womöglich erst recht zum Widerspruch gegen Gott reizt und damit verstärkt in die existenzielle und intellektuelle Heteronomie treibt. Schon die Formulierung, dass die so leidvolle »Gotteswelt« nicht akzeptabel sei, geht naiv von der Unterstellung aus, die vorfindliche, von Sinnlosigkeitsstrukturen durchwaltete Welt sei schlechthin die Welt Gottes, sei regiert und insofern unmittelbar verantwortet von Gott selbst, statt die Entfremdung der Welt von Gott und die ihr entsprechende Entäußerung Gottes angemessen zu bedenken. Doch die eschatologische Perspektive ist Iwan nicht fremd: Sie, so meint er wiederum in der Logik heteronomen Rechnens, solle die Funktion haben, die zukünftige Harmonie auch in der Rückschau zu gewährleisten. Insofern dankt er spöttisch »im voraus für jede höhere Harmonie. Ist sie doch nicht einmal ein einziges Tränlein jenes gequälten Kindchens wert …« In der Tat kann es auch in Zukunft keine *Harmonie* geben, die sich dem Vergessen des gekreuzigten Sinns unserer Weltwirklichkeit verdankt; das wäre zynisch gedacht[73]. Aber es kann und wird sehr wohl eine *Versöhnung* geben, in der Kreuz und Auferstehung sinnvoll beieinander sind.

Und das hat etwas zu tun mit der Allgegenwart des göttlichen Geistes. Man hat die Rede von der Allgegenwart Gottes oft bloß räumlich verstanden, sollte sie aber auch »zeitlich« zu deuten wissen. Das heißt, dass der Schöpfer aller Zeit wirklich aller Zeit gegenwärtig ist – jedem Augenblick dieser Welt, aber auch der ewigen Zeit der künftigen Welt. Er geht nicht nur mit, wie das die biblische Tradition ohnehin voraussetzt, sondern er

72. Vgl. F. M. Dostojewski: Die Brüder Karamasoff, München 1957², 382 f.
73. S. o. Kap. II.5.

umfasst auch sämtliche Wegstrecken mit seiner Geistesgegenwart. Sonst könnte ja der geschichtliche Jesus schwerlich Person der ewigen Trinität sein.

Von daher darf die theologische These gewagt werden, dass Gott immer schon auch die vollendete Welt, auf die unsere vorläufige Schöpfung zielt, gegenwärtig ist. Das wiederum bedeutet, dass die gängige Frage, warum Gott denn nicht gleich eine wirklich vollkommene Welt geschaffen habe[74], unter dem Blickwinkel der Ewigkeit sich dahingehend beantworten lässt, dass für den ewigen Schöpfer die vergehende und die vollendete Welt sozusagen »gleich-zeitig« gegenwärtig sind, dass er gewissermaßen das Schöpfungsziel tatsächlich von Anfang an unmittelbar vor Augen gehabt hat und stets hat. Freilich ändert das nichts daran, dass der vergänglichen Schöpfung ontologische Priorität zukommt, also im bereits dargelegten Sinn die »sachliche« Voraus-Setzung des vollendeten Gottesreiches darstellt. Gott selbst hat die Wirklichkeit beider Welten in der entsprechenden Perspektive allgegenwärtig.

So gesehen – nämlich aus der Perspektive Gottes, nicht aus unserer eigenen – gibt es uns für den allgegenwärtigen Schöpfer gewissermaßen doppelt: als leidende, sterbliche und als unsterbliche, auferstandene Kreaturen. Dass es die für uns erst kommende Wirklichkeit bei Gott »schon« gibt, lässt sich nicht zuletzt herauslesen aus der (in Vergangenheitsform formulierten) Vision in der Johannes-Offenbarung: »Und ich sah einen neuen Himmel und eine neue Erde …« (21,1). Zumal Gottes Geist das innerste Geheimnis unseres eigenen Geistes bildet, der ohne jenen Geist gar nicht bestehen könnte, ist dieses Geheimnis unserer künftig-ewigen Identität im Reich Gottes auch in uns schon zuinnerst gegenwärtig. Das ahnen die Mystiker aller Zeiten[75]. Und dennoch bleibt es uns verborgen, bleiben wir uns selbst – in gewisser Analogie zur göttlichen Kenose – in unserer letztgültigen Verbundenheit mit dem Ewigen verborgen, weil uns der göttliche Geist selber nur in entäußerter Gestalt innewohnt. Erst im Christusglauben kann uns diese Wahrheit nähertreten. Dementsprechend heißt es im Kolosserbrief:

74. Vgl. z. B. Ernst Bloch: Atheismus im Christentum, Frankfurt a. M. 1977², 164 f.
75. Auf dieser Ahnung basieren in den unterschiedlichsten mystisch geprägten religiösen und philosophischen Schulen und bei den christlichen und nichtchristlichen Mystiker(inne)n recht unterschiedliche Ausdeutungen bzw. Theorien; das Thema ist schier unerschöpflich (vgl. nur Josef Sudbrack: Mystik, Mainz/Stuttgart 1988; René Bütler: Die Mystik der Welt. Quellen und Zeugnisse aus vier Jahrtausenden, München 1995; ferner meine Studie »Mystik im Zentrum – Mystik am Rand« in: Materialdienst der EZW 69 [2006], 363-373 und 403-413.

»Euer Leben ist verborgen mit Christus in Gott. Wenn aber Christus, euer Leben, sich offenbaren wird, dann werdet ihr auch offenbar werden mit ihm in Herrlichkeit« (3,3-4). Die Botschaft von unserer Rechtfertigung durch Christus sagt dies auf ihre Weise: dass wir vor Gottes liebevollen Augen bereits eschatologisch existieren, als durch und durch Heilige, wiewohl wir uns hier noch als höchst unvollkommene Sünder erfahren[76].

Bis es freilich zu diesem Offenbarwerden kommt, bleibt »Theodizee« unter uns Menschen ein »diskutables« Thema. Niemand vermag im Horizont dieser Weltzeit die Richtigkeit seines Theodizee-Modells letztgültig zu beweisen, niemand aber auch die Berechtigung einer Bestreitung der Legitimität von Theodizee-Versuchen. Theodizee bleibt im Bejahen oder Verneinen durchaus Glaubenssache. Geht es der christlichen Botschaft insgesamt darum, um Vertrauen zum Gott der Liebe zu werben, wie er sich in Jesus Christus geoffenbart hat, dann verdient ein Theodizee-Modell umso mehr theologische Zustimmung, je konsequenter es ihm gelingt, die neutestamentliche Grundaussage »Gott ist Liebe« angesichts der täglich erfahrbaren, leidvollen Wirklichkeit plausibel zu machen. Umgekehrt formuliert: Die biblisch wiederholte Definition, Gott sei Liebe, ruft im Blick auf die schmerzensreiche Welt- und Lebensrealität nach einer überzeugenden Theodizee. Wie aber sollte eine theologische Theodizee anders nachhaltig überzeugen können denn als kreuzestheologische, die in trinitarischer Reflexion die Liebesbewegung göttlicher Selbstentäußerung bedenkt? So kann sie die vernehmende Vernunft überführen in die Logik dieser Liebe, in ihre Bewegung einstimmen. Geistige Erkenntnis des »gekreuzigten Sinns« bedeutet Einsicht in den Sinn des Kreuzes, der aus der Gesinnung dieser Liebe geboren ist und von daher bei unverstelltem Blick auf alles Leid ewige Sinnerfüllung kraft herrlicher Auferstehung ansagt. Eine der letzten Notizen Sören Kierkegaards, niedergeschrieben wenige Tage vor seinem Zusammenbruch in Kopenhagen, zeugt eindrücklich von solcher Einsicht: Nur Menschen, die noch dann, wenn ihr bitteres Schicksal sie zum höchsten Grad von Lebensüberdruss geführt hat, »durch den Beistand der Gnade festhalten können, dass … Gott Liebe sei: nur diese sind reif für die Ewigkeit.«[77]

76. Das besagt die bereits erwähnte These Luthers von der Gleichzeitigkeit unseres Gerecht- und Sünderseins.

77. Zit. nach Harald von Mendelssohn: Kierkegaard. Ein Genie in einer Kleinstadt, Stuttgart 1995, 292.

Literaturverzeichnis

Dieses Verzeichnis bietet eine Auswahl relevanter Literatur zum Thema »Theodizee« – ohne Anspruch auf Vollständigkeit. Insbesondere Autorinnen und Autoren, die in den Fußnoten nur einmalig aufgeführt und/oder deren Titel ohne engeren Bezug zur Theodizee-Thematik im engeren Sinn sind, tauchen hier kaum auf, sind aber (incl. voller Titelangabe) mit Hilfe des Personenregisters zu finden (siehe ferner Literaturangaben in den einschlägigen Lexika sowie im Internet, z. B. unter www.theologie-recherche.de § 12: »Das Leiden in der Welt und die Allmacht Gottes«). Langer Gedankenstrich vor Doppelpunkt bedeutet: ders./dies. Autor(in).

Althaus, Paul: Das Kreuz und der Böse, in: Ders.: Um die Wahrheit des Evangeliums. Aufsätze und Vorträge, Stuttgart 1962, 181-206

–: Die christliche Wahrheit. Lehrbuch der Dogmatik, Bd. 2, Gütersloh 1948

Ammicht-Quinn, Regina: Von Lissabon bis Auschwitz. Zum Paradigmawechsel in der Theodizeefrage, Freiburg i. Br. 1992

Barth, Karl: Die Kirchliche Dogmatik II/1 (Zürich/Zollikon 1940) und III/3 (1950)

Bauke, Jan: Gottes Gerechtigkeit? Hinweise zur Theodizeeproblematik, in: Zeitschrift für Theologie und Kirche 102 (2005), 333-351

Bauke-Ruegg, Jan: Die Allmacht Gottes. Systematisch-theologische Erwägungen zwischen Metaphysik, Postmoderne und Poesie, Berlin/New York 1998

Baum, Wolfgang: Gott nach Auschwitz. Reflexionen zum Theodizeeproblem im Anschluss an Hans Jonas, Paderborn 2003

Baumann, Gerlinde: Gottes Gewalt im Wandel. Traditionsgeschichtliche und intertextuelle Studien zu Nahum 1,2-8, Neukirchen-Vluyn 2005

Bayer, Oswald: Die offene Frage der Theodizee, in: Autorität und Kritik. Zu Hermeneutik und Wissenschaftstheorie, Tübingen 1991, 204-208

–: Erhörte Klage (1983), in: Ders.: Leibliches Wort, Tübingen 1992, 334-348

–: Gott als Teufel. Gottes Zorn und das Böse in der Theologie Martin Luthers, in: entwurf. Religionspädagogische Mitteilungen 3/2002, 6-9

Berger, Klaus: Wie kann Gott Leid und Katastrophen zulassen? Stuttgart 1996

Berner, Knut: Theorie des Bösen. Zur Hermeneutik destruktiver Verknüpfungen, Neukirchen/Vluyn 2004

Bernhardt, Reinhold: Was heißt »Handeln Gottes«? Eine Rekonstruktion der Lehre von der Vorsehung, Gütersloh 1999

Biser, Eugen: ›Gott ist tot‹. Nietzsches Destruktion des christlichen Bewußtseins, München 1962

Blavatsky, Helena Petrovna: Der Schlüssel zur Theosophie. Eine Darstellung der ethischen, wissenschaftlichen und philosophischen Lehren der Theosophie, für deren Studium die Theosophische Gesellschaft gegründet wurde (1889), Satteldorf 1995[3]

–: Die Geheimlehre. Die Vereinigung von Wissenschaft, Religion und Philosophie, Den Haag 1900-1906 (diverse unveränderte Auflagen), 4 Bände
Blumenberg, Hans: Legitimität der Neuzeit (1966). Erneuerte Ausgabe, Frankfurt a.M. 1996
–: Matthäuspassion, Frankfurt a.M. 1988
Böhme, Jakob: Sex Puncta Theosophica (1620), Leipzig o.J.
Bonhoeffer, Dietrich: Widerstand und Ergebung, hg. von E. Bethge, Gütersloh 1976[9]
Brändle, Werner: Das Ende der Theodizeefrage?, in: M. Nüchtern (Hg.): Warum lässt Gott das zu?, Frankfurt a.M. 1995, 64-83
–: Gott und das Leiden. Überlegungen zur Theodizeethematik, in: Glaube und Lernen 12 (1997), 42-56
Brantschen, Johannes: Warum läßt der gute Gott uns leiden? Freiburg i.Br. 1988[4]
Breidert, Martin: Die kenotische Christologie des 19. Jahrhunderts, Gütersloh 1977
Breidert, Wolfgang (Hg.): Die Erschütterung der vollkommenen Welt. Die Wirkung des Erdbebens von Lissabon im Spiegel europäischer Zeitgenossen, Darmstadt 1994
Brink, Gijsbert van den: Allmacht und Omnipotenz, in: Kerygma und Dogma 38 (1992), 260-279
–: Almighty God. A Study of the Doctrine of Divine Omnipotence, Kampen 1993
Brunner, Emil: Natur und Gnade, Tübingen 1935[2]
Buber, Martin: Gottesfinsternis. Betrachtungen zur Beziehung zwischen Religion und Philosophie, Zürich 1953
Bühler, Pierre: Kreuz und Eschatologie. Eine Auseinandersetzung mit der politischen Theologie im Anschluß an Luthers theologia crucis, Tübingen 1981
Buri, Fritz: Theologie der Existenz, Bern/Stuttgart 1954
Busch, Eberhard: Credo. Das Apostolische Glaubensbekenntnis, Göttingen 2003
Crespy, Georges: Das theologische Denken Teilhard de Chardins, Stuttgart 1963
Dabney, D. Lyle: Die Kenosis des Geistes. Kontinuität zwischen Schöpfung und Erlösung im Werk des Heiligen Geistes, Neukirchen-Vluyn 1997
Daecke, Sigurd M.: Hat das Böse auch sein Gutes? In: Evangelische Kommentare 4/1991, 194-197
Dalferth, Ingolf U.: Der auferweckte Gekreuzigte. Zur Grammatik der Christologie, Tübingen 1994
Dalferth, Ingolf U./Ph. Stoellger (Hg.): Vernunft, Kontingenz und Gott. Konstellationen eines offenen Problems, Tübingen 2000
Deckart, Gerald, u.a.: Katastrophen, die die Welt erschütterten. Dramatische Ereignisse, faszinierende Bilder, packende Berichte, Stuttgart 1981
Deneken, Michel: Gott im Innersten der Hölle. Von der Theodizee zum Wort vom Kreuz, in: Concilium 29 (1993), 230-237
Dietrich, Walter/Christian Link: Die dunklen Seiten Gottes. Bd. 1: Willkür und Gewalt, Neukirchen-Vluyn 1997[2]
–: Die dunklen Seiten Gottes. Bd. 2: Allmacht und Ohnmacht, Neukirchen-Vluyn 2000

Dietz, Walter: Theodizee und Leidensthematik. Gottes Allmacht, seine ›Verantwortung‹ und das Leiden der Kreatur, in: Zeitschrift für medizinische Ethik 41 (1995), 93-103
Drewermann, Eugen: Der sechste Tag. Die Herkunft des Menschen und die Frage nach Gott, Freiburg i. Br. 2001
–: Glauben in Freiheit oder Tiefenpsychologie und Dogmatik. Bd. 1: Dogma, Angst und Symbolismus, Solothurn/Düsseldorf 1993[2]
Dumas, Marc: Die theologische Deutung der Erfahrung des Nichts im deutschen Werk Paul Tillichs (1919-1930), Frankfurt a. M. u. a. 1993
Ebeling, Gerhard: Dogmatik des christlichen Glaubens III, Tübingen 1982[2]
Ebner, Martin, u. a. (Hg.): Klage (Jahrbuch für Biblische Theologie 16), Neukirchen-Vluyn 2001
Eibach, Ulrich: Der leidende Mensch vor Gott. Krankheit und Behinderung als Herausforderung unseres Bildes von Gott und dem Menschen, Neukirchen-Vluyn 1991
Eickhoff, Jörg: Theodizee. Die theologische Antwort Paul Tillichs im Kontext der philosophischen Fragestellung, Frankfurt a. M. u. a. 1997
Faber, Roland: Der Selbsteinsatz Gottes. Grundlegung einer Theologie des Leidens und der Veränderlichkeit Gottes, Würzburg 1995
Ferguson, Kitty: Gottes Freiheit und die Gesetze der Schöpfung, Düsseldorf u. a. 1996[2]
Flasche, Rainer: Leiden, Weisheit und Mystik in der Religionsgeschichte, in: B. Jaspert (Hg.): Leiden und Weisheit in der Mystik, Paderborn 1992, 9-28
Frohnhofen, Herbert: Ist der christliche Gott allmächtig? Zur aktuellen Diskussion über ein altes Bekenntnis, in: Stimmen der Zeit 117 (1992), 519-528
Fuchs, Gotthard (Hg.): Angesichts des Leidens an Gott glauben? Frankfurt a. M. 1996
Fucke, Erhard: Im Spannungsfeld des Bösen. Erkenntnisse und Perspektiven aus der Anthroposophie Rudolf Steiners, Stuttgart 2002
Funke, Günter: Von der Faszination des Anfangens, in: P. M. Pflüger (Hg.): Die Suche nach Sinn heute, Olten 1990, 10-33
Gerlitz, Peter: Art. Theodizee I. Religionsgeschichtlich, in: TRE 23 (2002), 210-215
Gerstner, John H.: Warum läßt Gott das Gute zu? Gießen 1985
Gesang, Bernward: Angeklagt: Gott. Über den Versuch, vom Leiden in der Welt auf die Wahrheit des Atheismus zu schließen, Tübingen 1997
–: Retardierte Allmacht – Eine Lösung des Theodizeeproblems?, in: Berliner Theologische Zeitschrift 18 (2001), 307-311
Geyer, Carl-Friedrich: Art. Theodizee VI. Philosophisch, in: TRE 23 (2002), 231-237
–: Die Theodizee. Diskurs, Dokumentation, Transformation, Stuttgart 1992
–: Leid und Böses in philosophischen Deutungen, Freiburg/München 1983
Girard, René: Hiob. Ein Weg aus der Gewalt, Zürich/Düsseldorf 1990
Görg, M.: Der un-heile Gott, Düsseldorf 1995
Görg, M./Langer, M. (Hg.): Als Gott weinte. Theologie nach Auschwitz, Regensburg 1997

Goldberg, Arnold: Ist Gott allmächtig? Was die Rabbinen Hans Jonas antworten könnten, in: Ders.: Mystik und Theologie des rabbinischen Judentums, Tübingen 1997, 199-207

Gollwitzer, Helmut: Krummes Holz – aufrechter Gang. Zur Frage nach dem Sinn des Lebens (1970), München 1979[8]

Graf, Gerold: Gott dennoch Recht geben. Die Theodizeefrage als ein entscheidendes Problem – besonders bei Luther, Bultmann und Sölle, Frankfurt a. M. 1983

Greshake, Gisbert: Wenn Leid mein Leben lähmt. Leiden – Preis der Liebe? (1978), Freiburg i. Br. 1992

Griffin, David R.: God, Power, and Evil. A Process Theodicy (1976), Lanham 1991[2]

Grillmeier, Alois: Jesus der Christus im Glauben der Kirche, Freiburg i. Br. u. a. 1990

Groß, W./K.-J. Kuschel: »Ich schaffe Finsternis und Unheil!« Ist Gott verantwortlich für das Übel? Mainz 1992

Grosse, Sven: Gott und das Leid in den Liedern Paul Gerhardts, Göttingen 2001

Grün, Anselm: Womit habe ich das verdient? Die unverständliche Gerechtigkeit Gottes, Münsterschwarzbach 2005

Häring, Hermann: Das Problem des Bösen in der Theologie, Darmstadt 1985

Härle, Wilfried: Dogmatik, Berlin/New York 1995

Haga, Tsutomu: Theodizee und Geschichtstheologie. Ein Versuch der Überwindung der Problematik des Deutschen Idealismus bei Karl Barth, Göttingen 1991

Hahne, Peter: Leid. Warum läßt Gott das zu? Neuhausen-Stuttgart 1996[18]

Hailer, Martin: Glauben und Wissen. Arbeitsbuch Theologie und Philosophie, Göttingen 2006

–: Gott und die Götzen. Über Gottes Macht angesichts der lebensbestimmenden Mächte, Göttingen 2006

Hedinger, Ulrich: Wider die Versöhnung Gottes mit dem Elend. Eine Kritik des christlichen Theismus und A-Theismus, Zürich 1972

Hegel, Georg Wilhelm Friedrich: Phänomenologie des Geistes (1807), Frankfurt a. M. u. a. 1970

–: Vorlesungen über die Philosophie der Religion II (Werke in zwanzig Bänden, Bd. 17), Frankfurt a. M. 1969

Hemminger, Hansjörg: Aggression und Tod – notwendige Übel? Rückfragen an Soziobiologie und Sozialpsychologie, in: Glaube und Denken (Jahrbuch der Karl-Heim-Gesellschaft 14), Frankfurt a. M. 2001, 11-24

Hermanni, Friedrich: Das Böse und die Theodizee. Eine philosophisch-theologische Grundlegung, Gütersloh 2002

–: Die letzte Entlastung. Vollendung und Scheitern des abendländischen Theodizeeprojektes in Schellings Philosophie, Wien 1994

Hick, John: Evil and the God of Love, London 1968

Hirschler, Horst: Wo war Gott am 11. September?, in: Zeitzeichen 11/2001, 14-17.

Hoerster, Norbert: Zur Unlösbarkeit des Theodizeeproblems, in: Theologie und Philosophie 60 (1985), 400-409

Huber, Wolfgang: Theodizee, in: E. Rudolph u. a. (Hg.): Geschichtsbewußtsein und Rationalität, Stuttgart 1982, 371-406

Jakubowski, Manfred/H. Lehmann (Hg.): Um Himmels Willen. Religion in Katastrophenzeiten vom 14.-19. Jahrhundert, Göttingen 2003
Janke, Wolfgang: Theodizee oder Über die Freiheit des Individuums und das Verhängnis der Welt, in: Philosophische Perspektiven 5 (1973), 57-77
Janßen, H.-G.: Gott – Freiheit – Leid. Das Theodizeeproblem in der Philosophie der Neuzeit, Darmstadt 1989
Jantzen, Jörg: Das philosophische Problem des Bösen. Platon und die ontologische Tradition, in: Philosophisches Jahrbuch 1992, 74-90
Janz, Curt Paul: Friedrich Nietzsche. Biographie (1978), dtv-Ausgabe, 3 Bde., München 1981
John, O.: Die Allmachtsprädikation in einer christlichen Gottesrede nach Auschwitz, in: E. Schillebeeckx (Hg.): Mystik und Politik, Mainz 1988, 202-218
Joest, Wilfried: Dogmatik. Bd. 1: Die Wirklichkeit Gottes, Göttingen 1984
–: Die Allmacht Gottes und das Leiden der Menschen, in: Ders.: Gott will zum Menschen kommen, Göttingen 1977, 140-155
Jonas, Hans: Philosophische Untersuchungen und metaphysische Vermutungen, Leipzig 1992
–: Zwischen Nichts und Ewigkeit. Drei Aufsätze zur Lehre vom Menschen, Göttingen 1963 (1987[2])
Jung, Carl Gustav: Antwort auf Hiob, Zürich 1952, ergänzt 1961 (Ges. Werke Bd. 11)
Jüngel, Eberhard: Das Evangelium von der Rechtfertigung des Gottlosen als Zentrum des christlichen Glaubens, Tübingen 1999[3]
–: Gottes ursprüngliches Anfangen als schöpferische Selbstbegrenzung. Ein Beitrag zum Gespräch mit Hans Jonas über den ›Gottesbegriff nach Auschwitz‹ (1986), in: Ders.: Wertlose Wahrheit. Zur Identität und Relevanz des christlichen Glaubens, München 1990, 151-162
–: Die Offenbarung der Verborgenheit Gottes (1984), in: ebd. [1990], 163-182
Käfer, Anne: Kant, Schleiermacher und die Welt als Kunstwerk Gottes, in: Zeitschrift für Theologie und Kirche 101 (2004), 19-50
Kant, Immanuel: Kritik der reinen Vernunft (1787[2]), in: Werke in zwölf Bänden, hg. von W. Weischedel, Frankfurt a.M. 1977, Bd. 4
–: Über das Mißlingen aller philosophischen Versuche in der Theodizee (1791), z.B. in: Akad.-Ausgabe (Repr. 1923/1968) Bd. 8, 255-271
Kappes, Michael: Die Vorstellung vom »leidenden Gott« in der Gnosis und in theologischen Entwürfen heute, in: W. Eckermann u.a. (Hg.): Erlösung durch Offenbarung oder Erkenntnis? Kevelaer 1992, 127-166
Kasper, Walter: Was alles Erkennen übersteigt, Freiburg i.Br. 1987
Kim, Yong Sung: Theodizee als Problem der Philosophie und Theologie, Münster 2002
Kitamori, Kazoh: Theologie des Schmerzes Gottes (1941), Göttingen 1972
Klein, Günther: »Über das Weltregiment Gottes«. Zum exegetischen Anhalt eines dogmatischen Lehrstücks, in: Zeitschrift für Theologie und Kirche 90 (1993), 251-283

Klossowski, Pierre: Nietzsche und der Circulus vitiosus deus, München 1986
Knevels, Wilhelm: Das unheilige Leid. Die Überwindung der »christlichen« Fehlhaltung gegenüber dem Leid, Hamburg 1973
Köhlmoos, Melanie: Art. Theodizee II. Altes Testament, in: TRE 23 (2002), 215-218
Körtner, Ulrich H. J.: Der verborgene Gott. Zur Gottesfrage, Neukirchen-Vluyn 2000
– (Hg.): Gott und Götter. Die Gottesfrage in Theologie und Religionswissenschaft, Neukirchen-Vluyn 2005
–: Wie lange noch, wie lange? Über das Böse, Leid und Tod, Neukirchen-Vluyn 1998
Kogon, E./J. B. Metz/E. Wiesel: Gott nach Auschwitz (1977), Freiburg i. Br. 1979
Koslowski, Peter: Der leidende Gott. Eine philosophische und theologische Kritik, München 2001
–: Der leidende Gott, in: W. Oelmüller (Hg.): Leiden, Paderborn u. a. 1986, 51-57
–: Gnosis und Theodizee. Eine Studie über den leidenden Gott des Gnostizismus, Wien 1993
–: Philosophien der Offenbarung. Antiker Gnostizismus, Franz von Baader, Schelling, Paderborn u. a. 2001
Kreiner, Armin: Das wahre Antlitz Gottes oder was wir meinen, wenn wir Gott sagen, Freiburg i. Br. 2006
–: Gott im Leid. Zur Stichhaltigkeit der Theodizee-Argumente, Freiburg i. Br. 2005
Kremer, Josef: Das Problem der Theodizee in der Philosophie und Literatur des 18. Jahrhunderts mit besonderer Rücksicht auf Kant und Schiller, Würzburg 1909
Kress, Christine: Gottes Allmacht angesichts von Leiden. Zur Interpretation der Gotteslehre in den systematisch-theologischen Entwürfen von Paul Althaus, Paul Tillich und Karl Barth, Neukirchen-Vluyn 1999
Kruhöffer, Bettina: ›Das Böse‹ und seine Überwindung als Problem theologischer Reflexion, in: Glaube und Denken 15 (2002) 131-170
Kühlwein, Klaus: Schöpfung ohne Sinn? Gott und das Leid, Düsseldorf 2003
Küng, Hans: Christ sein (dtv-Ausgabe), München 1980[5]
–: Gott und das Leid, Einsiedeln 1967 (1974[5])
Kunstmann, Joachim: Theodizee. Vom theologischen Sinn einer unabschließbaren Frage, in: Evangelische Theologie 59, 2/1999, 92-108
Kunz, Erhard: Ist das Sprechen von Gottes Allmacht noch zeitgemäß?, in: Glaube und Leben 68 (1995), 37-46
Kushner, Harold: Wenn guten Menschen Böses widerfährt. Aus dem Amerikanischen von Ulla Galm-Frieboes (1983), Gütersloh 1986
Kutschera, Franz von: Die großen Fragen. Philosophisch-theologische Gedanken, Berlin/New York 2002
Lange, Dietz: Glaubenslehre, Bd. 1, Tübingen 2001
Leibniz, Gottfried Wilhelm: Die Theodizee von der Güte Gottes, der Freiheit des Menschen und dem Ursprung des Übels, in: Leibniz. Ausgewählt und vorgestellt von Th. Leinkauf, München 1996, 355-406
Lescow, Theodor: Theodizee, Malente 2002

Lifton, Robert Jay: Der Verlust des Todes. Über die Sterblichkeit des Menschen und die Fortdauer des Lebens, München 1986
Link, Christian: Das Rätsel des Bösen. Die Frage von Auschwitz, in: Evangelische Theologie 63 (2003), 325-339
Löffler, Ulrich: Das Erdbeben von Lissabon 1755. Geschehen, zeitgenössische Deutung, Bedeutung, in: Luther 77 (2006), 8-31
Löwith, Karl: Die beste aller Welten und das radikal Böse im Menschen (1959), in: Sämtliche Schriften, Bd. 3, Stuttgart 1985, 275-297
Lohse, Timm: Hiob. Die glaubwürdige Geschichte eines aufrechten Menschen, Neukirchen-Vluyn 2005
Lübbe, Hermann: Theodizee als Häresie, in: W. Oelmüller (Hg.): Leiden, Paderborn/München 1986, 167-176
–: Theodizee und Lebenssinn, in: Teodicea Oggi?, Padua 1988, 407-426
Maier, Johann: Art. Theodizee III. Judentum, religionsgeschichtlich, in: TRE 23 (2002), 218-222
Marquardt, Friedrich-Wilhelm: Von Elend und Heimsuchung der Theologie. Prolegomena zur Dogmatik, München 1988
Marquard, Odo: Bemerkungen zur Theodizee, in: W. Oelmüller (Hg.): Leiden, Paderborn/München 1986, 213-218
–: Schwierigkeiten beim Ja-Sagen, in: W. Oelmüller (Hg.): Theodizee – Gott vor Gericht? München 1990, 87-102
Merrigan, Terrence u. a. (Hg.): Incarnation and the History of Human Suffering, Leuven 2006
McGrath, Alister E.: Der Weg der christlichen Theologie. Eine Einführung, München 1997
Metz, Johann Baptist (Hg.): Christologie nach Auschwitz? Münster 1998
–: Theologie als Theodizee?, in: W. Oelmüller (Hg.): Theodizee (1990), 103-118
–: Unterbrechungen, Gütersloh 1981
Meyer, Barbara: Christologie im Schatten der Shoa – im Lichte Israels. Studien zu Paul van Buren und Friedrich Wilhelm Marquardt, Zürich 2004
Miggelbrink, Ralf: Der zornige Gott, Darmstadt 2002
Moltmann, Jürgen: Die ersten Freigelassenen der Schöpfung, München 1971 (1976^5)
–: Gott in der Schöpfung. Ökologische Schöpfungslehre, München 1985
–: Gott und Auferstehung. Auferstehungsglaube im Forum der Theodizeefrage (1968), in: Perspektiven der Theologie. Gesammelte Aufsätze, München/Mainz 1968, 36-56
–: Trinität und Reich Gottes. Zur Gotteslehre, München 1994^3
–: Wissenschaft und Weisheit. Zum Gespräch zwischen Naturwissenschaft und Theologie, Gütersloh 2002
Mostert, Walter: Gott und das Böse, in: Zeitschrift für Theologie und Kirche 77 (1980), 453-478
Mühling-Schlapkohl, Markus: Gott ist Liebe. Studien zum Verständnis der Liebe als Modell des trinitarischen Redens von Gott, Marburg 2000

Müller, Hans-Peter: Das Hiobproblem, Darmstadt 1978
–: Hiob und seine Freunde. Traditionsgeschichtliches zum Verständnis des Hiobbuches, Zürich 1970
–: Theodizee? Anschlußerörterungen zum Buch Hiob, in: Zeitschrift für Theologie und Kirche 89 (1992), 249-279
Müller, Jörg: Gott ist anders. Das Leiden an den falschen Gottesvorstellungen. Wege zur Heilung, Stuttgart 1993
Münz, Christoph: Der Welt ein Gedächtnis geben. Geschichtstheologisches Denken im Judentum nach Auschwitz, Gütersloh 1995
Nava, Alexander: Das Geheimnis des Bösen und die Verborgenheit Gottes. Überlegungen zu Simone Weils Theodizee als Theorie und Praxis, in: Concilium 34 (1998), 66-76
Nenning, Günther: Gott ist verrückt. Die Zukunft der Religion, Düsseldorf 1998
Neufeld, David (Hg.): Todesflut im Paradies. Wo war Gott am 26. Dezember 2004? Witten 2005
Neuhaus, Gerd: Frömmigkeit der Theologie. Zur Logik der offenen Theodizeefrage, Freiburg i. Br. 2003
–: Theodizee – Abbruch oder Anstoß des Glaubens, Freiburg/Br. 1993
Nickel, Erwin: Der Sinn des Ganzen. Erfahrungen zwischen Wissen und Glauben, CH-Freiburg 1998
Niehl, Franz W. (Hg.): Gottes Ohnmacht. Texte aus der deutschsprachigen Literatur, Mainz 1988
Nietzsche, Friedrich: Ecce homo (1888), in: G. Colli/M. Montinari (Hg.), Friedrich Nietzsche. Kritische Studienausgabe (1967 ff.), Bd. 6
–: Jenseits von Gut und Böse (1887), ebd. Bd. 5
Nüchtern, Michael (Hg.): Warum lässt Gott das zu? Kritik der Allmacht Gottes in Religion und Philosophie, Frankfurt a. M. 1995
Oberhänsli-Widmer, Gabriele: Hiob in jüdischer Antike und Moderne. Die Wirkungsgeschichte Hiobs in der jüdischen Literatur, Neukirchen-Vluyn 2003
Oelmüller, Willi (Hg.): Theodizee – Gott von Gericht?, München 1990
–: Über das Leiden nicht schweigen. Philosophische Antwortversuche, in: MUT Nr. 327 (1994), 48-61
– (Hg.): Worüber man nicht schweigen kann. Neue Diskussionen zur Theodizeefrage, München 1992
Oemig, Manfred/Konrad Schmid: Hiobs Weg. Stationen von Menschen im Leid, Neukirchen-Vluyn 2002
Olivetti, Marco M. (Hg.): Teodicea oggi? Padua 1988
Otto, Werner: Verborgene Gerechtigkeit. Luthers Gottesbegriff nach seiner Schrift »De servo arbitrio« als Antwort auf die Theodizeefrage, 1998
Pannenberg, Wolfhart: Das Glaubensbekenntnis, ausgelegt und verantwortet vor den Fragen der Gegenwart, Gütersloh 1972
–: Der Gott der Geschichte, in: Grundfragen systematischer Theologie Bd. 2, Göttingen 1980, 112-128

–: Eschatologie und Sinnerfahrung, in: Ders.: Grundfragen systematischer Theologie Bd. 2, Göttingen 1980, 66-79
–: Glaube und Vernunft, in: Ders.: Grundfragen systematischer Theologie, Göttingen 1967, 237-251
–: Systematische Theologie, Bde. 1-3, Göttingen 1988/1991/1993
Papst Johannes Paul II.: Über den christlichen Sinn des menschlichen Leidens (Apostolisches Schreiben ›Salvifici Doloris‹), Leutesdorf 1987
Petersen, Claus: Die Botschaft Jesu vom Reich Gottes. Aufruf zum Neubeginn, Stuttgart 2005
Pieper, Annemarie: Gut und Böse, München 1997
Plantinga, Alvin: God, Freedom and Evil, London 1975
Polkinghorne, John, und Welker, Michael: An den lebendigen Gott glauben. Ein Gespräch, Gütersloh 2005
Rahner, Karl: »Warum lässt Gott uns leiden?«, in: Ders.: Schriften zur Theologie Bd. 14, Zürich/Einsiedeln/Köln 1980, 450-466
Raimbault, Ginette: Kinder sprechen vom Tod. Klinische Probleme der Trauer, Frankfurt a. M. 1981
Reimer, Hans-Diether: Metaphysisches Heilen. Eine kritische Darstellung der »Christlichen Wissenschaft« (Christian Science), Stuttgart 1966
Reinhuber, Thomas: »Deus absconditus«. Luthers Bearbeitung des Theodizeeproblems, in: Luther 77 (2006), 52-69
Renz, Monika: Grenzerfahrung Gott: Spirituelle Erfahrungen in Leid und Krankheit, Freiburg i. Br. 2006[3]
Richter, Horst-Eberhard: Der Gotteskomplex. Die Geburt und die Krise des Glaubens an die Allmacht des Menschen, Reinbek 1979
Ricœur, Paul: Das Böse. Eine Herausforderung für Philosophie und Theologie, Zürich 2006
Ritschl, Dietrich: Zur Logik der Theologie. Kurze Darstellung der Zusammenhänge theologischer Grundgedanken, München 1984
Ritter, Werner H.: Leid und Gott. Aus der Perspektive von Kindern und Jugendlichen, Göttingen 2006
Ritter, Werner H./R. Feldmeier/W. Schoberth/G. Altner: Der Allmächtige. Annäherungen an ein umstrittenes Gottesprädikat, Göttingen 1997
Rohs, Peter: Die Stimmigkeit des Gottesbegriffes in der Theodizeefrage, in: Berliner Theologische Zeitschrift 18 (2001), 113-126
Rosenau, Hartmut: Art. Theodizee VI. Dogmatisch, in: TRE 23 (2002), 222-229
–: Theogonie. Schellings Beitrag zum Theodizeeproblem nach seiner ›Freiheitsschrift‹ von 1809, in: Neue Zeitschrift für Systematische Theologie und Religionsphilosophie 32 (1990), 26-52
Rosien, Peter: Wo warst du, Gott? Drei Antworten des Glaubens, in: Publik Forum 1/2005, 8-10
Roth, Michael: Gottes Allmacht und Passivität des Menschen in der christlichen Frömmigkeit, in: Luther 75 (2004), 123-141
Rowe, William L. (Hg.): God and the Problem of Evil, Oxford 2001

Safranski, Rüdiger. Das Böse. Oder Das Drama der Freiheit, München/Wien 1997
Sartre, Jean-Paul: Das Sein und das Nichts (1943), Hamburg 1974
Scheler, Max: Die Stellung des Menschen im Kosmos, Darmstadt 1928
Schelling, Friedrich Wilhelm Joseph von: Über das Wesen der menschlichen Freiheit (1809). Einleitung und Anmerkungen von H. Fuhrmans, Stuttgart 1964
Schiwy, Günther: Abschied vom allmächtigen Gott, München 1995
–: Ein Gott im Wandel. Teilhard de Chardin und sein Bild der Evolution, Düsseldorf 2001
Schmidt-Biggemann, Wilhelm: Theodizee und Tatsachen. Das philosophische Profil der deutschen Aufklärung, Frankfurt a. M. 1988
Schmitt, Hanspeter (Hg): Der dunkle Gott, Stuttgart 2006
Schneck, Ernst: Verkauft mir das Leiden nicht als Gottes Willen. Ein Vater verliert seinen Sohn, Würzburg 1998
Schoßwald, Volker: Kein »allmächtiger Vater«, in: Korrespondenzblatt (hg. vom Pfarrer- und Pfarrerinnenverein in der evang.-luth. Kirche in Bayern) 108 (1993), 97-102
Schuchardt, Erika: Warum gerade ich? Leiden und Glaube, Offenbach 1979 (Göttingen 1993[7])
Schwarz, Hans: Im Fangnetz des Bösen. Sünde – Übel – Schuld, Göttingen 1993
Schwarzwäller, Klaus: »Nun hat mein Auge dich gesehen«. Leiden als Grundproblem der Theologie, in: J. Roloff/H. G. Ulrich (Hg.): Einfach von Gott reden (Festschrift Friedrich Mildenberger), Stuttgart 1994, 190-225
Sedmak, Clemens: Vorherwissen Gottes – Freiheit des Menschen – Kontingenz der Welt. Beitrag zu einer systematischen Diskussion, Frankfurt a. M. u. a. 1995
Sölle, Dorothee: Leiden, Stuttgart 1970 (Gütersloh 1993)
Spaeth, Frieder/Hartmut Rupp: Der Teufel und der liebe Gott, in: entwurf. Religionspädagogische Mitteilungen 3/2002, 3-5
Sparn, Walter: Art. Leiden (IV./V.), in: TRE 20 (1990), 688-707
–: Art. Theodizee, in: EKL[3] Bd. 4, Göttingen 1996, 724-730
–: Leiden. Erfahrung und Denken. Materialien zum Theodizeeproblem, München 1980
–: Mit dem Bösen leben. Zur Aktualität des Theodizeeproblems, in: Neue Zeitschrift für Systematische Theologie 32 (1990), 207-225
–: »Trug für Gott«? Zur Frage, ob es im Theodizeeproblem um Gott oder um den Menschen geht, in: Luther 77 (2006), 32-51
Stock, Konrad: Gottes wahre Liebe. Theologische Phänomenologie der Liebe, Tübingen 2000
Stosch, Klaus von: Gott – Macht – Geschichte. Versuch einer theodizeesensiblen Rede vom Handeln Gottes in der Welt, Freiburg i. Br. 2006
Streminger, Gerhard: Gottes Güte und die Übel der Welt, Tübingen 1992
Stump, Eleonore: Die göttliche Vorsehung und das Böse. Überlegungen zur Theodizee im Anschluß an Thomas von Aquin, Frankfurt a. M. 1989
Surin, Kenneth (Hg.): Theology and the Problem of Evil, Oxford 1986
Swinburne, Richard: Die Existenz Gottes, Stuttgart 1987 (engl. 1979)

–: Providence, and the Problem of Evil, Oxford 1998
Taubes, Jacob: Theodizee und Theologie, in: Ders.: Vom Kult zur Kultur, München 1996, 212-229
Taxacher, Gregor: Nicht endende Endzeit. Nach Auschwitz Gott in der Geschichte denken, München 1998
Teilhard de Chardin, Pierre: Der göttliche Bereich. Ein Entwurf des innern Lebens, Olten/Freiburg i. Br. 1962 [ab 7. Aufl. Titeländerung: »Das göttliche Milieu«]
Theobald, Gerd: Hiobs Botschaft. Die Ablösung der metaphysischen durch die poetische Theodizee, Gütersloh 1993
Theunissen, Michael: Philosophischer Monismus und christliche Theologie, in: Zeitschrift für Theologie und Kirche 102 (2005), 397-408
Thiede, Werner: Diese Welt ist unvollendet. Wie kann Gott Katastrophen zulassen? in: Rheinischer Merkur 1/2005, 9
–: Gnade als Ergänzung? Kants religionsphilosophische Interpretation von Christologie und Soteriologie, in: Ders. (Hg.): Glauben aus eigener Vernunft und Kraft? Kants Religionsphilosophie und die Theologie, Göttingen 2004, 67-112
–: Heiliger Geist und esoterisches Geistverständnis. Anleitung zu pneumatologischer Unterscheidung, in: Materialdienst der EZW 67 (2004), 323-335
–: Tabuisierung des Todes im 21. Jahrhundert? Überlegungen zu einem spätmodernen Kulturphänomen, in: Berliner Theologische Zeitschrift 21 (2004), 206-225
–: Theologie und Esoterik (Forum ThLZ 20), Leipzig 2007 (im Druck)
–: »Wer aber kennt meinen Gott?« Friedrich Nietzsches »Theologie« als Geheimnis seiner Philosophie, in: Zeitschrift für Theologie und Kirche 98 (2001), 464-500
–: Wer ist der kosmische Christus? Karriere und Bedeutungswandel einer modernen Metapher, Göttingen 2001
Thielicke, Helmut: Das Schweigen Gottes, Hamburg 1963[2]
Tillich, Paul: Die christliche Hoffnung und ihre Wirkung in der Welt, in: K. Jaspers u. a.: Die Hoffnungen unserer Zeit. Zehn Beiträge, München 1963, 45-56
–: Die neue Wirklichkeit, München 1962
–: Systematische Theologie, Bd. I, Stuttgart 1977[5]
–: Systematische Theologie, Bd. II, Stuttgart 1979[6]
–: Systematische Theologie, Bd. III, Stuttgart 1978[2]
Tilman, Nehb: Die Bedeutung des Bösen in der Tiefenpsychologie von Carl Gustav Jung und die Bedeutung des Dämonischen in der Theologie von Paul Tillich, Tübingen 1990
Track, Joachim: Zwölf (fragmentarische) Überlegungen zur Theodizeefrage, in: Dem Christsein auf der Spur. FS Karl Friedrich Haag 60., Erlangen 2002, 181-191
Trappe, Tobias: Allmacht und Selbstbeschränkung Gottes. Die Theologie der Liebe im Spannungsfeld von Philosophie und protestantischer Theologie im 19. Jahrhundert, Zürich 1997
Troeltsch, Ernst: Art. Theodizee. III. Systematisch, in: RGG[2], Bd. 5, 1931, 1102-1107
Tück, Jan-Heiner: Christologie und Theodizee bei Johann Baptist Metz. Ambivalenz der Neuzeit im Licht der Gottesfrage, Paderborn 1999
Vardy, Peter: Das Gottesrätsel – Antworten auf die Frage nach Gott, München 1997

–: Das Rätsel von Übel und Leid, München 1998
Vierzig, Siegfried: Das Böse, Stuttgart 1984
Welker, Michael: Schöpfung und Wirklichkeit, Neukirchen/Vluyn 1995
Weizsäcker, Carl Friedrich von: Geist und Natur, in: H.-P. Dürr/W. Ch. Zimmerli (Hg.): Geist und Natur, Bern/München/Wien 1989, 17-27
Welte, Bernhard: Über das Böse, Basel/Freiburg i. Br./Wien 1959
Weth, Rudolf: Gefragter Glaube – offene Theodizeefrage und trinitarisches Bekenntnis, in: Ders. (Hg.): Der lebendige Gott. Auf den Spuren neueren trinitarischen Denkens, Neukirchen-Vluyn 2005, 143-157
Wiesel, Elie: Die Nacht zu begraben, München u. a. 1962
Wilder-Smith, Arthur: Warum läßt Gott es zu? Neuhausen-Stuttgart 1973
Willers, Ulrich (Hg.): Theodizee im Zeichen des Dionysos. Nietzsches Fragen jenseits von Moral und Religion, Münster 2003
Willert, Albrecht: Das Leiden der Menschen und der Glaube an Gott (Studienbuch RU 5), Göttingen 1997
Wüthrich, Matthias D.: Gott und das Nichtige. Eine Untersuchung zur Rede vom Nichtigen bei Karl Barth, Zürich 2006
Yancey, Philip: Wo ist Gott in meinem Leid? Asslar 2002[2]
Zahrnt, Heinz: Wie kann Gott das zulassen? Hiob – Der Mensch im Leid, München 1985

Personenregister